中国国际问题研究基金会丛书

国际问题纵论文集

Perspectives on International Issues

2018 / 2019

主　　编：兰立俊
执行主编：沈国放
副 主 编：孙海潮

世界知识出版社

图书在版编目（CIP）数据

国际问题纵论文集. 2018 / 2019 / 兰立俊主编. —北京：世界知识出版社，2019. 4
ISBN 978-7-5012-5997-7

Ⅰ. ①国… Ⅱ. ①兰… Ⅲ. ①国际问题—文集—2018-2019
Ⅳ. ①D815-53

中国版本图书馆CIP数据核字（2019）第068474号

书　　名	**国际问题纵论文集 2018 / 2019** Guoji Wenti Zonglun Wenji 2018 / 2019
主　　编	兰立俊
执行主编	沈国放
副 主 编	孙海潮
责任编辑	陈　捷
助理编辑	罗庆行
责任出版	王勇刚
责任校对	张　琨
出版发行	世界知识出版社
地址邮编	北京市东城区干面胡同51号（100010）
电　　话	010-65265923（发行）　010-85119023（邮购）
网　　址	www.ishizhi.cn
经　　销	新华书店
印　　刷	北京虎彩文化传播有限公司
开本印张	720 × 1020毫米　1/16　28⅞印张
字　　数	340千字
版次印次	2019年5月第一版　2019年5月第一次印刷
标准书号	ISBN 978-7-5012-5997-7
定　　价	68.00元

编委会名单

序　言

进入新世纪以来，世界上发生了许多新的重大事件。国际形势正经历着深刻而又复杂的变化。维护世界和平，促进共同发展，扩大互利合作，既有有利条件，也出现不少不利因素，挑战和机遇并存。如何从纷繁复杂的世界大势中理出头绪，正确认识国际关系演变的趋势，是人们普遍关注的问题。世界上许多国家的专家、学者纷纷著书立说，予以论述。由于立场各异，视角不一，观点大相径庭。中国是当今世界最为活跃力量之一，在国际问题研究方面理应做出自己的贡献。

中国国际问题研究基金会是以促进我国学术界对重大国际问题进行综合性、前瞻性和战略性研究为宗旨的全国性法人团体。基金会的成员大多为中国前大使、参赞等资深外交官，他们具有外交工作实践经验，现在仍关心世界大势和中国的国际环境，继续追踪并研究国际形势和国际关系的发展趋势。基金会还拥有一批对国际政治、经济、军事、文化等方面进行研究的知名学者和专家。基金会经常就国际形势和重大国际问题举办研讨会，基金会的成员还不时有著作问世，有些经常活跃在电视媒体上，有些经常撰写文章，发表在国内著名报刊上。不能说他们的论点或阐述都很正确或完整，但是这些作者具有以下两个共同的特点：一是写作态度严肃认真；二是努力学习和运用辩证唯物主义和历史唯物主义的观点与方法去观察、分析问题。他们在掌握大量材料的基础上，力求分析问题的本质，指出发展的趋势，所言所写都值得参考。

现在中国关心世界大势的人越来越多，人们希望从中找到正确的答案。中国国际问题研究基金会决定把基金会成员每年撰写的文章精选整理成册，形成国际问题研究丛书，这是一件很有意义的工作。我虽然已从外交工作第一线退了下来，但对国际问题研究仍然十分关注，故乐为之序。

钱其琛

目 录

中国外交与国际形势

大国关系与大国动态

地区形势与前景分析

中国外交与国际形势

用习近平外交思想把握世界大变局航向[①]

陈向阳[②]

内容提要：当今世界“百年未有之大变局”的实质是世界权力秩序的重塑，体现为大国力量对比均衡化、经济全球化遭遇“反全球化”、社会信息化充满变数、文化多样化催生“模式之争”、国际行为体多元化、国际危机常态化。习近平外交思想是中国的“应变方略”，包括“新时代”中国外交的新经验、新思想、新思维、新形势与新布局，其有助于中国外交在“世界大变局”中乘风破浪、把握航向。

关键词：习近平外交思想　世界大变局　务实王道

当前世界正处在新旧秩序“新陈代谢”、此消彼长的过渡期，不稳定与不确定性格外突出。面对深刻复杂的世界“百年

① “习近平指出，当今世界正处于大发展大变革大调整时期，我们要具备战略眼光，树立全球视野，既要有风险忧患意识，又要有历史机遇意识，努力在这场百年未有之大变局中把握航向。”参见“习近平：推动共建‘一带一路’走深走实造福人民”，新华网，2018年8月27日。

② 作者系中国现代国际关系研究院世界政治所执行所长、研究员、博士生导师。

未有之大变局”，中央外事工作会议首次提出了习近平外交思想，系统论述了新时代中国外交的丰富内涵与宽广外延，彰显了中国对外战略思想的继往开来与大国担当。

一、当今世界处于“百年未有之大变局”

在2018年6月22日至23日召开的中央外事工作会议上，中共中央总书记、国家主席、中央军委主席习近平发表重要讲话指出，当前中国处于近代以来最好的发展时期，世界处于“百年未有之大变局”，两者同步交织、相互激荡。[①] 习近平主席提出的世界“百年未有之大变局”，其本质是世界秩序的重塑，其核心是世界权力在国家之间以及政府与社会之间的重新分配，其具体表现包括如下六个方面：

首先，世界力量对比呈现“东升西降”“新升老降”的趋势，新兴经济体与新兴大国群体性崛起大势难改，西方在国际体系中的主导权与美国的霸权难以为继，国际战略格局由多极化步入“多级化”的新阶段。当今世界主要力量呈现为“一超六强”，其分别属于三个层级：第一层级仍是美国，第二层级包括中国、欧盟、俄罗斯，第三层级为“脱欧”的英国、日本、印度。其中，中国的综合实力“坐二望一”，其“世界第二”的特殊地位更加敏感，易被“聚焦”乃至“前后夹击”。而世界力量对比中的“东升西降”“新升老降”趋势，特别是“中进美退”的形势，使得美国的危机感加深，其不甘示弱并加紧反制，重

① “习近平：努力开创中国特色大国外交新局面”，新华网，2018年6月23日。

点施压围堵中俄两国，导致中美、美俄战略博弈加剧，博弈领域涵盖经贸文化与地缘政治等，较量手段包括舆论战与贸易战等，乃至引发了世人对所谓“新冷战”的担忧。与此同时，美国特朗普政府还企图分化新兴大国以免“两线作战”，试图拉拢印度与俄罗斯以全力压制中国。

其次，经济全球化、多边主义与全球治理遭遇“特朗普逆风”。美国民粹主义甚嚣尘上，特朗普政府一味强调“美国优先”和所谓的“公平贸易”，大肆推行贸易与投资保护主义等“反全球化”的倒行逆施，重点针对中国乃至美国盟友引发贸易摩擦，致使以WTO为核心的自由贸易多边机制备受冲击。特朗普政府还大搞反多边的“退出外交”，坚持唯我独尊、唯利是图、推卸责任。

再次，社会信息化、网络化、智能化势不可当，新科技与新工业革命的“双刃剑”效应凸显。互联网将全球“一网打尽”有利有弊，网络安全脆弱敏感，人工智能与“无人化”等新技术应用加快，其潜伏着人类社会生产生活方式与国家安全异化突变的风险，与此同时大国之间尤其是中美间的高科技竞争日趋激烈。

第四，文化多样化进一步增强，“发展模式之争”加剧。中国倡导践行文明对话与治国理政交流互鉴，独立自主、对外开放、改革创新、行之有效的“中国模式”影响力增强，导致西方发达国家对华政治疑虑与意识形态焦虑加重，故而大肆炒作与不断翻新“中国威胁论”。

第五，国际关系行为体多元化影响深远复杂。非国家行为体五花八门、大行其道，借助全球化与信息化发展壮大，高科技跨国公司的能量尤为惊人，美国企业优势明显，政府权威及国家安全面临侵蚀，自十七世纪中叶以来延续至今、以主权民族国家为中心的威斯特伐利亚体系正经历深刻转型。

第六，国际危机趋于常态化，“黑天鹅”与“灰犀牛”层出不穷。国际货币基金组织警告全球过度举债，当前全球债务规模超过了10年前金融危机最严重时的水平，国际金融危机可能改头换面、卷土重来；持续八年的中东北非危机仍然看不到尽头，美国退出《伊朗核协议》催生新乱局；欧美族群矛盾与社会分化酝酿内部政治危机，其“外溢”效应堪忧。美国特朗普总统大搞“推特治国”，一味“任性”斗狠，不排除其为摆脱国内执政困境（如“通俄门”调查等）而对外逞强，以转移国内公众视线。西方政治“民粹化”尤其是“特朗普变量”加大国际形势的不稳定与不确定性；全球气候变暖加剧与生态环境危机频发，特朗普为美国一己之私悍然退出《巴黎气候协定》，2018年全球极端天气频发为世人敲响警钟。

由此可见，当今世界正处于新旧秩序交替的过渡期，世界秩序重塑潜伏着失序乃至无序的风险，中国新时代遭遇世界大变局，外部挑战更趋复杂多变。

二、习近平外交思想是中国面对世界“百年未有之大变局”的“应变方略”

适值国际形势复杂多变的“多事之秋”，习近平总书记在中央外事工作会议上发表重要讲话，系统阐释了新时代（十八大以来）中国外交的“五个新”（新经验、新思想、新思维、新形势、新布局），堪称中国面对世界“百年未有之大变局”的“应变方略”。

（一）总结新时代中国外交新经验

习近平总书记指出，党的十八大以来，在党中央坚强领导下，面对国际形势风云变幻，我国对外工作攻坚克难、砥砺前行、波澜壮阔，“开创性”推进中国特色大国外交，“经历了许多风险考验，打赢了不少大仗硬仗，办成了不少大事难事，取得了历史性成就”，对外工作积累了有益经验和深刻体会，包括“七个坚持”：坚持“统筹国内国际两个大局”，注重内外兼修、内圣外王；坚持“战略自信”和保持“战略定力”，乱云飞渡仍从容，在世界“多事之秋”冷静观察、沉着应对、从长计议；坚持推进外交理论和实践创新，提出了一系列国际关系新理念，为世界注入“正能量”、贡献“中国智慧”；坚持“战略谋划和全球布局”，引领全球经济治理变革，特别是提出了“一带一路”建设的大手笔；坚持捍卫国家“核心和重大利益”，坚决维护国家统一与领土主权；坚持“合作共赢和义利相兼”，致力于中外良性互动，主动承担“大国责任”；坚持“底线思维和风险意识”，居安思危、未雨绸缪，强化风险预判与危机管控，确保了战略主动。

（二）提炼升华新时代中国外交新思想

习近平外交思想是中共十九大提出的“习近平新时代中国特色社会主义思想”在外交外事领域的具体呈现和最新发展，内涵丰富、逻辑严密，古为今用、继往开来，包括十个方面内容[①]：

---

① “习近平：努力开创中国特色大国外交新局面”，新华网，2018年6月23日。

一是在领导体制上，以维护党中央权威为“统领”，加强党对对外工作的集中统一领导。习近平对此强调，外交是国家意志的集中体现，必须坚持外交大权在党中央。要增强政治意识、大局意识、核心意识、看齐意识，坚决维护党中央权威和集中统一领导，自觉在思想上、政治上、行动上同党中央保持高度一致，确保令行禁止、步调统一。对外工作是一个系统工程，政党、政府、人大、政协、军队、地方、民间等要强化统筹协调，各有侧重，相互配合，形成党总揽全局、协调各方的对外工作大协同局面，确保党中央对外方针政策和战略部署落到实处。而依据中共中央《深化党和国家机构改革方案》，原中央外事工作领导小组升格为中央外事工作委员会，委员会主任为习近平总书记，副主任为李克强总理，委员包括国家副主席王岐山，其办事机构中央外事工作委员会办公室主任为政治局委员杨洁篪。① 可以说，这一外事领导体制是对“大一统”与中央集权的中华传统战略体制的传承。

二是在战略目标上，以实现中华民族伟大复兴为“使命”，推进“中国特色大国外交”。这是当代中国“大战略”的本质体现，即谋求民族复兴并为此打好“新持久战”。

三是在思想境界上，以维护世界和平、促进共同发展为“宗旨”，推动构建“人类命运共同体”。这是“天下为公、兼济天下、协和万邦、世界大同”的中华传统王道战略文化的一贯抱负和胸怀，而习近平《论坚持推动构建人类命运共同体》一书也已出版。

四是在内在定力上，以中国特色社会主义为“根本”，增

---

① 陈向阳：“新时代中国特色大国外交行稳致远”，《瞭望》新闻周刊，2018 年 5 月 21 日。

强战略自信。这体现了“外交是内政的延续”的本质规律性，即内政与执政党的路线方针政策，及其政治信仰与政治本色对外交的决定性作用。

五是在主要途径上，以“共商、共建、共享”为“原则”，推动“一带一路”建设。“一带一路”倡议充分体现了当代中国外交对古代中国优秀外交遗产（“丝绸之路”等）的传承，既是新时代中国经济外交的大手笔，也是地缘经济的大智慧和共同发展的大平台。

六是在崛起方式上，以相互尊重、合作共赢为“基础”，走和平发展道路。中国坚定不移走和平发展道路，不信“国强必霸”的所谓“铁律”，这是“和为贵”和“以德服人”的中华王道战略文化在全球化时代的体现。

七是在关系形态上，以深化外交布局为“依托”，打造“全球伙伴关系”。这体现了“与人为善、广结善缘、广交朋友”的中华伦理道德，和“悦近来远”、从容周旋、保持主动的外交战略意图。

八是在价值取向上，以公平正义为“理念”，引领全球治理体系改革。这同样体现了“天下为公、兼济天下”的中华传统战略文化大格局。

九是在现实依归上，以国家核心利益为“底线”，维护国家主权、安全、发展利益。这是居安思危和底线思维的体现，反映了中华传统战略文化的务实性与忧患意识。

十是在大国形象上，以对外工作优良传统和时代特征相结合为“方向”，塑造中国外交独特风范。当代中国外交弘扬“己立立人、己达达人”的儒家品格，着力塑造“负责任大国”形象，不断传播正能量，不断展现“中国机遇”与“中国贡献”。

（三）深刻阐述新时代中国外交新思维

新时代中国外交新思维包括“三个正确观”：

一是“正确历史观”，即不仅要看现在国际形势什么样，而且要端起“历史望远镜”回顾过去、总结历史规律，展望未来、把握历史前进大势；二是“正确大局观”，即不仅要看到现象和细节怎么样，而且要把握本质和全局，抓住“主要矛盾和矛盾的主要方面”，避免在林林总总、纷纭多变的国际乱象中迷失方向、舍本逐末；三是“正确角色观”，即不仅要冷静分析各种国际现象，而且要“把自己摆进去”，在中国同世界的关系中看问题，弄清楚在世界格局演变中中国的地位和作用，科学制定中国对外方针政策。

“三个正确观”之中尤以第三个即“正确角色观”最富新意，因为当今中国的国际角色更趋丰富，从对国际社会的影响看是“负责任大国”，即《十九大报告》所提出的“三个者”（世界和平的建设者、全球发展的贡献者、国际秩序的维护者）；[①] 从中外力量对比看具有两重性：一方面是世界第二大经济体和崛起大国，在承担更多“大国责任”的同时也面临着更大的外部阻力；另一方面仍是发展中大国，应坚持“内功优先”，对外承担“大国责任”需量力而行。

---

① “习近平：决胜全面建成小康社会 夺取新时代中国特色社会主义伟大胜利——在中国共产党第十九次全国代表大会上的报告”，第三部分“新时代中国特色社会主义思想和基本方略”，新华网，2017 年 10 月 27 日。

（四）辩证研判新时代中国外交新形势，对“历史交汇期”趋利避害

习近平总书记指出，从党的十九大到党的二十大（2022年）是实现“两个一百年”奋斗目标的“历史交汇期”，在中华民族伟大复兴历史进程中具有特殊重大意义。他强调要深入分析“世界转型过渡期”（即世界秩序重塑与“新陈代谢”）国际形势的演变规律，准确把握“历史交汇期”中国外部环境的基本特征，统筹谋划和推进对外工作，为此辩证提出“四个既和又”：

一是既要把握“世界多极化加速推进”的大势，又要重视“大国关系深入调整”的态势。多极化虽令“唯一超级大国”难以为所欲为，但与此同时中国加速崛起“树大招风”，存在被“前后夹击”的风险。

二是既要把握“经济全球化持续发展”的大势，又要重视“世界经济格局深刻演变”的动向。全球化虽难完全逆转，但西方发达国家民粹主义泛滥、保护主义抬头，“反全球化”逆流汹涌。

三是既要把握“国际环境总体稳定”的大势，又要重视“国际安全挑战错综复杂”的局面。多极化与多边机制虽令大国关系总体稳定，但特朗普总统唯利是图、唯我独尊的“美国优先”搅得天下不安，非传统安全威胁更是层出不穷。

四是既要把握“各种文明交流互鉴”的大势，又要重视“不同思想文化相互激荡”的现实。文化多样化与文明对话方兴未艾，但西方大国的“傲慢与偏见”依旧，“文明冲突”、价值观对立仍有市场，“发展模式之争”更趋激烈。

（五）深化优化新时代中国外交新布局

习近平总书记指出，对外工作要根据党中央统一部署，加强谋篇布局，突出工作重点，抓好工作。要围绕党和国家工作“重要节点”，推动对外工作不断开创新局面。“第一个一百年”奋斗目标（2020年全面建成小康社会）要实现，“第二个一百年”奋斗目标要开篇，其中有一系列“重要时间节点和重大活动”（2018年改革开放四十周年、2019年建国七十周年、2021年建党百年等）。他要求对外工作要以此为“坐标”，通盘考虑，梯次推进，既整体布局又突出重点，既多点开花又精准发力，发挥综合积极效应，具体包括“六个布局”：

一要高举“构建人类命运共同体”旗帜，推动全球治理体系朝着更加公正合理的方向发展。新时代中国外交“以天下为己任”，以“人类命运共同体”为旗号，着眼世界秩序重塑的时代大潮，占据国际道义制高点，继续积极参与并主动引领全球治理及其变革。

二要坚持“共商、共建、共享”，推动“一带一路”建设“走实走深、行稳致远”，推动对外开放迈上新台阶。“一带一路”堪称新时代中国外交的“金字招牌”，也是构建“人类命运共同体”的关键载体。应在其总体良好发展态势与现有“点线面”全面铺开的基础上，突出重点、突破难点，适度聚焦、适时优化，强化风险评估与安全保障，注重“内外统筹、以外促内”，以此促进中国新一轮对外开放和迈向高质量经济发展。

三要运筹好大国关系，推动构建“总体稳定、均衡发展”的大国关系框架。当前大国关系复杂多变，应兼顾发达国家与新兴大国，妥善处理与老牌大国的“竞合博弈”、管控竞争、深化合作，扎实推进“金砖国家”务实合作与战略协调，预防老牌大国的“反弹”，化解“第二大经济体”被“前后夹击”的风险。

四要做好周边外交工作，推动周边环境更加友好、更加有利。应在十八大以来主动塑造、成效显著的基础上，持久扎实经略周边，适时谋划“大周边战略”，兼顾东北亚、东南亚、南亚、中亚、南太、西亚各地缘方向，政治、经济、安全、文化、环境多管齐下，着力管控热点难点，破解域外大国以“印太战略”对华“围堵”企图，确保“中、美、邻”周边博弈战略主动权。

五要深化同发展中国家团结合作，推动形成“携手共进、共同发展”新局面。强调广大发展中国家是中国在国际事务中的“天然同盟军”，要坚持“正确义利观”，做好同发展中国家团结合作的“大文章”。应以“义利兼顾、合作共赢”区别于个别西方大国的“唯利是图、唯我独尊”，立足发展中国家这一“外交基础”及其“广阔天地”，致力于“助人为乐、共同进步”，引领新兴经济体“群体性崛起”，使之成为中国参与和运筹大国战略博弈的“坚实依托”。

六要深入推动中国同世界“深入交流、互学互鉴”。高度重视、积极争取国际政治话语权，深入开展政党外交、文明对话、人文交流，优化外宣与国际传播，推进治国理政经验交流互鉴、取长补短，理直气壮维护和耐心细致解说“中国道路”，主动塑造良好大国与大党形象，讲好“中国故事”，不断增强软实力、吸引力、感召力。尤其是，要针对西方新一波的“中国威胁论”，区分其中的误解误读与曲解抹黑，有的放矢地予以回应或回击。

综上所述，习近平外交思想是中国面对世界“百年未有之大变局”的“应变方略”，是中国在自身和平发展、民族复兴的同时，致力于中外合作共赢、良性互动的“济世良方”，是对义利兼顾、德力俱足、刚柔并济、兼善天下的中华“务实王道”的发扬光大。展望未来，“新时代”中国外交将在习近平外交思想指引下，迎难而上、得道多助、引领世界。

中国新时代的全球战略
——“多极制衡”战略

王海运[①]

内容提要：中国已经发展成为全球性大国，拥有越来越广泛的全球存在、全球利益、全球责任。中国已经到了构建适应中华崛起、时代要求的全球战略的时候。为了构建新时代的全球战略，必须系统考量国际国内各种影响因素，作出准确并具前瞻性的判断。中国新时代的全球战略宜以“多极制衡”予以概括。其要义是：适应世界多极化、经济全球化的大趋势，打造“人类命运共同体”；立足于软硬实力的快速增强和有效发挥，实现中华民族伟大复兴的“中国梦”；联手新兴力量和广大发展中国家，打造新兴力量统一战线；充分调动战略智慧，通过“合纵连横”达成“多极制衡”。

关键词：全球战略　新时代　准多极时代　多极制衡

“全球战略”系指全球性大国以全球视野审视全球战略形势，以全球性思维进行全球战略布局和全球战略运筹，谋求全球性战略利益、实现全球性战略目标的“国际大战略”。随着

---

① 作者系中国国际问题研究基金会高级研究员、基金会能源外交研究中心主任。

"中国特色大国外交"理论的确立，构建中国"新时代全球战略"的任务迫切提上日程。

一、中国迫切需要构建新时代全球战略

中国已经发展成为全球性大国，拥有越来越广泛的全球存在、全球利益、全球责任。中国不仅国土辽阔、人口众多，而且GDP稳居世界第二，成为世界第一制造业大国、第一贸易大国。中国人、中国企业走向全世界，中国的利益甚至命运越来越紧密地同世界的和平与发展紧密相连。中国倡议的"一带一路"建设合作，着力地区覆盖大半个地球，影响力遍布全球。中国还是联合国安理会常任理事国，新型国际秩序的构建者、新时代全球治理的引领者。

实现中华民族伟大复兴的"中国梦"，要求中国制定全球战略、谋求全球利益，并且承担起一定的全球治理责任。全球化时代各种经济要素全球流动、地球村空前变小，中国要实现跨越式发展，必须充分利用全球的自然资源、市场资源、金融资源、智力资源。责任与利益紧密相连，拒绝承担大国责任意味着放弃谋求大国利益。"日益走近世界舞台中央"的中国，必须奋发有为地践行"负责任大国"的宣示，更加广泛、更有力度地参与国际事务，引领全球治理，借以谋取大国利益、营造和平发展所需要的国际环境。

国际社会普遍视中国为全球性大国，呼吁中国发挥更加突出的大国作用。这既与中国综合国力大幅增强、国际行为能力大幅提升有关，也与中国所倡导的新型国际关系和新型国际秩序理念深受国际社会认同相连。为了营造中华崛起所需要的国

际环境，中国必须更多地提供国际公共产品，更好地参与、引领新时代的全球治理。这就要求中国制定适应新时代国际环境和国际角色要求的全球战略。正如王毅外长所言，“进入新时代的中国外交，应当有更加远大的目光，更加恢宏的格局，更加开阔的胸襟，更加从容的气度”。[①]

所有称得上全球性大国的国家都制定有全球战略。美国全球战略的核心是维护日渐衰落的全球霸权，俄罗斯全球战略的核心是恢复昔日超级大国的荣耀。法国、德国、英国等国虽然勉强可以称得上“全球性大国”，但是同样也制定有非常富有进取性的全球战略。已经成长为全球性大国的中国自然也必须拥有全球战略。

从理论积淀看，中国对构建新时代全球战略应当充满自信。毛泽东提出“三个世界”理论，邓小平提出“韬光养晦、有所作为”方针，都是建立在以全球战略视野对全球战略形势进行战略判断基础之上的，都是对中国国际战略运筹所进行的全球性谋划。邓小平在其讲话中多次直接使用了“全球战略”的概念，强调“对我们中国来说，考虑问题历来不从中国自身利益一个角度，而是从全球战略来提出问题、考虑问题的”。[②] 当然，毛泽东和邓小平时代的全球战略仅仅是一种理论框架，尚未能进行系统的全球战略设计，更未能进行全球战略布局、全球战略运筹，因而尚不是完全意义上的全球战略。

习近平同志关于国际形势和全球治理的一系列重要论述，

---

① “王毅：在2017年国际形势与中国外交研讨会开幕式上的演讲”，https://www.fmprc.gov.cn/web/wjbzhd/t1518042.shtml。

② 邓小平1980年4月15日会见世界银行行长麦克纳马拉时的讲话，引自“中国共产党大事记1980”。

为中国构建新时代的全球战略奠定了重要理论基础。这些论述内涵丰富、博大精深，集中反映了中国新时代的国际观、安全观、发展观、利益观，具有统揽国际战略全局的重大作用。习近平提出的以构建“人类命运共同体”为核心的全球治理理念、以“合作共赢”为核心的“全球伙伴关系”理念、以“亲诚惠容”为核心的周边外交理念，集中体现出中国新时代全球战略最本质的要求。“一带一路”宏大战略倡议，正是习近平全球战略思维、全球战略谋划的结晶。习近平在2017年2月国家安全工作座谈会上的讲话，更是直接提出了“坚持以全球思维谋篇布局”的要求。[①] 党的十八大之后，中国特色大国外交实践越来越多地体现出中国全球战略的战略思维、战略布局，从而为我国新时代全球战略的构建奠定了重要理论基础和实践基础。

中华民族的传统战略智慧，也是构建中国新时代全球战略的重要思想和理论来源。中国历史上就是“以天下为己任”的大国、强国，中华文明所弘扬的“和衷共济”“和合兴邦”等一系列以“和”为核心的人文关系理念，至今仍然闪烁着熠熠光辉，仍然为世界多国所尊崇。中国构建新时代的全球战略，必须从先贤那里汲取战略智慧。习近平同志在论及中国外交战略时常常引经据典，为我们在构建新时代全球战略时借用、弘扬中华民族传统战略智慧树立了榜样。

概言之，中国确确实实到了构建适应中华崛起的新时代全球战略的时候了，中国完全有条件、有能力构建和运筹奋发有为的新时代全球战略。

---

① “习近平主持召开国家安全工作座谈会”，新华网，2017年2月17日。

二、中国构建新时代全球战略的主要依据

中国构建新时代的全球战略，必须系统考量国际国内各种影响因素，作出准确并具前瞻性的判断。

（一）对时代特点特别是世界主要矛盾的判断

准确地判断当今时代特点，是构建新时代全球战略特别是确定其目标和重点的基本依据，因此必须以全球视野、全球思维进行宏观理性的思考判断。

当今世界不再是霸权势力为所欲为的单极世界，也远不是以“多边共治”为特征的多极世界，而是从单极霸权向多极制衡过渡的“准多极世界”。①

“准多极世界”的突出特点是：美国霸权加速衰落，但仍是世界唯一超级大国，其维护全球霸权的挣扎具有极端性；世界各大力量中心尚处凝聚之中，其消长趋势及相互关系具有不确定性；国际格局严重失衡、国际关系复杂多变，各国的国际战略选择具有困难性；旧的世界秩序加速坍塌、新的世界秩序远未形成，围绕新旧秩序的斗争具有剧烈性。

“准多极世界”的主要矛盾是：美国维护单极霸权的非理性挣扎与健康力量构建稳定有序多极世界、实现“多边共治”的矛盾，集中体现为单极与多极、单边与多边、称霸与反霸、遏制与反遏制之间的博弈，其对中国和平发展的国际环境的影响最为突出、最为直接。

---

① 王海运：“俄罗斯仍是名副其实的世界级玩家”，《环球时报》，2017年11月13日。

中国新时代全球战略的构建和运筹，必须充分考虑“准多极时代”国际关系空前复杂、全球治理任务空前艰巨这种时代特点，紧紧盯住单极与多极、“一超独霸”与“多边共治”这一矛盾焦点；必须敢于善于充当世界和平的捍卫者、新型国际秩序的构建者、世界经济发展的贡献者、不同文明包容互鉴的推动者；必须正视与以美国为首的霸权势力之间矛盾的结构性质，抛弃“美国不会遏制中国”甚至可以与美国共组G2、共同领导世界的迷思，立足于以斗争求合作、以自身发展强大应对美国霸权围堵。

（二）对国际格局和国际秩序的判断。

国际格局是世界主要国家所构成的国际关系结构和力量对比态势，国际秩序是以国际格局为基础所形成的国际规则和行为规范体系。准确地判断国际格局和国际秩序及其变化趋势，既关系到在当今国际关系中的国家战略定位，又关系到推进新型国际秩序构建的举措选择。

对于当今国际格局的基本特征有着各种不同的描述，例如“一超多强”“多极世界”“两超多强”。“一超多强”仅仅从大国关系的角度描述国际格局，忽视了影响力日增的广大发展中国家。将当今世界称为“多极世界”（俄罗斯战略界大多持此观点）明显过于超前，因为可以称之为“极”的世界力量中心大多尚未真正成型。“两超多强”系指“中美两个超级大国”共组G2、共同领导世界，其他大国作为“多强”参与全球治理，更是一厢情愿。将中国视为与美国实力相当的“超级大国”严重脱离实际，以此认知进行国际战略运筹必然导致战略透支、战略失误。当今世界是从单极霸权向多极制衡过渡的“准多极世界”。这一描述抓住了当今世界力量结构最本质的特点，最有利于我国新时代全球战略的运筹。

当今世界的国际秩序，更加难以用一个短语来概括。现行国际秩序的基础是包括中国在内的二战战胜国的共同安排，不仅具有合法性，而且具有一定的合理性。中国正是利用了现行国际秩序的积极因素，实行了改革开放，迎来了经济振兴。也正是从这个意义上可以说，中国是现行国际秩序的融入者、受益者、维护者。与此同时必须指出，现行国际秩序基本上为以美国为首的西方大国所主导，不论是政治秩序、安全秩序还是经济秩序、人文秩序，都深深打着西方大国的烙印。在这样一种国际秩序中，广大发展中国家特别是新兴国家的权益远远得不到应有的体现，对于为世界和平与发展作出重大贡献的新兴大国中国来说更是不公正、不合理。因此，中国对待现行国际秩序的基本方针宜为“融入、利用、改造相结合”。也就是说，中国既应是现行国际秩序的“融入者”“利用者”，同时也应是现行国际秩序的“改造者”、更加公正合理的新型国际秩序的“构建者”。

基于对当今世界国际格局、国际秩序的认识，中国新时代全球战略选择只能是依托新兴国家、团结广大发展中国家，同时尽可能地争取不追随美国霸权、赞同全球“多边共治”的其他世界大国，共同抑制美国的霸权挣扎，共同推动“准多极世界”走向“多边共治”、稳定有序。

（三）对国家安全威胁的判断

对国家安全威胁的判断，是决定全球战略中安全战略、外交战略、发展战略基本取向的关键性因素。对国家安全威胁判断的首要问题是对战争与和平的预测。

总体看，今后相当长时间里，大国间的全面战争甚至有限战争极小可能发生。这主要是因为，大国间战略核力量相对均势基本稳定，“相互确保摧毁”① 的战略态势难以打破，相互核威慑下的“恐怖和平”有望继续保持。同时还因为，在当今世界，以战争以外手段谋求国家利益，风险更加可控，更加有利于大国利益的实现。

与此同时必须看到，具有大国明里暗里策动和支持背景的中小国家之间及其内部的局部战争、武装冲突仍在频频发生，恐怖活动、网络攻击、生态危机等非传统安全挑战趋于严峻。

因此可以认为，和平与发展仍将是时代的“主题”，但是远未成为时代的“主流”。那种将“主题”与“主流”混为一谈、大念“和平经”的做法很不可取。那种只谈经济发展，忽视甚至排斥军力发展的主张，将会给国家带来灾难。

对于中国来说，由于综合国力持续增强，战略运筹纵横捭阖，加之可靠的核威慑能力有望起到基础性安全保障作用，因而针对中国或者中国被迫卷入的较大规模战争远非现实危险。但是，由于霸权美国深陷“修昔底德陷阱”、冷战思维根深蒂固，其遏制、围堵中国的冲动将会长时间存在。特别是在中国将强未强、综合国力尚未全面超越美国之前，霸权势力对中国的战略围堵很可能呈加剧之势。

因此，中国被迫直接或者间接卷入的有限军事冲突恐难完全避免。特别是在台海方向上，由于“台独”势力在霸权势力庇护下走向法理“台独”的危险不断增大，作为大国不能长时间不解决国家完全统一问题，我国被迫对台实施军事打击的可

① 相互确保摧毁战略是美国灵活反应战略的组成部分。它指美苏双方均拥有可靠的第二次打击能力，即在对方首先实施核打击后，己方仍能生存下来，并且具备完全摧毁对方的核报复能力。

能性不断增大，很难排除因此而与美国等国发生直接军事对抗的危险。在南海、朝鲜半岛以及南亚方向上，也或多或少地存在发生军事对峙甚至军事冲突的危险。“三股势力”的活动，如果不能受到强有力的打击，也可能“生乱生战”。

概言之，中国新时代的全球战略，既要考虑到国际和周边安全环境总体有利，继续坚持和平崛起的基本路径，又要以强大的军事实力和战略运筹能力应对各种可能的安全挑战，确保战略机遇期的有效利用和长时间延续。

（四）对国家综合实力的判断

国家综合实力是制定全球战略的基础性依据、运筹全球战略的基础性依托。国家综合实力既包括经济实力、军事实力、科技实力，以及人口规模和素质、资源禀赋、地缘环境等硬实力，又包括战略运筹能力、国际传播能力、民族凝聚力和危机承受力等软实力。

硬实力方面，中国已经成长为世界第二大经济体，经济总量占到世界的15%，并且连续多年对世界经济增长的贡献高达30%以上。[①] 中国的军事实力也在快速增强。中国的人口规模居于世界第一，且受教育程度大幅提升，可望为国家的经济发展和国防建设提供可靠的人力资源保障。中国的自然资源禀赋总体看与人口规模不相适应，但是在全球化时代，坚定地实施开放战略的中国利用全球资源的能力愈来愈强。中国的地缘条件尽管不如美国那样有两洋护卫、没有强邻，但是随着海空

① 据国家统计局综合司发布的消息，2013—2016 年中国经济对世界经济增长的平均贡献率超过 30%。参见《工人日报》，2018 年 4 月 13 日。

实力的增强，陆海兼备的独特地缘优势有望得到越来越好的发挥。

软实力方面，中国拥有得天独厚的优势。中华民族的传统战略文化是取之不竭的智慧宝库。以习近平总书记为核心的党中央拥有广阔的战略视野和运筹帷幄的战略智慧。中国是共产党领导的社会主义国家，具有超强的社会动员能力、集中力量办大事的制度优势。中国倡导的新型国际关系理念得到国际社会越来越广泛的认同，中国的国际传播能力快速提升。中国几千年作为世界强国的民族精神重新得到焕发，民族凝聚力也在日益增强。但是，由于西方大国拥有国际话语霸权、中国在国际传播和国际规则领域还是新手，因而软实力远远没有得到应有的发挥。

中国新时代全球战略目标的确立和实施，必须立足于国家的综合实力的现实及其发展前景，既要善于调动各种硬软实力，努力增强全球战略运筹能力，又要在战略目标设计上留有余地，避免战略目标超越综合实力提供的可能。

三、我国新时代的全球战略——多极制衡战略

我国新时代的全球战略可以用“多极制衡”予以概括。“多极制衡”的要义是：适应世界多极化、经济全球化的大趋势，打造“人类命运共同体”；立足于软硬实力的快速增强和有效发挥，实现中华民族伟大复兴的“中国梦”；联手新兴力量和广大发展中国家，打造新兴力量统一战线；充分调动战略智慧，通过“合纵连横”达成“多极制衡”。

（一）适应世界多极化、经济全球化的大趋势，打造“人类命运共同体”

世界多极化建立在霸权势力日渐衰落、新兴力量群体式崛起的基础之上，这是任何力量都难以逆转的大趋势。冷战结束、两极格局解体，美国作为唯一超级大国得以坐大，企图打造其可以为所欲为的单极世界。但是，由于违背历史潮流、超越实力基础、战略失误连连，美国的单极构想从未真正实现。2008年金融危机的爆发，彻底击碎了美国单极霸权的迷梦。时代潮流对美国霸权的抑制力不断增强，世界从单极霸权向“多边共治”过渡的进程加快。

我国新时代的全球战略必须考虑到美国维护单极霸权的非理性挣扎与世界健康力量构建稳定有序的多极世界这一主要矛盾，考虑到进入“更年期”的美国可能更加缺少理性、更加疯狂地维护霸权地位的危险性，必须联合世界一切可以联合的力量，改变美国“一超独大”的不平衡国际格局，推动世界多极化健康发展、全球治理走向“多边共治”。

经济全球化建立在人类科学技术特别是现代交通和信息技术飞跃发展、地球村日益变小的基础之上，因而也是不可阻挡的时代潮流。我国新时代的全球战略，必须顺应这一时代大潮，通过推动“一带一路”和上合组织建设合作，参与和引领各种区域合作和跨区域合作，在加速自身经济发展的同时提升对新型国际经济秩序的构建力，争取早日从世界经济大国发展成为世界经济强国。

不论是推动世界多极化还是推动经济全球化，都应以构建“人类命运共同体”为旗帜。“人类命运共同体”强调世界各国生活在同一星球上，利益与共、责任与共，必须平等尊重、互帮互助，从而与霸权主义以大欺小、利益通吃划清了界限，具有巨大的感染力和号召力。

（二）立足于软硬实力的快速增强和有效发挥，着眼于实现中华民族伟大复兴的“中国梦”

我国新时代全球战略的目标设定和运筹，必须建立在准确客观地评估国家硬软实力及其发展前景的基础之上。

改革开放40年，我国的硬软实力得到了快速提升。我国尽管距离“世界强国”尚存一定距离，但已经成为名副其实的“世界大国”。我国新时代的全球战略运筹，应当善于利用国家的硬软实力的影响力，拥有更多的“负责任大国”作为。那种认为中国仍是“弱国穷国”，至多是“地区性大国”的妄自菲薄，有害中国大国利益的实现，必须坚决扬弃。

与此同时应当认识到，我国仍然是发展中国家，全球战略目标不可好高骛远，全球战略运筹不可过度消耗硬软实力。那种认为我国经济和军事实力已经全面超过俄罗斯甚至是美国，并且据此提出要当“世界领导者”的妄自尊大，极易导致盲目冲动、战略透支，极易遭受战略挫折、反弹反制，甚至存在阻断中华崛起进程的危险，必须坚决拒绝。

我国新时代全球战略既需要拥有更多的“大国作为”，又不能轻易放弃“韬光养晦”；既应设定更加宏大的战略目标，又应谦虚谨慎、不事张扬，以减少霸权势力的反制、避免国际社会的误解。

（三）联手新兴力量和广大发展中国家，打造新兴力量统一战线

我国作为新兴大国、发展中大国，战略处境、战略诉求、

战略理念与其他新兴国家和广大发展中国家广泛相近。尽管这些国家与我国存在着国情差异，甚至有着这样那样的矛盾，但是总体看他们与我国的共同战略利益远大于不同战略利益，完全有希望成为我国新时代全球战略运筹的基础性依托。

我国作为快速崛起而又遭遇霸权势力重点围堵的新兴大国，在当今复杂严峻的国际环境中，绝对不能单打独斗，必须团结一切可以团结的力量，首先是新兴大国和广大发展中国家。为此，有必要重拾革命战争年代行之有效的“统一战线”法宝，[①] 打造有别于西方世界的地缘政治力量，即“新兴力量统一战线”。

打造新兴力量统一战线的根本目的在于，平衡国际战略格局、构建新型国际秩序。美国作为全球唯一超级大国、综合实力强大，仍在拉帮结伙、强化其遍布全球的同盟体系，而新兴国家和广大发展中国家力量对比处于劣势，却严重分化、不能团结，因而随处受到霸权势力的制约甚至安全威胁。因此，必须下大力推动新兴力量统一战线早日形成，以平衡国际格局、抑制美国霸权，维护新兴国家和广大发展中国家的权益。

要打造新兴力量统一战线，需要有一两个大国作为凝聚核心。我国作为发展最为迅猛、理念最能得到国际社会认同的新兴大国，应当而且有条件发挥凝聚核心作用。同为新兴大国、安理会常任理事国的邻国俄罗斯，可以作为我国构建新兴力量统一战线的主要战略伙伴。高举“上海精神”旗帜的上合组

① 统一战线、武装斗争、党的建设，是中国革命的三大法宝。这是毛泽东对中国新民主主义革命经验的基本总结。

织，[①] 可以作为我国构建新兴力量统一战线的基础性平台。构建新兴力量统一战线与“一带一路”建设合作相结合，可以取得相互支撑、相互助力的成效。

（四）调动传统战略智慧，通过“合纵连横”达成“多极制衡”

“多极制衡”集中体现着中国几千年的传统战略智慧，在当代国际关系运筹中应予运用和发展。“多极制衡”强调顺应世界多极化大趋势，通过世界主要力量相互制衡实现力量平衡和利益均衡，通过制约和制衡推动世界多极化、国际关系民主化、不同文明包容互鉴。“多极制衡”是对结盟对抗、零和思维的扬弃，是对美国霸权的平衡而不是取代，因而可以大大减少中华崛起的战略阻力。

“多极制衡”战略的运筹方略是“合纵连横”，“合纵连横”的要旨是借力用力、顺势而为，减少对抗、扩大合作。“合纵连横”首先是联合新兴国家，其次是团结广大发展中国家，再次是争取与霸权国家有分歧的发达国家。要把伙伴、朋友搞得多多的，把对手、敌人搞得少少的。要集中力量对付美国霸权，而不能四面树敌、到处发力。

“多极制衡”的重要任务是运筹好大国关系。在大国关系中，进一步深化“中俄全面战略协作伙伴关系”，发挥其“全球战略稳定的压舱石”作用，进而形成“肩并肩、背靠背、手拉手、心连心”的“准同盟关系”。对美关系应坚持不懈地推

① “上海精神”，即“互信、互利、平等、协商，尊重多样文明、谋求共同发展”，是“上海五国”机制的基础、上合组织的灵魂。

动构建“新型大国关系”[1]，增加建设性、减少对抗性，同时要以我国自身的发展强大抑制美国的狂妄自大。对欧洲大国，则应争取其在重大国际问题上与我国相向而行，共同推动世界多极化、经济全球化。

综上所述，我国新时代的全球战略宜以“多极制衡”作为基本方略，争取以有限的投入赢得广泛的战略利益，加速实现中华崛起的总体战略目标。

① 构建“中美新型大国关系”是习近平2013年6月与奥巴马会晤时提出的，基本内涵是，“不冲突、不对抗，相互尊重、合作共赢”。此后，中方一直坚持这一对美关系基本方针。

中国内外经济环境新变化与对外开放

姜跃春[1]

内容提要： 40年的改革开放使中国成为世界第二大经济体，开放的中国不仅实现了自己从贫困到初步富裕的飞跃，也成为对世界经济贡献率数一数二的国家。近年来，随着中国改革开放的不断深入和国际经济形势的诸多变化，尤其是美国特朗普政府上台以来，高调推行“美国第一”政策，保护主义泛起，单边主义横行，给我国外部经济环境带来种种挑战和风险。在此情形下，中国不仅需要不断深化改革，进一步扩大开放，保障本国经济健康平稳发展，也需要考虑对接世界经济未来发展趋势和国际经贸规则的演变。在内外经济调整过程中，中国需确保国内经济的可持续性发展，为世界经济良性运行作出自己的贡献。

关键词： 对外开放　单边主义　国际规则　中美贸易摩擦

经过40年的改革开放，中国经济取得了举世瞩目的成就。14亿中国人完成了从贫穷到富有的蜕变，中国从在全球经济中微不足道的国家变化为世界第二大经济体、第一大工业国、第

---

① 作者系中国国际问题研究院世界经济研究所所长、研究员。

一大货物贸易国、第一大外汇储备国。2017年，我国国内生产总值（GDP）为827 122亿元，同比增长6.9%。[①] 按照2017年人民币兑美元平均汇率6.751 8：1折算，我国全年GDP约为122 504亿美元，是世界上两个GDP超过十万亿美元的国家之一。中国不仅从根本上改变了长期贫穷落后的面貌，而且实现了从站起来、富起来到强起来的伟大飞跃。

一、中国融入外部世界的过程

40年改革开放的实践证明，改革开放是决定当代中国命运的关键。对外开放作为基本国策不仅使中国人民的生活发生了翻天覆地的变化，也让整个东西方世界受益良多。在此过程中，中国最大的变化是冲破了传统计划经济体制束缚，初步建立了市场经济体制，并逐步将充满活力的中国经济融入到世界经济之中。

（一）打开国门，让西方资本、技术进入中国本土

结束自我封闭状态，这是学习西方先进科技和管理经验最直接的办法，也是让中国在短期内实现“弯道超车”、迅速赶超西方的有效经验。市场经济以市场作为配置资源的基础性方式，市场经济是开放经济，客观上要求“引进来”，引进外部先进技术和关键设备，利用和吸引国外的资金、先进技术和管

① “国家统计局：2017 年 GDP 为 827 122 亿元 同比增长 6.9%”，中国经济网，2018 年 1 月 18 日，http://www.ce.cn/xwzx/gnsz/gdxw/201801/18/t20180118_27793641.shtml。

理经验，弥补我国改革开放初期建设资金不足问题，改善技术、管理落后的状况，以加快我国现代化建设的进程。实践证明，外商投资企业的数量和实际利用外资的额度不断扩大，在加速中国现代化建设过程中发挥着不可低估的作用。

（二）走出国门，让中国企业、经济融入外部世界

加入世界贸易组织（WTO）不仅是中国经济融入世界经济的重要里程碑，也是中国适应经济全球化发展趋势、进一步深化改革开放的客观需要。它不仅成为了中国改革开放的重要转折点，也让中国与世界的联系更加紧密，让中国融入世界的步伐全面提速。入世之后，中国不仅不断受益于全球化发展，让自己的商品迅速输出到世界每个角落，大大促进了相关产业的发展，也让中国迅速融入全球产业链当中，并成为其中不可或缺的重要力量，在国际经济中发挥着越来越重要的作用。中国对世界经济增长的贡献率不断提高。入世前的2001年，中国实际国内生产总值对全球贡献率只有0.53%，但到了2017年，中国国内生产总值占世界经济的比重为15%左右，对世界经济增长贡献率在30%以上，名副其实地成为牵引世界经济走向复苏的重要引擎。[①]

（三）扩大朋友圈，不断拓展自由贸易区的全球布局

自1978年开启对外开放到2017年，我国的贸易伙伴已经从40多个国家和地区发展到231个，贸易额从355亿元人民币

---

① “2017年国民经济和社会发展统计公报”，新华网，2018年2月28日，https://baijiahao.baidu.com/s?id=1593632348827253345&wfr=spider&for=pc。

提高到27.8万亿元人民币，增长了782倍；中国已经是120多个国家和地区的头号贸易伙伴；中国累计引进外来直接投资额已经超过两万亿美元。中国还同25个国家和地区签署了17个自由贸易协定，贸易伙伴遍及亚洲、欧洲、大洋洲、南美洲和非洲。2017年，中国与自贸伙伴的贸易投资额占中国对外货物贸易、服务贸易、双向投资的比重分别达到25%、51%和67%。这是中国对外开放40年来取得的重要成果，也说明不断加快对外开放步伐是我国社会经济取得加速发展的宝贵经验。[①]

（四）内外联动，让内外企业实现共同发展

充分利用国内国外两种资源，开拓国内国际两个市场，把中国企业与世界产业链紧密联系在一起，不仅有利于中国企业走向世界，也为中国加速进入世界经济舞台中央提供了重要的支持。不可否认，过去40年中国经济大发展是在对外开放和内部改革的条件下取得的，从1978年开启改革，1992年邓小平南巡讲话，2001年加入WTO，到2005年的人民币汇率制度改革，每一项重大改革开放举措都在中国融入世界的过程中发挥了举足轻重的作用，所以未来中国必须继续在对外开放的路上走下去。对外开放没有回头路。经过40年的改革开放，中国已经离不开这个世界，难以重新回到“小黑屋”，外部世界也在日常生活的基本需求方面离不开中国。当今世界是一个你中有我、我中有你，相互依存，日趋加深的“地球村”，是一个命运不断趋同的关联世界。

① “中国外贸四十年　实现历史性跨越”，光明网，2018年8月31日，https://baijiahao.baidu.com/s?id=1610255400234034292&wfr=spider&for=pc。

二、当前中国内外经济环境的新变化

对外开放40年来，随着国际形势变化，我国面临的国内国际环境都发生了重大变化，进一步深化改革、加速扩大开放，是中国“不二”的必然选择。

（一）中国经济地位上升，结构调整还在路上

当前，中国的经济总量已然跃居世界第二，但中美贸易战的事实说明，中国经济高速发展的优势正在离去，人口红利、出口红利都可能成为“过去时”，国内经济也出现了地方债上升、产能过剩等诸多问题，加之企业效益下滑、外资松动和人口老龄化问题，中国经济已经来到至关重要的十字路口。当然，中国经济正在从高增长向高质量的方向转变过程中，但这一转变是痛苦的，是需要付出一定代价的。另外，经过40年的对外开放，中国经济已经相当程度地融入了世界经济当中，世界中有中国，中国中也有世界，这是不容否定的现实。为实现命运共同体的大目标，中国需要进一步融入世界，世界也需要与中国共同成长，中国的对外开放不仅没有退路，而且只能进一步敞开大门，这是中国实现可持续发展的必然选择。

（二）经济全球化不可逆转，单边主义大行其道

经济全球化是当今世界经济发展的必然趋势。民粹主义现象对经济全球化带来一定冲击，但全球化潮流不会逆转。尽管如此，“美国第一、美国优先”等单边主义做法对自由贸易原则和多边贸易体制的确带来不小的冲击。何况经济全球化要经

过区域经济一体化等过程。而在此过程中，各个区域集团就本地区自由贸易安排进程，都在树立各种规则实现地区性的贸易安排。不管这些规则是否合理，但只要签约者投赞成票，其他国家就无法忽视。尤其是如果其他国家要加入其中，就必须遵守“群规”。如何以开放、包容、自信的心态面对和把握所面临的挑战和机遇，将是中国面临的重要课题。

（三）中美贸易具有结构特性，美国政府高压对华政策难以发生根本性改变

当前，在全球经济平稳复苏，国际贸易出现回暖势头的同时，贸易保护主义倾向不断蔓延，成为贸易增长的重大阻碍。尤其是特朗普政府高举“单边主义”大旗，对全世界强调“美国第一”的口号，大力推行“美国优先”的进攻性贸易政策，“单挑全世界”，使得主要经济体之间贸易摩擦全面加剧。中美贸易争端不断升级，从“关税战”到“科技战”，从单纯贸易失衡问题到制约中国经济发展，问题的性质已经产生变异。众所周知，中美贸易失衡除贸易统计方式不同、美国限制对华高科技出口等诸多原因之外，还有结构性特点，即在全球价值链分工体系中，在东亚地区产业转移和分工过程中，中国作为“世界工厂”始终充当“组装车间”的角色，日韩等亚洲国家不断把中间产品、零部件拿到中国，在中国组装后出口到美国和世界其他地区。这种“新三角贸易”改变了原由日韩等国直接面向美国出口的传统“三角贸易”格局，因此可以说，中国对美国的贸易顺差实际上也包含了日韩等亚洲国家的贸易顺差。可见，中美贸易失衡具有结构性、长期性特征，短期内难以根本解决，更是无法通过贸易战来改变的。尤其需要指出的是，“中美贸易摩擦”在一定意义上可以说是崛起大国与守成大国的较量。尽管阿根廷二十国集团（G20）峰会期间，“习特会”为中美贸易争端按下了“暂停键”，但在美国对华贸易问题上的“要价”和中国能够接受的“底线”之间还有不小的“落差”，因此，很难相信中美贸易争端会从此打上“休止符”。

（四）西方国家对美有不同声音，在对华贸易问题上“抱团”趋势有所表现

尽管特朗普高举关税大棒“单挑”全世界，包括对欧洲、日本的传统盟友，统统喊“亏”，提醒“保护费”难免。但我们也清醒地看到，美、欧、日合作与政策趋同的一面也在上升。2018年7月，日本首相安倍晋三与欧洲理事会主席图斯克、欧盟委员会主席容克签署了日欧经济伙伴关系协定（EPA）。在关税领域，包括农林水产品和矿工业制品在内，日本方面将取消对约94%欧盟商品的关税，欧盟方面将取消对约99%的日本商品的关税。这是日欧关系在经贸合作领域的重大突破。美欧之间，欧盟委员会主席容克在2018年7月访问白宫，与特朗普总统就双边经贸议题展开会谈，宣布同意通过谈判降低贸易壁垒、缓解贸易摩擦，并同意暂停加征新关税，甚至言明下一步将争取签订自由贸易协议的意向。再看美日，在特朗普重压之下，始终拒绝与美进行单独贸易谈判的日本高层也不得不低下头颅，冒着再次屈服的风险，就“自由，公平和互惠”贸易和汽车关税问题与美启动双边谈判程序。尤其需要指出的是，美、欧、日在产业政策、政府补贴、国有企业、技术转让和数字经济等问题上对华立场极其相近，甚至在有些领域完全一致，在经济发展模式方面也具有共同的主张。2018年5月，日、美、欧盟三方在巴黎发表的共同声明，涉及今后全球经济治理走向的重要问题，充分反映了三方的共同意志。欧盟向世贸组

织提交的改革方案也在相当程度上体现了日、美、欧盟共同声明的精神。更具挑战性的动向是美国与墨西哥、加拿大重新签署了《美墨加协议》，之后竟然公开称，欧盟、美、日签署新自由贸易协定时，都会加入《美墨加协议》中的“非市场经济国家”条款，“补上自由贸易规则的最后一个漏洞”。这实际上等于宣布所有与美国做生意的国家，没有美国的同意，不得与中国签订自由贸易协定。美国这一政策可谓中美建交以来，对中国伤害最大、影响最深的举措。

（五）以世贸组织为核心的多边贸易体系依然存在，但面临被“架空”危险

在经济全球化深入发展的当今世界，国际贸易在多边贸易体制下得到了平稳健康的发展，世界各国已经形成“你中有我、我中有你”的相互依存关系，很多产品都由不同国家的零部件共同构成，世界各国通过多年形成的产业链互通有无，取长补短，不仅有效降低了生产成本，也大大促进了国际贸易的便利化。当前特朗普政府表现出来的单边主义做法，不仅对全球产业链造成强烈冲击，给正在复苏的世界经济增加了不确定性，更是给多边贸易体制带来了前所未有的冲击。特朗普政府的全球治理观认为，现有的以WTO为核心的国际贸易体系存在严重“不公平”行为，亟待改变，他甚至公开称，如果不能如其所愿，美将退出WTO，重塑“自由且公平”的贸易体系。同时，美国已毫不掩饰地阻止WTO开启上诉机构法官甄选程序，妨碍了WTO的正常运行。从国际贸易体系来看，特朗普政府不断挑战WTO权威性，造成了对战后西方国家自己建造起来的国际经济体系的严重冲击。由于日、美、欧盟三方之间在诸多问题上的一致性，特别是在“零关税、零补贴、零壁垒”上的一

致立场，不排除三方在未来一个时期达成新的关税协议的可能性。这样，以WTO为核心的世界自由贸易体制将可能面临“名存实亡”的危险。

三、中国应进一步对外开放

未来十年，是世界经济新旧动能转换的关键十年，也可能是新技术革命取得突破的关键年份。以人工智能、大数据、量子信息、生物技术为代表的新一轮科技革命正在拉开序幕，由此带来的新产业、新业态、新模式正在以全新的节奏和速度改变着人类社会的生产和生活。未来十年，世界将迎来百年难见的大变局。尤其是对广大新兴市场国家和发展中国家而言，这是加速发展自我的难得机遇，对中国而言也是至关重要的十年，中国一定要抓住这个重大机遇，与广大发展中国家一道实现跨越式经济大发展。随着中国经济在国际经济中的地位不断提升和国际经济形势的变化，中国对外开放的大门将进一步扩大，而且，扩大的时间宜早不宜晚，开放的步伐宜快不宜慢。

（一）坚持互利共赢原则，建设开放型世界经济

对外开放中，深化合作是科技进步和生产力发展的必然逻辑。在国际经济格局处于深刻调整的当今社会，在经济全球化深入发展的当今世界，只有坚持对外开放不动摇，坚持对外开放的大门越开越大，才能更快地融入世界，让世界各国在相互合作中取长补短，实现共同繁荣和可持续发展，这不仅是当今世界多数国家的选择，也是中国坚定不移的开放之路。所谓建设开放型世界经济，就是要旗帜鲜明地反对单边主义和贸易保

护主义，坚持推动贸易自由化和投资便利化，继续推进世界经济朝着更加开放、包容、普惠、共赢的方向发展。

（二）严格国际承诺，维护自由贸易体制

中国作为负责任的大国，不仅是经济全球化的推动者，也是现有国际秩序的坚定捍卫者。尽管中国的对外开放有自己的节奏，但国际形势的变化和外部环境的现实要求中国加快对外开放的节奏。也许按着过去的时间表，升级版的对外开放还未到时间，但国际形势的变化已经给我国加速对外开放带来紧迫感。我们不仅会完成当年入世时的所有承诺，还会做得更好，我们对外开放的步子将越来越大。

（三）树立全球视野，实现共同发展

近年来，中国在应对国际金融危机上的重要“药方”即是“共商、共建、共享”，希望各国在相互合作中，实现共同繁荣，共同发展。中国经济在日益融入国际经济的今天已经没有退路可走，在认可经济全球化是必然趋势的背景下，中国需进一步树立全球视野，实现共同发展。

（四）对接国际规则，维护自贸体系

多边贸易体制的基本原则即是维护国际贸易的公正性、自由性和非歧视性。作为现有多边贸易的受益者和维护者，中国要继续坚定奉行多边主义，坚定维护WTO框架下的所有国际规则，认真履行《贸易便利化协定》所规定的原则和内容，积极参与有关服务贸易协定和政府采购协定谈判，稳步推进自由贸易区建设，尤其要为亚太地区目前正在加速进展的《区域全面经济伙伴关系协定》（RCEP）和中日韩自贸区谈判的早日达成

提供助力。中国要不断提高双边开放水平和自贸区标准，继续加快与有关国家商谈高水平的投资协定以及各种形式的优惠贸易安排，尽早实现“一带一路”创新合作模式与现有区域合作的对接，推动双边及多边贸易的健康发展。

（五）加速自贸区建设，构建全球布局

在经济全球化背景下，贸易自由化也是各国之间增加互动的必然选择。作为全球贸易大国，中国有实力也有可能推动与更多的国家建设双边自由贸易区，这也是中国进一步扩大对外开放、建设开放型世界经济的重要环节。制定现实与可操作的自贸区发展战略，有计划有步骤地在全球构建自贸区网络是未来中国进一步扩大开放的必然选择。不仅如此，自贸区的标准与水平也将伴随中国的开放而不断提升，高标准的自贸区建设将越来越成为中国对外开放的选择。中国拓展自贸区建设的步伐将不断加速，自贸区的全球布局也将快速发展和逐步完善。

中非合作论坛北京峰会特点及其意义

陆苗耕[①]

内容提要： 2018年9月在中国北京举行了中非合作论坛第三次峰会。本次峰会圆满成功，是中非关系史上一座历史性丰碑。北京峰会主要特点：标志着中非合作进入新时代、中非携手构建更加紧密的中非命运共同体；提出了振奋人心的中非合作将实施的“八大行动”；彰显了中国的大国担当和贡献，习近平主席为峰会作出重大贡献；非洲国家高度赞扬北京峰会和中非合作。本次峰会将在中非合作行稳致远等方面产生深远影响。

关键词： 中非合作　北京峰会　特点　意义

中非合作论坛自2000年10月成立以来，先后在2006年和2015年举行了两次峰会，2018年9月3日至4日在北京举行第三次峰会。北京峰会非常成功，一致通过了两个重要文件《关于构建更加紧密的中非命运共同体的北京宣言》和《中非合作论坛——北京行动计划（2019—2021年）》。

中非合作论坛北京峰会是中非关系史上一座历史性丰碑，标志着中非合作新时代的开始。

---

① 作者系中国国际问题研究基金会研究员。

习近平主席赞扬中非合作论坛北京峰会圆满成功，中非领导人在所有重大问题上都达成重要共识，发出了共同声音。北京峰会收获的是沉甸甸的成果，揭开了中非关系新的历史篇章，树立了南南合作新的时代丰碑。他还指出，北京峰会成功举行，推动中非全面战略合作伙伴关系站在新的历史起点上，开启了新的历史征程。

现就中非合作论坛北京峰会的主要特点及其深远意义阐述如下。

一、中非合作论坛北京峰会的主要特点

（一）中非合作进入新时代

北京峰会标志着中非合作进入新时代，这主要体现在三个方面：

其一，中非大团结达到空前水平。北京峰会层次高、规模大。习近平主席同54个论坛非洲成员代表与会，包括40位总统、10位总理、1位副总统以及非盟委员会主席等。一同来华与会的非洲各国正部长级高级官员多达249位。出席峰会的非方领导人和代表团数量均创下历次中非峰会的纪录，被誉为中非大家庭的大团圆。此外，联合国秘书长以及26个国际和非洲地区组织代表应邀出席，中外参会人员超过3200人，成为迄今中国举办的规模最大、规格最高的主场外交活动。中非领导人共举行了峰会开幕式、领导人圆桌会议、企业家大会、双边会谈会见等100多场活动，持续时间超过一周，堪称“中非友好黄金周”。非洲国家领导人与中方领导人欢聚一堂，共商中非合作大计，共同为中非未来绘制鼓舞人心的合作蓝图，而且

中非双方在所有重大问题上都达成重要共识，显示中非关系呈现出前所未有的强大的凝聚力、生命力和创造力，向世界传递了中非携手并进的强烈信号。中非双方一致同意坚定支持彼此的核心利益，论坛非方成员明确承诺继续坚定奉行一个中国原则，支持中国的统一大业。国际社会赞扬这是中非大团结的一次盛会。

其二，峰会对中非合作目标定位崇高远大。峰会围绕“合作共赢，携手构建更加紧密的中非命运共同体”主题，谋划中非关系未来发展，绘制中非合作宏伟蓝图。习主席明确说，中非共筑更加紧密的中非命运共同体，为推动构建人类命运共同体树立典范。中非命运共同体包括六个方面宏伟内容：责任共担、合作共赢、幸福共享、文化共兴、安全共筑、和谐共生。中非合作不限于中非双方的事情，而是关乎构建人类命运共同体的世界大事，还要起典范作用，昭示了中非合作一个新时代的开始，中非合作的目标和任务无比崇高而远大。峰会上非洲国家纷纷表示愿积极参与“一带一路”建设，非洲国家是全球“一带一路”建设的重要参与方，将成为全球开展互利合作共赢的榜样。回顾新中国成立至二十世纪七十年代，中非关系主要是政治上的相互支持和帮助，改革开放以来中非关系主要是经济上的互补和建设经验上的互鉴，现在进入了中非全面战略合作伙伴关系的发展时期，正为中非人民利益和世界人民的福祉而奋斗。

其三，中方在峰会上提出发展同非洲国家关系奉行“四个坚持”和“五不”原则。“四个坚持”为：坚持真诚友好、平等相待，坚持义利相兼、以义为先，坚持发展为民、务实高效，坚持开放包容、兼收并蓄。“五不”原则为：中国不干预非洲国家探索符合国情的发展道路，不干涉非洲内政，不把自己的意志强加于人，不在对非援助中附加任何政治条件，不在对非投资融资中谋取政治私利。中国永远是非洲的好朋友、好伙伴、好兄弟，任何人都不能破坏中非人民的大团结。“四个坚持”和“五不”原则是我国对非政策继承中的创新体现，与新中国成立后，提出的中非关系五项原则和中国对外援助八项原则一脉相承，同时又适应当前中非合作的需要，并有长远的指导意义。中国希望其他国家与非洲发展关系时能够遵守上述这些道德准则。

（二）务实行动成为最大亮点

中非合作论坛北京峰会中的务实行动成为最大亮点。中非合作论坛不是进行空泛议论的论坛机制，已成为中非双方开展友好合作的具体的有效的务实机制。非洲国家领导人指出，中非合作论坛成立以来，已经成为中非双方，特别是非洲国家加快发展步伐的理想平台。峰会期间，中非双方签署的各类合作协议近150份，特别是28个国家和非盟委员会同中方签署共建“一带一路”合作文件，掀起了又一波支持参与“一带一路”建设的热潮，扩展了“一带一路”的朋友圈。峰会通过了两个重要文件，推出了以实施“八大行动”为核心的上百项全面深化中非合作的新举措，确定了未来3年中非将以实施“八大行动”为重点，全面加强各领域务实合作。在2015年12月中非合作论坛约翰内斯堡峰会上，提出中非“十大合作计划”，中方所承诺提供600亿美元资金都已兑现或作出安排。仅仅相隔不到3年，中方在峰会上宣布，中国愿以打造新时代更加紧密的中非命运共同体为指引，在推进中非“十大合作计划”基础上，同非洲国家密切配合，未来3年和今后一段时间重点实施“八大行动”：一是实施产业促进行动，二是实施设施联通行动，三是实施贸易便利行动，四是实施绿色发展行动，五是实施能力建设行动，六是实施健康卫生行动，七是实施人文交流行动，八是实施和平安全行动。中方还明确承诺，为推动“八大行动”顺利实施，中国愿以政府援助、金融机构和企业投融资等方式，向非洲提供600亿美元支持，其中包括：提供150亿美元的无偿援助、无息贷款和优惠贷款；提供200亿美元的信贷资金额度；支持设立100亿美元的中非开发性金融专项资金和50亿美元的自非洲进口贸易融资专项资金；推动中国企业未来3年对非洲投资不少于100亿美元。同时，免除与中国有外交关系的非洲最不发达国家、重债穷国、内陆发展中国家、小岛屿发展中国家截至2018年底到期未偿还政府间无息贷款债务。

“八大行动”绘制了中非具体合作的蓝图，其中三个方面的内容尤其引人关注：一是体现了促进非洲发展的全面性，“八大行动”涵盖了非洲方方面面的具体发展，提出对各领域合作的具体要求以及实施措施，必将有力推进中非全面战略合作伙伴关系更上一层楼。二是适应了非洲发展的迫切需要。非洲基础设施滞后，严重制约非洲发展。非洲人民健康水平低下，被多种严重疾病所困扰。中方将在设施联通、健康卫生等行动中予以大力支持和高度关注，伸出援手。三是激发非洲发展的创新性。中方将在产业促进和能力建设等行动中，大力帮助非洲推进实现工业化、现代化的进程，改变殖民主义者奉行国际分工论，非洲长期沦为原料供应地的困境，让非洲制造之风畅行非洲大地。中方高度重视非洲增强自身的发展能力，大力培养非洲发展人才，加强同非洲交流发展经验，希望更多的非洲国家在发展中搭乘中国快速发展的顺风车，真诚欢迎非洲国家积极参与“一带一路”建设，在广阔的国际合作的大平台上，使非洲发展充满勃勃生机。

（三）彰显中国的大国担当和贡献

北京峰会彰显了中国的大国担当和贡献。

在峰会上，中国从把握历史发展趋势、洞察国际风云变幻的高度，精辟分析时代命题和世界形势，提高了人们对构建人类命运共同体的认识。中国指出和平与发展是时代的主题，国际社会应以团结、智慧、勇气回答这一时代命题。中国指出当今世界正在经历百年未有之大变局。世界多极化、经济全球化、社会信息化、文化多样化深入发展，全球治理体系和国际秩序变革加速推进，新兴市场国家和发展中国家快速崛起。同时，我们也面临着霸权主义、强权政治、保护主义、单边主义、战乱恐袭和严重自然灾害等挑战。中国阐明世界各国人民的命运从未像今天这样紧紧相连，倡导各国人民为构建人类命运共同体而同舟共济。

中国在峰会上高度评价非洲，增强非洲人民对和平与发展的信心。中方热情赞扬非洲大地富饶美丽，21世纪以来非洲已取得可喜进步和成就，非洲发展充满生机，非洲人民渴望幸福生活，非洲发展不可限量，非洲未来充满希望。

中国强调中非友好合作前景广阔，中非全面战略合作伙伴关系发展大有可为，中非合作要成为构建人类命运共同体的典范。中国以鲜明的态度表示，中国把为人类作出新的更大贡献作为自己的使命。中国坚持把中国发展同助力非洲发展紧密结合，实现合作共赢、共同发展。中国主张多予少取、先予后取、只予不取，张开怀抱欢迎非洲搭乘中国发展快车。

习主席高度重视发展中非关系，同非洲国家一起亲密友好地共商中非合作共赢大计，大力开展“顶层外交”，不断引领中非关系在时代大潮中奋勇前行。习主席曾九次踏上非洲大地，其中任国家主席后已四访非洲，足迹遍及非洲东南西北中。2013年他任国家主席后即把非洲作为首访对象，提出中国对非洲秉持真实亲诚理念和正确义利观。在2015年中非合作论坛约翰内斯堡峰会上，他提出了把中非关系提升为全面战略合作伙伴关系，并提出中非“十大合作计划”；在此次北京峰会上提出“中非携手，构建更加紧密的中非命运共同体”，提出中非合作的“八大行动”，进一步提升中非合作目标的崇高性、行动的连续性、利益的普惠性。峰会期间，习主席全力以赴，主持了近70场双多边活动，分别会见了所有来华的非方领导人，这是中非领导人史无前例的思想大交流、大沟通、大合作的创举，也是国际会议呈现的惊人奇迹，饱含了习主席对非洲的深情厚谊，对进一步发展中非合作的热切期盼。习主席发展中非关系的新理念、新思想、新举措、新行动，广受非洲国家和国际社会的赞扬和好评。习主席在峰会开幕式上的主旨讲话，全场报以29次热烈掌声，在非洲产生巨大反响。坦桑尼亚总理马贾利瓦赞扬习主席的讲话是二十一世纪国际合作最伟大的演讲之一，中方提出的合作理念和“八大行动”完全契合非洲发展需要。摩洛哥首相奥斯曼尼赞扬习主席的讲话是历史性的，因为他宣告了非中关系的新时代。

（四）非洲国家高度赞扬北京峰会和中非合作

1. 非洲国家高度赞扬北京峰会

非洲国家领导人一致认为北京峰会是加强非中团结合作的历史性盛会，向世界再次释放非中致力于加强友好协作、促进发展中国家大团结的强烈信号。他们盛赞这次峰会务实高效，成果丰富，有力推动非中合作深入发展，开启了非中合作新时代。他们认为论坛将以构建更加紧密的中非命运共同体为引领，为推动构建人类命运共同体汇聚更多力量，为世界和平稳定与发展繁荣积蓄更多正能量。非方高度评价中方实施“八大行动”等对非洲务实合作新主张、新举措，将为实现非洲联盟《2063年议程》以及联合国2030年可持续发展议程提供重要助力，将壮大非洲和发展中国家整体力量，推动国际秩序向更加公正、合理方向发展。南非总统拉马福萨高兴地说，此次峰会获得巨大成功，非中关系已进入黄金时代。尼日利亚总统布哈里热情赞扬论坛已经成为为26亿非中人民创造更加光明未来的重要平台。乍得总统代比感慨地说，他从来没有见过如此多的非方领导人出席峰会，一个会议，大家欢聚一堂，进行兄弟般、朋友式的交流，探讨共同打造中非命运共同体，令人赞叹。冈比亚总统巴罗动情地表示，非洲国家元首和政府首脑几乎悉数出席北京峰会，充分彰显了对中国和对非中关系的高度重视。冈比亚很高兴回到中非合作大家庭，对冈中复交以来两国合作迅速取得成效感到满意。

2. 非洲国家纷纷赞扬中非合作

中非合作让非洲借鉴中国发展经验，搭上中国发展的快车。肯尼亚称赞肯中的全方位合作，是推动肯发展的一大动力。坦桑尼亚指出，中国成为世界第二大经济体，这说明通过改革和经济转型，落后地区的经济也能在几十年间实现飞跃式发展。中国的成功鼓舞了广大非洲国家实现经济发展变革。摩洛哥等国赞赏中国帮助非洲重塑非洲经济结构，希望借鉴中国经验。许多非洲国家表示中国在减贫方面取得的经验对非洲大有启发，值得分享。与中国复交的布基纳法索总统卡博雷说，正是因为中国的领导力、中国的理念，以及中国致力于互利共赢的合作，他们才作出了与中国复交的决定，决心加入中非合作论坛这个大家庭，并期待在峰会中聆听习近平主席关于国家治理、非中共同发展进步的精彩观点。非洲国家渴望“授人以渔”，向中国学习的气氛越来越浓厚。

非洲国家赞扬中国支持非洲增强自主发展能力，对非合作重视基础设施建设、扩大经贸合作、培养人才。尼日利亚称赞正是由于中方的帮助该国有了西非的第一条铁路。埃塞俄比亚和乌干达等国赞扬中国对他们的基础设施、交通运输等方面的重大帮助。安哥拉等国对双边经贸合作的大发展表示十分满意。尼日尔感谢中国让该国成为产油国。峰会上中国宣布中国决定扩大进口非洲商品特别是非资源类产品，支持非洲大陆自由贸易区建设，推动中非电子商务合作。非洲国家听后非常振奋，认为这将推动非洲工业化进程，使非洲不再仅仅是一个出口资源类产品或其他原材料的地区，而且可为非洲民众创造更多财富和更多就业机会。非洲国家赞扬中国有3000余家企业在非洲开展合作，为非洲青年提供宝贵的就业机会。自2015年峰会以来，中国已为非洲培训了约20万名各类职业技术人员、提供了两万多名政府奖学金名额。

非洲国家赞扬中国对非洲的无私帮助和援助。塞拉利昂和利比里亚等国赞扬中国最早帮助他们国家抗击埃博拉疫情。马里感谢中国积极向联合国派遣维和部队，为非洲的和平与安全作出贡献。赞比亚深情感谢当年中国对修建坦赞铁路的无私援助，并表示愿同中国一起拓展中非合作论坛框架下各领域的合作，赞扬中国的援助从不附加任何条件。

塞内加尔、南非、刚果（布）、卢旺达和南苏丹等一些非洲国家批驳西方攻击和抹黑中非合作的杂音。塞内加尔总统萨勒说，非洲需要投资，需要发展，非洲国家不会受任何杂音干扰，将一如既往坚定不移地同中国相互支持、相互帮助。刚果

（布）总统萨苏指出，刚中友谊牢不可破，刚方不会受国际上那些关于中非关系杂音的干扰，将坚定地深化刚中和非中全面战略合作伙伴关系。

非洲国家对中非合作有了更加广阔的国际视野，认识不断深化，纷纷表示非洲要积极参与“一带一路”建设，要为构建中非命运共同体和人类命运共同体而努力。他们普遍认为构建中非命运共同体是伟大构想。埃及和纳米比亚等国积极评价“一带一路”倡议，认为这一倡议有利于亚非欧等地区共建互联互通，有利于推动非洲工业化进程。南非认为南中双方要共同致力于维护多边主义和国际贸易体制，维护新兴市场国家和发展中国家共同利益。非盟委员会主席法基深刻阐述，非中人口占世界人口的三分之一，任何人忽视这一点，就无法看清世界大势，非洲和中国的成功合作充分证明，双方有能力让世界变得更美好。

二、中非合作论坛北京峰会的深远意义

中非合作论坛北京峰会具有深远意义。北京峰会以浩然大气、恢宏场面、热烈友好、和谐同声、合作共赢、成果丰硕在当代国际关系史上写下浓墨重彩的华丽篇章，是中非进一步携手谋求共同发展、谋求中非人民幸福、谋求世界人民福祉的一次群策群力的国际大会，其深远意义主要体现在以下三个方面：

第一，中非合作将在深化走实、行稳致远的道路上不断前进，取得更大的新成就。中非双方对合作共赢、共同发展的信心倍增，对合作的重要性和目标更加明确，对合作的理念、路

径、领域、方法、务实行动以及具体安排均了然于心，达到彼此契合、密切合作、相互协调的新水平。非洲国家将结合各自实际情况借鉴和学习中国经验，增强自主发展能力，非洲人民通过团结合作、艰苦奋斗，不断加强非中合作共赢，非洲将会发生惊人进步。例如，中国企业正在承建津巴布韦的万盖燃煤电站扩机工程，将满足津60%用电需求，当地民众表示，他们的生活将由此发生巨大变化，希望此工程能够帮助津顺利实现在2030年迈入中等收入国家行列的目标。

第二，非洲国家是我国外交政策的重要基础。中国与非洲有相似的历史命运，而后面临着建设国家的重任，如今又憧憬着同样美好的未来，广大非洲国家是中国的天然盟友，双方总是相互帮助、相互支持。非洲国家是尊重我国核心利益的坚决支持者，此次他们在《北京宣言》中明确承诺继续坚定奉行一个中国原则，今后他们支持中国的统一大业的立场会更坚定。他们敢于直言批驳西方中伤中非关系的种种杂音和谬论。前几年南海局势动荡生乱时，众多非洲国家秉持正义，呼吁缓和事态，妥善解决，反对外来势力搅局和故意滋事。非洲国家在国际事务中总是积极支持我国的立场和主张。当前我国和非洲国家坚定主张多边主义、反对一切形式的单边主义和保护主义，努力维护多边贸易体制，支持全球发展。在全球治理上，中国和非洲国家观点一致或相近相通，强调维护联合国宪章的宗旨和原则，倡导国际关系民主化，中非是结伴同行的战友和兄弟。中非携手共筑中非命运共同体，并在推动构建人类命运共同体的征途上走在前列。

第三，中非合作将促进南南合作和国际合作。北京峰会后中非合作将加快非洲发展，将有力提升非洲的国际地位和影响力，势将促进南方国家、新兴经济体国家及发达国家同非洲发展关系，预计印度与非洲的合作将有新进展。同时，中非合作是国际对非合作的一部分，中方主张中非合作的开放包容性，中方与非洲是结伴而不结盟，希望其他国家尊重非洲国家意愿，同他们开展平等友好、互利共赢的合作，主张国际伙伴相互学习借鉴，发挥各自优势，形成合力，共同促进非洲的和平与发展。联合国秘书长古特雷斯说，他这次与会就是要体现联合国对非洲和中非合作的支持，感谢中国始终关心和重视非洲，中非合作论坛已经成为南南合作的典范，将对世界和平与发展作出重要贡献，具有重要的全球性示范意义。

应对中美贸易摩擦的策略及建议

周世俭[①]

内容提要： 2017年8月14日，美国对华发起“301调查”；2018年3月22日，特朗普总统开启对华贸易摩擦。经历了国际金融危机后十年的经济战略变化，中国经济基本实现了由出口导向型向内需拉动型的转变，已完全有能力顶住美国贸易摩擦的压力。面对美国对中国出口产品施加的高关税，中国实施了保出口稳经济的政策，适度提高了出口产品退税额度，向对美出口受损的企业提供了必要的补助，并加大了出口信用保险的力度等。此外，中国还顺应美元走强形势下人民币汇率下行的市场趋势，促使我国出口企业采取切实措施，提高自身国际竞争力。在上述措施及其他一些原因的作用下，2018年，中国对美出口不降反增，外贸形势总体稳定。

关键词： 301调查　外贸逆差　人民币汇率　稀土　美国国债　中国大市场

2016年大选期间，特朗普就抓住美国的外贸逆差大做文章，表示在美国与世界各国的经济贸易中美国吃了亏，损失了

---

① 作者系清华大学中美关系研究中心高级研究员、中国国际问题研究基金会世界经济研究中心研究员。

美国财富，丢失了大批工作岗位，前几任总统对此毫无作为，与经济全球化、自由贸易大唱反调。2018年3月22日，特朗普对华挑起贸易摩擦，大谈“中国对美国实行了经济侵略”，“中国一年从美国掠夺走了5千亿美元”等。

特朗普总统的经济指导思想属于早已过时的“重商主义”。重商主义宣扬“增加国家财富的主要办法是发展顺差的对外贸易，通过贱买贵卖获取利润。要求国家干预经济生活，利用行政措施和立法手段奖励出口，限制和禁止外国商品进口，以确保本国财富的增加”。重商主义起源于15至16世纪，一直持续到17世纪中叶。工业资本的发展超过商业资本时，它成了资本主义经济进一步发展的障碍而逐步解体。

其实美国经济的发展壮大并称霸世界主要得益于经济全球化和大力推行自由贸易。从20世纪初，美国提出“门户开放”的贸易政策，一直到1985年罗纳德·里根总统主张在“自由贸易”的旗帜上要加上“公平贸易”的口号，在这之间的80多年里，美国一直是鼓吹并推行自由贸易的旗手。最有力的证据是美国在二战后推动创办了“关贸总协定”以及以降低进口关税为目的的八轮贸易谈判。美国是二战后最大的自由贸易受益者。特朗普总统的指导思想和贸易政策实际上是“开历史的倒车”。

美国从1971年（当年尚无中美贸易）开始出现外贸逆差，至今已有47年，而且日益严重。据美国海关统计，2017年美国对102个国家和地区都有货物贸易逆差，高达8627亿美元，占当年19.39万亿美元GDP的4.45%。美国的外贸逆差是经济全球化和二战后美国三次产业结构调整的结果，是大规模国际分工的必然产物，是结构性的，一时难以逆转。其实，从中国和发展中国家进口的日用消费品是对美国经济发展、产业结构调整和人民生活需要的必要补充，美国从来都是用发行享有国际货币地位的美元钞票来应对。2008年国际金融危机之后的5年里，美国的货物贸易逆差高达3.696万亿美元，而美联储三批量化宽松政策超发了3.963万亿美钞，明显超过上述时期的贸易逆差。

2017年8月14日，美国政府发动对华“301调查”，到2018年底这项调查进行了一年半，至今尚未公布哪家中国企业侵犯了哪家美国企业或者什么领域的知识产权。2017年11月8日至10日，特朗普总统访华并签下了高达2535亿美元的贸易和投资大单，特朗普总统表示满意并允诺将放宽对华高新技术出口的限制以利于促进对华出口和减少逆差。但回国后他就改变了主意。2018年初，特朗普总统在推特上发文说“打贸易战很好玩，很容易赢”，“加关税、加关税，我就喜欢加关税”。此时的他满以为高关税是加在中国出口企业头上，经人提醒他才明白高关税是加在美国进口商头上，然后经批发商和零售商转移到广大的美国消费者身上。2018年4月2日，美国政府宣布将对中国对美出口的500亿美元的商品加征25%的进口关税，4月4日，中国政府宣布将实施对等措施。5月下旬到6月4日，中美举行高层谈判。6月4日，双方达成协议。美国商务部长罗斯宣布取消对华制裁措施，刘鹤副总理承诺中国将增购价值700亿美元的美国农产品和能源产品。罗斯回到华盛顿后，特朗普总统就将协定全盘推翻。中美内阁级成员达成的和解协议一夜之间就化为一张废纸。

一、中国经济完全可以顶住中美贸易摩擦的压力

经历了将近一年的博弈，中美贸易摩擦终于引发。2018年

7月6日，美国政府对从中国进口的340亿美元的商品加征25%的进口关税，8月22日又对从中国进口的160亿美元商品加征25%的进口关税，9月24日再次对从中国进口的2000亿美元的商品加征10%的关税。原来特朗普总统扬言对上述2000亿美元进口商品也要加征25%的关税，后主动下调至10%，究其原因是，头两次加税涉及的基本是生产性产品，日用消费品不多；而2000亿美元的商品中大约有40%是日用消费品，加征25%的高关税必然引发通货膨胀，引发广大消费者的反对，对中期选举将造成不利影响。

对中国出口商品加征进口关税能否起到阻止中国商品出口的作用需作具体分析。中国出口商品的特点是物美价廉。到2018年秋季广州进出口商品交易会采购的美国客商高达11 929人，同比增长7.85%。他们都知道特朗普总统宣称2019年1月1日起要把进口关税从10%上调到25%。而广交会订购的货物都是2019年上半年到港的货物。

2008年9月14日，金融海啸袭来。2009年世界经济陷入了衰退。中国沿海的外向型经济也受到重创。2002至2007年中国年均出口增长29%，2008年出口增长17.3%，2009年中国的外贸出口出现16%的负增长，如何应对？ 2009年中央提出4万亿元人民币刺激经济的计划，拉动内需。全国范围大搞基础设施建设，大力发展房地产和国内旅游。当年春夏之交，国家出台家电下乡政策，对农民采购家电实行补贴，对城乡购买1.6升及以下的家用汽车实行购置税减半。2011年9月起，职工个税征收起点从2000元上调至3500元，鼓励人民扩大消费。总之，出口下降时，努力扩大内需，俗话说“堤外损失堤内补”。经过10年的调整，国家对外贸出口的依存度显著下降。GDP对出口依存度由2007年的37.1%降为2017年的18.5%，减少了一半。国内消费对GDP增长的贡献率由2010年的38.4%到2017年提高至58.8%。中国经济已基本完成了从出口导向型向内需拉动型的过渡。

2018年以来，中国加速改革开放，4月10日在博鳌论坛讲话中，习近平总书记宣布中国将加快金融领域对外开放，较大幅度降低小汽车及零部件的进口关税。另外，从7月1日起降低1449种日用消费品的进口关税；从11月1日起，降低1585种工业品进口关税。三项相加使我国进口关税的总体水平从9.8%下调至7.5%。从10月1日起，全国职工个税征收线进一步从3500元上调至5000元。所有上述措施都将进一步促进扩大内需，加大国内消费对GDP的贡献。照此趋势预测，2018年国内消费对GDP的贡献率会超过60%。中国经济受外部环境恶化的影响会进一步下降。

中美贸易对中国经济有多大影响？中美经贸合作有两大特点：其一是中国对美国出口有60%发生在加工贸易领域，大进大出两头在外，中国所得实惠不多，主要解决了农民工就业问题。例如，苹果手机在中国组装，零部件都是从美国、日本、韩国和中国台湾省运进来，经台资富士康公司在深圳等地组装成手机出口到美国。它在美国海关报关价格是229美元，而富士康公司只获得了8美元的组装费用。其二是，中国对美国的出口商品有50%是由在华投资的美、日、韩等海外企业在华生产。例如，中国对美国出口的小汽车主要是由美国通用、福特和日韩等企业在华生产。此种情况下，贸易摩擦的受害者首当其冲的是美资企业和其他外资企业。所以，中美贸易摩擦对中国经济有一定的影响，但这种影响不宜被夸大。

二、在中美贸易摩擦中，关键要保护好我国对美出口企业

保企业的关键是保产值、保利润和保就业。外贸出口企业最关心的是“三率”，即出口商品退税率、人民币汇率和银行对企业的贷款利率，因为这“三率”直接关系到出口企业的盈利与亏损。

国际贸易规则规定对一种商品不能在生产国和消费国实施双重征税，要在生产国实行零税出口，征多少退多少；退税要做到及时、足额、到位。我国出口退税基本都不足额，有较大上调空间。尽管目前中国的增值税由17%下调到16%，但很多出口商品的退税率依然是13%、9%和6%。

面对中美贸易摩擦的压力，2018年8月30日国务院常务会议决定从9月15日起提高396种商品，其中主要是对美出口商品的退税率。9月18日，国务院常务会议又提出从11月1日起，较大幅度提高第二批出口商品退税率。这可以有效地抵消25%的高关税的压力，此举受到了出口企业的欢迎。

2018年1月2日，人民币对换美元的汇率是6.51元人民币兑换1美元，到3月22日，人民币升至6.31元兑换1美元，2018年第一季度人民币升值3.8%。

从3月下旬开始，美元指数走强，各国货币相应贬值。从4月11日至8月1日，欧元贬值6.6%，日元贬值6.3%，印度卢比贬值7.55%，人民币贬值8.0%。到8月1日人民币6.83元兑换1美元，到10月31日，人民币一度贬值到6.96元兑换1美元，进入11月份和12月份，人民币稳定在6.88元左右兑换1美元，与3月22日相比贬值9.0%，但与年初相比贬值5.68%。人民币汇

率适度下行使企业可以下调出口价格，提高竞争力，部分抵消了美国提高关税带来的影响。

2018年7月下旬，我国商务部发言人宣称，对美出口企业若因美提高关税遭受损失可直接获得亏损补贴，其费用由我国对从美进口商品加征的关税里支付，给我国出口企业吃了颗定心丸。

2018年9月18日，国务院常务会议确定进一步扩大出口信用保险的覆盖面和金额。出口信用保险是当年针对国际金融危机发生而采取的保出口措施。今后如果遇到美国进口商因加征高关税而撕毁合同，只要企业购置了出口信用保险，上述损失则由出口信用保险公司理赔。中国出口信用保险公司的资金已由2008年的365亿美元增加到2017年的5246亿美元，2018年还会继续增加。

2018年9月18日，国务院常务会议还要求海关、商检局再压减三分之一的通关费用以降低出口企业的成本。

我国政府还号召对美出口企业努力贯彻出口多元化和出口遇阻商品转内销的方针。

以上六大举措有力地支持和保护了我国出口企业，特别是对美出口企业，确保了对美出口的平稳增长和下半年我国进出口贸易的进一步发展。据中方统计，2018年1—6月，中美贸易额达3018亿美元，同比增长13.1%；同年1—10月，中美贸易额为5261亿美元，同比增长12%，增速比上半年下降1.1个百分点。据中国有关方面预测，2018年全年，中美贸易额可达6300亿美元，高于2017年5837亿美元的水平。2018年，中国对美出口从1—6月同比增长13.6%下降到1—10月同比增长13.3%，下降了0.3个百分点，但高于2017年相比2016年同期11.5%的增长幅度。2018年1—6月中国从美进口同比增长

11.8%，1—10月同比增长8.5%，下降了3.3个百分点。

美方统计的2018年美中贸易是：1—6月美中贸易额为3138亿美元，同比增长8.5%；1—10月为5495亿美元，同比增长了6.4%，增长率下降了2.1个百分点。

美方统计的2018年美中出口额是：1—6月从中国进口同比增长8.6%，1—10月同比增长8.3%，增长率下降了0.3个百分点。1—6月对华出口同比增长8.6%，1—10月同比下降了1.0%，下降了9.6个百分点。对华逆差1—6月为1857亿美元，同比增长8.8%；1—10月为3445亿美元，同比增长了11.3%。2018年与2017年相比，美对华贸易逆差非但没有减少，反而增加了。这与特朗普试图通过贸易摩擦减少对华贸易逆差的目的正好相反。

针对中国政府保护出口企业的六大举措，特朗普总统对人民币汇率提出了指责。2018年7月20日，他表示中国和欧盟在操纵汇率。但2018年7月24日，国际货币基金组织首席经济学家奥布斯特菲尔德明确表示："没有任何证据表明中国政府在操纵货币。"他说美元估值过高，人民币汇率与市场基本面相符。

2018年8月28日，美国财政部长姆努钦也明确表示中国政府没有操纵货币。以上二人的表态实际上否定了特朗普总统的说法。特朗普入主白宫后的近两年时间里，美国财政部春秋两季一共四次公布的世界上操纵货币国名单均没有中国。目前，特朗普政府仍然延续了奥巴马政府时期确立的认定货币操纵国的三大条件：对美国一年内有200亿美元以上的贸易顺差，经常项目顺差占该国GDP的3%以上；在外汇市场进行持续的单项干预，反复购入外国货币，持续压低本币汇率；一年内购买外币总量超过该国GDP的2%。对于后两条中国均不符合。2017年中国国际项目下的顺差仅占GDP的1.3%。这也说明作为房地产开发商出身的特朗普总统对于国际贸易和国际金融均不在行。

三、挑起贸易摩擦必然是两败俱伤

国际贸易本身是国际分工，互惠互利，双方均需充分发挥比较优势，在交易中获取利润，没有一方愿做亏本生意。

2018年8月1日，美国政府以威胁国家安全为由对44家向中国出口高新技术的企业实施出口限制。这必然会影响美国高新技术企业的发展。产业结构好比金字塔，位于顶端的高新技术企业离不开中端市场的支撑，否则便成了“空中楼阁”。没有了市场，没有了利润，没有足够的资金，难以继续升级换代。当今世界，中国是吸收高新技术及产品最大的市场，限制对华高新技术的出口无疑是搬起石头砸自己的脚。举例来说，2018年4月16日，特朗普总统宣布为制裁中兴通讯公司2015年曾向伊朗出售通讯设备，禁止美国高新技术企业7年之内向中兴公司提供芯片，致使中兴公司宣布企业进入休克状态，直接影响近8万名员工的利益。此举却也严重影响了美国高通、英特尔和美光公司的芯片出口。高通公司每年在华销售芯片和专利收入占其国际业务收入的57%，一年向中兴公司出售5亿美元的芯片；英特尔公司在华销售芯片等占其国际收入的35%，一年向中兴出售3.5亿美元的芯片；美光公司一年向中兴出售1.5亿美元的芯片。三大美国高新技术公司一年总共10亿美元的收入泡了汤。特朗普总统的制裁一宣布，次日高通和英特尔两大公司的股价大跌9%，第三天高通公司为了减少芯片生产而宣布裁员1500人。此外，苹果手机公司的首席执行官（CEO）

蒂姆·库克十分紧张，担心中国政府对美国实行对等报复，而中国市场是苹果手机第二大销售市场。上述美国四大高新技术公司一起向白宫诉求，试图缓解对中兴公司的严厉制裁。十分明显，特朗普的大棒打在了中国企业的身上，却疼在了美国相关的高新技术企业的心上。其结果是中美双方的企业两败俱伤。后经两国政府谈判，美国企业于2018年6月1日完全恢复了对中兴通讯公司的芯片供应。扬言长达7年之久的制裁措施只维持了一个半月。

2018年11月19日，美国商务部工业安全署出台了一份被称为“可能是历来最严格”的出口管制的先期通知。当天美国多家高新技术公司股价大跌，纳指从上个工作日的7247点连续两天跌到6908点，下跌幅度为4.68%。美国舆论普遍认为，美国商务部这项规定将重创硅谷。

美国中西部十几个农业州是此次摩擦的重灾区。11月份是美国农业收获的季节。面对着丰收的大豆，农场主欲哭无泪。2017年中国购买了3285万吨的美国大豆，占美国大豆出口总量的62%。在进口美国大豆上，世界上没有第二个国家能够取代中国。美中摩擦打响后，芝加哥谷物交易所的大豆期货价格已下跌20%以上。贸易摩擦继续进行，丰收的大豆卖给谁？不卖就得储存，从田野里收获的大豆有水分，必须先要用电气烘干，然后才能储存，谁来付烘干费和储存费？几十年来，美国农业危机的要害是产量大量过剩，一旦销售不出去，丰收的农场主就得破产。1985年秋天，《华盛顿邮报》发布社论说：“在人类社会的绝大部分历史时期，在世界绝大部分国家，丰收都是一个喜讯，而在美国丰收则意味着一场灾难。”从2010年开始，中国就成为美国最大的农产品出口市场，而且潜力巨大。贸易摩擦不停止，美国农业的危机如何化解？

应对中美贸易摩擦中国还有牌可打。其一是稀土。中国向世界提供了85%的稀土，美国是最大的客户。稀土的主要用途在国防工业和高新技术领域。2017年1月，美国国防部的《致国会的战略性关键材料工作报告》证实了业内专家广泛存在的担忧：美国仍然极度缺乏开采和生产稀有金属的能力。17种稀土元素要用于五角大楼的F-35战斗机、激光制导导弹以及从航母起飞的战斗机的弹射器的生产上。美国所使用的上述材料几乎完全依赖从中国进口。这些材料还被用于智能手机、全球卫星定位系统、汽车电子元件、计算机以及电脑显示屏等的制造。鉴于特朗普总统发誓要在贸易问题上对中国发起更大的攻势，人们再次提起中国对稀土及关键稀有金属实施出口限制的可能性。另据路透社2018年10月3日电，美国国会最近曾举行过听证会，对美国过度依赖进口稀土表达了忧虑。美国内政部发布的一份报告显示，美国使用的23种关键矿产资源中有20种严重依赖从中国进口。

其二，就是中国政府掌握的1.14万亿美元的美国国债，占海外持有的6.2万亿美元国债的18.4%。2018年2月上旬，华尔街风传中国要抛掉美国国债，导致2月7—8日金融秩序混乱，三大股指下跌。直至2月10日，中国外交部发言人表示这纯系谣传才风平浪静。3月13日，两会记者会上，美联社记者急切地询问李克强总理，如果发生贸易摩擦，中国会否大量抛售美国国债。这些都说明中国手中美国国债的威力。

特朗普总统扬言如果中国政府不作出重大让步，他将在2019年1月1日将2000亿美元中国产品的关税从10%提高到25%。那为什么9月24日对原定加征25%的关税主动下调到10%呢？主要原因是这2000亿美元的中国商品有40%是日用消费品，直接影响广大消费者的利益。增加25%的关税，会导致物价上涨，消费者怨声载道，肯定会影响中期选举。有人说中期选举过了，特朗普还怕什么？一是怕物价上涨，引导美联储加息，拖累美国经济增长。二是物价上涨直接影响到美国2020年的大选连任。

中国对美出口的商品主要是日用消费品。据2016年美国海关统计，从中国进口的玩具总额占美玩具进口总额的86%，箱包进口总额中占61%、鞋类中占60%、家具中占50%、纺织品和服装中占37%、笔记本和平板电脑中占94%、数码相机中占40%、家用彩电中占27%。另据报道，美节假日燃放的烟花94%来自中国，圣诞树几乎全部来自浙江的义乌。几年前，《纽约时报》发表一篇文章，题目就是“一个美国人一天24小时离不开中国货”。2018年8月20—27日，为“301调查”举行的听证会上，352家企业代表发言，其中93%的代表反对加征关税。其中一位代表饶有风趣地说，现在美国人从摇篮到棺材都离不开中国，他还提到家中的宠物去世所使用的小棺材也都是来自于中国。特朗普总统若要从2019年1月1日对来自中国的消费品加征25%的关税，必然会影响他的竞选连任。

四、中美贸易摩擦将对特朗普连任产生不利影响

2018年7月7日，前美联储主席格林斯潘也对贸易摩擦表示了忧虑。他认为，美国应该停止继续施加高关税。格林斯潘还说，从历史的经验看，增税只会导致经济衰退。

2018年11月初，从白宫贸易顾问彼得·纳瓦罗传出来的信息是，华尔街金融财团要求特朗普总统停止推动中美贸易摩擦。

2018年12月12日，华尔街日报网站报道：许多美国企业的首席财务官对最近的国际贸易冲突感到担忧。特朗普政府与外国——尤其是与中国之间不断加剧的贸易摩擦导致许多企业暂停了投资和其他商业行为，等待紧张局势得到化解。有近半数美国首席财务官认为，劳动力市场的紧缩和贸易紧张的加剧导致美国企业界产生经济焦虑，美国经济到2019年底将陷入衰退。

另外，据联合国贸发组织的数据显示，美国2018年上半年吸引外资同比下降了73%。这种现象对美国经济来讲是罕见的。

在中期选举失利之后，特朗普总统最关心的是能否连任，而能否连任的关键是2020年的经济是否繁荣。对于美国经济的前景，美联储、国际经济权威机构和华尔街财团均不看好，都认为未来2—3年美国经济增速将呈现下行态势。

2018年9月26日，美联储预测美国经济2019年增长2.5%，2020年增长2.0%，2021年增长1.8%。12月19日，美联储对此数据预测作了微调：2018年增长3.0%，2019年增长下调为2.3%。10月9日，国际货币基金组织（IMF）预测美国经济2018年增长2.9%，2019年增长2.5%。11月22日，经合组织（OECD）预测美国经济2018年增长2.9%，2019年增长2.7%，2020年增长2.1%。

华尔街一些金融财团的预测更显得悲观了。比如，高盛集团预测，2019年美国GDP增长1.75%，摩根大通的预测是增长1.5%。

如何避免2019年下半年美国经济可能出现的衰退，如何使2020年经济重现繁荣，这是特朗普总统为寻求连任必须要解决的问题。

刺激经济一需要资金，二需要市场。环顾世界，中国相对更具备这两个条件。

国际金融危机之后，中国大中型企业激发了赴美投资的热情。据美国荣鼎咨询公司统计，到2017年底中国企业对美累计投资1364亿美元。2017年11月9日，中美在北京签订2535亿美元的贸易与投资大单。中国企业赴阿拉斯加州、怀俄明州和西弗吉尼亚州开发能源项目投资1317亿美元。但因中美贸易摩擦这一大单尚未执行。

中国是美国出口的大市场，而且增长十分迅速。2000年中国还只是美国第11大出口伙伴，2007年中国就超过日本成为美国第三大出口市场。2017年美国对日本出口额为667亿美元，仅占出口总额的4.38%；同年，美国对中国（含港澳地区）的出口额为1709亿美元，占美国出口总额的11.05%。

2000年中国的进口额仅相当于美国当年进口额的17.9%，2010年就上升为70.88%。2017年中国进口总额18 438亿美元，相当于美国进口总额24 095亿美元的76.5%。2018年1—10月，中国进口总额17 906亿美元，相当于美国进口总额21 217亿美元的84.4%。

2018年11月5日至10日，在上海举办的中国首届进口博览会上，超过180家美国大中型企业和高新技术企业设有摊位。这充分说明美国大中型企业看中了中国这个大市场，在中美贸易摩擦的恶劣环境下对扩大对华出口保持了战略定力。

14亿中国人民的大市场是中国应对贸易摩擦的最大王牌。

世界贸易形势与世贸组织改革

李长久[①]

内容提要： 世界贸易是世界经济增长的重要动力。2008年爆发全球金融危机前20年间，世界贸易增长率是世界经济增长率的两倍左右。但是，近十年来，两者增速差距越来越小。美国特朗普政府实行保护主义、单边主义政策，挑起全球贸易争端和摩擦，削弱了世贸组织作用，冲击了世界贸易和投资市场，导致许多国家经济增速放慢。中国支持对世贸组织规则进行必要改革，维护以世贸组织为代表、以规则为基础的多边贸易体制。中国将继续为世界贸易和经济可持续发展作出贡献。

关键词： 世界贸易形势　世贸组织改革　单边主义　多边主义　中国方案和中国发展的贡献

一、世界贸易增速放慢和影响

对外贸易、投资和消费被称为牵动经济增长的“三驾马车”。其中，贸易对于世界经济的推动作用，在最近半个多世纪中，呈现上升趋势。据世界银行统计，全球经济对贸易增长的依存度1960年为17.5%，2017年上升到51.9%。

---

① 作者系新华社高级编辑、中国美国经济学会顾问。

2008年全球金融危机以来，世界贸易扩展缓慢。在世界贸易回升态势不稳固的形势下，特朗普政府实行单边主义和保护主义政策，对许多国家和地区作出一系列不实指责，利用不断加征关税等手段进行恫吓，挑起全球贸易摩擦，严重冲击了世界贸易和投资市场。由于主要经济体间贸易冲突升级以及发达国家货币政策收紧，世贸组织（WTO）2018年9月27日将2018年世界货物贸易量增长率从4月预测的4.4%下调至3.9%，将2019年的增长率从4.0%下调至3.7%。如果全球关税广泛上升，将继续对世界贸易带来重大负面影响，到2020年，世界贸易额将下降9%。①

特朗普政府对美国进口商品加征关税和国内税改，严重干扰和影响全球资本流动。经合组织（OECD）发表的一份研究报告显示，2018年第一季度全球外国直接投资（FDI）流出额暴跌至1360亿美元。其主要原因是，美国对外净投资额减少到负1450亿美元，这是2005年第四季度以来该数据首次出现负数。②2017年全球FDI下降23%，为1.43万亿美元。2018年上半年，全球FDI总额约为4700亿美元，相较2017年同期骤降40%，已降至十年来的历史低位。其中，流入发达经济体的FDI下降69%，流入发展中经济体的FDI减少6%，发展中经济体吸引外资已占全球外资流动总额的66%。③联合国贸发会议投资和企业司司长詹晓宁指出，贸易冲突、地缘政治风险等仍可能给未来全球投资带来诸多不确定性。

---

① 世界银行："全球经济展望"报告，2018年6月5日。

② 经合组织："全球投资研究"报告，路透社电，2018年7月27日。

③ 联合国贸易和发展会议："全球投资趋势检测报告"，2018年10月15日。

与外国直接投资急剧收缩相反，全球债务却大幅增加。目前，全球债务已增至250万亿美元，比2008年爆发全球金融危机时高出50%，相当于世界经济总值的三倍。据统计，每年全球商品贸易额约16万亿美元，加上服务贸易额4万亿美元，总计约20万亿美元。与80万亿美元世界国内生产总值（GDP）相比，这个数字相当可观。但全球金融资产总值达到近300万亿美元。全球金融资产（包括股票、债券）的价格上升时，就会产生“财富效应”，从而提高购买力，增加贸易量和贸易额；当全球金融资产价格下跌时，情况正好相反，贸易随即减少。尽管2008年爆发全球金融危机以来世界贸易和GDP增速较低，但全球金融资产总值却比危机前飙升近50%。“负财富效应”所引发的贸易和经济活动下跌的风险很大。与乔治·索罗斯共同创立量子基金的资深金融投资者吉姆·罗杰斯2018年7月预测，他一生中（75年来）最严重的金融危机即将发生，而且可能比大多数人所认为的还要严重。①

世界贸易和投资不景气以及金融风险，导致世界经济增速放慢和更加不稳定。国际货币基金组织（IMF）2018年10月9日发布的《世界经济展望》报告预计，2018年和2019年世界经济增长率将与2017年持平，均为3.7%，比IMF7月预测值低0.2个百分点，这是2016年7月以来，IMF首次调低对世界经济增长的预期。英国央行测算，如果美国与其所有贸易伙伴之间的关税升高10个百分点，仅通过贸易渠道就可能导致美国经济产出减少2.5%，世界经济产出减少1%。按年率计算，2018年第三季度美国经济增长率已从第二季度增长4.2%降至3.5%。

① 安东尼·罗利：“特朗普及其贸易战可能把全球资产泡沫变成大规模杀伤性武器”，《南华早报》网站，2018年7月10日。

2018财年美国联邦政府财政赤字比上一财年增加17%，达到7790亿美元，创2012财年以来的最高水平。2018年前8个月，美国货物和服务贸易逆差达3911亿美元，同比增长8.6%。经济学家们普遍认为，特朗普政府的单边主义和保护主义政策并不能缩减贸易逆差。伴随财政赤字扩大，私人储蓄减少、利率和美元汇率上升，美国对外贸易逆差将继续扩大。欧元区19国2018年第三季度经济环比仅增长0.2%，为第二季度和市场预期0.4%的一半，这是2014年第二季度以来最糟糕的经济纪录。剔除物价变动因素后，2018年第三季度日本GDP经季节调整后初值环比下降0.3%，按年率换算下降1.2%，时隔一个季度再次呈现负增长。西方国家在4年前开始实行的制裁使俄罗斯经济少增长6%。预计新兴市场和发展中经济体2018年经济增长率为4.7%，比7月的预测值低0.2个百分点。IMF总裁拉加德警告：高达1000亿美元资金正准备从新兴市场出逃，新兴市场国家要有力严防金融风险。

世界经济面临继续下行风险。2018年10月13日在印度尼西亚巴厘岛举行国际货币基金组织和世界银行年度会议期间，IMF总裁拉加德呼吁各国“同舟共济”以使全球经济保持在正常轨道上。但有许多迹象表明，协调一致行动正变得越来越困难。美国白宫经济顾问委员会前国际事务高级经济学家努里尔·鲁比尼教授预计：“从现在开始到2020年，各种条件将引发一场金融危机，随后是全球（经济）衰退。”①

在世界经济处在“十字路口”之际，2018年12月1日，二十国集团（G20）峰会在布宜诺斯艾利斯闭幕后发表共同宣

① 鲁比尼：“为2020年危机做准备的五个因素”，法国《回声报》网站，2018年10月5日。

言，确认多边贸易体系的重要性，支持世贸组织进行必要改革以提升其运行效果。世界经济发展史表明，只有各国相互尊重、平等协商、加强政策协调与通力合作，才能推动世界经济强劲、平衡、可持续和包容增长。

二、世贸组织改革要有利于所有成员

世贸组织规则确有不足之处，需要与时俱进加以改革和完善。但是，要维护以世贸组织为代表、以规则为基础的多边贸易体制，世贸组织规则改革要有利于其所有成员。

（一）“一致同意原则”与所有成员利益

世贸组织总干事罗伯特·阿泽维多认为，决策是有改进空间的一个领域。世贸组织作出的决定需要164个成员全部同意，这项规则旨在确保新兴成员拥有发言权，不受不利协议所累。他希望保留一致同意制度。①

IMF总裁拉加德在IMF和世界银行巴厘岛会议上提出：“我们需要合作缓解和解决当前的贸易争端，我们需要联手修复当前的贸易体系，而不是摧毁它。”这就是说，世贸组织改革要有底线，即贸易自由化、投资便利化的大方向不能变，开放、透明、包容、非歧视的基本原则不能改，不能另起炉灶、推倒重来。规则改革要照顾多数成员的关切，尽可能寻求最大公约数，尤其是要维护发展中成员的发展权，提高发展中成员的代

① “作为对特朗普的回应，世贸组织总干事阿泽维多称，该组织可以改革”，日本《日经亚洲评论》杂志网站，2018年9月4日。

表性和发言权，切实缩小南北差距。

（二）“公平贸易”与差别待遇

世贸组织成员的发展处在不同阶段，在世贸组织框架下，发展中成员享有差别待遇，符合包括发达成员在内的所有成员的长期利益，这种制度安排体现真正意义上的国际公平。

美国从倡导“自由贸易”转向强调“公平贸易”不是基于世贸组织规则，而是以“美国优先”为前提，旨在实现美国利益最大化。中方主张的公正公平贸易，是基于世贸组织的多边性、包容性、非歧视性等原则，我们反对将单边规则强加于人，反对以公平贸易之名行保护主义之实。不能改变世贸组织的基本原则，即最惠国待遇、国民待遇、关税约束、透明度等原则，特别是“特殊与差别待遇”是世贸组织的重要基石。如果没有这一原则，多边贸易体制的根基将动摇。

（三）知识产权保护与高新技术转让

中国高度重视知识产权保护，中国愿与世界各国加强知识产权保护合作，也希望外国政府加强对中国知识产权的保护，加强世贸组织成员间的科技合作，坚决反对一些国家以保护知识产权之名，行保护主义之实。

2011年5月9日，时任美国总统奥巴马表示：“中方在保护知识产权等方面取得了良好进展。美方愿向中国和其他国家出口更多高科技产品，这符合双方的利益。”中国国家主席习近平2018年11月17日在亚太经合组织工商领导人峰会上的主旨演讲中指出：“科技创新成果不应该被封锁起来，不应该成为只为少数人牟利的工具。设立知识产权制度的目的是保护和激励创新，而不是制造甚至扩大科技鸿沟。我们应该共同探讨建立面向新科技革命和产业变革的政策制度体系，营造国际合作环境，让科技创新成果为更多国家和人民所及、所享、所用。”

截至2018年6月1日，特朗普发表了3259条虚假或具有误导性的言论。[①] 特朗普政府以谎言为依据，反复宣称中国“偷盗”技术，这是对中国的恶意攻击和诬蔑。美国苹果、亚马逊和超微计算机公司等都要求撤回不实报道。中国研究与开发投资（R&D）经费从2000年的896亿元人民币增至2017年的17 500亿元人民币，占中国GDP的比例从0.89%升至2.12%。自2013年起，中国成为仅次于美国的世界第二大研发经费投入国。2000年至2016年，中国对世界R&D经费增长的贡献率为27.4%，已接近美国的29.5%。美国前财政部长、著名经济学家拉里·萨默斯指出：“中国的技术进步来自那些从政府对基础科学研究巨额投资中受益的优秀企业家，来自于推崇卓越、注重科学和技术的教育制度，而不是通过一些美国公司持股产生的。”

美国在华直接投资占中国引进外资之比已从2016年的4%降至2%，但中国引进外资继续大幅增加。在全球外国直接投资急剧减少的情况下，2018年上半年中国吸收的FDI逆势增长6%，总额超过700亿美元，成为全球最大的FDI流入国。未来20年，预计美国波音公司与中国的交易额将达1万亿美元。飞机制造商波音公司表示将继续扩大在中国的投资。在中外企业合作中，中国从未强制要求外商投资企业转让技术。中外企业技术合作和其他经贸合作完全是基于自愿原则实施的契约行为，双方企业都从中受益。

---

① 约瑟夫·奈：“充满谎言的白宫”，《世界报业辛迪加》网站，2018年8月7日。

（四）补贴问题与关税水平

补贴政策作为应对市场失灵和解决经济发展不平衡问题的手段之一，被包括美国在内的许多国家和地区普遍使用。加入世贸组织以来，中国一直积极推进国内政策领域的合规性改革，切实履行世贸组织《补贴与反补贴措施协议》的各项义务。

世贸组织多数发展中成员与主要发达成员的争端之一是补贴问题。美国自己对一些产品的补贴也已超出其生产价值的50%，其中大米超过82%，油菜超过61%，糖超过66%，棉花超过74%，羊毛超过215%；欧盟向数种产品提供了超过50%的补贴，其中黄油超过71%，脱脂奶粉超过67%，苹果超过68%。[①] 2018年7月28日在布宜诺斯艾利斯举行二十国集团国家农业部长会议期间，就特朗普政府宣布拨款120亿美元，补贴因美国对进口商品加征关税遭到报复而使农民损失100亿美元这一问题，德国农业部长克勒克纳指出，农民“不需要补贴，（他们）需要的是贸易”。

中国认真遵守世贸组织关于补贴政策的规则。加入世贸组织以来，中国遵守世贸组织关于补贴的透明度原则，按照要求定期向世贸组织通报国内相关法律、法规和具体措施的修订调整和实施情况。多数国家都有国企，让“所有制中立”是公正的，不能因企业所有制的不同而设置不同的规则，不能在国际规则制定中给予国有企业歧视性待遇。

基于世贸组织成员发展不平衡和处在不同发展阶段，世贸

---

① 苏内贾：“印度和中国联手要求发达国家削减农业补贴”，印度《经济时报》网站，2018 年 8 月 6 日。

组织确定的最惠国待遇、差别关税税率，有利于发展中成员与发达成员协调发展和实现互利共赢。加入世贸组织时，中国承诺农产品关税降至15%左右，仅为世界平均水平的四分之一，低于很多发达成员。我们多次自主降低关税，随着2018年11月1日新一轮降税措施实施，中国关税总水平已经降到7.5%，超过了对世贸组织的承诺，也低于大多数发展中成员。曾在克林顿政府时期担任贸易代表的迈克尔·坎特表示，中国在2001年加入世贸组织后继续改革开放，兑现了入世前作出的承诺，不仅实现自身经济快速发展，也为全球经济发展带来强劲动力。

（五）争端解决机制与上诉机构

世贸组织在促进世界贸易和投资发展等方面发挥着不可替代的作用，作出了显著贡献。但当前世贸组织最重要的功能“陷入严重危险”，世贸组织一些成员呼吁拯救“停摆”的世贸组织。

世贸组织的职能之一是设有专门机构解决成员间争端，即争端解决机制与上诉机构。根据世贸组织协定，如果发生争端，有关成员将问题提交解决争端的小委员会，如果对处理结果不服，则可以向高级委员会提起上诉。高级委员会由学者和律师等7名专家组成，一般由3人负责处理一宗上诉案件。德国《商报》2018年8月9日发表的蒂尔·赫佩和托尔斯滕·里克的文章《世贸组织改革有助于驯服特朗普》指出：“事实上，世贸组织体制面临的最直接危机来自美国政府阻挠世贸组织上诉机构任命新法官，目前该机构的7名法官中只剩下4名。最迟到2019年底就可能失去行动能力——届时所剩法官人数不足一场听证会所需要的3个人。”特朗普政府不满的是，为什么会有比美国地位更高的组织存在？为什么必须遵守这一组织的决定？世界经济论坛发布的《2018年全球风险报告》指出，美国对多边主义程序造成的侵害，以及美国阻挠世贸组织上诉机构新法官任命，将加剧全球风险。

2018年11月30日，金砖国家领导人在布宜诺斯艾利斯举行非正式会晤，强调争端解决机制对世贸组织的平衡运行的重要性，敦促立即启动世贸组织上诉机构成员遴选程序，维护争端解决体系的稳定和有效运行。

三、中国方案和中国发展的贡献

中国为推动全球经济治理体系变革提供了一系列切实可行方案，不断扩大中外合作“朋友圈”与国内经济持续较快发展和市场扩大，为世界经贸发展作出了重要贡献。

中国改革开放40年来，国内生产总值（GDP）年均增长9.5%，从1978年的3645亿元增至2017年的82.07万亿元人民币，经济总量从世界第11位逐步升至第2位。中国以占世界7%的耕地养活着占世界20%的人口；中国7亿多贫困人口脱贫，占世界脱贫人口的70%以上；中国经济的增长率降至7%以下，对世界经济增长的贡献率仍在30%左右。大量事实表明，把我国国内建设和发展好，就是对世界发展和进步的重大贡献。

2013年秋，国家主席习近平出访期间先后提出共建“丝绸之路经济带”和“21世纪海上丝绸之路”（即“一带一路”）的倡议，倡导共商、共建、共享理念，得到国际社会广泛关注和积极响应。五年来，“一带一路”倡议从理念转化为行动，从愿景转变为现实，中外合作“朋友圈”不断扩大。“一带一路”涵盖了亚洲、非洲、欧洲大陆60多个国家，涉及60%的世界人口和30%的世界经济总量。据统计，截至2018年已有103个国家和国际组织与中国签署了118份“一带一路”方面的合作协议。2017年首届“一带一路”国际合作高峰论坛的279项成果正在转为常态工作。五年来，中国与“一带一路”沿线国家的货物贸易总额超过5万亿美元，对沿线国家累计投资289亿美元。亚洲基础设施投资银行（“亚投行”）成员已增至87个，遍布全球各大洲。

“一带一路”建设重点是加强基础设施建设，实现互联互通。截至2017年底，我国铁路营业里程从1978年的5.2万公里扩展到12.7万公里，其中高速铁路达2.5万公里，占世界高铁总里程的60%。从2011年3月到2018年6月底，中欧班列累计开行已突破9000列，运送货物近80万标箱，从国内48个城市到达欧洲14个国家的42个城市。中欧班列已成为中国与“一带一路”沿线国家设施联通、贸易畅通的重要纽带。近50年来，中国为非洲国家援助和融资修建的铁路、公路已分别超过5000公里，为非洲经济发展作出了重要贡献。五年来，“一带一路”交通互联互通取得重大突破，国际道路客货运输沿线开通356条，增加国际航线403条，与沿线43个国家实现直航。中巴企业深度合作，帮助巴西巴那拉瓜老港焕发新活力。“一带一路”建设逐步实现连接四面八方、沟通五湖四海，将造福越来越多的国家和人民。

中国国家主席习近平同美国总统特朗普2018年12月1日在布宜诺斯艾利斯会晤，双方已达成共识，停止相互加征新的关税，这有望阻止中美经贸摩擦进一步扩大，为双方合作共赢开辟新的前景。它有利于世界经济稳定增长，符合各国利益。

从2001年到2017年，中国货物进口额累计20万亿美元，年均增长13.5%，高出全球平均水平6.9个百分点；服务进口额累计3.7万亿美元，年均增长16.7%，高出全球平均水平8.8个百分点。中国将继续放宽市场准入，进一步扩大进口。2018年初以来，中国陆续宣布了一系列新的开放举措，包括创造更具吸引力的投资营商环境，降低1449种日用消费品、1585种工业品等商品进口关税，将汽车整车和零部件税率分别降到13.8%和6%，实现进口抗癌药全部零关税。2018年11月上旬，在上海举办的首届中国国际进口博览会，吸引了172个国家、地区、国际组织和3600多家企业参展，40多万名境内外采购商到会洽谈采购，成交额达578亿美元。4500多位各界知名人士出席虹桥国际经贸论坛。

预计未来五年，中国将进口8万亿美元商品，吸引6000亿美元外来投资，中国对外投资将达7500亿美元，出境旅游将达7亿人次。中国近14亿人口的大市场必将进一步成为世界经济重要的增长之源、活力之源。

美国的贸易保护主义将加速亚洲一体化进程

徐长文[①]

内容提要：21世纪以来，亚洲各国顺应经济全球化和区域一体化潮流，积极发展经济、改善人民生活，推动自贸区（FTA）建设。中日韩FTA、东盟加中日韩（10+3）FTA，特别是东盟与中日韩、印度、澳大利亚、新西兰（10+6）FTA，即“区域全面经济伙伴关系协定”（RCEP），相继进入谈判。RCEP的一个重要特点是以亚洲为中心展开合作，它有望成为世界最大的FTA并会推动亚洲一体化进一步发展。因参与谈判的国家众多，且经济发展不平衡，谈判进展不尽如人意。但是，2018年在特朗普政府推行的“美国第一”、贸易保护主义的威胁之下，亚洲国家和人民进一步认识到：必须团结起来、克服困难，同贸易保护主义作斗争，促进RCEP尽早达成协议，加速亚洲一体化进程。

关键词：贸易保护主义　中日韩　10+3　RCEP

特朗普政府推行的“美国第一”、贸易保护主义政策，已

① 作者系中国国际问题研究基金会研究员、中国商务部经贸研究院研究员。

经引起包括中国在内世界众多国家的强烈反对。特别是亚洲国家，随着经济全球化、贸易自由化以及区域一体化的推进，经济快速增长，人民生活显著改善。美国的贸易保护主义不得人心，必将在经济全球化、贸易自由化大潮冲击下彻底失败。

亚洲是世界面积最大（4457.9万平方公里，覆盖地球面积8.7%）、人口最多（45.3亿，占全球60%）的地区。地区人口超过1亿的有多个国家，劳动力和自然资源都很丰富，有利于经济快速发展。亚洲各国各地区工业发展水平和区域结构差异显著，经济互补性强，有利于发展经贸合作。另一方面，亚洲国家中多数为发展中国家或经济不发达国家，而且国家间相互合作不够紧密。在反对贸易保护主义的斗争中，基本是各自为战，携起手来共同应对的意识淡薄。

如果亚洲国家联合起来，推进相互间合作，加速一体化建设，一个拥有45亿人口的大市场不仅有利于本地区的经济发展与繁荣，也将成为拉动全球经济增长的巨大的新动力源。

21世纪以来，亚洲地区的贸易自由化、集团化也在持续推进之中。如中日韩FTA、东盟加中日韩（10+3）FTA以及东盟与中日韩、印度、澳大利亚、新西兰（10+6）FTA都进入谈判阶段。但是由于参与谈判的国家众多且国家间经济发展不平衡，谈判耗时长，进展缓慢。特别是中日韩FTA从开始谈判至今，已经过去了16年，尚未签署协定。

但是，2018年以来，特朗普政府推行的“美国第一”、贸易保护主义政策，其矛头不仅对着中国和欧洲，亚洲很多国家生产的汽车、钢铁和铝等商品也都成为美国打击的目标。这使亚洲国家和人民进一步认识到：必须团结起来，加速亚洲一体化进程，同贸易保护主义作坚决斗争。

一、加快中日韩FTA谈判，做亚洲一体化的促进派

1978年中国实施改革开放政策至2018年已经整整40年，中国始终坚定不移地走改革开放之路，反对贸易保护主义，大力弘扬国际经贸合作。截至2018年11月中旬，中国已经签订了17个自贸区协定，涉及亚洲、拉美、大洋洲、欧洲和非洲的25个国家和地区。中国正与28个国家进行13个自贸区的谈判或升级谈判，还与9个国家进行自贸区联合可行性研究或升级的研究。特别是中国提出“一带一路”倡议后，愿与中国建立紧密合作伙伴关系的国家和地区遍布全球。中国对外建立自贸区的原则是，互利共赢、共同发展，兼顾本国和自贸区伙伴的利益与关切，寻求利益契合点与合作公约数，推动双方的共同发展。中国也主张建设包容、透明、互利共赢的区域自由贸易安排。只要符合世贸组织（WTO）原则，有利于推动经济全球化和区域经济一体化，有利于打造人类命运共同体，中方均持积极态度。①

中日韩三国，不仅在亚洲，而且在世界上也是举足轻重的国家。中国和日本分别是世界第二和第三大经济体，韩国是世界第十一大经济体，三国GDP合计已超过欧盟，仅次于北美自贸区，但是三国经济一体化建设却落后于欧盟和北美自贸区。中日韩三国GDP合起来占全球20%以上，占亚洲70%以上。中日韩三国应以宽广的胸怀、长远的视角、坚定的决心，做亚洲一体化的促进派，推动亚洲的兴旺与繁荣。

---

① “商务部：FTA是中日韩三国利益契合点”，人民网，2018年11月19日。

中国是日韩两国的最大贸易伙伴，日韩两国也分别是中国第二和第三大贸易伙伴国、第一和第二大投资来源国。中日韩三国间经贸合作非常紧密，产业链也高度融合，贸易投资自由化、便利化带来的收益也是非常广泛的。

中日韩三国间的经贸合作发展非常迅速。中国与韩国自1992年建交以来，除1997年和2008年受世界经济危机影响，经贸合作回落外，双方经贸关系一直保持快速发展。1992—2002年的中韩建交头10年，双方贸易额由50.2亿美元增至441亿美元，增长近8倍，两国确定了“合作伙伴关系”。2003—2013年10年中，双方经贸关系更加紧密，贸易额也增长了3倍多。两国关系升级为“战略合作伙伴关系”。2012年5月中韩FTA谈判正式启动，2015年12月两国FTA协定正式生效，中韩关系进入了发展新时期。

中国与日本经贸合作关系密切。1972年中日恢复邦交时，双方贸易额仅为11亿美元。1978年中国实施改革开放，双方贸易额达51亿美元；1981年超过100亿美元；2017年增长至2969亿美元。自2008年以来，中国已超过美国连续11年为日本第一大贸易伙伴国。自1978年以来，日本企业对中国直接投资也已出现4次高潮，成为中国外资的主要来源之一。2013年后因日元大幅升值和日本发生大地震，日本对华投资有所萎缩，但是2017年之后又呈逐步增长之势，有可能出现第5次投资高潮。特别是，进入2018年后中日关系明显改善，5月份李克强总理访问日本，10月下旬日本安倍首相又访问了中国。双方确认两国关系进入新时期，决定加速以经济领域为中心的务实合作。在美国引发贸易摩擦的背景下，中日两国推进“一带一路”及第三国市场的开发合作、加强金融领域合作。两国决定建立从“竞争转为协调”的新关系。2019年习近平主席将正式访问日本，中日韩领导人会议将在北京举行，安倍首相将再次访问中国。两国领导人的频繁互访表明，中日关系进入了一个新的发展时期。

日本与韩国经贸合作关系紧密，韩国是日本的第三大贸易伙伴国。近几年来双方贸易额多在700亿—800亿美元水平，双方相互投资也持续增加。韩国因国内市场有限、资源匮乏，希望与近邻的中日两国建立紧密的经贸合作关系，促进经济发展。所以，韩国愿意推动中日韩FTA建设，尤其是在美国的贸易保护主义抬头、国内经济发展受阻之时，中日韩FTA建设不但有利于推动出口、引进外资，也有利于产业结构调整。

2002年中日韩三国提出建立FTA设想，经过三国民间机构等的联合研究，2012年11月正式启动FTA谈判。初期日韩方面担心农产品市场开发问题，中方担心汽车、装备制造领域受到冲击。但是，随着经济发展和经贸合作深化，形势已发生明显变化。三国市场都在扩大开放，中国也成为汽车等制造大国。三方还认识到，建立中日韩FTA，可充分发挥三国间的产业互补性。中国拥有相对丰富的自然资源和广阔的市场，产业和贸易结构偏重于劳动密集型，但是技术、资本和创新能力方面与日本、韩国尚有差距。日本拥有丰厚的资本、尖端技术，但市场有限。韩国作为新兴工业国家具有成功的产业化和经济结构调整经验。随着贸易和投资壁垒的消除或降低，区域内各类资源更加合理配置，有利于扩大市场规模，提高劳动生产率，实现经济融合，共同繁荣。研究显示，如三国缔结FTA，各国GDP总计可增长2%。[①] 特别是，中日韩FTA的持续发展，将不仅会加强三国的经济沟通、增进政治互信，更有利于东北亚地

① “中日韩FTA重回快车道”，《环球时报》，2018年12月8日。

区乃至世界的和平发展。以中日韩FTA为代表的亚洲经济一体化，将有利于抵制美国的贸易保护主义，确保亚洲的经济安全和稳定。

2018年12月6日，第14轮中日韩FTA谈判在北京举行。三方同意中日韩FTA的自由化水平超过三国参与的RCEP。谈判的各议题磋商已全面展开，取得了积极进展。三方确定的谈判议题范围有：货物贸易、服务贸易、投资、原产地规则、海关程序、卫生与植物卫生措施、技术贸易、技术性贸易壁垒、贸易救济、电子商务、竞争、知识产权、环境、法律事务等，14个工作组同步进行谈判。第七次中日韩领导人会议要求积极推动中日韩FTA谈判进程，三国FTA谈判进入“快车道”。

二、加速东盟+中日韩（10+3）FTA建设，反对贸易保护主义

东南亚国家联盟（ASEAN）虽然分别同中国、日本和韩国缔结了3个（10+1）FTA协定，但是，1997年启动的东盟与中日韩（10+3）FTA谈判，目前尚在进行中。在10+3FTA中，东盟发挥主导作用，中日韩三国积极发挥协调、平衡和推动作用，争取早日建立10+3FTA，推动亚洲一体化进程。

10+3合作的一个重要特点是，已建立起了多层次的跨越国境的产业、经贸合作网络。在这些网络中处于主导地位的是日本企业。近几年来，韩国企业快速跟进。中国企业也在东亚地区建立了广泛的网络。中日韩在国内建立以本国企业为中心的网络后，在海外也需建立与中日韩等超越国境的网络相互合作的平台，以提高竞争能力。

东盟及亚洲国家一体化进展缓慢，与欧盟相比，差距拉

大。欧盟已成为二十国集团（G20）的正式成员。与欧洲相比，亚洲国家的经济增长潜力并不逊色，主要是亚洲国家在反对贸易保护主义的斗争中，态度不如欧盟国家一致、坚决。迄今为止，亚洲国家应对贸易保护主义的方式，基本是单打独斗，没有形成合力。亚洲国家必须联合起来、共同应对，才能获得应有地位。

亚洲国家的经贸合作密切，中国已经是诸多亚洲国家的第一大经贸合作伙伴。当美国指责中国对美贸易顺差过多时，人们发现，中国与亚洲周边国家和地区的贸易多为逆差。所以，美国指责中国的贸易问题，其实矛头也指向其他亚洲国家和地区。

中国和亚洲新兴国家经济增长迅速，吸引了美国等国家大量的企业投资设厂，把这些企业生产的产品再销售到美国等市场。这次美国挑起贸易摩擦的理由之一是，很多国家和地区对美贸易连年顺差，特别是中国对美国贸易顺差较大。据中国海关统计，中美建交后，双方经贸合作迅速扩大，中国对美国的贸易顺差持续增长。特别是2000年之后，随着双方经贸合作深化，中国对美国贸易顺差也由297亿美元扩大至2017年的2760亿美元，顺差增长了近8.5倍。其实在中国对美贸易的顺差中，相当部分是美国企业在中国投资生产的商品，又出口到美国市场所导致，即所谓“美美贸易”持续增长的结果。其次，美国鼓励对中国出口农副产品扩大，而限制对中国出口技术商品，也是促成中国对美贸易顺差增长的重要因素。最后，东盟国家对中国出口的商品又转口美国市场，也是造成中国对美贸易顺差增加的重要原因。据东盟统计，2017年东盟与中国贸易比上年增长19%，金额达4368亿美元，其中对中国出口增长高达29%。特别是越南对中国出口增长60%，新加坡是仅次于越南的东盟第二大对中国出口国家。值得注意的是，同期东盟国家对中国出口商品的近90%又转口到美国市场，其中手机及部件比上年增长8.8倍。

据中国《海关统计》的数据，中国与亚洲近邻国家和地区的贸易逆差持续增加，2017年中国对日本、韩国、马来西亚、泰国等的贸易逆差额高达2300亿美元，被认为是中国对美贸易顺差的重要因素。据说特朗普政府曾抱怨说，中国要解决对美贸易不平衡问题并不难，只要减少从亚洲近邻国家和地区进口，而改从美国进口即可实现中美贸易基本平衡。但是，中国与亚洲近邻国家和地区的经贸合作具有长期友好合作历史，中国的贸易逆差也是多年合作形成的。中国从未说过在与周边国家地区的贸易中吃了大亏，也不认为周边国家和地区占了中国便宜，从而迫使它们必须增加进口中国商品。

日本媒体也评论说，中国对美贸易顺差产生的间接原因，是中国周边国家和地区与美国的贸易问题，而直接原因则是活跃在世界市场上的中美日韩及东盟企业的问题，是这些企业大力发展对美国经贸合作作出的“贡献”。

据日本媒体报道，近年来，以亚洲为中心的国家经济合作凝聚力越来越弱，引人关注。原因之一是，世贸组织在推动全球经贸合作中力度弱化、处理贸易纠纷能力不足，致使区域经济一体化进展缓慢。另外，亚洲地区的经济大国日本近年来精力完全用在了美国主导并企图在经济上孤立中国的《跨太平洋伙伴关系协定》（TPP）上，忽视了亚洲地区的经贸合作。而美国前总统克林顿主导，12国用了5年多时间打造的TPP，在新总统特朗普2017年1月上台后，即宣布美国予以退出。日本为防止特朗普政府要求与日本缔结美日FTA，担心要日本开放汽车及农产品市场等，又不顾一切积极地推进没有美国参加的

“全面进步的跨太平洋伙伴关系协定”（CPTPP），简称TPP11谈判。日本甚至不顾参与TPP11谈判的其他10国的不同意见，冻结了20个项目，2017年11月11日达成了TPP11协议。按照新协议，过半的6国履行了国内相关手续60天后，TPP11即可自动生效。2018年10月31日，日本经济再生相茂木敏充在东京宣布，TPP11将于2018年12月30日生效，这为日本应对美国要求的缔结美日FTA赢得了时间。然而，马来西亚总理马哈蒂尔曾呼吁11个成员国对TPP11协议进行检讨。他认为TPP11协议对马来西亚等小型经济体不利。日本媒体评论说，马哈蒂尔的讲话对11国达成协议将造成不利影响。其实，美国退出TPP后的TPP11已黯然失色。很多国家参与美国主导的TPP，其目的是获得美国市场，希望增加对美国出口。特别是越南、马来西亚等新兴经济体生产的轻工、纺织等商品的主要市场是美国。

特朗普挑起贸易摩擦，将促进亚洲一体化进程。亚洲各国均表示要维护自由贸易体制、防止贸易保护主义泛滥。中国提出的“一带一路”倡议，吸引很多国家积极参与。日本安倍晋三首相表示愿意参与“一带一路”合作，特别是两国企业在第三国的合作，将为亚洲一体化建设发挥积极作用。东盟和中日韩等亚洲国家在反对贸易保护主义的同时，也需加速10+3FTA建设，推动亚洲一体化进程。

三、推动 RCEP 自贸区合作，加速亚洲一体化进程

RCEP是2011年东南亚国家联盟10国发起并主导，邀请中国、日本、韩国、印度、澳大利亚和新西兰6国参加的经济合

作组织，也被称为10+6自贸区。它是以削减关税及降低关税壁垒，建立16国统一市场为目的的自由贸易协定。

2012年11月，RCEP宣布开始进行正式谈判，参加RCEP谈判的16国人口（约34亿）约占世界人口的一半，国内生产总值（GDP约20万亿美元）和对外贸易总额（10万亿美元）分别约占全球的三分之一。RCEP是以亚洲为中心建立的自贸区，建成后将是世界最大的自贸区，还将吸收其他国家参加合作。它一旦建立，对亚洲乃至世界经济都将产生深远影响。

RCEP以东盟为中心推动更广泛的经济合作。东盟2015年12月宣布组建东盟共同体（AEC）。RCEP的目标是，将16国建设成现代化的、广泛性的、高质量的、相互优惠的经济合作组织（EPA），规定RCEP的谈判以东盟为主展开，而且自由化程度要高于已经缔结的自贸区水平。东盟已与中国、日本、韩国、印度、澳大利亚和新西兰缔结了6个“东盟+1”自贸区协定。RCEP以建立统一市场、统一生产系统等为主要目标，在整合东亚区域经济合作的同时，进一步扩展与区域外国家的合作，推动亚洲一体化进程。

参与RCEP谈判的国家较多，而且国家间的经济差异较大，既有发达国家，也有发展中国家，还有最不发达国家，因此，RCEP协定包容性强。考虑到成员国不同的发展水平，RCEP设立了特殊和有差别待遇在内的适当形式的灵活性，给予最不发达的东盟国家额外灵活。这是RCEP与世界其他经济合作组织最大的不同之处，也是它的魅力所在。

RCEP主要推进“市场建设”“规则制定”和“促进合作”三项工作。具体谈判分为在货物贸易、服务贸易、投资、原产地规则、知识产权、竞争政策、调解纠纷等18个领域进行（如下表）。

RCEP谈判领域

排序	谈判内容	排序	谈判内容
1	货物贸易	10	人员流动
2	原产地规则（ROO）	11	投资
3	海关手续 贸易便利化	12	竞争
4	卫生植物检疫措施（SPS）	13	知识产权
5	一般标准 强制标准 适当评价	14	电子商务
6	贸易救济	15	中小企业
7	服务贸易	16	经济技术合作 政府采购
8	金融服务	17	政府采购
9	电信服务	18	解决纠纷

资料来源：《日本经济新闻》，2018年6月20日。

RCEP的工作“效果”主要体现在以下几个方面：

1. 促进东盟地区的货物贸易、服务贸易及投资的发展。RCEP在推进20世纪80年代后期以来的出口与投资迅速扩大的同时，进一步加速各国的经济发展。

2. 整顿贸易规则。RCEP使原来6个“东盟+1”自贸区规则一致，并增加知识产权、电子商务等新领域的规则。在目前的世界贸易体制中，由于世界贸易组织机能弱化，修订原来的贸易规则不可或缺。

3. 使东盟地区的生产网和供应网进一步充实提高。随着东盟的快速发展，必须支持各国制造业以及跨境企业合作的发展。在RCEP中，原有6个“东盟+1”自贸区建成为一个自贸区后，生产网络和供应网络都必须整合。

4. 有助于缩小区域内发达国家与发展中国家之间的差距。参与RCEP谈判的各国均秉承反对贸易保护主义、坚持自由开放体制、进一步推动自由贸易合作的愿望进行谈判。特朗普政府推行贸易保护主义，动摇了自由贸易规则，激起了众多国家不满。

主导RCEP谈判的东盟国家希望尽早完成谈判。但是因谈判涉及问题多，有些问题相当复杂，各方意见不尽一致，一时恐难谈成。如在货物贸易领域，澳大利亚和新西兰提出高水平的自由化，印度对自由化却持极为消极的态度；在知识产权、电子商务等规则方面，澳大利亚、日本和韩国要求高水平，但是印度等国则不予同意。

相信通过谈判与交流，各方意见会逐步一致。特别是在当前贸易保护主义抬头之时，参与RCEP谈判的各方一定会有危机感，有可能加速谈判进程。有日本媒体认为，目前诸多领域的谈判已经获得明显进展，其中“经济技术合作”与“中小企业”领域已经达成协议，其他领域的谈判也将很快达成协议。①

如果发展顺利，RCEP将于2019年达成协议，随之将有更多国家参加进来，加速亚洲一体化进程，这将促进世界经济安全稳定发展。

① 《日本经济新闻》，2018年6月21日。

发力能源资源合作 为“一带一路”造血通脉

石 泽[1]

内容提要：共建“一带一路”是中国深化与沿线国家区域合作的宏伟倡议，“一带一路”建设以能源资源（以下简称“能资”）合作为抓手，不论从沿线各国经济结构的禀赋、社会发展需要和互补优势，还是从已经具备的合作基础和条件看，都是最为现实和可行的。因此，将能资合作置于“一带一路”建设的发力点和优先方向，精准布局、制定合作规则和标准、确定可行的合作项目，搭建涵盖沿线地区开放包容的能资合作平台则是开展能资合作和保障其可持续运营的关键所在。推进能资合作既要抓住形势变化出现的利好条件，也要妥善应对风险和挑战。能资合作是一个具有战略属性和长期合作的领域，既需要日积月累的扎实推进，也亟待我们去探索和实践。

关键词：一带一路　能资合作　优先方向　利弊因素　创新实践

共建“一带一路”是中国深化与沿线国家区域合作的宏伟倡

---

① 作者系中国国际问题研究基金会研究员，中国国际问题研究院国际能源战略研究中心主任、研究员。

议，对于拉动包括中国在内的各国经济发展，提升沿线地区整体的经济社会发展水平都具有重要意义。“一带一路”建设以能资合作为抓手，不论从沿线各国经济结构的禀赋、社会发展需要和互补优势，还是从已经具备的合作基础和条件看，都是最为现实和可行的。因此，应将能资合作置于“一带一路”建设的发力点和优先方向，着力加以推动。搭建涵盖沿线地区开放包容的能资合作平台，畅通各层次的对话渠道、精准布局、制定合作规则和标准、确定可行的合作项目，则是开展能资合作和保障其可持续运营的重要途径。推进能资合作既要抓住形势变化出现的利好条件，也要妥善应对风险和挑战。能资合作是一个具有战略属性和长期合作的领域，既需要日积月累的扎实推进，也亟待我们去探索和实践。

一、能资合作在“一带一路”建设中的重要意义

（一）为区域经济合作和各国可持续发展提供长期动力

能源和资源是经济发展的血脉和动力之源，历来都是各国发展战略的优先考量与聚焦点。包括中国在内的“一带一路”沿线国家深化能资合作和互利共赢关系，对于实现能资供给的多元化、运输的安全与便利化、定价机制的合理化，保障能资安全，拓展发展空间，支撑经济持续健康发展具有重要意义。同时，发挥沿线资源国、消费国的互补优势，建设能资基础设施，既可帮助资源国振兴能资产业，也可为资本和技术增值提供机遇，进而为沿线国家提供广阔的经济增长空间。这正是能资合作作为发展引擎的长期动力所在。

（二）有助于沿线国家形成利益和命运共同体

“一带一路”沿线具有能资禀赋的明显优势，各类能源资源储藏丰富，开发前景可期。沿线国家急切需要与中国开展合作，实现能源销售的多元化，引进先进的能源技术和投资，加快建设本国能资基础设施，促进自身的发展。沿线国家在能源资源、市场、资金及技术方面与我国具有较高互补性，深化该领域合作符合各方发展利益，利于促进地区共同发展和繁荣。同时，能资合作具有战略属性，沿线资源国、消费国在传统能源、新能源、铀、金属矿产、能源运输、水利、电力等方面的深入合作，具有外溢到经济、社会各领域的潜力。这将提升各国的经济水平和相互依存度，各国间经济的互补互利会进一步黏合国家间政治关系，增进互信和互知，形成携手并进、共同发展的良好氛围，对于沿线国家形成利益和命运共同体具有重大催化作用。

（三）利于优化沿线地区的政治和安全生态

能资领域的相互依赖及其辐射效应，可成为“一带一路”沿线地区和平的“压舱石”。首先，“一带一路”沿线地区一些国家经济、发展基础薄弱，社会矛盾尖锐，普遍面临维稳压力，而能资合作事关经济振兴和社会发展，对于改善地区政治生态将产生正面效应。其次，通过能资合作可化解历史纠葛，实现共进发展，将进一步优化沿线国家的相互关系。最后，一些周边国家对中国快速发展尚有较大疑虑，而能资合作为我国践行“亲诚惠容”周边外交新理念和“睦邻、安邻、富邻”的周边外交政策提供了有利平台。我国可借此向周边国家展示追求友好稳定、共同富裕的诚意，逐步化解部分周边国家对中国快速发展的不适应感，建构利于地区和平稳定的话语环境。

（四）有助于打造公正合理的国际能源治理体系

沿线地区本是全球能源生产和销售的“高地”，但在西方主导的国际能源治理体系中却被边缘化，缺失话语地位。加强与“一带一路”沿线资源国、过境国、消费国间的能源合作，对于提振沿线国家在全球能源治理中的地位具有重大推动作用。中国与沿线国家达成公正的能源交易规则和定价机制，推动落实能资运输“过境自由、非歧视、不妨害”原则，进而形成和构建区域能源合作机制，利于加强沿线国家在全球能源治理中的话语权，推动国际能源秩序更为公正、合理、高效。能资合作涉及国家多、辐射领域广，利于沿线国家形成独特的能源供需板块，进而改变严重失衡的国际能源战略格局，同时可为打造适应时代发展的全球能源治理体系奠定基础和树立标杆。

二、“一带一路”开展能资合作面临的国际环境

当今世界正在以前所未有的节奏发生深刻演变，“一带一路”建设所处的欧亚大陆正处在这一变化的中心。中国与沿线国家开展能资合作，既有难得的机遇，也面临严峻的挑战。

（一）沿线国家开展能资合作的机遇

1. 发展合作是地区主流

第一，中国与沿线国家间的政治互信逐步加深。中国先后

与俄罗斯、哈萨克斯坦、吉尔吉斯斯坦、塔吉克斯坦解决了历史遗留的边界问题，然后又与沿线多数国家签署战略合作伙伴协议，为双边和多边关系的友好发展夯实了政治基础。中国—东盟关系正在打造升级版，上海合作组织签署成员国睦邻友好关系条约，中国与阿拉伯国家、非洲国家友好关系的新成果，已在谱写合作发展的新篇章。

第二，沿线国家多以振兴经济为优先方向，愿意通过合作谋求共同发展和繁荣；在经济全球化浪潮中，欧亚地区的区域合作进程明显加快。近年来，中国与“一带一路”沿线各国在经贸、能源、文化、社会、环境保护、非传统安全领域的功能性合作已经越来越密集，“共商、共建、共享”的合作理念已成为沿线国家的共识和实践。大批合作项目的落地已在昭示合作共赢的生命力。

第三，安全形势总体可控。上海合作组织在维护地区安全中发挥着中流砥柱的作用。随着印度和巴基斯坦成为上海合作组织正式成员国，该组织在阿富汗和地区维稳方面的作用进一步彰显。在地区国家的共同努力下，危害地区安全的“三股势力”受到打压和管控。伊朗核问题已签署六方协议。以伊斯兰国为代表的国际恐怖组织被击溃，叙利亚冲突也取得积极进展。近年来中国与周边一些国家虽出现某些纠纷，但出于未来发展的考虑，地区国家并无意与一个上升的大国反目。尤其是中国和印度签署边防合作协议，加强了领土争议的危机管控能力。地区安全形势总体趋稳。

2. 中国在沿线地区的影响力增强

第一，中国与沿线各国经贸关系日益密切。中国经济保持良好的上升势头，对地区经济的拉动作用和贡献逐年增长，无疑向近邻国家释放出积极的信号。“我国已经是120多个国家和地区最大的贸易伙伴，每年进口近两万亿美元商品，为全球贸易伙伴创造了大量就业岗位和投资机会。”[①] 2017年，中国与俄罗斯的贸易额达到840亿美元，中国与印度贸易额达844亿美元，创历史新高。[②] 中国与沿线国家睦邻互信和务实合作深化，越来越多的国家希望能够分享中国的发展机遇。相对于欧美经济复苏缓慢而言，中国投资能力的增长，在制造业和基础设施等领域的技术及管理经验丰富，这也激发了相关国家的合作热情。

第二，“一带一路”沿线国家与中国经济、社会发展呈高度互补性，与我国开展能源合作的愿望增强。资源、市场、资金以及技术的互补性使中国与周边国家的经贸合作具有巨大的发展空间。东盟国家与中国的全面合作渐入佳境，合作蛋糕越做越大。俄罗斯正处在经济发展与国家转型的关键时期，亟须扩大出口、引进投资。哈萨克斯坦正在实施工业创新发展战略，并开始把引资和合作重点向非资源领域转移。蒙古和其他中亚国家均把发展交通、矿产品和农产品加工、轻工业、服务业置于经济发展的优先内容，对“中吉乌铁路”及相关公路网建设抱以期待。中哈俄蒙四国次地区合作机制构建的前景看好。南亚国家与中国在基础设施和科技领域合作潜力巨大，打造地区国家期待的“中巴经济走廊”与“孟中印缅经济走廊”将会盘活整个区域的经济融合并推动互联互通建设。

第三，国际能源格局的变化提升了中国市场的地位。在美

① “姚坚就‘中国成为世界第一货物贸易大国’发表谈话”，2014年3月1日，http://www.gov.cn/xinwen/2014-03/01/content_2626309.htm。

② “2017年中俄贸易额840亿美元同比增长20.8%”，2018年1月2日，http://www.mofcom.gov.cn/article/i/jyjl/e/201801/20180102701694.shtml。

加快推进能源独立的背景下，其对中东、中亚油气产区的依赖度降低。2008年以来，美国自中东的石油进口累计减少了16%。[①] 与此同时，中国、印度等新兴经济体成为全球能源消费的稳定增长源，占据全球能源消费增量的绝大部分，成为了中东、中亚石油最重要的战略买家。[②] 在此背景下，中东、中亚产油国有意向我国开放油气上游产业，以能源合作为龙头扩大与我国的经贸合作，以实现自身经济结构调整和转型的期盼。而中国适度开放能源下游产业与市场，对沿线资源国吸引力更为巨大。近年来爆发的乌克兰危机促使美欧国家不断加大对俄罗斯能源领域的制裁力度、减少自俄能源进口，这将促使俄罗斯更加看重远东市场，深化与中国的能资合作。

3. 深化能源合作基础良好

第一，中国与沿线国家深化务实合作具有较为完善的制度化安排。近年来，上海合作组织框架下的经贸合作不断深化；“区域全面经济伙伴关系协定”“中日韩自贸区”两项谈判均取得了积极的进展。同时，中国与沿线国家积极参与亚太经合组织（APEC）、二十国集团（G20）、金砖国家等多边合作机制。通过推动地区能资合作不断深化发展，现有国际合作的内涵更加丰富、基础也日渐牢固。

第二，沿线国家对中国认同度提高，地区国际政治话语环

① Elizabeth Rosenberg, Paula J. Dobriansky, Bill Richardson, John Warner, “ Energy Rush: Shale Production and U.S. National Security”, Center for A New American Security, Feb. 1, 2014.

② Brookings Institution, “Energy and Security: Strategies for a World in Transition”, February 2014; Jan H. Kalicki, David L. Goldwyn, eds., *Energy and Security: Strategies for A World in Transition*, Washington, D.C.: Woodrow Wilson Center Press, 2013.

境已有明显改观。在和平崛起过程中，中国政府始终重视同沿线地区各国发展友好关系。中国奉行与邻为善、以邻为伴和睦邻、安邻、富邻的周边外交方针，提出坚持奉行正确的义利观和"亲诚惠容"等新理念，意在同周边各国共同营造平等互信、包容互鉴、合作共赢的地区环境。[①] 中国外交日渐展现出的包容、开放和负责的大国风范，务实有效的睦邻友好政策和推动建设和谐周边、和谐世界、构建新型国际关系、构建人类命运共同体等理念已为越来越多的国家所理解和接受。

第三，中国与沿线国家能资合作成果丰硕。2013年，中俄能源合作达到新高度，双方共同"构建牢固的中俄能源战略合作关系"[②]；双方于2013年达成长期原油供应协议，并就天津炼化厂合作达成协议，双方还达成原油增供协议，俄罗斯通过东、西管道向中国供应天然气协议和中国石油天然气集团公司购入俄罗斯超大型的亚马尔液化天然气项目的股权协议。[③] 中国与土库曼斯坦、哈萨克斯坦等中亚国家的油气贸易逐年扩大；A、B、C、D四条跨越中亚地区进入我国的油气管线已建成或开工。中国与中东传统油气产地的能源贸易也保持了稳中有升的趋势。近年来中国与东南亚国家的电力合作更是取得引人注目的合作成果。中国与沿线国家既有的能资贸易及相关产

---

① 参见杨洁篪："在纷繁复杂的国际形势中开创中国外交新局面"，《国际问题研究》，2014 年第 1 期，第 2—4 页。

② "中华人民共和国和俄罗斯联邦关于合作共赢、深化全面战略协作伙伴关系的联合声明"，2013 年 3 月 23 日，https://www.fmprc.gov.cn/web/ziliao_674904/1179_674909/t1024243.shtml。

③ 参见"俄能源部长：2013 年是中俄能源合作'突破年'"，2013 年 10 月 23 日，http://world.people.com.cn/n/2013/1023/c1002-23297464.html。

业合作，为进一步营建共同利益奠定了基础。

（二）“一带一路”地区深化能资合作面临的挑战

1. 大国博弈造成的负面影响

第一，美国全球战略出现重大调整，美方颁布的安全战略、防务战略及核战略评估三份文件表明，美战略重点已由反恐向遏制大国转变。美已视俄罗斯和中国为威胁其安全的主要对手。美国对中国崛起的疑虑和偏见加深，鼓吹东亚地区局势不稳的根源在于中国军事力量的快速发展及其对外政策的愈发强硬。早在2013年美涉华军力报告就称，“中国宣称其崛起是和平的，没有追求霸权和扩张领土的愿望。然而，由于中国不断增长的军事力量缺乏透明度，该地区对中国意图的担忧持续加深”。[①] 一些美国学者建议美国在军队部署、军事技术、能源等方面加强美日同盟力量以制衡中国。[②] 美不断出台恶化双边关系的强硬措施，主动制造贸易摩擦，尤其是一改建交以来不与台湾进行官方往来的承诺，出台新的与台关系法案，松绑与台湾正式官员往来的限制，极大损害了两国关系的政治基础。2017年美颁布阿富汗新战略，继续向阿增派驻军。与此同时美主导建立与中亚国家的5+1机制，积极介入地区事务，破坏了该地区开展合作的政治环境。此外，为了牵制中国，美国在南亚、中亚指责中国主导的合作项目存在环境、古迹保护隐忧，

---

① “Military and Security Developments Involving the People’s Republic of China 2013”.

② Michael D. Swaine, Mike M. Mochizuki, Michael L. Brown, Paul S Giarra, Douglas H. Paal, Rachel Esplin Odell, Raymond Lu, Oliver Palmer, XuRen, “China’s Military & the U.S.-Japan Alliance in 2030”, Carnegie Endowment for International Peace, May 2013.

给项目实施制造障碍。尤其是2018年5月8日，美国高调宣布退出《伊朗核协议》并重启对伊朗制裁，美国政府宣称包括美国盟友在内的所有国家要在11月4日前停止从伊朗进口石油，否则将面临美国制裁。受此影响，全球原油价格猛烈上涨。这成为正在谋求再平衡的世界原油市场的最大搅局事件。

第二，中国北部最大的邻国俄罗斯虽与中国就“丝绸之路经济带”与“欧亚经济联盟”对接签署文件，但俄仍对中国与中亚各国深化合作存在一些疑虑，担心其主导的欧亚经济一体化进程受阻。俄罗斯将中亚地区视为其重要的战略后方，推动与中亚国家的经济一体化进程，是俄罗斯对外政策的重要考量。“俄罗斯对外政策的优先方向是进一步巩固独联体，致力于加强独联体地区一体化进程，优先任务是建立欧亚经济联盟”。[①]2013年，吉尔吉斯斯坦、塔吉克斯坦申请加入俄罗斯、白俄罗斯、哈萨克斯坦三国关税同盟；亚美尼亚等国正式加入关税同盟。俄主导的欧亚经济联盟取得重要进展。

中国与中亚各国能资合作深化发展，互联互通建设不断取得成绩，俄罗斯对此难免疑虑。例如，俄罗斯担心“中吉乌铁路”使用的标准轨与俄式轨不能衔接，导致中亚国家增加对俄离心倾向。中国与中亚各国达成大宗能资贸易协定、拓展上下游合作领域、加强互联互通建设，都使俄罗斯产生类似担忧。如何在“丝绸之路经济带”能资合作中与俄罗斯互利共赢、助其充实欧亚经济联盟、避免恶性竞争，共同开拓和提升欧亚地区经济合作规模和发展水平，是能资外交工作的一个挑战。

第三，印度对中国在地区内地位的上升顾虑增加，且两国

---

① 【俄】阿·桑日耶夫：“普京在莫斯科会见辛格”，《俄罗斯报》，2013年10月21日

间在国际能资贸易中存在竞争。印度非常重视其南亚影响力，积极发展与中亚、东南亚各国的双、多边关系。近年来，印度陆续强化与印度尼西亚、缅甸、日本的双边关系，并积极与东盟深化合作，[①] 努力扩大与哈萨克斯坦等中亚国家的能源贸易规模，并深化上下游合作水平。

作为发展中大国，印度加强与“印太”区域各国关系与能资合作，难免与中国产生竞争。2013年7月，《印度斯坦时报》就曾发文质疑中国与哈萨克斯坦在卡沙甘油田项目中的合作，是“抢了印度的合同”。[②] 值得注意的是印度对“一带一路”倡议态度消极，同时印作为上合组织正式成员国，正在与美国、日本、澳大利亚筹组针对中国的“印太联盟”，这已对中印关系造成消极影响。避免与印度发生零和甚至负和竞争，同样需要富有成效的能资外交工作。

2. 边界和水资源争端的负面影响

中国周边涵盖广大海陆区域，面临尚未解决的海界、陆界和水资源争端挑战。首先，周边个别国家受域外大国和地缘政治的形势影响较深。其次，中国与个别周边国家间尚存边界问题。日本在钓鱼岛归属问题上挑衅中国的主权。中国南海水域受别有用心的敌对势力挑唆，形势复杂。中印划界问题至今没有根本解决，双方总体上能够对此保持冷静、克制，但在一些具体事务中难免出现摩擦。2017年中印之间发生洞朗危机就是明显的一例。日本与韩国也有独岛等领土争议。部分中亚国家

---

① Nitin Gokhale, “India’s Rising Regional Military Engagement”, *The Diplomat*, February 2014.

② “India Loses Giant Kashagan Oil Field to China”, *Hindustantimes*, July 2, 2013.

间的领土纠纷时有激化，成为地区不稳定的因素。再次，“丝绸之路经济带”沿线部分国家间存在水资源争端。中国与哈萨克斯坦间存在跨界水资源问题。此外，南亚和中亚国家间水资源争端更是久拖不决，存在爆发冲突的隐患。

3. 沿线地区存在不稳因素和安全隐忧

第一，沿线地区涵盖的南亚、中亚及西亚国家均处在欧亚大陆的“不稳定弧”上，社情民情复杂，矛盾叠加，地区恐怖势力蠢蠢欲动，热点时有爆发。阿富汗国内动荡的形势持续发酵，域内外国家围绕阿富汗前景的博弈错综复杂，近来“伊斯兰国”残余势力潜入阿境内，与塔利班抢夺势力范围，“伊斯兰国”恐怖势力已在阿富汗巴基斯坦边境地区建立新的训练营地，阿冲突外溢的可能性增加。中国境内外“东突”“藏独”民族分裂势力遥相呼应，采取政治颠覆与暴力对抗相结合的方式，大肆进行分裂新疆和西藏的破坏活动，影响边疆安全稳定。中国与中亚国家之间的油气管网及人员安全面临考验。

第二，一些国家政权交接极为敏感，国内民族、宗教、政治角力复杂，存在动荡隐忧。乌兹别克斯坦虽完成新老政权交接，但中亚大国哈萨克斯坦权力正处在敏感的交接期，其前景对地区形势影响不可小觑。另外，地区国家关系也存在隐忧：哈萨克斯坦与吉尔吉斯斯坦关系不稳，塔吉克斯坦与伊朗也滋生芥蒂，中东大国沙特和伊朗矛盾早已公开化。“丝绸之路经济带”沿线地区的地缘环境酝酿着新变化。政治形势的变化对中国与相关国家开展能资合作、进行大项目建设等潜存负面影响。

第三，东北亚地区，朝鲜核危机虽出现一定程度缓和，但各方立场迥异，不确定因素增多，半岛局势持续紧张的根源并未消弭。美日构筑军事同盟和正在筹组的美日澳印四国联盟，都成为影响合作的制约因素。

4.“一带一路”沿线国家在国际能源体系中的话语地位不足

我国只是在改革开放的近几十年才启动国际能源合作，是全球能源体系的后到者。总体讲，我国与全球和地区能源机构的合作程度低，实质性合作有限，话语权不足，影响力也不够。况且，至今我国还置身不少地区能源组织之外。沿线国家的俄罗斯、中亚及中东国家虽是能源生产的重要参与者，但在西方主导的国际能源体系中话语地位也十分有限。从国际能源合作多年的实践看，不同主体的利益有别：能源进口国力图保障能源的可持续稳定供应，抵御和防范能源供应和价格波动的风险；能源出口国则力图保障出口能源的不间断和合理的价格；过境国更多的是谋求国境转运收入和使用过境的油气商品。而对国际能源组织来说，其目标在于以集团身份与其他能源机构谈判，协调维护成员国的利益，保障国际能源市场的稳定，而维护国际能源市场价格的稳定是其重要的职能。大型跨国公司在国际能源合作中也是不可或缺的一方。开展跨国经营的目的在于，提高资本收益水平，提升其国际竞争力。国际能源合作的基本特征是参与主体多元，各自利益不同，这也使得国际能源合作的风险因素居多。除地缘政治风险外，还面临项目收益风险、运输风险和环保压力，实施“一带一路”能源合作应将防范上述风险列入重要考量。推进“一带一路”能资合作，我国不仅要扩大能资合作的范围和领域，在合作质量和深度上也应改观。从推进“一带一路”建设的高度和远景需求看，搭建“一带一路”沿线的能资合作平台已势在必行。

三、深化“一带一路”能源合作的思考

作为一个中长期的合作构想，“一带一路”能源国际合作应渐次展开，逐步实现阶段目标。总体上，“一带一路”能源国际合作应实现三大目标：一是推动形成欧亚能源板块，形成能源生产、运输、炼化、装备及技术、标准一体化；二是形成欧亚地区能源国际合作机制与平台，实现定价、供需、贸易、金融和相关国际规范深度合作；三是构建“一带一路”能源命运共同体。未来“一带一路”能源合作的着力方向是：

首先，推动建设涵盖市场、价格、运输安全的欧亚地区的能源合作机制。“亚洲溢价”和价格话语权不足是亚洲能源消费市场国面临的共同问题。中东原油“亚洲溢价”问题涉及政治、经济和历史诸多原因，不可能在短时间内解决，也不是通过某个层面或某个国家的努力就能解决的。现阶段，可积极推动各国通过上海石油期货交易所进行议价合作，推动建立亚洲油气交易共同市场和价格形成机制。具体来看，可在消费端联合印、日、韩等能源消费国推动形成亚洲油气进口国协调机制；在生产国与消费国之间，可联合印度推动“亚洲主要石油供应国与消费国部长级圆桌会议”机制化，联合中亚、西亚主要生产国共建亚洲能源合作机制。

“一带一路”沿线国家间的油气管线安全运营已经成为影响我国能源安全的重要因素，加快构建沿线相关国家管线多边合作机制已不容忽视。可以通过适度向资源国、过境国开放我国能源下游产业的方式，将双方利益牢固捆绑，激励相关国家维护管道安全。未来，亦应推动管线建设网络化，形成跨境油

气管线两端“多买多卖”格局的形成，以多元化的卖方买方固化管线安全。搭建境外管线的多边安保平台是一个复杂的系统工程。积极推进各方在利益共享、责任共担的基础上签署多边安保条约已势在必行。

其次，推进国内能源体制市场化改革，提升关键技术装备能力。一个国家在国际市场中的强大，根本上是源于国内市场和科技装备水平的成熟和完善。借国际油气价格持续走低之机，我国应推动国内能源市场化改革取得突破。建议在特定境外进口天然气供应线路中先行试点，逐步扩展到国内气源，并逐步扩大炼化企业成品油市场化定价比例。以此为基础，可推动“一带一路”沿线能源供需双方议价合作机制的建立。此外，目前我国难采油气开发技术装备水平不足，难以有效进入资源富集国上游产业链。建议以国家科技重大专项的形式突破极寒、深水、非常规油气资源开采和高质量成品油炼化关键技术，降低生产成本，为与“一带一路”沿线各国开展深度能源合作奠定技术设备基础。

再次，提升海外能源资产配置和风险评估机制及防范能力。能源是世界经济和国际战略运筹的重要杠杆，而其勘探、开发、储运均是资本高度密集的产业。健全统筹利用资金的能力，统筹利用我国巨额外汇储备和“丝路基金”等融资机制，将其使用到海外能源开发项目中，为推动我国能源企业在“一带一路”沿线资源国获取优质油气资产、巩固进口多元化成果助力。同时，应强化对相关地区地缘政治、非传统安全威胁的应对，对风险制定量化的评估标准，避免我国能源资产受到破坏。可积极参与中东、非洲地区事务，为维护地区和平、安全开展预防性外交工作，同时也要充分评估全球油气价格长期下行的可能性，防止海外油气资产大幅缩水。当前，全球能源主要风险已从供应中断转变为价格波动，相应的，能源治理关注的主要内容也不再仅仅是石油供应安全，价格波动和通道安全愈益引发关注。全球能源治理的范围和内容都发生了改变。

“中国能源安全的目标是保证可持续、稳定、多元和清洁的能源供给。”可持续指能源提供不间断，不被外界或其他因素打断；稳定指应对价格大起大落，力图减少对中国经济的冲击；多元指在能源产地和来源、能源进口品种、能源技术及设备等方面实现多元化和市场的多元化；清洁指在环保和减排压力下，能源供应和消费应转向绿色和低碳化。

最后，统筹各国间基础设施互联互通、文化交流、贸易与货币流通便利化与能源合作各领域协调发展，在“一带一路”框架下推动能源合作不断深化。“一带一路”建设包括政策沟通、道路联通、贸易畅通、货币流通、民心相通等诸多目标及合作领域。能源合作需要货畅其流、金融货币服务、政府间合作等保障因素。综合推动“一带一路”建设各领域合作，应与相关国家订立“一带一路”合作协议，将能源合作寓于其中，通过诸多领域的建设为能源合作铺平道路。

当前南海形势及其走向

刘新生[①]

内容摘要：2018年，南海形势趋缓降温，依然保持着和平稳定的向好发展态势，南海沿岸国家对南海的关注重点正由领土与海域争议、地缘政治博弈逐步转向规则和机制建设以及推进海上合作，但影响或驱动南海局势再度升温的一些主要因素并没有从根本上消失。在今后相当一段时期内，中国在南海的主要任务就是在坚定维护领土主权和海洋权益的前提下，维持南海形势总体向好发展，营造和谐稳定的周边环境，进而实现南海地区的长治久安。

关键词：形势向好　暗流波涛　沉着应对

在中国和东盟国家的共同努力下，当前南海局势得到有效管控，呈现持续趋缓向好势头，但同时仍面临诸多不稳定因素，稳定南海形势，塑造南海新秩序任重道远。

---

① 作者系中国国际问题研究基金会研究员、前驻文莱大使。

一、总体局势稳定向好

在南海问题上，中国始终坚持并积极倡导东盟国家提出的“双轨思路”，即有关争议应由直接当事国通过谈判协商解决，南海和平稳定由中国和东盟国家共同维护。在这一政策指导下，两个轮子同时推进，不仅取得了不少进展，也维护了南海总体稳定。具体表现为以下四个方面：

（一）海上共同开发有望提上日程

文莱、菲律宾同中国是隔海相望的友好邻邦。近年来，在元首外交引领下，中文关系保持健康稳定发展，迎来历史最好时期；中菲关系历经风雨又见彩虹，实现由转圜、巩固到提升的跨越式发展。习近平主席首次访问两国，也是中国国家元首时隔13年再次到访，为中文、中菲关系发展带来重大机遇。访问期间，习主席同文莱苏丹哈桑纳尔、菲律宾总统杜特尔特就新时期双边关系发展作出顶层设计。中文将关系提升为战略合作伙伴关系，中菲宣布建立全面战略合作关系，体现了双方坚持睦邻友好、推进战略合作的坚定决心。中文、中菲在南海有广泛共同利益，双方一致认为应由当事国通过友好协商妥善处理分歧，持续推进海上合作和“南海行为准则”（以下简称“准则”）磋商，展示地区国家合力维护南海稳定的意愿、智慧和能力。中文签署共建“一带一路”合作规划等政府间协议，将加快“一带一路”倡议同文莱经济多元化战略“2035宏愿”对接，加快探讨海上共同开发步伐。中菲签署共建“一带一路”合作谅解备忘录，全面推进安全、发展、人文三大支柱领域合作，不断完善合作布局。两国签署海上油气开发合作谅解备忘录，海上互利合作迈出实质步伐，共同勘探开发有望提上日程。事实再次证明，友好和合作始终是中国同周边国家关系的主流，也是符合地区国家和人民利益的正确选择。

（二）“南海行为准则”磋商取得积极进展

落实《南海各方行为宣言》（以简称《宣言》）高官会和联合工作组会议机制已成为中国和东盟10国维护南海稳定、促进对话合作的最有效渠道，截至2018年6月底已举行15次落实《宣言》高官会和24次联合工作组会议。2017年8月，王毅外长与东盟国家外长在马尼拉宣布达成“准则”框架。2018年3月，中国与东盟国家启动了“准则”实质性案文磋商，6月底，落实《宣言》高官会一致同意尽快形成“准则”单一磋商文本草案，作为下一步商谈的基础。8月，中国与东盟国家已就“准则”形成单一磋商文本草案，“准则”磋商取得了快速而突破性的进展。启动案文磋商不仅标志着“准则”制定进入了新阶段，同时还标志着中国与东盟国家开启了致力于通过规则和机制建设来稳定南海局势的新进程。对于处理南海有关争议而言，“准则”将为有关各方的海上资源开发、联合军演、海上合作、岛礁控制等涉海行为确立规范，同时也为各方管控海上潜在冲突和防止冲突升级建立长效机制。不仅如此，“准则”将为构建一个基于规则、制度化的南海地区安全秩序，着力解决长期以来中国和东盟国家安全合作滞后的问题，增进彼此的政治和安全互信，提供机制化的保障。“准则”单一磋商文本草案达成，是中国与东盟相向而行的成果，具有里程碑意义。

（三）海上务实合作持续推进

为防止意外、管控局势，中国与东盟国家于2016年6月发表了《中国与东盟国家关于在南海适用〈海上意外相遇规则〉的联合声明》，设立了中国与东盟国家应对海上紧急事态外交高官热线平台。双方还发表了《未来十年南海海岸和海洋环保宣言（2017—2027）》，现正抓紧落实，旨在促进海上环保合作，共同维护南海的清洁美丽和自然生态。为增强海上救援能力，双方启动了中国—东盟国家海上搜救热线平台建设，举行了中国—东盟国家首次大规模海上联合搜救实船演练。上述举措为确保南海安全稳定发挥了重要作用，与“准则”磋商形成了“两个轮子”同时向前运转的良性互动。此外，双方还在探讨和推进更多的海上务实合作，比如举办海洋信息技术合作研究、南海沿岸生态系统监控评估和保护战略合作研讨会、海洋酸化培训研讨会、海洋生态环境远程卫星感知培训、海上航行与通信安全研讨会等项目。这些实实在在的进展充分展示了中国和东盟国家共同维护南海和平稳定的决心和建设性努力，值得国际社会特别是媒体的更多关注和鼓励。此外，中国海警局与越南海警司令部、菲律宾海岸警卫队签署合作谅解备忘录，建立海警海上合作联合委员会等安全执法合作机制。同时，中国与马来西亚、印尼两国的海上执法合作也正在紧锣密鼓的商谈之中。

（四）开启南海周边国家海军务实合作新篇章

在2015年中国—东盟防长非正式会晤上，中国首次提出与东盟成员国举行海上联合演习的建议，得到各方的积极响应。三年来，中方与东盟各国积极协调配合，共同努力推动，进行了卓有成效的各项准备。其间，中国与东盟各国多次交换意见，就联演主要内容达成共识，并在2018年中国—东盟防长非正式会晤上予以确认。整个演习分两个阶段，第一阶段是桌面推演，已于8月2日至3日在新加坡樟宜海军基地举行。第二阶段是实兵演习，时间为10月22日至28日在中国湛江及其以东海空域开展交流活动和实兵演练。来自中国与东盟10国的8艘舰艇、5名观察员、1200余名官兵参加，主要围绕《海上意外相遇规则》使用及联合搜救、编队通信操演等内容组织实施。此次联演时间不长，但安排饱满、活动丰富，促进了彼此了解，收获了深厚友谊，增进了政治互信。这次联演既是东盟首次与单一国家进行联合军演，也是中国首次与东盟开展海上联演，同时还是中国南部战区成立后首次组织的多国联演，意义重大。这三个“首次”，在中国与东盟关系史上不仅具有里程碑式的意义，也彰显了中国与东盟国家致力于维护地区和平稳定的信心与决心。无疑，未来随着互信不断增长，中国和东盟之间的联合军演会越来越多，联合演练的科目也会越来越多。几乎在同一时间，“和平友谊—2018”中马泰联合军事演习于10月20日至29日在马来西亚举行。演习完成全部既定科目，充分展示了中马泰三国在维和行动和联合强制和平行动中的交流与合作，以及在共同应对安全威胁方面的广泛共识，彰显了三国共同致力于维护南海地区和平与稳定的信心和决心。

二、暗流波涛仍在涌动

当前南海形势虽处在相对稳定与平静阶段，但影响地区局势再度升温的诸多变量并没有从根本上得到消除。未来南海形势趋缓趋稳的基本特征虽不会出现剧烈变化，但以下几个主要消极因素值得高度关注。

（一）美国南海航行自由行动日趋频繁

以“航行自由行动”为主要抓手，并辅之以拉拢日本、澳大利亚等盟友介入南海事务，已成为特朗普政府正在形成的南海政策的重要特征。近年来，美国在南海针对中国的航行自由行动呈现出频率高、范围广、参与国家多的特点。就频率而言，大概每两个月一次，如2017年一共进行了6次（其中两次未对外公开）；就范围而言，其航行自由行动范围不仅覆盖南沙中方管控全部岛礁，而且频繁进入西沙领海基线，2018年1月还首次进入中沙群岛的黄岩岛附近海域实施航行自由行动。9月，美国海军“迪凯特”号导弹驱逐舰在南中国海巡航过程中又进入我南熏礁和赤瓜礁12海里以内的水域航行，从而使得自特朗普政府上台以来的不到两年时间内，美国在南海针对中国的航行自由行动总数达到8次之多。与此同时，美国的盟友也纷纷加入南海军事行动的行列，日本、澳大利亚、英国等国的军舰要么单独进入南沙争议海域，要么追随美国的步伐亦实施所谓的航行自由行动。看来，中美两国在南海的较量和争夺是结构性的、战略性的和不可调和的，美国在南海以航行自由为主要抓手的针对中国的军事行动不仅不会停止，反而会日趋激烈，双方发生低烈度军事对抗的可能性不能排除。

（二）“准则”案文磋商将面临复杂挑战

随着“准则”磋商在2019年进入案文谈判的实质阶段，参与谈判各方在核心问题上的主要矛盾和关键分歧将不可避免地进一步显现。各方之间围绕“准则”的性质、适用海域范围，以及监督和落实机制，特别是是否具有法律约束力等实质性问题的博弈将考验各方智慧。东盟国家之间的分歧和中国与东盟有关国家之间的分歧交织、技术性挑战以及各国政治性考虑交织将使问题复杂化。一些东盟国家认为“准则”应具法律约束力，意在限制中国的南海维权活动，中国希望“准则”是一个没有法律约束力的文件，至少是一个约束力较小的文件。可见，在这项议题上，各方还将经历一个长期的协商过程。不排除地区国家在诉求得不到满足的情况下，转而将目标从地区国家转向域外大国。预计，随着“准则”磋商的深入，美日等国可能会以各种理由介入地区议程，试图影响“准则”磋商进程，从而导致有关磋商和谈判进程更加复杂化。因此，单一磋商文本草案仅是实质性文本谈判的起点，到最终达成“准则”，仍有很长的路要走。

（三）南海仲裁案的负面影响仍不可忽视

南海仲裁裁决尽管在事实上被搁置，但其负面影响难以完全消除，中国始终面临着南海法理斗争复杂化的压力。菲律宾国内始终存在要求杜特尔特政府坚持仲裁“裁决”、拒绝中国“经济诱惑”的杂音。菲律宾现政府虽然暂时搁置仲裁结果，但今后重提“裁决”的可能性不能排除。此外，越南、马来西亚、印尼等南海周边国家未来也有可能利用“裁决”开展针对中国的侵权活动。另一方面，国际压力依然存在，美日澳等域外国家不甘心将裁决视为一张废纸。仲裁结果出台以来，它们从来没有放弃将仲裁结果作为施压工具和制华筹码的努力，在南海问题上打法律牌、规则牌的趋势日益凸显，反复施压中国和菲律宾接受和遵守仲裁结果。域内外国家的这些行为与仲裁裁决否定中国对南沙群岛整体的主权以及南海海洋权益密切相关，域外国家的影响可能导致地区国家的南海政策出现混乱和反复。因此，仲裁“裁决”对中国与东盟有关国家推动海上务实合作和“准则”案文磋商等方面的消极影响可能会逐步显现。

（四）越南成为美日插手南海有关争议的“新抓手”

近年来，越南积极施展“平衡术”，利用自身突出的战略地位，不断加强与美日等域外大国的海上安全合作，争取它们在南海事务上对越南的支持，以保持在南海问题上对中国的制衡作用。2018年3月，美“卡尔·文森”号航母与两艘护卫舰、一艘巡洋舰、一艘驱逐舰组成的庞大舰队抵达越南岘港，对越南进行了为期四天的访问，这是1975年越战结束后美国在越南规模最大的一次军事访问 。预料，美越两国今后在南海问题上还会有更加紧密的防务合作。另一方面，日本与越南在南海问题上进行了实质性的军事合作。自2015年以来，日本已先后向越南渔监和海警提供了6艘二手巡逻艇。此后，日本又承诺再向越方提供6艘新建巡逻艇。此外，日越在舰船互访、联合演习、情报分享等领域的合作亦令人关注。继2017年日本“出云”号直升机护卫舰停靠金兰湾之后，2018年9月“黑潮”号潜艇还首次在越南金兰湾国际港停泊，进行为期五天的交流。不仅如此，越南还与美日在非传统安全领域建立了以强化海洋安全能力建设为核心的三方合作机制。事实表明，越南与美日在南海的全面合作已见雏形，成为美日插手南海有关争议的“新抓手”。

三、保持定力沉着应对

南海局势虽有望继续延续此前整体稳定的发展趋势，但形势依然复杂敏感。中国需要继续保持战略定力，在南海问题上始终坚持“双轨思路”，积极塑造有利于自身战略利益的南海战略态势。

（一）积极推动和把握“准则”案文磋商进程，推进建立南海地区新的安全秩序

“准则”磋商是当前维护南海形势稳定的重要抓手，体现了中国和东盟国家维护南海和平稳定的决心与能力，也是中国对在南海构建以规则为基础的地区秩序这一承诺的重要体现。中国与东盟可以通过“准则”磋商，探讨构建南海地区各方均可接受和认可的规则、规范。虽然“准则”不能最终解决南海问题，但可以在促进南海秩序构建、维护南海局势稳定、推进危机管理乃至探索争端解决方案方面发挥重要作用。未来，中国可以考虑将低敏感领域的一般性纠纷纳入“准则”争端解决机制，在危机管控机制的基础上构建符合中国战略目标的南海地区安全秩序。另一方面，中国在“准则”磋商过程中，也要做好面对不利局面的准备，排除外部负面因素，积极创造有利条件，在坚持不懈努力的同时要避免拔苗助长，稳步推进“准则”谈判进程，为维护南海总体稳定和解决海洋争端创造条件。

（二）切实推进海上务实合作进程

在争端解决之前，各方应继续推进落实《宣言》框架下的南海海上务实合作。当前南海形势相对缓和，为中国与东盟及东盟各国之间推动海上务实合作创造了良好氛围。合作本身就是一种增进互信的方式，而且是更为积极主动的信任建立措施。中国已提出探讨构建“南海沿岸国合作机制”，希望双方在海上搜救、海洋环保、海洋气象等低敏感领域寻求开展更为

有效的合作，在油气资源共同开发方面谋求取得突破。同时双方将用好中国—东盟海上合作基金，在不断推进海上务实合作向纵深发展的同时拓展合作领域，推动建立海上航行安全、海上科研与环保、打击海上跨国犯罪等技术合作委员会，进一步发挥海上务实合作在维护南海和平稳定、促进地区繁荣发展中的重要作用，为逐步推进“准则”进程打下坚实基础。中菲已经签署《关于油气开发合作的谅解备忘录》，双方应以此为契机，多措并举，争取共同开发在南海早日迈出实质性步伐。

（三）为地区各国提供更多海上公共产品

中国南海岛礁建设是一项综合工程，兼具军事防卫和民事工程的双重属性，两者均可以向国际社会尤其是地区国家提供海上公共产品。随着岛礁设施部署进一步推进，中国应逐步加大民事功能的开放力度，以向国际社会提供以海上救援、助航设施、渔民渔船救助、科考协助和海洋航行补给等为主要内容的海上公共产品。中国应充分发挥先进的科技能力优势，利用民用功能推进中国与周边国家在渔业资源养护机制、油污预防和处理机制、南海搜救机制、海洋自然资源保护与合作机制、水下文化遗产保护机制等低敏感领域开展合作，确保中国对南海资源主导性保护、开发和利用的地位。2018年7月，中国专业海洋救助船“南海救115”进驻南沙群岛执行该区域海上救助和值班待命任务，截至8月底已成功实施3起救助行动。未来，中国还将陆续向地区国家提供科研和气象等国际公益服务。中国有诚意也有能力推进海上务实合作，惠及周边国家。加强南海岛礁民事功能建设和国际海上公共服务供给，不仅契合“21世纪海上丝绸之路”倡议和发展海洋合作关系的内在要求，还可以有力地回击美日等国炒作中国南海岛礁建设破坏国际规则、危害地区安全的举动。

（四）着力推进“泛南海经济合作圈”建设

近年来，伴随着中国综合国力的日益增长，加之南海问题的持续升温和海上安全局势的日益复杂，越南等南海周边国家对中国的“焦虑”和“不安全感”有所上升。南海沿岸相关国家虽有意搭乘中国经济发展的“便车”，但对中国提出共建“一带一路”倡议的战略意图仍心存芥蒂。为此，中国可充分利用与东盟国家已经形成的牢固的经济合作基础和双多边对话合作机制网络，发挥南海的地缘纽带优势以及中国在地区事务中不断扩大的影响力，积极构建“泛南海经济合作圈”（以下简称“合作圈”）。中国可通过构建“合作圈”，加强与越南、菲律宾、马来西亚、印尼、文莱、新加坡等南海沿岸国在旅游、渔业、互联互通、海洋生态环境保护、海洋科研、海上搜救等领域的合作，提升区域内有关各方间利益融合，编织更为紧密的共同利益网络，并建立起开放、包容、公平的区域经济合作规则和秩序；同时，为探寻破解地区难题，和平解决和妥善管控南海海上分歧与争端，实现南海长治久安创造良好的外部环境。

（五）探寻建立南海地区新的安全合作机制

从冷战至今，安全合作不足一直都是中国—东盟关系发展的一个“短板”。虽然较二十余年之前，中国与东盟的关系大有提升，国家和地区间的友好合作也取得不少大大小小的成就，但是，在南海问题上如果没有良好的管控分歧机制，一些根本性的问题恐难以解决，目前所达成的相对脆弱的“战略合作伙伴关系”将无法取得更高层次的发展与进步。在当前南海地区安全形势仍趋复杂的情况下，如何发挥中国在构建南海地区安全秩序中的主导作用，探寻建立南海地区新的安全合作机制，以此发挥稳定安全环境、降低各种负面影响的作用，是需要着重考虑的问题。面对新形势、新挑战，中国与南海周边各国应以“准则”制定为契机，推动构建符合当前地区形势和各国利益诉求的新的地区安全合作机制，以此管控海上潜在冲突，增进彼此互信，促进争端解决，巩固当前南海形势向好发展态势，促进地区和平稳定。此外，要妥善应对域外国家介入南海事务的问题，其中美国是中国考量的重中之重。在美国对亚太战略进行调整的政策塑造期，寻求与美国在南海地区安全事务中的良性互动，消除分歧，管控风险，寻找合乎共同利益的合作点，避免冲突对抗，符合中国的长远战略利益。

四、结 语

总的来看，当前“准则”磋商加快、中国—东盟安全合作扩展，南海局势降温趋缓的总体态势未改变，影响南海形势发展的积极因素日益增多。但声索国围绕南海岛礁领土主权和海域管辖权主张争议的实质性问题并未解决，由地缘政治因素引发的区域内外有关各方围绕航道控制、资源开采、制海权而展开的利益博弈可能会出现一些新特点。因此，未来南海局势不能完全排除出现阶段性、局部性动荡的可能。以美国为首的域外国家在南海的军事存在以及美国倡导的“印太战略”恶化了南海安全环境，阻碍了南海海上合作。中国与东盟国家应以“准则”磋商为契机，以“合作圈”构想为载体，构建以海上合作为主要内容的、基于规则的地区海洋新秩序。只要各国坚持睦邻友好的大方向，确立共同发展的大目标，发扬妥善处理分歧的大智慧，就一定能够把南海建设成和平、友谊、合作之海，就一定能够开创本地区稳定、发展、繁荣的新局面，更好造福各国和各国人民。

大国关系与大国动态

美中欧的大国关系格局和国际经济秩序博弈

项　雄[①]

内容提要：在美国与中国、欧盟等大国相互竞争与合作、挤压与借重的后冷战关系格局中，美一超坚持国际秩序与规则的主导权。特朗普新政以单边强势“大修”双边协定和多边规则，倒逼国际经济秩序面临复杂博弈或调整。世界贸易组织（WTO）改革成三方博弈焦点，涉及争端解决机制、协商一致原则、非歧视核心原则、发展中国家界定、产业政策等议题，也包括为新世纪议题商定新规则。最终可能形成新多边WTO为轴心、诸双边机制并行的全球一元多体经济秩序。

关键词：国际经济秩序　WTO改革　发展中国家待遇　产业政策

大国力量对比奠基国际关系格局。大国关系格局引领国际秩序博弈。近30年经济全球化疾进、政治单极趋向“准多极”[②]，大国力量演变明显，尤其2018年美国特朗普政府“大

① 作者系中国国际问题研究基金会研究员。

② 王海运：“中国外部环境中的俄罗斯因素”，载兰立俊主编：《国际问题纵论文集2017/2018》，世界知识出版社，2018年，第134页。

修”[①] 对外关系，倒逼战后美主导的多边国际经济秩序面临复杂博弈或调整。

冷战后，美在获取最丰秩序特权和体系红利的同时，也因金融过度自由化和对外滥用武力而代价巨大，遭受政治极化、社会撕裂。特朗普总统执政后，企图借助强化美外交传统中单边保护、“依仗实力谈判”的一面，缓冲并转嫁国内不平等阵痛，“护持霸权稳定”。

美国挑起贸易摩擦，冲击多边秩序和WTO基本原则，遭到中国、金砖国家等新兴大国和法国、德国及日本等发达国家的反对和抵制。三方之间的博弈将实质性地影响国际经贸秩序和规则的演进方向与路径。

一、近十年美中欧力量和关系格局演化特征

（一）唯一超级大国——美国仍处高峰

从2008年至2017年的GDP全球比例看，美国由23.2%提高到24.0%，依然稳定；近几年来，经济已恢复到2008年次贷危机前水平。金融危机虽严重冲击西方领衔数百年的国际经济体系，但美经济、军事和创新能力大幅领先的超强地位未撼。美元占各国储备的60%以上，仍是压倒性的世界信用货币。

实际上，十年来大国经济全球占比的演变，主要是中国上升，而非美衰降，中与欧、日等守成大国的比重互换（升降各7%左右），未影响美一超主导地位。近几年来，美经济复苏在

---

① 基辛格2016年12月说，特朗普“要彻底大修美国与世界关系的逻辑，并采取非正统行动方式，或许正是美国和全世界所需要的”。

发达国家中一枝独秀，既与其高端价值链主的底气有关，亦得益于“美元器张特权”下的“量化宽松”救市。

一超与数大（唯一超级大国和若干主要大国，有美中欧三方或美、中、俄、法、德、日、英等说法）的挤压与借重、竞争与合作是后冷战大国关系格局的基本特征。其中，美国自二战后迄今，一直掌控国际秩序与规则制定的主导权。另一方面，该格局也呈现重要新特征：2010年，非西方大国——中国的GDP升居世界第二位，连同其他新兴大国的经济振兴，再加上美以外发达国家集团或机制，如欧盟、欧元、亚洲基础设施投资银行和“一带一路”倡议等“准多极”量变进程，引发美的国际影响力和话语垄断权相对性下降以及美主导秩序地位或被挑战的臆忌。几年前，基辛格不无威胁和夸张地吁称：“美与中俄力量平衡并就构建国际秩序达成一致的时间不多了。美须考虑还有多少时间、空间可维持现有秩序。”

（二）中美综合国力比肩尚在未定之天

中国抓住经济全球化机遇，GDP全球占比由2008年的7.2%到2017年的15.1%，上升明显。2016年，人民币加入特别提款权（SDR），五大货币中排第三，但比重为10.92%，远低于美元和欧元（41.73%和30.93%）。

与此同时，以低成本劳力结合跨国资本为特点的中国和美西方经济的垂直依赖型合作共赢关系开始向准平行型竞争加合作的竞合时代过渡。中国消费市场及中产阶级不断攀升，将给美西方开辟更广的增量赢利和存量（尤其是美农能产品）互补空间；中国企业及创新创造力相应勃兴，也难免对美西方部分存量市场占有率及技术垄断形成竞争。

中国以组装加工为主的制造业规模领先全球，但效率只及日、美、德的1/4。中国经济规模为美国、欧盟各自的2/3，但货物外贸额超过美欧，对外依存度高于美欧日。有专业人士认为，中国的制造业技术与美差距为三十年。

如中长期内，美将我国定位于“主要战略竞争对手”的偏竞轻合方针落实为有效政策，美中经济关系中竞争排挤的一面会不时超越“协同演化”的一面。上述“三十年差距”说，作为全球化疾进、中美经济融合较快时的估计，现略显乐观。然而，美中“斗而不破”的合竞格局近期难有质变。

五千年自强不息、旧邦维新、协和万邦的文明底蕴，七十年不信鬼邪、自主开放、决不当头的定力和智慧，将助中国牢牢把握长期处于“初级阶段”、对一国与国际力量比较和对外部演变难以确定的三大清醒认识，自然、必然、坚韧地前行。

（三）欧洲（日本）等守成大国弱中图强

二战后到冷战终，欧日经济复兴，美经济全球占比从50%降到25%（但跨国公司权力全球扩展）。欧盟28国（含英国）的GDP2007年略超美后，因欧债危机逐年下降，2017年不及美九成，复苏活力亦不如美。特朗普变脸，给困境中的欧洲建设添堵。

特朗普（与基辛格）认为，冷战结束多年，美资助军事同盟和多边贸易的成本未减是吃了大亏：负担北约九成费用，但与同处价值链中高端的盟友贸易逆差超千亿美元；德日占美便宜最大。故特朗普政府举起大棒，要欧日增军费又不立山头、零关税对美开放市场，甚至策动法国退出欧盟。基辛格为特朗普设想过以美为头、“拉俄平华”“美中共治”[①]“牺牲德日”的大国新格局。

除去军事、科技，欧盟多种实力与美比肩，是多边国际秩序的最大支持者，也是美经济和软实力的最大竞争者。特朗普公开宣称“欧盟是美的敌人”，“美的对手第一是欧盟，其次才是俄、中”，“贸易上，欧比中更坏”。这既重敲了盟友，也显示了欧（日）对美安全及市场依赖的致命弱点甚或无奈。

欧盟为中小发达国家联合体，在2016年《安全战略》中宣布，“多边国际秩序是欧盟内外安全和繁荣的唯一保证”。欧摆脱对北约依附路难道远，与美“争而不破”的结盟底线一时难变，但致力重建“安全及货币主权”“不做附庸”、成“准一极”的努力仍在进行中。

即便一时难以落实德、法倡导的“多边主义者联盟”，欧也需要与中国等新兴大国甚至发展中国家联手，“制衡美跨越红线”。与此同时，在借多边体系规制中国等新兴大国竞争力方面，欧又迎合、勾连于美；但重视中国资金和市场，发展对华务实合作与战略伙伴关系不会动摇。

二、WTO改革是美中欧国际经济秩序博弈的焦点

以美为首的西方主导构建的以WTO为代表的多边贸易体

① 基辛格认为，“所谓的国际社会并不存在，只有中美合作才能解决问题”。参见基辛格：“中美关系：阻力与动力”，《经济导刊》，2014年第8期。特朗普的中国问题顾问白邦瑞2017年1月称，让美国“再次伟大”，“这条路通往北京”。

系和规则是国际经济秩序的重大基石，可以说对战后全球化发展、繁荣乃至和平、稳定居功至伟。2008年，美国挑起对华等大规模贸易摩擦，倒逼WTO改革成为各方关注和大国博弈一大焦点。改革涉及争端解决机制，协商一致原则，开放、非歧视原则，发展中国家优惠，政府补贴等问题，也包括为新世纪议题制定新规则。

欧盟已提初步方案，分别与中、美成立WTO改革工作组。2018年7月，欧盟促美与其宣布了将共同推动WTO改革。美则多次协调欧日，显露将中国“非市场经济问题”引入WTO改革的图谋。中方支持WTO进行必要改革，强调其前提是维护多边贸易体制，维护WTO核心价值和原则，维护发展中国家发展空间；改革应循序渐进，由全体成员协商决定。

（一）争端解决机制是攸关WTO运转的优先规则

WTO争端解决机制（上诉机构）作为多边贸易体系的“皇冠明珠”，确保了规则的可执行性和成员互信。WTO首任总干事鲁杰罗说：“该机制是多边贸易体制的主要支柱，是WTO对全球经济稳定最独特的贡献。”

特朗普政府对WTO极为不满，一直刻意阻挠WTO启动空缺上诉法官遴选程序。2019年12月后上诉机构可能因法官达不到法定人数而瘫痪。特朗普声称，美可能无视WTO对其不利的裁决。美欲用极限施压手法，迫使WTO改革作出有利于美的让步。

中国等金砖5国、欧盟、加拿大等数十个WTO成员分别、共同声明或提案，敦促美立即建设性地同意启动上诉机构成员遴选程序，并保留该机制的基本性质。

在特朗普2018年3月加征钢铝关税后，中国、欧盟、加拿大、墨西哥、挪威、俄罗斯、土耳其等国，纷纷向WTO请求成立仲裁小组，以判定美方行为非法。

（二）WTO谈判协商一致原则难达共识

WTO是求“发展”的发展中国家与要“自由”的发达国家集体讨价还价的最好平台。目前，新兴市场和发展中国家经济全球占比与发达国家已不相上下；北北、北南贸易量全球占比各三成强，南南三成弱。与此同时，WTO框架下的多哈回合发展议程谈判历经17年，仍未走出“山重水复疑无路”的境地。

根据WTO“协商一致”和“一揽子协定”原则，最终达成贸易协定有赖于所有成员认可和所有谈判议题一揽子打包。这有全体成员驱动并遵守的巨大的平衡和成本优势，也需主导和主要大国协调引导并适当让利的国际环境。21世纪以来，由于多边谈判共识日益艰难，发达大国和不少新兴、发展中国家，将商签自贸协定的重心转向诸边（区域）或双边平台。

为改变WTO边缘化趋势，欧盟方案认为未来WTO谈判方式可体现灵活多边主义：尽力支持全面的多边谈判及协议；在无法一致的领域，探索有限多边谈判，并继续向所有成员国开放。美日欧三方会谈强调，要在WTO框架下推动补贴政策、电子商务、国有企业等问题的诸边谈判，意在主导具体规则谈判，其他贸易伙伴后续加入，以“诸边”带“多边”，掌握WTO规则改革的主动权。国内有人建议谈判方式可适当放开“一揽子协定”，将（部分成员参与的）诸边谈判更好地纳入WTO多边体制框架内。

美欲以有效性差为由放弃“以共识为基础的决策原则”。欧盟坚持只有正当性不受伤害时，才能修改“共识决策的原则”。

（三）维护WTO非歧视和开放的核心原则

非歧视和开放，是WTO的核心原则，也是所有成员间关系的基本准则。非歧视或无差别待遇强调各成员对外实行无条件的多边最惠国待遇和国民待遇。这是避免贸易歧视和摩擦的重要手段，可实现最大的贸易增量。

特朗普政府大搞双重标准，迫使部分经济体对出口自我设限，对另一些经济体又予豁免。美国的对华关税举措，美国、墨西哥、加拿大协定中旨在排挤所谓非市场经济国家（影射中国）的“毒丸条款”，都违反了WTO最惠国待遇条款。

（四）维护WTO对发展中国家优惠待遇的原则

“特殊与差别待遇”原则指发展中国家实施WTO协议可享受一定的过渡期优惠，从而构成WTO最核心的价值。WTO改革应该继续保障发展中成员的发展利益，助其摆脱落后，实现国际公平。否则，多边体制将丢掉南方许多国家，不再成为多边的。

欧盟认为，WTO三分之二成员要求特殊与差别待遇，反淹没了最需发展帮助国家的呼声，致有关成员在谈判中更难妥协并成为阻碍谈判进展的工具，是WTO谈判长期僵持不下的主要根源。建议采用“毕业”规则，鼓励成员积极退出享受特殊与差别待遇；除最不发达国家，其余国家将不再集体享有额外特殊待遇条款，而是根据具体时间、范围需求和证据适时、逐次退出。美日欧部长声明，过于宽泛的发展界定，加上宣称的发展现状，阻碍了WTO谈判扩大协议的能力和效力，呼吁发展中国家地位的先进成员，在谈判中作出全面承诺。特朗普的改革还指向取消发展中国家条款。

除了人均GDP1000美元以下（按1995年标准）的两类发展中国家，对于“其他发展中国家”和“发达国家”，WTO未规定评判标准。国际上普遍认为低度发达国家人均GDP要超过两万美元，排名进前40。2018年中国人均GDP约9000美元，排名70，新兴大国多在此水准。预测，中国人均GDP 2020年将达10 200美元（世界平均收入水平），2023年进入世界银行定义的高收入国家（12 100美元），2040年成为低度发达国家（22 000美元），2050年成为发达国家（3万美元）。

值得注意的是，联合国机构对于仅以人均GDP界定发展阶段的片面有所察觉，已推出增添健康和教育指数的“人类发展指数”，使中国等多数新兴经济体按人均GDP的虚高排位下调，较为真实地反映了其发展水平和国民感受。2018年189个国家排序，人类发展指数超过0.9的发达国家和超过0.85的准发达国家共39个；中国指数为0.752，排名86，位置更后。

显然，中国在不短的时期内将一直是发展中国家，理应享受发展中成员的特殊与差别待遇。但中国增长迅速且体量巨大，欧美要求中国等新兴大国积极毕业或反对其继续享受发展中国家地位。国内也有建议说，我国可根据实际情况对“特殊和差别待遇”条款的一些具体内容，继续要求发展中国家待遇；在自身比其他发展中国家发展完善的领域，承担更多的责任；同时和各新兴大国整体考虑和回应发达大国的调整要求。

（五）美欧施压中国“市场扭曲”等结构性问题

美2018年政府报告曾论证中国“国家与市场和私营部门关系存在根本性扭曲”，认为国家过度干预赋予中国经济不公竞争力；欧盟通过以“市场扭曲原则”进行双反调查的法案。美贸易代表承认，单纯关税逼迫或难迫中国让步；希联合西方对华多边施压，尤其在政府补贴、技术转移、知识产权等问题上。

欧日等在政府补贴、技术转移、产业政策等议题上贴近美国，既想拽美留在WTO，又企图在WTO改革中借美对中国等新兴大国“再平衡”。美欧日代表联合声明，要抵制来自国企或受政府补贴的企业的不公平竞争，指向明显。WTO 的12个发达、新兴成员与欧盟的渥太华会议，也提出要应对补贴及市场扭曲问题。

关于“强制技术转让”，实际上是当年外企的竞争，“强制”在华抢占市场（如汽车制造等）的厂家与中企合享股权、技术。一直以来，被美诟病的合资制度和技术换市场在广大新兴市场和发展中国家普遍流行。现在中企成长且资金不乏，可以也应该通过放宽甚至在非致命领域完全放开外商投资股比来解决所谓的“强制技术转让”。

关于保护知识产权，中方已有严格的政策和法律以及专案审理法庭，又承诺对侵权行为实行惩罚性赔偿制度。这说明中国把更好地保护包括中国在内的各国知识产权，看作是所有知识产权国的共同利害所在，更是自身打造创新国家的必须。

关于高科技产业政策，美等发达大国都不少有，如德国工业4.0计划。但“美担心中国政府出钱搞大工程，可能排斥外企参加未来技术标准制定”，中国制造2025成了美对华产业政策不满和对华贸易摩擦锋芒的所向。中共十九大报告指出，在华的国企、民企、外企，“都要一视同仁、平等对待”。所以，“中国会在坚持本国发展高科技权利的基础上，对今后产业计划作出适当调整。给不同所有制企业创造更公平的竞争环境”。

三、美中欧国际经贸秩序博弈前景

美国依仗单边强势，签署了《美国—加拿大—墨西哥协定》《美国韩国自贸修订协定》，日本也同意与美启动双边自贸谈判。美贸易代表莱特希泽称，将把美加墨贸易模板推向未来贸易协定。

美加墨贸易模板吸收了以前诸边自贸协定中的新规则或高标准，可为国际自贸新秩序参照。但能否全部推广还要看美与欧盟、中国等大型经济体贸易谈判结果，看美能否适应或修整自己制定并为所有成员认可过的WTO核心规则。

特朗普任性退约的“非正统”霸凌，已透支了美几十年积累的战略信誉，将使今后美对外签约的退出门槛（如退出年限）升高（《巴黎气候协定》已规定，提出退约三年后方可退出）。

美加墨贸易模板中一些保护主义因素对其成员竞争力是否有利亦存疑问。旨在排挤所谓“非市场经济国家”的“毒丸条款”，为原北美自贸协定中类似条款变种；当年似未妨碍中美、中墨贸易增长。当然，中国劳动力成本现已上涨。

借WTO改革，特朗普政府期望中国等遵守更加严苛的国有企业、最惠国待遇以及补贴方面的规则。但其“非正统”的贸易摩擦打法对中小国家可捞些便宜，对“光脚的不怕穿鞋的”的中国大块头无用，“自损八百”亦不合算。美国资本施压中国，是要我国开放而非“脱钩”；（与华尔街有隙的）“交易”型政府急于建立优先美中低端制造业的经贸秩序；高军费导致高财政赤字伤及美整体利益；美与盟友结构性分歧难解。我国可利用自身优势和努力、“双赢”的“结果导向”和美的矛盾与弱点，应对其高科技挑战，防备其金融扫刷，助其扩大出口和就业。

国际经贸秩序博弈的短期前景似是，美为中心的双边和小诸边贸易协定体系、美在其外的双边和大诸边自贸协定体系以及局部僵持局部运转的WTO多边自贸体系等三个国际经贸秩序平行存在。如美中、美欧贸易谈判取得重要突破和妥协，可助最终形成以改革WTO为轴、兼容非多边机制的全球一元多制经济秩序。

今日中国与入世当年已大不同，这也是欧盟推动和美国接受WTO改革的初衷。当下美与中贸易博弈的最低预期是减少逆差，这固然有利于双方贸易平衡发展和中国长远利益，但中方渐进地、共同减少逆差的方式才是可行的。国际货币基金组织（IMF）首席经济学家莫里说，双边行动无法改善其总体贸易平衡。不久前美国对外、对华贸易逆差又创十年新高，迫特朗普开始考虑其他可持续性出路，如削减军费以缓解高财政赤字等。

自中国加入WTO，美对华出口增速超过从华进口，中国成美第三大出口市场。中国与美重启谈判，回应其142项清单大部分要求，促成贸易休战并争取最终停战，是发挥挖掘我国市场开放潜力和倒逼国内改革的机遇，可更快促进中国产业升级、经济转型和发展提质。美工商界在华市场准入及份额等关切，也多是中方通过改革所要着力解决的。如，美指责我国国有企业有政府支持而对非国有企业不公竞争。事实上，中国40年改革的市场化导向与发达国家新一代自贸协定针对国企的“竞争中性”条款的精神是一致的。中国人民银行行长易纲表示，中国将考虑以竞争中性原则对待国有企业。国资委发言人说，在改革方向上，我国与竞争中性原则一致，但国有资产体量巨大，涉及的体制机制调整还有一个过程。

眼下，美对欧日经贸摩擦多“点到为止”，意在联手对中国等新兴经济体施压，加上美欧达成“零补贴、零关税、零非关税壁垒”的原则共识，双方增关税缓战。然而，欧洲国家多因福利和民主，难以深入改革，与美贸易谈判的结构性分歧一时难解。马克龙呼吁“建立新的全球契约”。不排除美因“不满欧欲拖延对美谈判到下届政府”，重对欧开战征利。

美的变脸迫欧与他国“加强联系”。欧盟与澳大利亚、加拿大、新加坡、越南、墨西哥、南方共同市场等正商签多个自贸协议。欧盟和日本经济伙伴关系协定迅速敲定，除了共守WTO多边体系，对冲“特朗普冲击”外，也是借高标准模板在今后国际经贸规则制定中谋取主动。

欧中互为最大或次大贸易伙伴。过去十年，对华投资欧为美的两倍，中国是欧向世界制成品出口最大基地。双方无直接地缘利害冲突，都强烈支持强化WTO。欧2018年9月发表《连接欧洲和亚洲——对欧盟战略的设想》，将中国列为首要合作伙伴，致力于欧中双方创造协同效应、消解分歧。

今后美中欧国际经济秩序博弈中，欧既会照顾美盟主地位而略偏行于美中之间；又会加强与中沟通，协同“制衡美跨越（多边主义）红线”和“一家说了算”；欧也戒惧美与中越过它，搞“两家说了算”。

中美关系应超越冷战

陈永龙[①]

内容提要： 随着一波又一波中美关系大辩论，随着中美贸易摩擦不断升级加码，中美新冷战的杂音在美国也不绝于耳。一个时期以来，一些美国政府要员、军情机构人员、政治精英们纷纷公开喊叫中美新冷战时刻到来，摆出一副全政府对华进攻架势。在一片喧嚣声中，有评论认为，美国彭斯副总统在哈德逊研究所的演讲称得上对华发动新冷战的挑战书。华盛顿对华政治气氛令人窒息，中美关系又一次来到十字路口。中国坚决反对冷战。历史教训告诫我们，冷战造成的内伤外伤对双方的影响是长期的，危害极大。冷战无论新旧，都没有最终赢家。同中国打冷战，美国找错了对象，打错了算盘。中美关系当前紧张碰撞需要理性应对，需要自我管控和合力管控。超越冷战、避免和制止冷战应成为相对稳定的中美关系的最高境界。

关键词： 新冷战　战略竞争对手　管控　合法竞争

① 作者系中国国际问题研究基金会高级研究员，前驻以色列、约旦大使。

一、美国当下政治气候正在成为产生新冷战的热土

冷战虽然早已结束，但是冷战思维阴魂未散。随着特朗普当选美国第四十五任总统，冷战思维者找到了机会，认为冷战时刻已然到来。精英群、武夫邦和商业圈中的强硬右翼思潮者顿时活跃起来，他们在体制内外相互呼应，继承并高调延续了近年来发生的中美关系大辩论。特朗普政府与之相互影响，相互利用。一时间，中美关系正常化以来美国历届政府对华政策失败论泛滥，中国背离美国发展道路论、中国威胁论、中国挑战美国世界霸权论和修昔底德陷阱不可避免论等沉渣四起，于是乎，美国《国家安全战略报告》一马当先，《国防战略报告》紧随其后，两份报告均直接指称中国（和俄罗斯）是美国主要战略对手。一些在军、情界有头有脸的人物公然玩起了无中生有、贼喊捉贼的把戏，指责是中国正在对美发动一场“无声的冷战”，正在倾全部资源努力取代美国。白宫前首席战略师史蒂夫·班农或许称得上鼓吹新冷战的代表性人物，他声称读了几遍习近平总书记十九大报告后夜不能寐，对中国的发展深感忧虑，他诬称十九大报告是中国未来霸权统治的计划。他大声疾呼现在已是最后的机会，再不遏制就来不及了。其实，美国政府和政治精英们一刻都没有闲着，在许多事情上，或直接或间接，都要捎上中国。在高压和诱骗下与墨西哥和加拿大达成的《美墨加贸易协议》中，被美方官员称为的“毒丸”条款，硬生生地把墨西哥和加拿大两国绑上了美国战车，严格限制两国与中国发展经贸关系。一些人还嚷着要与欧盟和日本等国商谈类似经贸协议，妄图对中国形成合围。美国政府已公开放

风，要退出与俄罗斯签署的《中导条约》，针对中国也是重要原因。因为《中导条约》只是在美俄之间，不包含中国，美国退约就是为了制约中国，不能任中国自由研发和生产中程导弹和巡航导弹。在妖魔化中国的气氛下，中美关系的政治生态发生急剧变化。了解中国、对华持客观立场者在政府机构中遭到打击和排斥，原本支持发展中美关系的人只能保持沉默或者辞职，中间立场者向右靠拢，右翼得势者更趋强硬。一些亲历中美关系多年发展并为之作出贡献的人士还甚至感觉到某种程度的麦卡锡主义味道，至少经济冷战的苗头已表现得十分严峻。“经济脱钩论”和“经济铁幕论”的鼓吹者不难寻觅。

二、世界正经历百年未有之大变局，美国充当了这一大变局的最大变量

地缘政治强势回归的大气候和美国国内政治极化和分裂的小气候合流也许是冷战冲动的根源。一个时期以来，围绕国际秩序演化主导权的大国博弈空前激烈。战后秩序本来就是以美苏为代表的战胜国主导确定，而许多政治游戏规则和经贸发展机制却主要由美国根据自身利益量身定制。然而，社会文明发展并不以某个国家意志为转移。科技快速进步和信息广泛传播形成不可抗拒的全球化大势。一批新兴国家成为时代发展的弄潮者纷纷崛起。相比之下，美国等一些国家没有跟上时代发展步伐，没有利用好传统的价值观和机制守好祖业，反而使党派内斗不止，社会极度分化，贫富差距空前扩大。就是在这样的形势下，一股反全球化、去全球化、逆全球化的潮流从美国开始并在发达国家中扩散。由此，新的冷战思维找到了合适的土壤。

时代不同了，产生冷战的诸因素中，制度不同可以说是形成冷战对抗的最基本因素，但已不是唯一和决定性的；价值观和利益也可以说与制度因素同等重要，但也都不是唯一和决定性的。结合并高于以上三大因素的“霸权谋取”和“霸权维护”才是最根本的因素，是一切冷战最基本的共性。从这个意义上讲，这一看法或许还可以解释，为什么相同制度下，同一价值观体系内，冷战也无法避免的现象。特朗普总统领导下的美国正在成为同一体系内冷战的开拓者和践行者。特朗普政府威胁、强压盟国废旧约、签新约的行为是一种“冷战魔怔”的表现。当然，对盟友的冷战只是低层次的，从地缘政治、地缘经济和地缘战略的角度和重要性出发，中国才是他们发动新冷战的重量级目标。

三、新冷战危害极大，其伤害面之广和程度之深远超传统冷战

在传统冷战中，对立方目标明确，方向集中。攻击对方制度，否定对方价值观，诋毁对方影响，削弱对方力量，颠覆对方政权既是出发点，也是最高目标。战后发生的冷战是阵营式对抗，双方经济贸易往来及影响式微，军备竞赛则是重要战场。美国动用北约集团力量击垮了华约集团，加速了苏联的消亡和分裂。新冷战除了继承传统冷战的核心要素外，又兼具明显不同的时代因素。第一，新冷战不仅仅针对中俄（尽管是主要的），也针对西方体系内的国家，有全球混战的味道，伤害全球发展环境。第二，新冷战所涉及到的各方已在全球化和信息化的时代不断形成种种产业链和利益链。新冷战不仅伤害

对方，同样伤及自身，破坏全球发展结构。第三，眼下所谓的新冷战表现是单向的，严格地说，现在只有挑战方，并无应战方。挑战方犹如灰犀牛一般横冲直撞，一会儿退群，一会儿撤伙，一会儿威胁，一会儿制裁，一会儿讹诈，一会儿霸凌，让规则失效，让秩序无力，让世界不宁。更令人无奈的是，基于挑战方无人能及的经济力和军力，基于世界和地区经济相互依存、融合甚至单向依赖的特点，挑战方的任性妄为一时难以束缚，严重破坏全球秩序和体系，严重破坏世界各国发展生态。

四、中国坚决反对冷战，想同中国打冷战是找错了对象，打错了算盘

中华民族五千年文明的精髓从来都是否定霸权的，新中国历届领导人从来都是反对霸权的。反对霸权主义还在中国的宪法和各个时期政策中明确而充分地得到体现。习近平主席关于推动构建“不冲突、不对抗、相互尊重、合作共赢”的大国关系创想首先是在对美关系倡议中提出的。中国十分厌恶和坚决抵制冷战，更谈不上通过冷战与美国在亚太和全球为了霸权而一决雌雄。一心一意谋发展的中国对冷战毫无兴趣，丝毫谈不上接招。

今天的社会早已不是凯南所在的那个年代，凡有点政治大局意识和经济发展常识的人都能看出，中美合则两利，斗则俱伤，更何况息息相关的地球村日益把各国利益紧密联系在一起。把当前这种讹诈式的贸易摩擦以冷战形式研读下去完全是异想天开，因为这与时代主旋律根本不同调。不用说中国，任何国家的人民和企业都会站出来反对。听听美国和其他发达国

家的评论吧，美国挑起贸易摩擦冲击战后经济秩序，对于国际社会来说，重要的是各国携起手来维护自由贸易秩序。特朗普总统其言其行可能会证明他在把“不可或缺的”美国一步一步推向“可有可无的”美国。美国应当认识到，那些想通过贸易战对中国搞极限施压，进而技术封锁，威胁打这个战那个战的想法，对中国这样一个已经并将进一步敞开大门搞建设的国家都会变得毫无意义。

在地缘经济和地缘安全问题上，同美国一样，中国拥有自己广阔的战略纵深。而在地缘战略的总体处境上，当今的中国可能比美国越来越显得更加有优势。在2018年的西方七国集团峰会和北约欧盟峰会上，特朗普总统忙不停地在内部进行“清理”“算账”，在“家”里处处树敌，让美国的盟友们不得不开始考虑“战略自治”，寻求脱离不可预测的美国老大。中国奉行不结盟政策，正在与世界上许多国家形成各有特色的合作伙伴关系，共谋发展。结伴同行，这是一股清新的历史潮流。

五、合力管控，尤其是美国的自我管控应成为中美双方避免发生新冷战的第一要务

新冷战的杂音由美而起，有些人早已溢于言表，有些人正在忙于撰文著书。冷战冲动在美国已形成不可忽视的危险现象。现代冷战是美国的专利，当今世界也只有美国才有物质和精神条件的双料“资格”发动冷战，因为冷战思维已在不少美国人的基因中扎根。然而，美国人民同中国人民一样都坚决反对和鄙视冷战。要真正有效防止和避免新冷战发生，最重要的莫过于对双边关系明确定位。新中国成立之后，中美关系曾经

历过敌对、准同盟、伙伴和同路人等不同情况下的各种关系定位。历史不应倒退，文明总要进步，在大变局、大调整和大发展的非战争年代，人类社会的主要矛盾正在发生明显变化，地缘政治矛盾正在逐步让位于日益深化的全球化、信息化与全球治理、国家治理滞后的矛盾。分歧和碰撞不是当今世界的主要矛盾。习近平主席多次强调，我们有一千条理由搞好中美关系。中美关系正常化以来，包括特朗普总统在内的美国历届总统，都公开或在双边对话中明确表示不寻求遏制中国的发展和繁荣，尽管语言表达不一，内核都是一致的。鉴此，破解来势汹汹的强对抗气氛，管控的紧迫性应当提上中美双边对话的主要议程。

美国需尊重社会发展规律和各国发展道路的选择，管控唯我独尊的单边主义，接受中国发展现实。人类社会发展进程中，从来都有先发展和后发展、发展快和发展慢、追赶和掉队的现象。然而，任何人和任何国家都无权阻止他国发展。一花独放不是春，百花齐放春常在。多元化、多样化构成了丰富多彩的世界。中国选择了社会主义市场经济模式，民营企业要发展，国有企业不能废，这是中国国情所决定的。中国有权制定自身发展目标，中国的发展规划绝不会伤害其他国家，只会与它们形成互惠共赢的格局。2018年11月在上海举办的首届中国国际进口博览会是中国深化改革开放的又一历史性创举，包括近180家美国企业在内的130多个国家和地区的3000多家企业参展。习近平主席在开幕式上庄严宣布，中国推动高水平开放的脚步不会停滞，中国推动建设开放型世界经济的脚步不会停滞，中国推动构建人类命运共同体的脚步不会停滞。

竞争是社会发展的活力和永续动力，在全球化、信息化时代更是如此，同时也更加激烈，中美之间的竞争同样客观存在，而且，大国的竞争还更趋复杂。中美竞争应是合法的竞争，受一定约束的竞争，而不是违反规律、违反道德的压制，更不是恶意遏制。

美国需要尊重客观发展事实，管控歪曲历史的错误行为。中美关系正常化走过了40年的历程，谁也没有预料到会有如此巨大的发展。两国交流与合作的重要性不言而喻，两国人民的相互获得感双方都心知肚明。40多年来，中国向西方，尤其向美国，同时也向新兴国家，向世界开放，学习和借鉴各国成功的经验，同时也吸取了他们失败的教训。我们感谢包括美国在内的所有与中国合作过的国家。中国将一如既往地与那些真诚合作的国家和跨国企业加大合作的深度和广度。然而，有两点情况必须说清楚。一是中国的成功顺应了历史发展潮流，是中国人民自己开拓创新，奋斗进取，坚持改革开放与国际社会广泛互利合作所取得的，而不是哪个国家恩赐的。二是中国的成功明显地为本地区、为世界作出了力所能及甚至超过能力的贡献。连续数年，中国对世界经济增长的贡献率超过30%。美国的统计学家们不妨认认真真、仔仔细细地计算一下，40年来美国分享的中国发展红利有多少。历史将会印证，中美合作功在当代，利在千秋。

美国需要摈弃零和思维，倡导互惠，提高境界，超越冷战。超越冷战应成为21世纪大国关系的最高境界。作为新兴和守成的世界两大主要力量，中美两国应当有信心，敢于担当。双方有条件创新思维，创新实践，创造全球共享的可持续和平发展环境。

美国需要树立竞争共存意识。中美两国结构性和制度性差异巨大，两国发展道路的选择只能根据各自国情确定。中美谁也不可能把自己的发展模式强加于对方，谁也吃不掉谁，这是历史现实。那些认为中国改革要按西方模式进行的思维，只是他们的一厢情愿。然而，竞争也同样是不可回避的社会现实和客观存在，它是人类社会文明进步的重要特征。作为世界两个最大经济体，中美之间的竞争内涵丰富而又复杂，但中美竞争必须是合法公正的竞争、共存条件下的竞争、合作性质的竞争，而不是遏制对方的冷战式的竞争。竞争并不意味对抗，更不应导致冲突。大国竞争必须有共同认可并遵守的底线——不触碰对方核心利益。

双方要持海纳百川之胸怀，行合作共赢之大道。百年未有之大变局，带来的必然是秩序大变革、社会大发展。一方面，全球化、信息化、各种利益链把世界变得越来越小，你中有我，我中有你，互相依存。另一方面，变局后的秩序似在逐渐向后西方、后单极时代告别，非战争年代的同盟概念也在“代价共担”的趋势下难免被边缘化，迟早被利益共同体、命运共同体所取代。此前，中美外交安全对话在华盛顿成功举行，美国国务卿蓬佩奥表示美国不想（同中国）打冷战，也不想采取遏制中国的政策。但愿国务卿先生的话是真心诚意，而不是外交辞令。

从美对华政策的“转向”看十字路口的中美关系

卞庆祖①

内容提要：2017年底以来，特朗普政府对华政策出现了“转向”的变化。美国认定中国为主要战略竞争对手，对华进行全面施压，致使中美关系“急转直下”，面临重大变故，成为两国建交来最严峻的时期。2018年是中美关系的多事之秋，两国关系进入战略竞争的新阶段。然而，中美关系虽然现处关键的十字路口，处理不好，将有“修昔底德陷阱”的中美对抗风险，因此双方都要作历史性选择，但是断言中美关系“竞争与合作”框架崩盘，根据不足。就中国而言，两国全面对抗不是战略选择，而是要既坚持斗争，又善于妥协，斗而不破。

关键词：竞争　遏制　新阶段　战略定力　妥协　合作

---

① 作者系中国国际问题研究基金会研究员、中国人民对外友好协会前秘书长。

一、特朗普政府颠覆了美国40年的对华政策

（一）美国定位中国是美国主要战略竞争对手

中美建交以来，美对华政策一直在矛盾中制定，对华战略也时而调整变化。然而，从卡特政府起的美国历届政府，基本执行对华“接触政策”，接触政策始终是民主党和共和党的两党共识。它们各自的表述有所不同，但是在“接触”与“接触+围堵”之间来回摇摆。特朗普政府上任后，却作出了40年来最深刻的结构性调整，脱离了自尼克松访华起8位美国总统定下的路线。[①] 美国对华战略从“战略模糊”（非敌非友）走向“战略清晰”。2017年底以来，美国政府发表的《国家安全战略报告》等几个官方文件，都把中国定位为“战略竞争对手”，称中国是“修正主义国家”，认定中国在经济与政治等方面，对美构成挑战。中国在美国的大国威胁中的次序已位居俄罗斯之前，滑向美国的头号“竞争对手”，从而标志着美国对华政策进入战略竞争对手的新阶段。基辛格说，中美“最初一直朝伟大和谐方向迈进，如今则越来越像敌对者”。[②] 特朗普的“大锤猛击中美关系”，[③] 使其成为前所未有对华强硬的美国总统。美国强调政府各部门相互协调，共同对华强硬，把对华施压扩大到几乎所有领域。中美关系“急转直下”，正经历颠覆性转折和出现历史性倒退。美国凯托学会2018年7月31日的文章说，

---

① 新加坡《海峡时报》，2018 年 10 月 12 日。

② 俄罗斯《独立报》，2018 年 5 月 16 日。

③ 俄罗斯《独立报》，2018 年 8 月 31 日。

世界上最知名的14位专家认为，美国对华“似乎像彻头彻尾的遏制”。有学者说，中美两国将不可避免地陷入“修昔底德陷阱”。[①]

（二）挑起贸易摩擦，遏制中国崛起

中美经贸长期以来的相互依存关系是两国关系的稳定器，现今却变成了两国争端摩擦的前沿和冲突点。美国2017年实施对华“301调查”，2018年先后宣布对500亿和2000亿美元中国产品加征关税。美国挑起贸易摩擦，表面是贸易纠纷，实则剑指中国高端制造业，乃至发展模式。美国利用技术封锁阻碍中国高技术发展，阻止其技术独立，遏制“中国制造2025”，大幅延迟中国的技术赶超速度和势头。两国经贸冲突只是全面遏制中国崛起和复兴的第一步。它可能会扩散到投资领域，再从投资扩大到金融领域，进而从金融扩散到其他领域。美国还想通过进行经济冷战与中国脱钩。[②]美国鹰派甚至想让中美经济长期性分隔。从根本上说，美国是想要拖慢甚至中止中国崛起。虽然在布宜诺斯艾利斯的中美元首会晤达成了缓和两国贸易摩擦的共识，暂时缓解了贸易冲突的紧张气氛，但中美贸易摩擦可能旷日持久，具有复杂性、艰巨性和长期性。新加坡学者郑永年判断，“中美贸易摩擦永远不会结束，将只是火力大小的问题”。

（三）频打“台湾牌”，冲击中美关系底线

台湾是中美关系中美国重要的一张牌。“台湾牌”是美国

---

① 《和平与发展》，2018年第3期，第79页。

② 美国《华尔街日报》，2018年9月26日。

历届政府惯用的招数，因为美国利用台湾来制衡中国，是成本最小而收获最大的“投资”。特朗普政府有意把贸易摩擦与台海等议题连动，对中国施压。美国对台政策从过去的战略性模糊，不直接说台湾是中国的一部分，到现在“破坏性清晰”；从过去的打台湾牌，到现在打“台独牌”。中国学者阎学通认为，特朗普支持台湾和平“独立”。中美贸易摩擦以来，美国对台动作频频，提升台战略定位，提升美台关系等，不断粗暴侵犯中国主权，并采取危险的边缘策略。美国国会2018年通过了支持密切与台湾经济、政治和安全关系的多个法案。美国军舰三次通过台湾海峡，进行挑衅，还有常态化的趋势。美国2018年还批准了3.3亿美元的军售案。

（四）在安全和军事领域对华挑衅

近年来，中美在安全和军事领域的矛盾明显增多，并日趋复杂化。美国力推“以实力求和平”，大幅提升军费开支，2018年军费达7160亿美元。美军以中国为假想敌，强调在西太平洋的军事部署，制衡中国军事力量，还继续强化亚太同盟体系，有意形成对华合围之势。美国在2018年5月把太平洋司令部改名为“印太”司令部之后，将印太战略推向纵深，突出美国在印太地区的军事存在，加强对华“攻势”。负责亚洲和太平洋安全事务的美国助理国防部长薛瑞福称，美国要在印太地区与中国“对抗和竞争”。与此同时，美方宣布取消中国参加2018年环太平洋军演的邀请和取消两国海军司令的会面。美国以南海为抓手制约中国，在“航行自由”的借口下，派军舰四次贴近中国岛礁进行挑战性的游弋，甚至派B-52轰炸机到南海。美军对中国抵近侦察上千次，在南海演习上百次，南海成为中美摩擦的最前沿，[①] 也可能成为中美结构性矛盾的集中爆发点。此外，2018年9月20日，美国国务院对中国中央军委装备发展部及其部长李尚福实施制裁。

二、中美关系的“竞合”态势遭受严重冲击

（一）新型大国关系理念被搁置

2012年2月，中国国家主席习近平访问美国，最先提出“不冲突、不对抗、相互尊重、合作共赢”的新型大国关系的概念。长期以来，美国一直喜欢用自己的理念和观点来主导中美关系发展。由于中美双方对新型大国关系的认知差距大，相互疑虑深，因此美国政府对中国提出的这个概念，开始就只保留地接受。奥巴马政府既没有爽快地接受，也没有完全否定。2014年11月4日奥巴马访华前，还正式用了“新型大国关系”的说法。基辛格说，“中美构建新型大国关系既有机遇，也有挑战。两国应充分认识合作的必要性和重要性”。但是，美国戒心重，不接受“相互尊重”，认为中国是在设圈套，担心中国借此压美国“尊重”中国的核心利益。美国后来逐步后退，以至在官方公开讲话中避而不提。特朗普政府深度调整对华政策，对华敌意和对抗增强，对中国提出的中美“新型大国关系”“渐行渐远”。[②] 事实上，这一理念已被美国拒绝。

① 新加坡《联合早报》，2018年10月23日。

② 新加坡《联合早报》，2018年2月1日。

（二）在"美国优先"政策下，两国合作减少

特朗普政府在"美国优先"政策下，推行单边主义，回避国际主义。美国2017年前后退出《跨太平洋伙伴关系协定》（TPP）《巴黎气候协定》和联合国教科文组织，2018年在退出《伊朗核协议》和万国邮联后，又退出《中导条约》。在对华问题上，美国对华从过去的"合作+遏制"两手交替，转为现在的"遏制+打压"，合作意愿直线下降。美国学者认为，中美之间"单纯接触"的时代已经过去。国际社会不少人对美国能否继续对华合作持十分怀疑态度。"合作"一词几乎不在特朗普的字典里。[①]2018年美国政府接二连三对华发难，在科教文领域，查处中国引进海外高端人才"千人计划"；在舆论传播领域，勒令新华社美国记者站和中国电视网美国分部注册为"外国代理人"。大西洋理事会高级研究员罗伯特·曼宁说，现在的情况是，中美之间"合作的篮子"越来越小，而"分歧的篮子"越来越大了。

（三）多领域博弈成为两国关系的常态，并长期化

特朗普政府继承了美国传统战略思维中"找敌人"的观念，对抗已是当前美国对华政策的主导思维，把中国朝"敌人"方向描述逐渐变成了政治正确。在围堵和遏制中国的问题上，以民主党为代表的全球主义者和以特朗普为代表的美国本土精英取得了共识。美国前助理国务卿坎贝尔说，竞争已成为中美关系的中心点。美国《2019财年国防授权法案》涵盖台海、南海问题，甚至涉及了中国对美投资和孔子学院，都针对中国。美

① 《凤凰国际智库》，2018年7月7日。

国一旦找到主要战略对手，它的精力、资源和战略目标都会对着而来。随着美国政界逐渐形成“反华共识”，他们的敌意正从共识变为行动。随着政治生态大幅偏向保守，美国出现与中国对抗的势头。随着美对华定位的根本变化，中美冲突摩擦的长期性和复杂性，已是无法回避的趋势。中美已经进入战略冲突期，两国在经贸、地缘政治和意识形态方面的竞争将更加激烈，全方位、多领域的博弈将成为中美关系的新常态。[①]

三、美对华政策“转向”的因由

（一）对华认知趋同，成为相当程度上的社会基础

自2015年美国学界、政界和舆论界对华政策大辩论以来，美国社会对中国的整体心态和对华观感都出现了重大变化。由于美国对华政策思路发生转变，他们的对华认知也整体转移，认为中国是未来最主要的战略竞争对手或某种程度上的敌人。[②]这些已经成为美国朝野的共识。美国中国问题资深专家傅高义说，美国对华看法的变化，就是最近几年发生的事，它跨越了两党政治、商界和学术界的界限。由于特朗普政府把对华敌意和两国的矛盾分歧扩大到社会层面，美国原先维护中美关系健康发展的人变得沉默，“拥抱熊猫派”的力量削弱，研究中国问题的学者对华态度变得负面。就是在商界支持中国的队伍也在减少，有的甚至转向支持对华施压。可以看到，美国对华政策“转向”不是偶然，而是有几年来对华政策大辩论的认知转

① 《和平与发展》，2018年第3期，第84页。

② 英国《金融时报》，2018年11月16日。

变作为铺垫。特朗普只是扮演导火线的角色。即便特朗普不是总统，两国关系也会进入“漫长的冬季”。①

（二）中国快速崛起，两国综合国力的消长剧变

近年来，中国经济和综合实力的增强，与美国差距的不断缩小，令美国社会上下“措手不及”。他们认定，中国必成为美国竞争对手，中国崛起是中美之间的“结构性”矛盾。2000年小布什在竞选时就说过中国是“美国的竞争对手”。奥巴马在任时还不止一次说，“无法接受美国成为世界第二”，“美国永远要当世界老大”。在美国维持世界霸权的过程中，存在一个“60%定律”。当世界第二大经济体规模达到美国的60%，它就会对“老二”强力阻击，进行打压遏制。20世纪80年代，苏联的GDP一度超过美国的60%，美国发动涵盖太空的“战略防御计划”，搞垮苏联的经济，导致其最终解体。日本GDP在1995年达到美国的71.1%。美国逼迫日本签署《广场协议》，实施对日汇率战和贸易战等，日本最终“一蹶不振”。在过去的10年里，中国经济实力占美国的比重从19.8%增长到63.7%，超过了美国容忍的限度，致使美国对华敌视越来越重。对美国而言，中国是从未遇到过的最为复合型的重量级竞争对手。在美国看来，中国经济增长速度与潜力远大于以前的竞争对手。在这样的背景下，美国对中国进行压制是必然会发生的事。甚至有美国学者判断，中国不是美国的朋友，中美注定要发生冲突。

① 英国《金融时报》，2018年11月9日。

（三）美国政治光谱趋向保守，对华强硬成“政治正确”

2017年中美关系基本稳定，是因为美国支持经济全球化和军方务实派的两个群体起了主导作用。在2018年美国政治生活中，由于激进思维占上风，新保守主义者居多数，特朗普政府中对华强硬的声音不断上升，对华态度整体转向强硬。持新保守主义的副总统彭斯、国家安全顾问博尔特和国务卿蓬佩奥组成的铁三角，更关注“美国霸权”。美国布鲁金斯学会专家认为，美国政府中存在一个小集团，希望看到美国同中国脱离接触。美国贸易代表莱特希泽，一心想复制20世纪80年代《广场协议》战绩，再次历史留名。美国总统贸易和制造业政策事务助理纳瓦罗，想将其炮制《致命中国》的假设议题付诸实践。美国挑起中美贸易摩擦，代表了美国鹰派思潮逐渐成为主流。另一方面，美国高官更替频繁使得反华人士和对华强硬派充斥美国决策核心。特朗普上台两年来，美国政府部长、高级助手和顾问走马灯似地换人。有超过10多名内阁成员辞职或被开除，高级助理流失率创纪录地达到83%。[①] 前国务卿蒂勒森、前白宫办公厅两任主任普利巴斯和凯利以及麦克马斯特、黑莉等内阁成员和高官“辞职”，美国政府中的“温和派”尽失。德国媒体说，如果防长马蒂斯离职，美国政府失去最后一个温和冷静的内阁成员，鹰派将占绝对主导。特朗普政府中保守势力成为美国政治中的主导力量，他们“从一个极端走向另一个极端”[②]，中美关系必然面临重大挑战。

---

① 英国《每日邮报》，2018年11月15日。

② 新加坡《海峡时报》，2018年10月27日。

四、不能断言中美关系基本态势"崩盘"

（一）美国以中国为敌的政策，尚缺乏广泛民意基础

长期以来，美国主流思想认为应当妥善处理对华关系，拒绝两国走向对抗。自尼克松访华至中美建交以来，中美两国既是对手又是合作伙伴，美国在这两个角色定位区间来回摇摆。特朗普上任后的对华政策，在安全上转向战略制衡，在经济上转向民族主义。然而，特朗普政府采取对抗性的对华政策，是否已得到美国社会上下的认可，现在难下定论。其实，这只是美国政界部分人的极端认知，而非美国普罗大众的肺腑之言。[①]美国精英对华态度的转变也没有改变美国民众对中国的看法。"与中国全面对抗"的想法在美国没有群众基础。目前美国的民意基础并不支持将中国视为"敌人"的政策。[②]皮尤民调2018年数据显示，18—29岁的美国年轻人中有49%持对华友好态度。11月初访华的美国参众两院访华团在华表示，美中存在竞争，但彼此不是对手。有学者描述当前的中美关系是从"合作的对手"转向"对手的合作"。遏制、冲突、竞争和合作的四种态势，或许更能恰当形容未来的中美关系。这四种态势的混合将是未来中美关系的常态。[③]

① 英国《金融时报》，2018年10月8日。
② 《环球时报》，2018年10月16日。
③ 新加坡《联合早报》，2018年10月8日。

（二）对华战略是否转为彻底全面遏制，还需观察

1949年至1971年，美国长期实行对华遏制战略。自1972年中美交往以来的40多年，美国对华的核心思维是接触。从奥巴马政府起，美国开始把中国视为战略竞争者和挑战者，对华战略转向制衡。实际上，2009年后美国实施的对华政策的中长期调整和过渡，目前还没有完成。按美国布鲁金斯学会资深研究员李成的说法，美国对华战略修订仍在进行中，各方还没有形成共识。美对华政策调整也还未最终定型。[①] 美国社会大讨论的对华是否全面遏制，尚未形成明确结论。美国政府现在否定了美中接触战略，但没有提出新的替代方案。美国知名学者约瑟夫·奈说，当前中美关系进入的新阶段是“合作竞争”。虽然特朗普政府视中国为主要战略竞争对手，但一直拿不出清晰的目标，也没有明确提出实现这些目标的策略。[②] 与此同时，在2018年11月中美外交安全对话上，双方都做了积极的表态。蓬佩奥说“美中合作是必要的”，“在许多问题上，合作仍然至关重要”，还表示美国不寻求与中国进行冷战和遏制中国。防长马蒂斯表示，美国无意围堵中国。看来，美国对华政策的实质性内容还没有到冷战的地步。美国对华战略是否已彻底转为全面遏制，还需进一步仔细观察。

（三）美国还没有准备好同中国“摊牌”

中美关系目前还是“你中有我，我中有你”，互相交织，密不可分，依然是在同一条船上。中美之间仍有诸多合作和利

---

① 《国际视野》，2018年秋季号。

② 美国《纽约时报》，2018年11月25日。

益重叠的领域。美国需要在防止核扩散、反恐、打击国际犯罪等问题上与中国合作，中美合作空间仍然很大。两国在经济上紧密相连，是拴在一起的马车。[①] 两国贸易加在一起占全球贸易总额的40%。特朗普难以让中美关系完全切割脱钩。美国副总统彭斯2018年10月4日的讲话空前激烈，是对华“极端施压”的一部分，但他还提到美国寻求改善与中国的关系。演讲以表达与中国合作意愿结尾，仍留有余地。从彭斯演讲来看，美国有遏制中国和对华全面对抗的意图，但目前美国还不想彻底和中国闹翻，使中国成为自己的敌人。2018年中美外交安全对话在推迟了一个月后终于举行，显示双方愿继续保持沟通。马蒂斯10月说，美中之间存在分歧，但分歧不是对抗，竞争也不意味着敌对。11月1日，中美两国领导人通话，同意两国经济团队要加强接触、沟通和磋商。12月1日，中美元首会晤后双方同意，在互惠互利基础上拓展合作，在相互尊重基础上管控分歧，共同推进以协调、合作和稳定为基础的中美关系。基辛格认为，中美避免更大冲突的目标是可以实现的，并对此表示“相当乐观”。事实上，中美关系仍然存在一定的转圜空间。[②] 对于中美关系，我们既不能乐观但也不必太过悲观。

五、全面对抗不是战略选择

（一）十字路口的中美关系未来的几种可能

在美国中期选举后，由于民主党保护主义色彩浓厚，对华

① 美国《国家利益》，2018 年 11 月 30 日，12 月 15 日。
② 新加坡《联合早报》，2018 年 10 月 8 日。

强硬成为美国两党重合率最高的议题之一，可以预料美国对华政策将更趋强硬。特朗普在国内的政治压力增大，有可能对外搞名堂。特朗普政府冒险性强，把两国关系的一些矛盾分歧战略化、政治化，把中美关系推到关键且危险的十字路口。中美关系的未来有几种可能：1.如处理不好，可能陷入大家都想要避免的中美全面对抗而进入新冷战的风险；2.可以重回以合作和接触为主线的稳定发展轨道，两国在各领域可控竞争的同时，在贸易和国际问题等方面仍维持基本的合作；3.两国关系重新定位，走向“新的更具对抗性的中美关系范式”。[①] 然而，由于前景不明朗，我们必须做好各种预案，准备应对包括更坏的多种局面。中美关系进入调整期，两国战略竞争将会是一个长期周旋的过程，双方都需要作出历史性的选择。但是，我们要抵制与美国进行战略摊牌的诱惑，决不把对美斗争变成国家战略的中心，与美国全面对抗不是中国的战略选择。军事风险是重要的一环，军事现成了中美关系的压舱石。[②] 要防止发生军事冲突，这是中美关系的底线。还要防止重演冷战时代美苏竞争模式，防止中美互动失控的意外状况的出现。中美双方都有进行战略性管控分歧冲突的责任，避免落入“修昔底德陷阱”是最低的底线。

（二）保持战略定力，聚焦自身发展

2018年是中美关系40多年来最糟糕的一年，将来可能面临挑战更多、斗争更激烈的局面。中美关系的未来发展，在相当程度上取决于我们今天的应对和回应。中国的目标是不断实现

---

① 《国际网》，2018 年 11 月 23 日。

② 《环球时报》，2018 年 12 月 14 日。

经济和社会发展，满足人民对美好生活的需求。为继续改革开放营造良好的国际环境，尽量保持中美关系的平稳发展，把中美关系维持得越久越好。正如王毅外长所说，中美关系一定要搞好，也一定会搞好。中美关系面临的新考验，不是简单地斗争或妥协的问题，而要既坚持斗争，又善于妥协，斗而不破。过去几十年都是以合作为主，以后或许不得不习惯“以对抗和合作交替来代替合作的新关系”。在坚持底线思维，坚定维护国家核心利益，反击美国贸易霸凌和以斗争求合作的同时，要保持战略定力，稳住阵脚，冷静观察，还需强化沟通，减少误判、误传和误解。对于美国对华极端情绪，中国要打太极，善于周旋，以柔克刚，要讲究斗争艺术。为使中美关系不出大问题，还要重视中美贸易摩擦给双方带来的反思，[①] 敏锐地研究跟踪美国社会对华态度的发展变化，防患于未然。更重要的是，中国要聚焦自身发展，深化改革开放，解决好自己的问题，同时要对自身长处和短处有清醒的认识，必须保持谦虚谨慎，避免卷入军备竞赛中。

---

① 《环球时报》，2018 年 8 月 1 日。

特朗普的印太战略构想与中国的政策选择

刘学成①

内容提要：特朗普政府在亚洲太平洋和印度洋广阔地域力图重构新的地缘战略版图，以“自由、开放的印太地区”概念代替传统的“亚太地区”概念，把亚洲大陆两翼的太平洋与印度洋整合成一个新的地缘政治板块。特朗普政府的印太战略引起各国地缘政治学者和安全战略专家的高度关注。特朗普的印太战略构想依据新的地缘政治经济发展而有所调整，是对以往历届政府的战略的继承和发展。特朗普政府的印太战略是其全球安全战略在该地区的体现。特朗普政府定性中国为最主要的战略竞争者，是美国安全面临的最大挑战。四国安全对话是特朗普政府印太战略机制中的重要支柱，其针对和围堵中国的倾向凸显。中国需要认真跟踪研判和谋划应对。

关键词：特朗普　印太战略　美国外交　中美关系

特朗普政府在执政不到两年的时间里，在亚洲太平洋和印度洋广阔地域力图重构新的地缘战略版图，以“自由、开放的

---

① 作者系中国国际问题研究院研究员、中国国际问题研究基金会美国研究中心特约研究员。

印度太平洋地区”概念代替传统的“亚太地区”概念，把亚洲大陆两翼的太平洋与印度洋整合成一个新的地缘政治板块，为此把太平洋司令部更名为印太司令部。特朗普政府在该区域采取的这一战略仍在形成中，已经引起各国地缘政治学者和安全战略专家的高度关注和不同解读。在中国政策分析学者中，观察和分析也是仁者见仁，智者见智。本文试图从特朗普的外交理念的视角来解读，从美国历届政府的亚洲战略演变来分析，从其印太战略构想和运作对中国安全战略环境的影响来研判，最后初步探讨中国如何应对的政策选择。

一、美国外交中的特朗普现象或特朗普主义

特朗普执政近两年来，一反冷战结束以来历届民主和共和两党的外交传统，在一系列外交理念和政策方面进行了重大的变革，正在重构美国的外交，在学术和政策界常以“特朗普现象”或“特朗普主义”来概括。对特朗普治下的美国新外交的认识、解读和界定还是初步的、试探性的。对世界是祸还是福，对美国是再次伟大还是再次陷入危机，人们的认识和判断还未形成定论，仍在不断跟踪分析和辩论。在特朗普治下，用白人至上的新民族主义视角观察特朗普的外交可能更具理性说服力。

特朗普总统上任两年来，其外交安全团队的骨干换了又换，换了三任国家安全顾问，换了两任国务卿，即将三换白宫办公厅幕僚长，三军参谋长联席会议主席即将易人，国防部长在五角大楼的日子也屈指可数。中期选举后，民主党控制了众议院，放风要启动对特朗普总统的弹劾程序，所以，他挑选核

心慕僚的标准，除了政治外交理念与他共鸣之外，更重要的是对他本人要忠诚，总的倾向是这个团队越换越保守。茶党是共和党内极端保守的派系。特朗普政府内的副总统彭斯和国务卿蓬佩奥均为茶党的坚定支持者和骨干，他们进入国会都得到茶党的大力支持。[①] 然而，他们两人都有问鼎白宫的资质和野心。在弹劾雾霾笼罩白宫的情势之下，为保总统宝座的特朗普和这个宝座的窥视者在外交安全问题上都会趋于逞强而非示弱。其基本特点有以下几个方面：

第一，推行"美国优先"的美国新民族主义。特朗普政府主要内阁成员由政界、军界、财界和社会上最保守的强硬派人士组成。以特朗普为核心的新建制派正在形成。传统建制派的共和党理念和政策议程至少暂时退居幕后，以特朗普为代表的右翼民粹主义理念和政策议程正在走向前台。在对外政策方面凸显其唯利是图的民族主义特质。

第二，推行霸权主义的"实力外交"。以美国超强军事、经济、金融和科技实力，以"森林法则"欺小凌弱，力图重塑美国的世界霸主地位。

第三，以单边主义取代多边主义，概括为"退群"。拆多边机制，推双边机制，表现为反对基于全球化规则的国际秩序。

第四，带有特朗普特性的交易操盘手，用商人的谈判艺术处理外交事务。追逐单方面利益，不讲信用，规则为我所用，

---

① Carl Hulse, "Mike Pence Emerging as a Commanding Figure in Trump Administration", *The New York Times*, retrieved in January 14, 2018; Joel Gehrke, " Tea-Party Power Endures", *National Review*, August 7, 2014, https://www.nationalreview.com/2014/08/tea-party-power-endures-joel-gehrke/.

出尔反尔，充满不确定性。

第五，正式以印太地缘政治视角重塑传统的亚太地缘政治板块。特朗普2017年1月上台不久就宣布退出《跨太平洋伙伴关系协定》，不再实施奥巴马政府大力倡导的亚太再平衡战略。2018年特朗普不参加亚太经合组织领导人峰会和东亚峰会，致力于构建由美国主导的多层次的美、日、澳、印安全对话机制。

二、冷战结束以来美国印太战略的演变

印太战略构想并不是特朗普政府的创新之作。纵观冷战结束以来美国历届政府对该地缘政治地域的外交与安全战略谋划和政策举措，历届政府的战略内涵和政策导向具有连续性，特朗普的印太战略构想依据新的地缘政治经济发展而有所调整，是对以往历届政府的战略的继承和发展。

（一）克林顿时期印太战略初露端倪

在20世纪90年代，克林顿政府的战略重点在亚太，倡导亚太经合组织领导人非正式会议，力图主导亚太地区的贸易和投资，修订《美日安保条约》，强化美国主导的轴辐联盟体系。

克林顿对华采取遏制与接触相结合的政策，笃信经济自由化将导致中国政治民主进程，最终把中国纳入美国主导的亚太安全和经贸体系。

美国首次成立南亚局，任命专职负责南亚事务的助理国务卿。在执政后期，克林顿力图构建包括印度在内的在亚太的所谓民主国家的民主共同体或跨两洋民主繁荣弧。他调整对印巴

的政策，向印度倾斜，弥补苏联在印度的外交真空。克林顿总统2000年实现了访印，确立印度为美国的合作伙伴，启动双边阿拉巴尔海军演习。

（二）布什时期两洋战略呈现雏形

“9·11事件”之后，反恐战线从西亚扩展到东南亚，美国在印度洋比邻的波斯湾发动了两场战争：阿富汗和伊拉克战争。

美国给地处两洋的伊朗、伊拉克和朝鲜等国扣上“邪恶轴心”和“暴政前哨”的帽子，主张先发制人，以武力推翻其政权后，建立亲美的西式民主政权；着手启动印度洋和太平洋地区军力部署调整，使太平洋司令部和中央司令部的协防和军事部署灵活调动成为可能；与印度签订民用核合作协议和防务合作协议，支持印度为联合国安理会常任理事国，支持印度加入核供应国集团，称印度为“天然盟友”。

布什总统在第二任期推动美日澳印四国战略协调，力图使美国在两洋地区双边军事同盟网络化。这一四国战略协调机制构想始于2005年印尼海啸发生后组建的四国救援小组，后因当时的澳大利亚政府的犹豫而夭折。布什总统还对华采取接触合作、防范牵制的对冲战略。

（三）奥巴马“亚太再平衡”战略的两洋框架

在奥巴马执政的8年中，大国地缘战略竞争的理念在其国家安全战略中显现。在亚洲和两洋地区，他大力推进志在重返亚洲的亚洲再平衡战略，在安全领域重振美国在该地区的主导地位。美国接过跨太平洋伙伴关系的主导权，主导《跨太平洋伙伴关系协定》的谈判进程，在经贸领域重建美国主导的贸易和投资的新合作机制，刻意把中国排除在外。

奥巴马政府定义中国是战略竞争对手和功能性的合作伙伴；挑起南海和钓鱼岛争端，离间亚洲主要邻国与中国的关系，孤立和牵制中国。他强化美国在亚太地域的军事存在，把60%的海军力量调到亚太地区。他还积极发展与印度的战略伙伴关系，把日本拉入阿拉巴尔海军演习，让印度参加环太平洋海军演习。此外，他还寻求恢复四国战略互动机制。亚太再平衡战略框架下孕育着“3+1”（Three Plus One）战略互动机制。四国之间双边或三边合作机制已经形成，四国以“3+1”的战略互动机制呈现。

三、特朗普的印太战略构想

美国总统特朗普2017年11月出席亚太经合组织会议期间正式宣布印太战略，其目标是在印度洋—太平洋区域，采取包括政治、外交、军事等综合手段，遏制中国的崛起，削弱中国影响力，以维持和确保美国在该地区的主导地位。

2017年8月21日，特朗普亲自宣布南亚与阿富汗新战略，不是撤军而是增兵；不管重建只管反恐；鞭策巴基斯坦，依靠印度。

2017年10月18日，由国安会牵头起草、国务卿蒂勒森在华盛顿的智库宣讲的《界定21世纪的美印关系》文件，突出印度在特朗普政府的印太战略中所要担当的重要角色，也为特朗普的首次亚洲之行定调。

2017年9月26日，美国国防部长马蒂斯访印，提升双边防务关系，印度计划耗资150亿美元购买70架美制“大黄蜂”舰载机。美国把美印年度举行的阿拉巴尔海军演习扩展到美印日，还计划把澳大利亚也拉进来。[1]

2018年7月30日，蓬佩奥国务卿在华盛顿召开的印太商务论坛会议上发表的题为《振兴印度太平洋地区》演讲，把经贸合作纳入其印太战略。

2018年10月4日，彭斯副总统到哈德森研究所专门发表了充满敌意的对华政策演讲，对特朗普政府的印太战略起到了画龙点睛的作用。

特朗普政府推出三个重磅战略文件:《国家安全战略报告》《国防战略报告》和《核态势评估报告》。三个报告从整体国家安全、国防和核三个视角确立了美国的战略和政策，对美国策划中的印太战略提供法律支撑和行动指南。

面对中国的“一带一路”倡议的推进，日印加强了双边协调，提出两国合作打造从东亚到东非的“亚非增长走廊”。日印澳还积极活动要组建一个中等国家合作机制，把越南、印尼等国家纳入其中。[2]

在策划中的印太战略框架内，美、日、印、澳为核心国，美国是领导，日、澳在美国联盟体系中被称作西太平洋的“北锚”和“南锚”，而印度则是美、日、澳拉拢的对象。目前，在这四个国家之间，除了建立双边“2+2”对话机制外，正在形成三个三边对话机制，即美日澳、美日印和日澳印。在智利举行的二十国集团会议期间，美、日、印三国领导人还举行了

---

① 康杰：“马拉巴尔演习深化美日印‘印太战略弧’”，中国国际问题研究院网站，2017年7月18日，http://www.ciis.org.cn/chinese/2017-07/18/content_39044942.htm。

② “外媒：日印澳懊恼美无法制衡中国 欲结抗华三边方式”，环球网，2015年9月11日，http://oversea.huanqiu.com/article/2015-09/7465640.html。

三边对话会议。

印度是亚洲正在崛起的新兴大国，不结盟是其外交安全战略的核心。在这个战略协调机制中，美、日、澳三国结成三角军事同盟体系，制华的倾向是路人皆知的。在这一对话机制中，印度的外交姿态和政策取向基于其对具体问题的利益评估，最终加入与否将决定这一地缘战略构想的成败。该体系目前更多地表现为“3+1”的运作模式。

四、特朗普的印太战略构想与对华政策趋势

冷战结束以来，历届美国政府都把中国当作政策的目标和对象对待，核心是如何改变中国，如何把中国纳入美国主导的全球和亚太地区的体系之中，防止崛起中的中国取代美国成为在亚太地区的主导力量。奥巴马政府开启了防范和牵制中国的“再平衡战略”，以美国主导的多边机制牵制中国。特朗普执政后，在其印太战略中更多地采取单边主义，正面单挑中国，企图削弱乃至破坏中国的崛起势头和在印太地区日益增长的影响力。

美国对华政策在美国是两党共识，政府和国会基本共识，反华派占据上风，知华接触派被边缘化。在特朗普政府中由这些对华强硬派组成对华政策班子，要想在短期内扭转特朗普政府对华政策的消极趋势并非易事。

亚洲的各种地区多边合作和一体化进程导致美国在亚太地区的主导地位受到威胁乃至被边缘化，不是亚洲主要大国的崛起所致。 亚洲地区的主要大国都致力于同美国发展一种相互依赖和互利合作的伙伴关系。

美国这一代处于决策地位的官员是非常保守的，普遍对华不友好乃至反华。其成长和世界观形成时期正处在冷战结束、苏联解体、东欧剧变时期。他们对中国的认知和研判多是消极的，乃至敌视的。要改变这一代人的对华认知和决策思维惯性是很困难的。

中国崛起的速度和规模超过了美国决策层的预期。中国过去几年来积极有为的外交，使美国决策精英认定中国不仅具有威胁美国领导地位的能力，也有这样的意愿。中国成为特朗普政府“惩戒”的首要目标。

特朗普政府一改以前的接触加防范的战略，转向遏制中国崛起。目前美国对华采取的政策措施是组合拳，需要认真分析和应对。尽管美国相当多的有识之士并不认同特朗普的对华政策，但目前难以影响特朗普的对华政策团队的思维模式和决策导向。

五、美国印太战略下中国的战略构想

中美已经进入战略博弈的新时期，这将是延续数十年的大国竞争和博弈的历史进程。美国及其盟国10年前就着手酝酿和推动两洋地缘战略构想，始终没有放弃。面对特朗普政府咄咄逼人的外交态势和在印太区域构建新的联盟和伙伴体系的举措，我们不能掉以轻心，不注意跟踪研究和积极应对，可能会犯战略性的错误。

就中国的地缘政治经济战略而言，亚洲是中华民族崛起腾飞的平台，太平洋和印度洋是我国腾飞的两翼。我国的“一带一路”倡议的战略构想可以概括为“亚洲太印”战略构想。虽然亚太地缘概念作为次地缘区域永远存在，但是承载着大陆和海洋地缘政治经济元素的“一带一路”倡议的战略构想和运作地缘空间已经超越了亚太地缘空间。我们在走向世界的征程中，正在致力于立足亚洲，展翅印太，展望全球。立志构建人类命运共同体的伟业宏图需要始于我们赖以生存和发展的亚洲及其两洋。2018年以来，中国积极主动采取措施，推动中印、中日关系的改善，同时着手改善与澳大利亚的关系，有效地牵制了四国战略协调机制的形成和发展。我们同时与东盟进行战略合作，积极推动区域全面经济伙伴关系协定的谈判进程，努力运筹以中日韩自贸区建设为中心的东北亚区域合作，顺应了在新形势下中国维护安全稳定、促进合作共赢和共建和平繁荣的地区命运共同体的外交理念和主张。

就中美关系而言，21世纪的中国不是20世纪的苏联，21世纪初的世界也不是20世纪中期的世界，今天的中美关系的性质也绝不是半个世纪前的苏美关系。在今天的一超多强、区域集团林立的世界力量结构中，不存在对抗性的集团政治，各个主要力量中心的互制与互通并存，你中有我、我中有你的彼此渗透和相互依赖并存，它们既是对手又是伙伴。在这个竞争性合作的世界里，存在零和博弈的因素，也拥有共赢的机会。尽管美国特朗普政府把中国界定为战略竞争对手，但是中美关系的性质仍在“非敌非友”的定性框架内。[①]

如果说我们过去担心美国的话，现在恐怕体现出来的是美国更担心中国。当前中美关系紧张既有利益的考量，也有战略互信的赤字。袁鹏指出，我们今天有新的优势，国际影响力和

① 杨毅：在《环球时报》2019年年会讨论会上的发言，《环球时报》，2018年12月13日第14版。

经济实力快速跃升，中国比历史上任何时期都更具主动塑造力。[①] 面对特朗普政府这种霸凌外交态势，我们既要有战略自信，也要有战略耐心，更要具有我们的战略定力和智慧，继续坚持“不冲突不对抗、相互尊重、管控分歧、合作共赢”的方针，科学运用我们的塑造力，力争使中美关系回归正常发展的轨道，造福于两国人民，惠及亚洲乃至世界。

① 袁鹏：在《环球时报》2019 年年会讨论会上的发言，《环球时报》，2018 年 12 月 13 日第 14 版。

利用北约控制欧洲仍是美国全球战略重心

孙海潮[①]

内容提要：在第一次世界大战百年停战纪念活动和首届巴黎世界和平论坛召开前夕，针对当前紧张复杂的国际局势，法国总统马克龙提出创立“欧洲部队”的设想，遭到美国总统特朗普的激烈抨击，称之为是对美国的“侮辱”。破坏和离间欧洲一体化建设是美国的一贯策略。美国决不会放弃或离开北约。美国还将施压欧盟提升军费，增加对北约的投入。利用北约控制欧洲仍是美国全球战略的重心。美俄战略对峙和激烈冲突仍是当前世界的基本矛盾。欧洲防务仍将依赖美国。欧洲独立防务仍是纸上谈兵。

关键词：欧洲建设　欧洲部队　北约　美国全球战略

一、特朗普对马克龙创建欧洲部队提议大发雷霆

马克龙是被特朗普最为看重且与之“私交”最好的盟国领

---

① 作者系中国国际问题研究基金会副理事长兼欧洲中心主任、高级研究员，前驻中非大使。

导人。特朗普以奚落、冷脸、推文、摔电话乃至不同姿势的握手等方式对诸多盟国领袖多次羞辱，唯独对马克龙优厚有加。特朗普2017年两次赴欧分别出席北约、七国集团（G7）和二十国集团（G20）三次峰会均不快而归，美欧陷入双方建立战略盟友关系以来最困难时期。2018年加拿大G7峰会上，以德国总理默克尔为首的其他6国领导人面色严峻地围在桌前，特朗普一人抱肘昂面独坐，显示出美国与盟友关系陷入僵局的一个侧面。素与美国有“特殊关系”的英国，也对特朗普表现出厌恶之感，特朗普访英被数度推迟。

马克龙则有所不同，热情邀请特朗普出席法国国庆阅兵并进行访问，特朗普深为感动，还触景生情地萌生了在美国举行阅兵仪式的想法。特朗普遂于2018年4月回邀马克龙访美，而且要提高规格。马克龙因之成为特朗普就任以来的首位，也是唯一对美进行国事访问的外国元首。马克龙奉行“有话就说但留有余地以待交往”的外交方略。特朗普宣布退出《巴黎气候协定》后，马克龙说此举是对美国也是对世界犯下的错误，他要使“地球重新伟大”。马克龙在多个场合特别是在联大讲话中强调多边主义，矛头所向十分明显，特朗普都没有回应。

2018年11月11日，是第一次世界大战停战纪念日，马克龙决定大规模庆祝一战停战一百周年，并举行首届巴黎世界和平论坛，广邀各国和国际组织领导人出席。这是继2017年12月12日“同一个星球”气候峰会后，马克龙为扩大法国国际影响力而倡议的又一重大外交行动，也是近年来规模和影响最大的国际活动之一。105个国家受邀，60个国家和30个国际组织应邀，84个代表团和72个国家元首或政府首脑及国际组织负责人与会。80场各类辩论会，就130个议题进行讨论。这次论坛中，共递交848个全球治理议题，42个国家提出120个方案，有350个报告人，数千人与会。马克龙宣布世界和平论坛每年举行一届，2019年的论坛定于7月14日法国国庆日举行。美国总统特朗普欣然应邀，马克龙甚感高兴。

建立本国独立的国防力量和推进欧洲独立防务建设，使欧洲成为“欧洲人的欧洲”，法国则依托欧洲成为美苏之后的“世界第三力量”，是“戴高乐主义”的核心内容之一。马克龙提出重返“戴高乐主义”的主张，重塑和振兴欧盟为首要外交目标，欧洲独立防务建设是应有之意。

论坛开幕前几天，马克龙在讲话中谈到美退出《中导条约》可能导致欧洲安全形势恶化，提议创建独立于北约的欧洲部队，以便在面对中俄甚至美国时能够自保。他称，“欧洲没有一支真正的部队就不能保护欧洲人民”，“欧洲应能够更加自主和更多实现自我保护，而不需要只依靠美国”。性情暴躁的特朗普被马克龙创立欧洲部队的思想彻底激怒了，在11月10日专机即将降落之际发布推文，称欧洲首先应支付北约欠费，美国支付了大量补贴，马克龙“侮辱”了美国。在飞机舷梯下迎接的马克龙措手不及，只好在随后的会谈中极力“和解”，称外界对他的讲话解读有误，欧洲将提高对北约的军事支出，重视对美友好关系，两人又成为“好朋友”。

马克龙在11日的凯旋门庆祝仪式讲话中强调捍卫多边主义，称之为二战以来国际关系的基础，却被人以保护国家利益的名义破坏。“爱国主义恰与民族主义相反，民族主义是对爱国主义的背叛。”姗姗来迟的特朗普“板着面孔”听完，回国后再发推文，调侃说法国民调低迷而失业率高；美国低关税进口法国葡萄酒，法国的高关税使美国葡萄酒销售不畅；两次世界大战均由德国发动，法国都是不战而降，马克龙却建议组建部队保护欧洲对抗美国，法国才是典型的民族主义国家；赶快给北约付钱。特朗普的话可谓戳到了法国人的痛点，法国的反应是“极不外交”。

法德领导人在一战停战签字旧址举行纪念和揭牌活动，被认为是继戴高乐总统和阿登纳总理爱丽舍宫会晤之后的“第二次和解”。11月13日，默克尔在欧洲议会讲话中支持马克龙创建欧洲部队的提议，称世界正在发生变化，欧洲的灵魂业已疲惫，面对主权债务危机、恐怖主义、周边地区的战争和冲突以及“老盟友对久经考验的欧洲提出的质疑”，应该将建立一支真正的欧洲部队列入计划。她认为这不是反对北约而应只是对北约的补充，以便向世界证明欧洲国家间将不会再发生战争。默克尔还重提建立欧洲安全理事会的建议，被认为是针对特朗普对马克龙批评的另一回应，与其在多种场合反复强调“欧洲必须把命运掌握在自己手中”的态度是一致的。欧盟委员会和西班牙随后也相继表示支持法国和德国的决定。

11月16日，马克龙在“戴高乐”号航母上接受电视一台采访，谈到对美关系时说不必太过重视特朗普的言论，在每个历史重要关头，法美都是盟友，作为盟国应该相互尊重，出现问题应该面对面沟通，不希望用推文问答，法国是美国的盟友但不是“附庸”。

11月18日，马克龙前往德国议会发表演讲，是继希拉克总统之后18年来法国总统第二次在德国议会讲话，被认为是欧盟发展处于重要历史关头，法德轴心再次发挥重大作用的象征。马克龙在讲话中呼吁法德联手在全球扮演更强大和更有信心的角色，以避免世界陷入混乱。面对充满不确定因素的世界面临的各种挑战，欧洲决不能“成为大国的玩物，必须为自己的安全和防务承担更大的责任，不能在世界政治中扮演附属角色”。法德要一起开启欧洲建设的新阶段，以防止世界滑向混乱并确保世界和平。他称，“我们的世界正处在十字路口”，“欧洲应当更加强大，拥有更多主权”，“法德这种新责任主要是赋予欧洲能够体现主权的手段，我们需要解决世界分歧的办法，现在是为欧洲揭开新篇章的时候了”，“一个强大和果敢的欧洲是防止21世纪大国冲突重演的唯一途径”。

二、欧洲独立防务建设说易行难

欧洲一体化的最大外部破坏力量是美国，最大的内部阻力是先天不足、后天失调导致的决策困难。欧洲主权债务危机的祸根是美国。美国高盛公司帮助希腊账面造假，称希腊业已达标从而助其进入欧元区。希腊成绩没有“及格”而混入欧元区，获得欧盟大量补贴和金融帮助，为主权债务危机埋下定时炸弹，欧盟不得不救助希腊。因为救助希腊就是救助欧盟自己。美国帮助希腊做假账加入欧元区，与美国在冷战后力推欧盟吸收中东欧国家，甚至强逼欧盟吸收土耳其的做法如出一辙，目的都是削弱欧盟。欧洲主权债务危机对欧盟经济和欧元地位造成重大打击，对美国自然是重大利好。另外，美国通过发动伊拉克和阿富汗战争，以及随后策动的“阿拉伯之春”运动，推翻利比亚卡扎菲政权和发动叙利亚战争，使欧洲成为恐怖主义重灾区，中东北非难民对欧洲社会造成严重冲击，导致欧盟民粹主义和社会极化加剧，美国窃喜。美国通过一系列举措打击欧洲建设。欧盟经济至今尚未恢复到2008年危机前水平。特朗普指称成立欧盟和建立欧元区的初衷和结果都是与美国竞争，是直抒胸臆，说出了美国历届领导人不便说出口的话。

二十世纪七八十年代是欧洲建设的辉煌发展期，欧盟虽然已是最为成功的超国家联合体，仍被国际舆论称为“经济巨人、政治矮子”。欧盟为巩固冷战成果实行大规模东扩，继而遭受主权债务危机打击，后又相继陷入安全、社会、信任等多重危机，致使经济下滑，政治上难有作为，短时期内难以改善，现处于成立以来的最困难时期。

法国一直努力推动欧盟建立独立防务和统一外交建设，耗费大量资源，但终究裹足不前。数十年来，欧盟不时宣称欧洲独立防务建设取得了进展，法德还成立了混成旅。前不久欧盟又宣布成立欧洲防务采购基金，通过提升欧洲军事行动能力的“永久性结构合作”决议，实现建立“军事申根区”等共同防务设想。时至今日，欧洲独立防务仍属于“干打雷难下雨”。

欧盟2017年决定成立欧洲防务基金，从2019年起拥资130亿欧元，为期7年，进行军备共同开发研究，在法德新型坦克和未来战机开发基础上进行，使军备实现“欧洲制造”，资金将投入欧洲企业，欧洲各国都来采购欧洲军工产品，被称为是真正意义上的欧洲军备合作。该计划能否真正实施尚未有定论，特朗普已经作出反应，要求欧洲防务基金必须是开放的，要更多地采购美国军品。本已公开声明将购买法国“阵风”或欧直公司战机的比利时，2018年10月底却购买了美国的F-35战斗机。马克龙称此举有违于欧盟利益，深表遗憾。比利时首相米歇尔回称该笔采购既是为北约也是为欧盟，不能因为特朗普当选总统，美国就成了敌人，欧洲的安全取决于维护和加强欧洲与跨大西洋双重联盟，双重联盟才能保证欧盟应对实现其雄心具体化的挑战。比利时实际上是在美国强压下改变购买意向的，法国除了表示“遗憾和愤怒”，别无他法。

所谓的欧洲防务每过一段时间都会被提及，但大多是旧话重提，谈完甚至签完协议也就完了，没有结果也不会有结果。

所谓的法德混成旅，只是象征性和礼宾性的，没有实用性。欧盟不时发布独立防务建设“取得进展”甚至“重大进展”的消息，回头看来仍是“没有进展”。

法国历届领导人都会强调法美战略同盟关系不是“附庸”的对美政策，美国领导人也深为法国对美闹独立的“惯性思维”所困而不得不对法国有所照顾。冷战期间，法国能够在美苏超级大国之间左右逢源，就是得益于这一政策。法国借着不时对美闹独立的特点，在国际事务中发挥着独特作用，可谓“买二等票乘头等舱”，即以二等国力发挥大国影响力。在当前的形势下，正如欧洲独立防务建议大不易一样，法国在国力大幅下降的情况下重振昔日气象也大不易了，但政治意愿并未泯灭，因而会时常表露出来。这恰是马克龙在多个场合强调多边主义的本意。

马克龙希望建立不依靠美国的欧洲防务，恰恰说明欧洲防务仍需依靠美国。特朗普强压欧洲增加军费，是要求交“保护费”和提升对北约的投入，而非用于本国防务。建立一支欧洲部队谈何容易？一是各国传统与理念差异极大，内心都不希望某个或某几个国家主导欧盟事务，在一面旗帜下统一指挥共同战斗实难想象。二是受到欧盟一致同意决策机制的严重制约，现有的共同安全与防务政策已难协调，而且多数国家既无钱更无意愿。三是美国是北约主要的财政与兵员及装备提供者，中东欧国家作为北约的新成员，“刻骨铭心”地憎恨俄罗斯和“死心塌地”地向美国靠拢，而且军备完全由美国提供，欧洲防务实难减少对美国的依赖。

三、控制欧洲是美国全球战略的最重要组成部分

一向对马克龙优厚有加的特朗普，对建立欧洲部队如此大动肝火，所为何来？

美国退出《巴黎气候协定》和《伊朗核协议》，把驻以色列使馆从特拉维夫迁至耶路撒冷，挑起全面贸易摩擦，以及单边利己主义的诸多做法，都与欧盟的基本理念背道而驰。美国酝酿退出20世纪80年代签署的《中导条约》，将再次激发欧洲军备竞赛，使冷战后有所好转的西欧国家安全环境再度恶化，法德两大国深感忧虑。马克龙认为，当前的国际局势极具动荡性和不可预测性，“处于两场战争之间”，欧洲实难自保，因而提出了创建欧洲部队的设想。

法国是欧盟独立外交和防务的积极推动者，美国认为这是要取代北约，进而把美国赶出欧洲，是决不能答应和迁就的。美国一贯反对并离间破坏欧洲建设，通过渲染苏（俄）威胁强化北约，进而控制欧洲是美国全球战略的最重要部分。美国反复强调欧洲国家的防务只能是北约的补充而非竞争、重复甚至取代的“三不政策”。

特朗普在竞选和就任初期曾提出“北约过时论”，特别是对欧洲盟国在美国的保护伞下“享受和平”却由美国出钱大为不满，因而强压欧洲国家将军费提升至GDP的4%，还要求把以前的欠账都补上。特朗普对马克龙建立欧洲部队的反应仍是美国对北约提供了巨量补贴，欧洲应该“先付钱”，其他免谈。特朗普还曾威胁说“美国将退出北约”，借以逼迫欧洲盟国增加对北约的军费投入。特朗普先后于2017年和2018年

两次赴欧洲出席北约峰会，首要目标仍是施压欧洲盟友增加军费。

特朗普执政两年来，并未践行如其所说的美国要减少对北约的投入甚至会退出北约，反而一如既往地强化北约职能。北约与俄罗斯针锋相对的多兵种联合军事演习一波高过一波，北约（实为美国）与俄罗斯的战略对峙和军事抗衡烈度甚至高过冷战时期。俄为显示力量而举行了冷战后最大规模的军事演习，投入兵力多达数十万，但为了不刺激北约，演习地点选择在远东。美国则相反，冷战后最大规模的军事演习偏要在俄边境附近举行，本意就是要刺激俄罗斯。俄被逼作出强烈反应，双方多次“危险接近”。北约军费的70%以上由美国承担，特朗普政府对北约的投入未降反升。美国仍是北约的主力，所谓北约实际上仍是美国。美国决不会放弃或者离开北约。欧洲国家虽也派兵参加北约的军事行动，但都只具象征意义而无实际作用。一旦美国离开北约，欧洲国家的军事和防务能力便不值一提。

北约是在美国主导下建立的，是美国控制欧洲和欧洲盟国的根本性机构。苏联领导的华约因苏联解体而解散之后，北约作为冷战的产物本应在冷战结束和华约解散后而解散，但美国却推出了“北约新战略概念”，大幅提升北约作战能力和增加北约职能，还通过发展“北约伙伴关系计划”使北约的活动范围扩大到欧洲以外。美国以反恐名义入侵阿富汗，就是以北约名义裹挟盟国一起行事，入侵伊拉克也裹挟不少北约盟国以显示其“正当性”。

美国不会放弃称霸世界的全球战略，决不允许哪怕是盟国对其权威提出的任何形式挑战。美国近年通过对俄炫耀武力，进而控制欧洲的战略意图更加明显。美国不会放弃北约，更不会撤离欧洲。特朗普在欧洲防务问题上的激烈态度，说明美决不容许欧洲“脱轨”，美俄战略对抗仍是国际关系中的主要因素和基本矛盾，主战场仍在欧洲。美国的全球战略重点仍在欧洲，控制欧洲仍是美最大战略需要。在今后相当长的一段时间内，欧洲独立防务仍是纸上谈兵。

2018年特朗普治下的美国政治形势

倪 峰①

内容提要：2018年，特朗普执政进入第二年。特朗普政府内，失衡分裂的局面并未得到彻底改变，执政团队频繁换人，“鹰气更甚”，但随着经济形势向好和对外示强，执政环境有所改善。中期选举是2018年度美国两党最重要的考量，最终民主党重新赢得众议院选举，打破2016年大选以来共和党对美国的政治垄断，国会监督制衡的功能将重新回归。2018年度，美国政治运行仍旧缺少有效制衡，难以摆脱政治“极化”，两党党内的分歧加深。

关键词：特朗普 美国内政 中期选举 政治运行

2018年是特朗普执政的第二个年头，也是美国中期选举年。得益于特朗普政府推行多项国内改革措施，美国经济向好，失业率降到历史新低，特朗普“基本盘”有所巩固。共和党在中期选举中失去众议院，未来特朗普政府推行的政治议程将遇到不同程度的阻力。作为美国政坛上一位特殊的“反建制”人物，特朗普的上台执政对美国的内政外交以及中美关系产生

① 作者系复旦大学美国研究中心兼职研究员。

了广泛、深刻的影响，形成了“特朗普冲击”。进入2018年，“特朗普冲击”不断持续发酵，并表现出一些新的特点。中期选举后，美国国内政治版图发生变化，特朗普施政压力增大。未来几年，其内外政策将受到民主党的严格监督和制约。

一、执政环境：虽有改善但失衡、分裂继续

特朗普上台以来，美国政治正在发生一些重要变化。在政治运作层面，建制派与反建制派的对弈成为美国政治的全新范式。小圈子决策、“推特治国”等等一系列做法致使特朗普迄今为止无法组成完整的工作团队，府会关系微妙，共和党内无法完成整合，民主党抗争加剧，总统与传统主流媒体互“怼”，阶级矛盾并未有效缓解，政治极化进一步加剧，种族矛盾尖锐化。进入2018年，上述状况并未得到改观，而且出现了一些新特点：

首先，执政团队人事变动频繁。随着“通俄门”的发酵、一些政策推动不力，特朗普开始将责任归咎于身边的幕僚，团队成员互相诘难的情绪不断滋长，最终导致特朗普不断重复着“喜新厌旧”的故事。特朗普的“自信”导致其政策出现问题时，只从下属身上找原因，并一不顺意就使出“炒鱿鱼”这个杀手锏。这对白宫决策体系的连贯性造成了极大的冲击。经过一年多的时间，白宫逐渐形成了以特朗普为强势主导的决策体系。其优点是行事果断，也就是特朗普经常说的追求“以结果为导向”，但缺点是决策不够全面，拘泥于某一具体问题和眼前计划，缺乏长远的战略规划。2018年以来，随着白宫通讯主任希克斯、国家经济委员会主任科恩、国务卿蒂勒森、国家安

全顾问麦克马斯特离职以及白宫贸易顾问纳瓦罗从幕后走向前台、蓬佩奥接棒蒂勒森、博尔顿统领国安会等人事变动，特朗普身边已经纠集了一批忠心耿耿的“鹰派中的鹰派”，应有的“多元化建议”已成为“集体跟”。在“三权分立”的制度安排下，总统的权力似乎处处受到制约，但在选人用人这方面，总统却有超越于两个分支的独特权力。正因如此，特朗普执政至今身边的幕僚已经换了一茬又一茬。这些人从最初的受到重用到最后的黯然离职，都取决于一个决定性因素——与特朗普的亲疏远近。这一因素在特朗普个人特性的护持下，已超越机制性因素，主导了白宫当前的人事布局和决策体系。

其次，“通俄门”调查久拖不决。特朗普执政以来就伴随其左右的“通俄门”调查，引发各方高度关注，几乎涉及美国政治的方方面面，牵扯到美国联邦政府、国会、媒体等多个对象，直接与特朗普的执政能力及其合法性“挂钩”。随着各方对“通俄门”调查的不断推进，一些新的证据和事实逐渐浮现。2018年1月，特别检察官穆勒计划就特朗普解雇前联邦调查局局长科米和前国家安全顾问弗林的决定询问总统。3月初，特别检察官穆勒与特朗普律师代表见面，要求特朗普就“通俄门”调查与自己面谈。4月中旬，穆勒团队公开的法庭文件显示，前特朗普竞选团队经理保罗·马纳福特及竞选助手理查德·盖茨在2016年总统竞选期间曾与一名商业伙伴往来密切，而此人与俄罗斯军方情报机构有关。4月下旬，特别检察官穆勒向白宫提交了他想询问特朗普的问题，数量近50个。有分析认为，这些问题清楚地显示，穆勒有足够的间接证据怀疑特朗普干涉司法，也有理由相信特朗普知道“通俄”的一些内情。面对穆勒的步步紧逼，特朗普显然感受到了压力，6月4日，他在发布的“推文”中说：“正如众多法律学者所言，我拥有绝对权力赦免自己，但在我没做错事的情况下，我为何要这样做？”他随后再次谴责特别检察官穆勒的调查是“没完没了的政治迫害”。共和党元老朱利安尼也不无担心地表示，如果调查拖延，可能会对2018年11月的中期选举投票产生影响。总之，“通俄门”调查如同悬在特朗普头顶的“达摩克利斯之剑”，直接影响到他的合法性，还极大掣肘了特朗普政府的内政外交。

第三，中期选举的挑战。从美国二战后的历史经验看，执政党在中期选举中并不占优。在二战后的18场中期选举中，执政党平均丢失了25个众议院席位和4个参议院席位。就2018年中期选举的选情来看，共和党在众议院的情势不妙。由于众议院435个席位都要改选，对民主党而言这是一个“翻盘”的好机会。4月11日，美国众议院议长保罗·瑞安宣布将不寻求连任，这对众议院共和党人的士气是一个巨大打击。除了瑞安，共和党还有37位议员打算2018年“退休”。这一数字是二战以来最高的，远远超过了民主党计划退休议员的人数。在参议院，民主党拥有49席（47位民主党议员和2位与民主党结盟的独立议员），共和党拥有51席。在中期选举中，有26个民主党阵营的席位需要改选，而共和党只有9个席位需要改选。随着中期选举结果揭晓，在当前美国两党恶斗、政治极化的大背景下，特朗普推动国内议程的能力将会进一步遭到国会削弱，并进一步影响特朗普寻求连任的努力。对中期选举的考量构成了2018年以来特朗普不断对外示强，以此聚拢国内支持，拉抬支持率的重要原因。

在看到特朗普在国内治理方面面临一些新的问题和挑战的同时，我们也应看到，进入2018年以来，特朗普面临的执政环境出现了相当程度的改善，其中一个关键的指标就是，特朗普的支持率出现了稳步提升的态势。根据盖洛普6月18日公布的民调显示，受访民众对特朗普的支持率升至45%，为2017年1月特朗普上任以来的新高。反对率是50%，反对率和支持率的差距是5%，也是特朗普上任以来的最低水平。不仅如此，特朗普终于赶上了部分前辈在任期同期的民调水平。同样是上任500天左右，奥巴马和里根的支持率都是45%，克林顿是44%。不过，尽管是水平相当的支持率，其他总统通常是在中期选举前支持率回落至这一水平，而特朗普则是升至了当前的支持率水平。从另外几家调查机构最新的结果来看，尽管各自的数字有所差异，但特朗普的支持率都出现了上升趋势。人们普遍认为，特朗普支持率上升主要基于两大原因，一是失业率持续下降，美国经济发展势头强劲；二是特朗普对外频频示强，并在朝核问题上实现了外交突破。尤其值得关注的是，盖洛普民调还显示，特朗普的支持者中有90%都是共和党人。这对共和党的中期选举是一个重要利好。

二、2018年中期选举：打破政治垄断

2018年美国政治生活中最受瞩目的大事莫过于特朗普总统任期近半的一次美国政坛“大洗牌”——中期选举，即对特朗普政府及共和党执政成绩的“期中考试”。2018年中期选举中，参议院有将近三分之一的席位要改选，众议院席位全部改选。截至2018年11月29日，此次选举的结果是：参议院100个席位，共和党拿到了53席，民主党拿到了47席；众议院435个席位，共和党拿到了200席，民主党拿到了234席。在州长选举中，民主党扩大了本党籍州长数量，但共和党籍州长依旧达到27席。此次中期选举，民主党重新入主众议院，成功突破共

和党及特朗普对权力的垄断，共和党继续保持对参议院的控制权，形成两党分别控制国会一院的格局。换句话说，共和党失去了众议院控制权，特朗普政府在余下的任期内不得不面对分裂的两院。①

在参议院方面，共和党继续维持参议院多数并且扩大了原先的领先优势。2018年中期选举涉及35个参议院席位的改选。其中33个席位的议员是在2012年参议员改选中当选的，属于美国宪法规定每两年需要改选的参议员席位，其任期于2019年1月3日结束。另外2个席位是被指派接任因故离职的参议员职位，他们2018年需要参加特别选举，以继续他们尚未完成的任期。35个将要改选的参议员席位中，24个属于民主党，2个属于独立派人士，另外9个则属于共和党。具体而言，谋求连任的参议员中有24个是民主党人，2个是独立派人士，6个是共和党人。本次参议院改选中退休参议员有3位，均为共和党人。2018年中期选举参议院35个改选的席位中，民主党和独立派人士胜选24席，共和党胜选11席。共和党参议员席位净胜2席，以总数53席取得多数党地位，于2019年1月起继续主导参议院和参议院各委员会及其下属委员会。在众议院方面，第115届国会众议院有共和党籍众议员240人，民主党籍众议员195人。截至2018年9月10日，众议院共和党籍众议员236人，民主党籍众议员193人，另有6席空缺。两党宣布不再寻求连任者中，共和党有37人，民主党有18人，分别占两党拥有席位的15.68%和9.33%。民主党“在任者优势”相较于共和党明显具有稳定性。截至2018年11月29日，除加利福尼亚州第21

① “2018 ELECTION RESULTS”, CNN, https://edition.cnn.com/election/2018/results .

国会选区众议员结果还未公布外，民主党在本次中期选举中已经赢得234席众议员席位，较第115届国会增加了39席，将在众议院和众议院各委员会中重新获得领导地位。本次中期选举中共和党在众议院仅取得200席众议员席位，失去了对众议院的控制。在州长选举方面，美国50个州的州长中，民主党籍16位，共和党籍33位，独立派人士1位。本次中期选举中民主党州长改选9席，共和党州长改选26席，独立派人士州长改选1席。其中13位共和党现任州长和5位民主党现任州长获得改选提名，另有一位现任共和党州长未获得连任提名。共和党较高数量的州长改选，为民主党在本次选举后增加本党籍州长席位提供了机会。本次中期选举后，共和党籍州长数量减少至27位，相比之前减少了6位，但共和党籍州长仍把控多数州政府，民主党州长23位。经过中期选举，共和党在22个州同时拥有州立法机构领导权和州长职位，民主党在14个州拥有这种全面优势，比中期选举前增加了7个州。①

同以往中期选举相似，2018年中期选举继续反映2016年大选后至今的美国政治版图变迁、社会思潮的调整和民众关注议题的变化，同样也继续充当着未来美国政治走向的风向标。观察和分析2018年中期选举过程，不难发现身份政治几乎主导了整个中期选举。相比以往，在本次中期选举中出现了一些新亮点。本次中期选举中女性参选人数量达到历史新高。两党共有529位女性参选人被提名参加2018年国会选举。截至11月28日，有102人赢得众议员选举，14人赢得参议员选举，加之未改选的10位女性参议员，将有126位女性在国会中担任议员，

① “2018 United States Elections”, https://en.wikipedia.org/wiki/2018_United_States_elections.

打破女性在国会担任议员总数量的历史纪录。被提名的女性参选人中，民主党籍有387位，占73.15%。2016年大选后的民主党内进步主义思潮高涨，“抵制特朗普”成为民主党团结一致的主要方式。出于对特朗普厌恶而非左翼意识形态的驱使，多数具有地方性的女性第一次成为进步分子，并以此身份成为民主党在本次中期选举中的候选人。显然，在新的历史条件下，女性将在美国政治中发挥更大的作用，同时，随着大量意识形态色彩不浓的女性加入民主党阵营，增加了其党内中间派的力量。

2018年中期选举中，民主党赢得众议院控制权后，将重获对众议院各委员会的主导权，举行听证、传召证人、要求特朗普政府成员做证、公开文件将成为民主党人监督特朗普政府的手段，国会监督制衡的功能将重新回归。赢得众议院对民主党来说虽是一个有限的成功，但这足以突破特朗普及共和党对美国政治权利的垄断。但也不能忽视，中期选举后共和党继续主导扩大了自身领先优势的参议院，加之特朗普任期未满，未来民主党人几乎没有希望获得立法权优势，并且难以实质干预特朗普政府今后的人事任命。

三、美国政治运行：制衡缺位，“极化”继续

2018年以来的美国政治仍旧面临着某种意义上的“失衡”状态。由共和党控制的国会两院和特朗普作为总统所拥有的人事任命权使得立法机构、司法系统和行政官僚系统无法在彼此间产生有效制衡。曾经代表人民监督政府的主流媒体也因被特朗普冠以所谓的“假新闻”媒体之名而失信于美国人民，成了

党派斗争的牺牲品。哥伦比亚广播公司（CBS）所做民调显示，共和党的坚定支持者中有91%的人相信其言论，相信主流媒体言论的仅有11%。[①] 在民主党支持者中，仅有11%的人相信特朗普的言论。作为"第四权"的主流媒体也因日益明显的政治倾向、党派立场、精英化和地域化导致失去了民众对媒体的信任，降低了对政府的监督作用。一个"不诚实"的行政首脑，一个奉承和纵容的立法机构，一个具有党派属性的司法机构，再加上不被信任的主流媒体，使得2018年的美国政治处于失衡状态。

"特朗普治下"第二年的美国不仅没有摆脱政治"极化"，反而使两党党内的分歧进一步加强了两党的"脸谱化"趋势。中期选举中两党候选人政治倾向趋于极端，导致共和党内民粹主义者与建制派、民主党内左翼势力与民主党建制派之间的矛盾激化。首先，两党对立，分歧严重。2018年6月，"中间派"大法官肯尼迪宣布退休，围绕大法官任命两党开始缠斗，屡屡突破底线，最高法院成为党派斗争的阵地。民主党人视共和党提名卡瓦诺为最高法院大法官为其将共和党利益凌驾于法律之上的行为。共和党人则把民主党对卡瓦诺的"抹黑式"抵制看作是"压制一个正派的人"的可怕民主阴谋，两党渐行渐远。其次，共和党呈现出浓重"特朗普化"。共和党初选中，在"特朗普效应"和特朗普本人的刺激之下，成功被提名的共和党候选人趋于极端。积极参与投票的共和党选民中，反建制、反移

① "Americans Wary of Trump Tariffs' Impact, But Support Plan to Aid Farmers — CBS poll", CBS News, July 29, 2018. https://www.cbsnews.com/news/americans-wary-of-trump-tariffs-impact-but-support-plan-to-aid-farmers-cbs-poll/?utm_source=newsletter&utm_medium=email&utm_campaign=sendto_newslettertest&stream=top .

民、反自由贸易等民粹情绪高涨，“捍卫特朗普”调门高昂。正如布鲁金斯学会高级研究员伊莱恩·卡马克所言，共和党已经被特朗普重新定义，正从一个以主张有限政府、支持自由贸易为政策基础的政党向一个更加强硬保守、民粹色彩日益浓郁的政党转型。第三，民主党中激进进步主义势力崛起。2018年中期选举预选大幕拉开以来，不少民主党竞选人以激进进步主义者身份出现，在民主党选民中人气颇高。虽然激进进步主义势力在民主党初选中相当突出，但党内温和派并未在中期选举中与之达成一致。

总体上来看，2018年美国政治运行制衡机制缺位，美国政治“极化”继续，两党党内分裂加深。两党温和派的生存空间被压缩，两党围绕美国政治议题的斗争持续不断。特朗普的个人风格，以及他和主流媒体的对立，也进一步撕裂了美国社会。两党政治极化斗争加剧，美国国内政治、经济及社会的诸多矛盾也在不断激化。

四、结语

2018年，特朗普执政进入第二年。失衡分裂的局面并未得到彻底改变，执政团队频繁换人，“鹰气更甚”，但随着经济形势向好和对外示强，执政环境有所改善。中期选举是2018年度两党最重要的考量，最终民主党重新赢得众议院选举，打破2016年大选以来共和党对美国的政治垄断，国会监督制衡的功能将重新回归。2018年度美国政治运行仍旧缺少有效制衡，难以摆脱政治“极化”，两党党内的分歧加深。

中期选举是特朗普总统顺利推行其施政纲领和成功任命保

守派大法官背景下的关键选举，同时选举结果也将对其未来寻求总统连任产生巨大影响。本次中期选举中，民主党成功打破共和党的权力垄断，实现两党在政府内权力的平衡。众议院控制权重归民主党，共和党继续主导参议院，并在参议院扩大优势，本次选举后形成两党分别控制国会一院的格局。这也将进一步加剧业已激化的两党间冲突，导致更多的立法和政策僵局。中期选举也显示出两党间对立和党内“极化”的趋势。换言之，美国政治真正摆脱“极化”的困扰并非易事。

美联储货币政策变动及其两难选择

谷源洋[1]

内容提要： 杰罗姆·鲍威尔于2018年2月5日正式宣誓就职，出任第十六届美联储主席，美联储进入了“鲍威尔时代”。市场普遍认为鲍威尔接任美联储后将延续前任主席耶伦的货币政策，继续推动结束在金融危机后实施的超宽松货币政策，支持经济增长和物价稳定。然而，“鲍威尔时代”伊始，出现了与“耶伦时代”不同的新情况、新变化，鲍威尔面临众多难以解决的问题。

关键词： 货币正常化　通胀　通胀预期　失业率　两难选择

鲍威尔是美联储前任主席耶伦的接替者，在共事期间未曾反对过耶伦推行的货币政策，但“鲍威尔时代”与“耶伦时代”面临的内外环境发生巨大变化。

---

① 作者系中国国际问题研究基金会世界经济研究中心主任、中国社会科学院荣誉学部委员。

一、“鲍威尔时代”美联储面对的通胀及预期发生逆转

人们通常用菲利普斯曲线表示失业率与通胀率之间的交替关系，即通胀率高时，失业率低，通胀率低时，失业率高。但在这次经济周期中，美欧等发达经济体失业率虽然逐步降低，但通胀率并无显著上升，意味着经济运行中与价格水平相关的传统菲利普斯曲线，已越来越多地呈现出失常状态。然而，转入2018年，美国通胀形势超乎意料地发生了逆转。人们不难发现，2017年美联储还在下调通胀及通胀预期，为通胀迟迟不上而深感头痛，而美联储在2018年1月31日货币政策例会后发表的声明却预期2018年美国通胀将回升，并在中期内实现2%或以上的通胀目标。穆迪预测美国的“低通胀时代”似乎驶入尾声，通胀压力正在增大，最终会比投资者预期的通胀率更高，预计2019年底，美国的核心通胀率将升至接近3%。美联储对美国通胀状况评估的表述从“继续低于2%的目标”转变为“已接近2%的目标”；对中期通胀前景的预期从“稳定在2%的目标附近”调整为“处于对称性的2%目标附近”。所谓对称性2%通胀目标，是在向市场传递一种信息，即美联储可能会忍受通胀率稍微超出2%。资产泡沫风险加剧，失业率节节下降，通胀及通胀预期上升，使美联储不得不加速货币政策正常化进程。鲍威尔于2018年2月底在国会做证时强调，他对美国通胀和经济信心的增强，市场波动不会阻止加息步伐。美联储在3月20日至21日召开的年内首次货币政策例会上宣布加息25个基点。

美联储对通胀及其预期的判断，主要基于以下原因：

首先，美联储进入“鲍威尔时代”，外部经济形势发生了利好变化。2017年世界经济增速为3.8%，高于“后金融危机时期”年均3.3%的增长率。在贸易与投资保护等多种因素作用下，2018年世界经济放缓，经合组织（OECD）和国际货币基金组织（IMF）先后将2018年世界经济增长预期从3.9%下调至3.7%，但尚未出现反向逆转。

其次，国际油价飙升加速通胀反弹。世界经济提速、交通运输发展和生活需求改善，导致全球原油需求持续增长；根据国际原油市场供求关系的变动，欧佩克和非欧佩克实施了减产—增产—减产政策；委内瑞拉、叙利亚、也门及非洲的政治动荡导致原油开采量下滑；地缘政治动荡使一些重要产油国原油生产下降或因受到制裁导致原油出口减少等多种因素，使国际油价摆脱了“金发女孩中性价格”的现象。油价上涨推动美国物价指数走高。特朗普既不愿意看到油价上涨推高通胀率，驱使美联储加息，抑制经济增长，影响中期国会选举及其连任，也不愿意看到美国作为能源出口大国因油价下跌减少出口收入。因此，2018年10月国际油价开始持续大幅下跌后，特朗普要求沙特带头减产，而美国自己却不降低油产量。

再次，特朗普政府出台的减税和就业法案、基础设施建设计划的刺激，使美国经济从2017年稳健复苏走向2018年涨劲扩张。美联储将2018年美国经济增长率从6月预测的2.8%上调至3.1%，2019年的经济增长率从2.4%上调至2.5%。伴随美国宏观经济形势趋好，股市财富效应增涨，失业率持续下降，劳动者工资增加，消费支出上涨等多种因素，推动通胀和核心通胀率上升。为此，美联储继3月加息后，又在6月22日和9月26日两次加息。2018年美联储加息“点阵图”，从三次加息增加到四次加息的概率增大[①]。鲍威尔10月3日表示美国经济相当正面，不需要再保持超低利率，将循序渐进地转向中性利率水平，但尚远未达到中性利率水平。所谓中性利率水平是指既不刺激经济，也不抑制经济的利率水平。然而，到11月中旬，鲍威尔表示美国经济运行良好，但面临令人担忧的“三大挑战”：全球需求放缓、财政刺激消退以及加息对经济的滞后影响。随着劳动力市场接近充分就业、通胀水平接近2%的目标，美联储将重新评估制定货币政策的策略及所使用的政策工具。美联储主席鲍威尔改变了此前对中性利率水平的表述，认为当时的利率目标已接近于或仅略低于中性水平。市场认为这一表述的变化意味着美联储有可能放慢加息节奏，提前完成前主席耶伦制定的利率规划目标，即联邦基金利率在2020年超出3%，步入本轮加息周期的尾部或终止加息周期。

二、“鲍威尔时代”伊始，美元指数和美债收益率双双走高

2017年美联储三次加息，但没能有效提振美元指数，美元指数反而下降了近10%，创2003年以来最大年度降幅。2018年前3个月，美元指数继续下挫，在低位区间震荡。其主要原因是非美国家央行释放收紧货币政策步伐的信号，导致美元指数向下盘整。美元持续走软阻碍特朗普总统想要的美元回流，并伤害美元在国际货币体系中的霸主地位。

2018年4月以后，形势发生了急剧变化，触底已久的“弱

---

① “点阵图”是美联储对联邦基金利率的预估，每三个月更新一次，一直被认为是美联储政策工具的重要组成部分。

美元”开始反弹，有四方面原因。一是在特朗普政府减税政策刺激下，部分美国企业把海外利润汇回美国，给美元指数上涨带来支撑作用。二是特朗普总统从过去支持美元贬值，以纠正贸易的失衡状态，转而声称“美元终究要走向涨势”。特朗普总统对美元表态的变化，推动美元指数弹升。三是美元指数由美元对六种货币组成，欧元占比超出57%，美元指数涨跌很大程度上反映了美元与欧元的涨跌对比。从经济基本面看，2017年欧元经济区取得了2.5%的增长，而美国经济增长率为2.3%，因而美元相对于欧元贬值。2018年美欧经济形势逆转，美国经济转涨，欧洲经济放缓。“美涨欧弱”的经济基本面，刺激美元走涨。四是地缘政治不稳加剧资本流入美元资产进行避险，对美元走涨产生支撑作用。在上述多因素叠加作用下，美元指数自2018年4月以来，虽有波动，但基本保持相对涨势的地位，从2月中旬的89逐渐上升到11月的97，但没有出现2016年末美元指数升至103高位的景象。

市场一直对美元指数趋势性走向存有不同的判断和认识。一种观点认为特朗普政府拥有巨额财政赤字和贸易逆差，因而美元指数必然呈下跌趋势。从理论推理，美联储加息有助于推动美元指数上涨，但美联储加息与美元指数之间并不一定总是呈现正相关性。2018年内美元走涨更多是中期弱势下的阶段性反弹，而非完全趋势性逆转，仍有可能会走软，只不过美元贬值的方向不是沿着一条直线，期间会出现一些反向调整。欧洲央行维持宽松货币政策及欧洲经济基本面都有可能抑制甚至约束美元走涨的势头。摩根士丹利的报告预计“美元指数可能很快走低”。高盛集团分析师告诫投资者不应过于习惯于美元持续上涨，未来一年美元或许将贬值7%；另一种观点则认为特朗普政府实施减税新政，出台逾万亿美元基建投资计划，推动经济趋向利好，导致通胀持续性反弹，美联储加息与“缩表”。加息将提高融资成本，抑制贷款活动，而“缩表”是减少购买债券规模，债券到期后不再购买新的债券，等同于直接从市场抽离基础货币，对流动性影响则更大、更明显。上述多种因素都在推动美元指数攀升，国际投行美银美林预测，美元指数有可能会涨至100的高位。对美元指数趋势性走向的不同判断，都有自己的理由支持。市场的主要分歧点在于美元走涨能够持续多久，美元指数的顶点在哪里。大体有两种预判，一是美元指数陷入艰难的“拉锯战”，在95上下方反复波动；二是美元指数冲上100高位。但当今的市场预期更趋理性，美元指数上行有阻力，较长时间停留在100整数关口的可能性不大。

值得关注的现象是在美联储终止购买债券计划的同时，美国财政部却在增加国债供给，以支持持续增加的财政赤字。美国财政部计划2018年下半年发行7690亿美元的债券。为保障新债券购买者的利益需求，美国国债价格势必降低，国债收益率必然提高。在通常情形下，美元指数与其国债收益率呈反向运行。然而，2018年4月以来，反向运行关系被打破，美元指数与国债收益率罕见地同步上行。重要的原因是美债收益率要反映通胀预期，国债收益率要跟随通胀而上行，通胀回潮是美债收益率上行的核心驱动力量。2018年，各主要经济体的通胀及预期远比美国温和，在主要国家央行中唯有在美联储加息的情形下，美元指数与美债收益率双双上浮。截至10月上旬，10年期美债收益率已三次升破3.0%的红线，仍不排除再度上涨的可能性。野村证券预测，10年期美债收益率在2018年内将提升到3.25%，到2020年甚至可能会涨至4%左右。摩根大通高管警告称10年期美债收益率未来或许升至5%。高盛集团认为美国预算赤字每增加1个百分点，10年期国债收益率就会上升约20个基点，据此推测到2019年底，10年期国债收益率将上升至3.6%。[①] 这将显著提高美国企业融资成本、居民消费信贷及房贷成本，加剧金融市场对美元指数与美债收益率上涨的担忧。

在发达经济体货币量化宽松期间，新兴市场国家为刺激经济发展，大举借入外债资金，导致负债率、偿债率高昂。据国际金融协会估算，2017年新兴市场持有的美元债务达到创纪录的6.3万亿美元。[②] 美元指数和美债收益率上行产生的外溢影响使新兴市场货币和股市表现疲软，资本外流，以美元计价债务的融资成本上升。新兴市场国家的央行被迫抛售外汇储备或美国国债予以干预，使美元外汇储备减少，美债收益率和美元指数进一步上涨。这种恶性循环造成新兴经济体的金融市场动荡与不安。鲍威尔公开宣称只有美联储能够真正减缓或者逆转美元与美债收益率上涨态势，缓解新兴市场货币压力。但美联储不能过于担心货币政策的外溢效应，为帮助新兴市场摆脱困境，而偏离自己收紧政策的路线，美联储货币政策对全球金融市场环境的影响“不应被夸大”，发达国家央行收紧货币政策的风险对新兴市场来说是可控的。[③] 然而，对一些新兴市场国家来说，美联储货币政策趋紧变化产生的冲击波并不小，难言可控。根据国际金融协会2018年6月25日发布的报告，自4月以来，美国的股票基金吸引了400亿美元流入，债券基金吸引

---

① 美国财政部2018年8月10日发布的公告：从2017年10月到2018年7月，美国预算赤字增加21%，达到6840亿美元。美国国会预算办公室预计到2020年联邦预算赤字将超过1万亿美元。

② “美元大涨，新兴市场战栗”，美国《华尔街日报》网站，2018年5月2日。

③ 路透社电，2018年5月11日。

了80亿美元。全球的股票和债券基金配置中美元资产达到了58%，为2016年以来新高。2018年上半年，亚洲新兴经济体流出的资金约190亿美元，一些国家已经遭受到10年来最严重的资金撤离，造成货币贬值，通胀走高，利率上调，经济下行，驱使多个新兴市场国家央行或明或暗地进行干预。2018年底前，新兴市场国家资产步入企稳，甚至部分资产开始大幅回升，但面临的内外环境尚未根本改善。IMF总裁拉加德警告说，高达1000亿美元的资产正在准备从新兴市场撤出。这些状况虽然暂时不会造成新兴市场群体性大面积的系统性金融风险，但却是爆发金融动荡和金融危机的前瞻性信号。美联储经济学家认为美联储加息的外溢效应上涨，美元利率上升100个基点，新兴经济体的GDP三年后将被拉低0.8个百分点。从历史上看，新兴市场金融动荡和危机往往发生在美元指数上升时期。新兴市场国家需要高度警惕美元指数和美债收益率的走势，即使是美元指数出现大幅上涨的概率有限，但对全球流动性的冲击仍不容忽视。当务之急是在新兴市场尚未形成资金外流和货币贬值趋势性变化之前，切实做好防范工作。

三、“鲍威尔时代”美联储面临众多“两难选择”

在2018年8月召开的杰克逊霍尔央行行长年会期间，各国央行的关注点焦聚鲍威尔对全球经济和美国经济、贸易战、美联储加息与“缩表”、美联储货币正常化是否会受到压力等问题的表态上。央行行长们普遍认为，如果美国经济持续扩张，通胀回升过速，美联储势将加快利率上调和缩减资产负债表进程，鲍威尔将面临众多“两难选择”。

（一）维持经济增长与金融稳定之间的平衡

美国经济已持续复苏了近8年，有可能成为美国历史上持续时间第二长的经济复苏期。奥巴马时期，美国经济年均增长率为2.1%—2.2%，略低于当时的潜在增长率。特朗普总统重短期业绩，太想在其任期内把美国经济搞得比奥巴马要好，把经济增长的“预期值”定得太高，曾宣称年均经济增长率将超出4%，甚至宣称实施减税政策可使经济增长率达5%乃至6%。然而，美国劳动生产率和全要素生产率现状，决定了美国经济难以实现3%—4%的年均增长率。美国政府宣布此后几年美国年均经济增长率为3%左右。伯南克、耶伦和鲍威尔都认为当前美国经济形势不错，圣路易斯联邦银行的詹姆斯·布拉德说，他和其他美联储成员关注的问题是如何能使美国目前的经济状况再持续至少5年，并认为“衰退并非不可避免”。但如果经济增长过高、过热，美联储势必会以加息抑制通货膨胀和经济增长。特朗普作为总统控制不了利率，利率政策是由美联储制定和控制的。特朗普总统对美联储持续加息已多次公开表示“不高兴”，不想让美联储加息破坏了“特朗普景气”，包括阻碍经济和股市繁荣，乃至影响总统连任。面对来自特朗普总统的压力，在2018年9月美联储第三次加息后，鲍威尔依然表示美联储加息不会考虑政治因素的影响，并重申长期而言，贸易摩擦不利于美国经济。

伴随着经济复苏扩张，美联储关注的失业率从金融危机期间的双位数已下降至3.7%或更低，就业市场趋于紧张。美联储加息与“缩表”提高了短期和长期利率，美债收益率攀升意味着市场长期利率上升。一旦长期利率过快增长，将会导致股市和楼市泡沫破裂。截至2018年12月3日，3年期、5年期美国国债收益率已出现“倒挂”，2年期、10年期美国国债收益率的差距已缩小至略高于15个基点。历史经验表明，长短期国债收益率曲线“倒挂”是美国经济增长减速或陷入衰退的前瞻性信号。

有学者认为股市等风险资产以及原油价格同美元负关联性有所减弱，美联储持续加息，甚至提高加息幅度，都未必会引发金融市场动荡。然而，有学者则提醒由于主要经济体的经济形势转好，居民收入状况改善，家庭消费意愿增长，以原油为主的大宗商品价格回暖等，会驱动各主要经济体的通胀上升，逐渐开启全球再通胀周期，各国央行势将加大收紧货币政策力度。[①] 在基准利率和债券收益率结构性走高的时代不会没有风险，金融市场将显现出更高的波动性。鉴于经济增长与通胀通常存在滞后性，“后金融危机时期”的产出缺口的弥补，以及特朗普政府国内经济举措的实施，将主要依靠扩大财政支出，从而导致通胀状况生变。鲍威尔或许不会忘记1979年美国通胀飙升引发的美国经济衰退的教训，可能提前做好应对通胀及通胀预期突然上升造成的全球货币政策紧缩以及全球债券收益率攀升的准备。未来债市风险将主要取决于金融市场如何应对愈益增高的借贷成本。如何在维持经济持续增长和确保金融稳定之间求得平衡，将成为鲍威尔必须处理和解决的问题。

① 欧洲和日本在经济基本面和货币政策上具有相似性，声称维持货币政策不变，但伴随经济回暖及通胀回升，宽松货币政策将逐渐进入尾声。

（二）谨慎把握加息频率与加息幅度，避免经济大起大落

特朗普政府推出的财政刺激政策、依然较为宽松的货币政策，增加了经济过热的风险。如果美联储不依据经济数据变化加快加息和“缩表”进程，那么美国将进入“泡沫化”时期，再想紧缩就会进退两难，容易刺破泡沫，引发新危机。鲍威尔及他的前任耶伦都曾说过，加息过慢将导致高通胀或金融市场无节制，美联储最终被迫大幅收紧货币政策，造成美国经济大起大落，破坏经济扩张势头，而加息过快，经济可能会走软，增加通胀率一直低于2%目标的风险。鲍威尔在发布的一份证词中指出，在衡量未来几年货币政策的适当路径时，联邦公开市场委员会将会继续在避免经济过热和通胀保持上涨至2%之间取得平衡。[①]

美联储货币政策正常化进程是慢了还是快了？各方观点不尽一致。美国企业研究所所长德斯蒙德·拉赫曼认为“美联储加息节奏已经滞后了”，而美国彼得森国际经济研究所高级研究员约瑟夫·加尼翁则表示：“美联储尚在等待经济过热的明显信号。”面对不同意见，鲍威尔言称美联储货币政策将会保持延续性，渐进加息是美联储的最佳选择，市场没有必要对加息节奏做出过激反应，美国经济走软或走涨的风险“大致平衡”。如果经济长期处于超出潜力运行的状态，导致通胀压力加剧或者金融失衡，最终引起经济严重滑坡，美联储就会放缓甚至终止刺激政策。如何保持适度的加息节奏与维护美国经济利好势头是鲍威尔面临的重要挑战。

---

① 美联储网站，2018年2月27日。

（三）运用政策工具应对新危机的到来

经济和金融具有周期性。2008年美国金融危机迅速演化为全球金融危机，造成世界经济大衰退，国际贸易大幅萎缩。2010年世界经济复苏，步入“后金融危机时期”。2017年多数国家经济表现良好，全球经济提速扩张。然而，2018年以来，世界经济出现了从同步发展走向发展分化的现象，欧元区、英国、日本和韩国等经济增速放缓，货币政策调整力度受到影响，阿根廷和土耳其等新兴市场国家面临资本大量外流及本国货币急剧贬值的冲击，全球金融市场的波动性明显加剧。特别是美国挑起的贸易摩擦抑制了世界经济扩张的势头。

在过去10年，世界经济经历了“危机—衰退—复苏—扩张”的周期。美国经济运行轨迹亦遵循“危机—衰退—复苏—扩张”的路径。当下，越来越多的机构和经济学家认为世界经济增长已经在2017年“触顶”。世界经济抑或美国经济扩张繁荣，意味着起始于2008年的经济周期已进入尾部，或许即将步入新的经济周期。在特朗普挑起贸易摩擦的情形下，新危机、新周期可能比人们料想的更早到来。问题是鲍威尔和美联储是否拥有足够的政策工具去应对新一轮危机和经济衰退。美联储和欧洲央行都曾誓言一旦经济形势发生逆转，它们将放弃收紧的货币政策，重返量化宽松，实施低利率政策。但不管是传统利率调节工具，还是量化宽松的非常规货币政策工具，美联储可运用的空间都不是很大。前美联储主席伯南克和前美国财政部长盖特纳、保尔森共同讨论了如何应对下场金融危机问题，联合撰写的报告指出，“一场金融危机即便现在不太可能爆发，但终究还是会发生。因此，财政部和金融监管机构需要有足够的灭火工具”。[1] 然而，美国债务上升、政治分歧加重、国际合作意愿降低，这些都将弱化美国应对下一场危机的能力。本轮经济和金融周期将以何种方式结涨，下一波危机的导火线是什么以及在何时、何处发生，都是值得关注和研究的问题。

中国作为最大的发展中国家，应高度重视“鲍威尔时代”美联储收紧货币政策的外溢效应。在金融领域，我国同美国存在的问题不尽相同。美联储货币政策正常化，旨在去杠杆，美国家庭杠杆率从2007年底的98.5%下降到2014年底的80.2%。银行体系和金融体系亦较为稳健。在2018年6月间，美联储对占所有在美国经营银行总资产规模80%的35家大型银行，进行了两轮最为严苛的压力测试，其结果全部过关，这意味着美国银行业能够在经济不景气的情况下，维持足够的资本金，满足监管者的需求。尽管如此，美国金融市场依然存在不可低估的风险，包括对冲基金杠杆增加，非金融机构的杠杆率上升，资产泡沫不断积累等。鲍威尔强调“货币政策既要关注通胀，也要关注资产价格，必须对金融失衡和通胀上升保持警惕”。过去美联储主要关注就业和物价，而对金融资产价格采取观望态度。鲍威尔关注点的变化，使市场认定鲍威尔的加息举措，不仅旨在抑制通胀，也是为了抑制金融资产价格，防范金融体系风险的不断积累。

当前，中国地方债务、家庭债务、企业债务占GDP的比重较高，引起中央高度重视，要求金融部门、企业和家庭都要去杠杆，降低杠杆率，打好防控金融风险，包括防控地方政府债务，特别是地方政府的隐性债务风险的攻坚战，严防发生系统

① 【美】伯南克、盖特纳、保尔森：“应对下一场金融危机，我们需要怎样做”，美国《纽约时报》网站，2018 年 9 月 10 日。

性金融风险。由于中央明确了防控金融风险的方向和方式，明确了防范金融风险的具体任务，加上中国外汇储备充裕，储蓄余额达20多万亿元人民币，因而能够确保不发生系统性金融风险，促使宏观经济在中高速区间平稳运行。

然而，我们亦应看到未来几年，中国面临的外部环境较为严峻，风险点较多，包括美联储率先结束资产购买计划，从2017年10月开始既加息又缩表，加速推动货币正常化进程，最终将放弃刺激政策。继美联储之后，欧洲央行和日本央行不同程度地缩减资产购买规模，英国、加拿大、韩国、印度等央行先后启动加息程序。全球货币政策正逐渐由宽松走向紧缩的途中，其溢出效应将加大我国货币政策操作的难度；特朗普总统签署的减税和就业法案，以及在国情咨文中把中国和俄罗斯定位于“美国的利益、经济和价值观的竞争对手”，对中国挑起大规模的贸易摩擦，等等，都将对中国经济和金融稳定产生负面影响。

由于金融部门控杠杆取得阶段性成效，中国人民银行发布的2018年第一季度《中国货币政策执行报告》将下一阶段货币政策的主要思路从“稳增长、去杠杆、防风险”调整为“稳增长、调结构、防风险”。“调结构”替代“去杠杆”意味着实行结构性去杠杆，而非全面去杠杆将成为未来一段时期去杠杆的主要关注点，要分部门、分债务类型提出不同要求，地方政府和企业特别是国有企业要尽快把杠杆率降下来，努力实现宏观杠杆率稳定和逐步下降，把握好稳增长与防风险的边界均衡。

然而，“鲍威尔时代”美联储未来货币政策取向，尚具有不确定性，包括特朗普总统对美联储缺位人员的选择性安排，是否会影响到美联储的行事原则？美联储利用货币政策抑制通胀和经济增长，会不会引起特朗普总统进一步发难，最终动摇美联储的独立性和非政治性？宽松货币支撑了股市繁荣，带来家庭财富效应，一旦结涨廉价货币投放周期，是否会出现大萧条时代救市政策不足或不到位的状况？这些状况在短期内都难以确定。如果上述不确定性最终变为现实性，那么就势必对美国经济、全球经济和国际金融体系造成严重冲击。如何防止外部风险的传染，是对包括我国在内的各国货币当局的一个重大考验，绝不可掉以轻心。

俄罗斯外交战略走势纵观

俞 邃[①]

内容提要： 普京历来以坚定灵活方式应对外部世界见长。俄罗斯2018年外交战略及其走势，体现为信守初衷、秉持原则、弘扬特色和应对变局。俄罗斯多方位外交的基础一是国家利益原则，这与俄罗斯作为欧亚大国的地缘因素有关；二是对世界多极化的认识，这与俄罗斯自身在当今世界中的定位构想有关。俄罗斯未来对外战略，旨在优化外部环境，妥善处理与周边国家关系、大国关系和地区热点问题，并在国际多边组织中提升自身的作用。

关键词： 俄罗斯 战略 外交

2018年5月普京进入了为时6年的他本人第四次总统任期。俄罗斯的内外政策尤其是对外战略备受关注。对外战略建立在国情及国际处境的基础之上，具有长期性、全局性、多维性和相对稳定性的特点。普京历来以坚定灵活方式应对外部世界见长，他的对外战略经过了当政18年的磨炼与考验。2018年俄罗斯外交战略及其走势，体现为信守初衷、秉持原则、弘扬特色

---

① 作者系中国国际问题研究基金会高级研究员、国际自然和社会科学院院士。

和应对变局四个方面。

一、信守初衷

对外战略服务于国内发展战略的需要，这对俄罗斯来说亦不例外。普京不仅对此予以确认，而且直到2018年，总是一以贯之地践行。

普京19年前上台之初，曾发表过一篇引起轰动的纲领性文章，题为《千年之交的俄罗斯》。该文加上他后来不同时期的国情咨文、对选民讲话以及答记者问等，展示了俄罗斯对外战略的宗旨与内涵。

概言之：其一，他认为俄罗斯不属于代表当代世界最高经济和社会发展水平的国家，称大概这是俄罗斯近二三百年来首次真正面临沦为世界二流国家，抑或三流国家的危险。其二，他将国家、民族利益作为一切方针政策的立足点和出发点。为此，需要弘扬俄罗斯思想和价值观，包括爱国主义、强国意识、国家作用和社会团结。其三，内部的目标高于外部的目标，他认为俄罗斯在世界上的地位直接取决于能否顺利解决国内问题。普京说，如果某些国际方案对俄公民没有好处，那么无论听起来多么响亮，多么动听，俄罗斯也不应该参与。其四，要建立适合俄罗斯国情的发展模式，绝对不走西方的发展道路，俄罗斯不能成为美国或英国的翻版。普京批评照搬“外国课本上抽象模式和公式”付出代价太大，强调“机械照抄别国的经验是没有用的”。其五，俄罗斯的外交政策是同安全战略联系在一起的。他将国内安全、周边安全和国际大环境安全结合起来，通过修改安全战略和军事学说，带动外交政策的调整，提高核遏制潜力，捍卫国家主权，维护民族尊严，增强大国地位。普京要求建立符合俄国家利益的国际关系，承担与国力相称的国际义务。其六，他反对单极世界，推进多极化以建立多极世界。

以上6个方面，堪称构成普京对外战略的初衷，他至今一直坚定地信守。

2018年5月31日普京在接受中国中央广播电视总台台长采访时，再次表明了不忘初衷。他说："作为一个坚持国际法原则、尊重伙伴利益的国家，我们自然同时也会确保自身利益，我们会重点关注我们在国际舞台上的地位。"他在回答西方制裁问题时又说："我寄希望于积极良好的关系。但是对目前的什么限制，还有制裁，我们并不觉得惊讶，这也吓不着我们，也永远不会让我们放弃独立和主权……我们明白，西方国家正试图通过这些限制和制裁达到一个目的，那就是遏制我们的发展。"

普京对外战略的初衷，源于他的治国方略。普京当选第一任总统时，其治国方略可归纳为以下10点：以国家利益为核心，以强国富民为使命，以经济发展为前提，以民族精神为动力，以强有力政权为依托，以团结全社会为手段，以历史教训为鉴镜，以选择适合本国国情道路为方向，以创造良好外部环境为条件，以重振大国地位为目标。

二、秉持原则

俄罗斯对外战略体现为多方位外交。多方位外交基于两点，一是国家利益原则，这与俄罗斯作为一个欧亚大国的地缘因素有关；二是对世界多极化的认识，这与俄罗斯自身在当今世界中的定位构想有关。

俄罗斯自宣告独立以来，其外交经历了从“一边倒”向多方位转变的过程。随后，普京将多方位外交进一步提升到“平衡性”原则高度加以运作。其结构态势大致为：其一，俄罗斯与独联体其他成员国的关系在其外交蓝图中的地位最为凸显，俄罗斯将其看作是“外交中的内政，内政中的外交”。其二，在对美国和西欧的关系中，排序作了调整，将西欧放在了美国前头。其三，对于亚太地区特别是对于中国、印度、日本、朝鲜半岛和东盟国家来说，俄罗斯外交地位大为提升。其四，对非洲和拉美国家的外交也有重点地扩大，手段更趋灵活。

进一步说，平衡性本身还分为若干层次。在全球实行欧亚平衡，在西方实行欧美平衡，在亚洲实行中国、印度平衡，在朝鲜半岛实行韩国、朝鲜平衡，等等。不过，从具体运作来看，这种平衡的某些环节仍有相对性。例如欧亚相比，欧洲排序毕竟在前，这也就是普京所说的俄罗斯作为一个欧亚大国，首先是一个欧洲文明国家的缘故。但后来亚洲的分量加重了。

外交政策平衡性是由俄罗斯进入新转折时期的国家利益决定的。利益平衡性决定了政策平衡性。俄罗斯力图振兴，首先着眼于把经济搞上去，要求有一个可靠的安全环境，为此必须面向世界，着眼全局，而不能再像以往那样外交仅仅瞄准某些国家。

在世界多极化和经济全球化背景下，俄罗斯面对外来压力，出于平衡性的需要，既要斗争又得妥协。以美国为首的西方国家，对俄罗斯采取弱化其综合国力、挤压其战略空间的方针，迫使大国自尊心极强的俄罗斯领导人普京非坚决抵制不可。另一方面，俄罗斯要从衰落中崛起，又必须创造良好的外部环境，特别是要从西方发达国家引进资金。这种矛盾状况和复杂心理，决定了普京在同美国等西方大国打交道中，一直采取软硬结合的两手对策。

有媒体说，自从2014年乌克兰危机发生之后，在西方频频对俄罗斯制裁施压的情况下，俄罗斯的外交完全转向了东方。此说难免有失偏颇。俄罗斯作为一个欧亚大国，不会放弃多方位外交。俄罗斯的确存在一个亚太战略，这在2013年普京总统致联邦会议的国情咨文中说得很明白：“我相信，俄罗斯转向太平洋和我们远东地区的迅猛发展，不仅为我们的经济提供很多机遇和新天地，还为贯彻积极的对外政策提供了新的手段。”① 俄罗斯一个时期的外交重点转向东方，色彩比较浓厚，但不会脱离“平衡性”指导原则。不能把它与西方经济关系的恶化说得过于绝对。

三、弘扬特色

普京一贯坚守国家利益原则，激发民族团结精神，其外交必然具有强烈的自主个性。面对经济全球化热浪，尤其是经受美国单边主义冲击，俄罗斯处于弱势地位，在外交中有时不能不带有某种妥协色彩，但绝对不容损害其国家核心利益。

务实性是普京外交的最大特色。务实，也就是从实际出发，因而显得比较灵活。如普京上任伊始所言，俄罗斯处于最困难的一个历史时期，境遇如此，外交怎么办？当时，在普京

---

① 【俄】普京：《普京文集（2012—2014）》，世界知识出版社、华东师范大学出版社，2014 年，第 520 页。

授意下，俄罗斯政策咨询机构——外交与国防政策委员会撰写了一篇关于俄罗斯战略的长篇报告。其中“俄罗斯对外政策面临21世纪的挑战”章节，提出要确立符合俄罗斯利益和力量的外交战略，采取有选择地参与国际事务的新战略构想。该报告蕴涵的韬光养晦原则和随着国际形势变化从适当战略收缩到采取战略攻势的演变，可以从后来俄罗斯的一系列外交实践中得到验证。

普京外交的务实性，植根于国家发展战略。他认为，俄罗斯在国际舞台上的威望以及俄罗斯国内的政治与经济形势，都取决于在多大程度上文明而有效地利用自己的外交资源。更为重要的是，普京巧妙地将俄罗斯国内存在的三种主要思潮——自由主义、社会主义和民族主义，加以融合和取舍，有选择、有侧重地运用于经济、政治和外交领域。

普京外交的又一特色是兼容性。这同样是出于国家利益的需要，也是国际形势发展变化使然。改善对美关系无疑是俄外交最重要的也是最棘手的任务。美国为防范俄罗斯崛起，成为又一个苏联，对其采取了既利用又限制的政策。普京的应对办法是“坚决地但是决不发生对抗地维护自己的利益”。基于外交随机应变，俄美元首曾签署《俄美关于削减进攻性战略力量条约》《俄美新战略关系联合宣言》等系列文件，俄罗斯还与北约一度形成了北约20国机制。美国则在车臣问题上减少对俄干涉，承认俄罗斯是市场经济国家。后来，俄罗斯还加强了与伊朗、伊拉克和朝鲜的合作。俄罗斯先后采用的这些做法，既不倒向美国，也不对抗美国，而是由维护自身国家利益的外交兼容性所驱使。这些做法颇得美国现任总统特朗普的认可。

此外，俄罗斯与美国合作反恐，并非仅仅因为发生了

“9·11事件”。在此之前，普京已产生反恐国际联合的构想。2001年1月26日他在俄外交部讲话中曾经指出，俄罗斯遇上一系列的尖锐问题，“特别是国际恐怖主义和任何流派的原教旨主义的危险”。他预言一个恐怖主义的“国际”正在形成，后来“伊斯兰国”果然成为现实。最近几年俄罗斯在叙利亚针对“伊斯兰国”采取的果断行动，影响力超越了美国，大大提升了自身的国际声望。

俄罗斯外交又一个特点是它的隐蔽性。这往往不被人注意。俄罗斯强烈的大国欲望路人皆知，但在舆论宣传中却时有收敛。普京说过，俄罗斯对国际局势施加影响的手段客观上并不是自己所希望拥有的那么多。怎么办？少说大话，多做实事。这是普京高明之处。他颇为担心自己的国家被世人瞧不起，指出俄罗斯外交方面的中心任务之一是“促进国外积极地看待俄罗斯，而目前这方面的情况远不是很好”。普京一直默默地在奋力兑现上台时的豪言壮语：“唯一现实的选择是做一个强国，做强大而自信的国家”。俄罗斯并不把促进世界多极化挂在嘴边，有人误以为它放弃了多极化构想。其实绝非如此。2018年6月8日俄中联合声明，明确提出要“促进更加公正合理的世界多极秩序的形成”。

四、应对变局

从2018年俄罗斯外交战略可以看出其走势，主要还是优化外部环境，妥善处理与周边国家关系、大国关系和地区热点问题，提升自身在国际多边组织中的作用。

在与周边国家关系中，占首位的是独联体其他成员国。构建新型欧亚联盟为普京孜孜以求。但2014年乌克兰危机后，普京的欧亚联盟总体构想严重受挫。上海合作组织的成功运作，将有助于欧亚经济联盟与“一带一路”的合作与对接。2018年6月8日俄中联合声明指出：“通过共同实施2018年5月17日在阿斯塔纳签署的《中华人民共和国与欧亚经济联盟经贸合作协定》等，继续推进‘一带一路’建设和欧亚经济联盟对接；将在开放、透明和考虑彼此利益的基础上，探讨构建‘欧亚伙伴关系’，促进地区一体化进程。”

俄罗斯面对的大国关系，类型多样，情况复杂。

首先，力求缓和与美国的关系。当初特朗普与普京彼此赞赏，表示亲近，确实各有所求，发自内心。从美国方面来说，进入21世纪以来连连受挫——经受“9·11事件”、为伊拉克战争付出沉重代价、2008年的金融危机冲击更是导致国力下降。在特朗普心目中，这一切并非俄罗斯因素所致，更不是普京的责任，况且俄美贸易额不过200亿美元多一点，冲击不了美国，于是试图致力于与俄罗斯修好，以便联手对付崛起的中国。从俄罗斯方面来说，普京振兴国家的宏图比他预想的进展缓慢。在他看来，重商主义的特朗普上台，对于减缓因乌克兰危机引起的西方经济制裁、改善俄罗斯外部环境不失为一个良机。总之，特朗普提出要让美国再度强大，普京竭力让俄罗斯提升为世界一流大国，都不可能在彼此对抗中实现，这也许是让他们拉近距离的一种共识。但是美国传统的反苏反俄势力容不得特朗普为所欲为。2018年5月25日普京还在为同美国之间的麻烦关系表示惋惜，说俄罗斯想要改善两国间的关系，但是却被围绕着美国总统特朗普的诸多政治争执所连累，甚至可以说是被“挟持为人质”。随着美国2018年10月宣布拟退出《中导条约》，两国关系更趋紧张。

美俄关系中缺少黏合剂，一是诚意，二是互信，三是远见。特朗普在2018年6月加拿大蒙特利尔七国集团（G7）会议期间，又提出要让俄罗斯返回八国集团（G8）。普京深知其人反复无常，并不领情。

回顾冷战结束以来的20多年，俄美既在较量中合作，又在合作中较量。目前俄美关系处于制裁与反制裁的严峻时期。普京2018年5月31日在接受中国中央广播电视总台台长采访时说："我认为，理智终将获胜，所有非法的限制，损害世界经济发展的政策，将逐渐消解。而我们会与所有合作伙伴实现关系正常化，包括与美国，以及其他听命于美国、对我们实施制裁的那些国家。"

俄罗斯非常重视与欧盟的关系。欧盟本身并不是铁板一块。2018年5月德国总理默克尔和法国总统马克龙接踵访俄，谋求改善关系。匈牙利等东欧国家与俄罗斯的关系也有所缓解。美方强征关税引发美欧矛盾激化，这也有助于拉近俄欧关系。

2014年乌克兰危机是引起俄罗斯与欧盟关系紧张的重大起因。这里值得提及一件事。根据俄罗斯和乌克兰1997年签署的《俄罗斯乌克兰暂定黑海舰队地位条约》，俄黑海舰队租用乌克兰塞瓦斯托波尔军港2017年到期。2010年两国又达成协议，将俄罗斯黑海舰队驻地塞瓦斯托波尔军港租用期限延长25年，届时若无争议还可顺延5年。也就是说，那时俄罗斯并没有理由和迹象要拿回1954年赠给乌克兰的克里米亚。2014年基辅广场事件却给俄罗斯提供了机会。美国和西欧一些大国以牺牲乌克兰利益为手段，迫使乌克兰于2018年9月宣布终止《乌俄两国友好合作伙伴关系条约》，从而达到了从根本上破坏普京欧亚联盟构想的目的。

俄罗斯一直注意加强与印度的关系。俄罗斯是中国可靠的全面战略伙伴，与印度也是传统友好国家。面对印度与中国之间存在的领土纠纷，俄罗斯奉行对华对印友好并不得罪任何一方的做法，并且曾发起建立了俄中印三国外长对话机制。同时，俄罗斯竭力遏制印度与美国的关系。这仍将是俄罗斯今后的方针。

俄罗斯也想与日本改善关系。因“北方四岛”（俄称南千岛群岛）的归属问题，双方迟迟未能签署和平条约。“北方四岛”是二战期间由美英提议并经国际协议确定，将其作为惩罚日本侵略者的战利品划归当时苏联的。1956年苏联曾同意将齿舞、色丹两岛退还日本，日本则过去一直坚持连同国后、择捉两岛同时“归还”，如今开始松口可以先拿回齿舞和色丹两岛。但俄罗斯唯恐美国根据《美日安保条约》，在那里建立军事基地，从安全因素考虑未必实现承诺，看来最多也就是在俄罗斯保留主权的前提下实行共同经济开发。俄日今后的相关谈判，可能仍处于胶着状态。

深化俄中关系是俄罗斯的首选。中俄关系之所以能持续发展，基于政治上互信、经济上互补、文化上互通、军事上互动和外交上互商的全面优势。近5年来，习近平与普京会面多达28次，这样的互动频率在国际关系史上实属罕见。2018年6月8日普京再次访华，双方签署了联合声明，将双方关系提升到又一个新高度。

2018年5月31日，普京总统在接受中国中央广播电视总台台长采访时说：“我们作为邻邦，在近几十年来建立了当今世界独一无二的关系。这种关系的确是建立在互利的基础之上。”6月15日，习近平主席在应约与普京总统通话时说：“中俄两国彼此互为牢固稳定依托，相互给予坚定有力支持，维护了两国主权、安全、发展利益，捍卫了地区及世界和平稳定和公平正义。”这里的“独一无二论”和“依托论”，足以说明当今中俄关系堪称不结盟的超盟友关系。

俄罗斯在应对和处理地区热点问题中，无论是充当主角或是配角，都尽量展示其大国地位和世界影响。如在叙利亚，俄罗斯为伸张正义，同时也是要维护自身在中东地区的传统利益，曾投入大量军力，以超越美国的态势打击恐怖主义，数次化解了美国造成的巴沙尔合法政权的危机，有效地保持了该地区局势的相对稳定。今后俄罗斯依然会竭力强化与土耳其、伊朗等国的合作，尽量改善与中东其他各国的关系，保持在叙利亚乃至整个中东地区的主导作用与和平维护者的形象。再如，在朝鲜半岛无核化和《伊朗核协议》问题上，俄罗斯一直是六方会谈的成员国，而且作为联合国常任理事国，拥有特殊的发言权和影响力。俄罗斯将会继续与中国和朝鲜方面协调行动，为维护朝鲜半岛无核化和东北亚地区局势稳定作出贡献。

俄罗斯在国际多边组织如欧亚经济联盟、上海合作组织、金砖国家、二十国集团（ G20 ）中的作用，虽不均衡，但凭借其地缘政治优势和灵活的外交战略，总是随着自身的综合国力增长而不断地得到发挥。

欧盟内外交困局势加剧

邢　骅[①]

内容提要：2018年欧盟内外环境面临的挑战更为严峻。联盟内部不同政治潮流涌动，相互碰撞，激起尖锐矛盾，乃至动乱。欧盟凝聚共识、解决问题能力日趋减弱，重压头顶的一系列难题久议不决，久拖无解。欧盟发展道路更加颠簸，不确定性大增。

关键词：欧盟　内部矛盾　难题　不确定性

欧洲一体化一年来越走越难，主要表现在以下方面：

一、欧盟领头的法、德两国率先陷入纠结、动荡政局

法国总统马克龙执政以“真正、深度改革”为己任，以示告别陈旧传统政治，开辟法国发展新时代。马克龙的改革志高、坚定，接连闯过前任望之却步的困难关口，但也存在不接地气、对低收入草根百姓忽视、得不到社会理解的严重弊端，并且一旦公众反对就动辄斥责，态度傲慢。马克龙上台以来，

① 作者系中国国际问题研究院研究员。

改革步伐如影跟随地积下社会的不满，2018年夏秋以来，不满集中释放，马克龙的民意满意率一路下跌。11月17日，身着开车必备的黄背心的群众上街抗议政府提高燃油费，使他们难以承受。黄背心示威者多为来自法国农村、小城镇的草根百姓，最受社会不平等加剧之苦。他们在上街游行中从对一项政府举措的反对，扩展到全面指控马克龙新政的弊端，带动了全国要求马克龙辞职的抗议高潮。示威者称，不但不满马克龙做“富人总统”，也不满他如“君主专制”那样对待百姓。如此，黄背心运动获取了社会相当同情，保持了比较坚挺的动员力，一连组织了极具震撼力的四轮示威。一些极端分子借群众激愤之机施展暴力，直捣巴黎市中心大道和凯旋门等标志性建筑，封锁全国多地交通要点，搞打砸抢。数万名军警不得不上街维持秩序，对示威者施放催泪弹，打开高压水龙头，国家安全风险度上升。法国有舆论称，黄背心运动对政府治理的挑战宛如一次“政变”，而其激烈程度则好像一次“起义”。一时间，黄背心运动成为马克龙执政以来最难对付的民间抗议力量。12月10日在形势益发吃紧压力下，马克龙发表讲话出面应对，他宣布了提高最低薪金、减轻部分退休者交税负担、要求企业主年底发放奖金等惠民政策，并表示理解低收入者生活困苦。但之前席卷全国的抗议运动已经提出更多、更有根本性的诉求，并且工人、教师、学生也有意参加抗议行动。马克龙的善意求稳用心与公众要求有距离，奏效微末。长期展望，经受冲击的马克龙对执政中的弊端没有足够自省，改革续进涉及更难命题时会有更多坎坷，5年执政中余下时间的政局不确定性将会加强。

2018年德国议会选举，联合执政的右、左两大传统政党遭受重挫，在野的民粹主义的选择党首次进入议会，政治力量对比发生拐点。同时，右翼执政联盟丧失议会绝对多数与领衔组阁资格，讨求其他党派联合执政又谈不拢条件，最终还是社民党决定继续留在左右翼联合政权内，才解救了德国罕见的长时间无政府的尴尬局面，但已四次出任总理，被誉为政坛常青树的默克尔的政治根基已被撼动，并随后连遭打击：右翼联盟内部，基社党与默克尔难民政策的争议激化、地方选举中执政党几度大败、中小党派分割政治阵地、极端主义党派势力上升、政策取决显示碎片化。默克尔已被层层剥落的执政信心终归乌有，决定开始退出政坛程序。何人替代这位具有非凡能力的政治家，挑起维持本国经济增长、政治稳定、在欧盟甚至世界范围发挥核心与重要作用的重担，形成一个大问号。

二、欧盟建设受反一体化、反全球化潮流冲击，进展滞阻

（一）民粹主义强势进入欧洲政治

全球化的竞争内涵在众多欧洲国家扩大了贫富差距，激发了中下层不满。欧洲大陆蔓延着对本国及欧盟的掌权者与传统建制的失望与愤慨，认定他们只是效劳于精英、富人。反对欧洲一体化、反对全球化的潮流得到催发。强调捍卫群众眼前、可见利益，拒绝理性、长远考虑，也拒绝被欧盟掌控的民粹主义更有市场，在欧洲更深入影响各国政治。欧洲从西到东，从北到南的不少国家内，极端、民粹主义党派已经在议会、政府取得参政位置，扩大了影响力，不少国家政策被迫向民粹主义倾斜。而在欧洲大国意大利，民粹主义的北方联盟联合极左的五星运动组织了可谓系统反建制的中央政府。

（二）各国社会不稳定状态突起

欧洲国家适应发展需求，既要提高经济增长率，又需照顾社会福利的改革更难双向兼顾，更为步履维艰，执政成绩大都乏善可陈，群众抗议风潮频发。在法国，紧盯自己的钱包变小、购买力下降的众多百姓，将积累的愤怒化为极具震撼力的抗议运动更为典型。另外，关系到维护本国利益的难民政策也日益分裂社会认同，德国、意大利、比利时等国就此问题的对立意见引发街头暴力冲突，扰乱社会秩序。

（三）欧盟内部离心倾向严重

在欧盟极需集体决策应对的难题上，不同利益与主张的分歧僵化，几成死局。首先，欧盟发展大计不得共同认识。马克龙提出的全面重塑欧洲，2040年赶超美国和中国的长远倡议被视为空想，未得置理。他建议的增加欧元区权威、设立共同预算及互助基金等主张，亦遭到很多质疑，一些国家也反对平均主义做法。德国坚守自身经济政策，实际也不赞同，法德轴心不起作用。意大利坚持本国预算，枉顾欧盟财政纪律，与欧盟争吵不休。

造成联盟分裂的另一个难解纠结是欧洲难民问题。2018年以来欧洲难民数量虽减，但产生的压力更重。处于难民新登岸路线前沿的意大利新政府对难民处理大变脸，急切要求减少初登岸国家负担，同时坚决拒绝难民上岸，载满难民的船只在波涛汹涌的地中海上没有去处，多次失事，人道主义灾难屡屡发生。应对设想方案所涉及的修改《都柏林协议》、在欧洲各国设立过渡收留中心、统一对难民的审查、遣返等措施碍于有关国家各有打算，皆难落实。欧盟援助难民来源国家以切断逃难动力，以及眼前的加强护卫边境力量一时都不得明显效果。难民问题在欧盟内讨论最多，但也最难拉近不同意见间距离，联盟自顾自、相互指责倾向反而凸显。各国为拦堵难民普遍加强边境严管措施，关门自守，促进盟内流通的《申根协定》近似废除。

（四）各党派纵横捭阖，竞争政治权力

四年一度的欧盟议会选举于2018年5月举行，同时也已完成欧盟领导人改选，对欧洲未来政治生态塑造非常重要。各党派皆召开代表大会重整党纲，推出领导人，摩拳擦掌用心准备。在当前各种政治势力横流情况下，支持欧盟的中右人民党和中左的社会党两大政党，能否稳住议会中主流地位，抵制反欧、疑欧政治党派影响，保证议会大方向不变，很值得注意。马克龙积极活动，意图拉住荷兰、比利时、卢森堡等所谓“进步主义主张”国家，巩固法德轴心，声称对峙以意大利为代表的“狭隘民族主义”和以匈牙利为代表的“非自由民主”，积极促进欧盟建设。由于马克龙领导的执政党——共和前进党新近建立，在议会中没有根底，在马克龙国内政治受到严重挫折时，上届选举中极右翼的国民阵线在法国各政党中夺得席位最多的非常局面可能再现，不利于议会把握住支持欧盟的大局以及马克龙促推欧盟发挥积极作用。

（五）欧盟对东欧成员进行整肃，东西矛盾发展

欧盟东部成员虽在入盟前按欧盟标准进行了彻底改造，但入盟后不仅在国家治理领域的多方面仍未达到欧盟要求，并且不听欧盟指挥，抵制按联盟下达的份额接受难民。波兰、匈牙利进而抗拒欧盟及一些国家对其内政的命令式干涉，双方关系

紧张。加之，东欧成员又成立次地区维谢格拉德集团，另立山头，自有主张，更显对欧盟争自主倾向。欧盟为在全联盟压制离心倾向，首先要对东部后进成员下重手，威胁对波、匈两国动用制裁措施，力逼它们“纠正”“背离欧盟价值观和法制的错误”，并且不断敲打罗马尼亚、保加利亚两国施政弊端，将它们排斥在《申根协定》之外。被整顿国家心存不满，反对成为联盟“二等公民”，与欧盟总部及一些大国隔阂加重。

三、美国特朗普单边主义伤害欧洲主权，应对艰难

特朗普的美国第一、极具侵略性的单边主义对欧盟政治、经济、外交乃至安全造成严重威胁。

在有关欧洲重大利益、关切问题上，特朗普视欧洲地位与意见为无物，不与欧洲盟友通气、协商，尤其当事关欧洲安全时，特朗普不顾欧洲视之如圭臬的“欧洲事欧洲人管”的根本原则，单方面决定撕毁《中导条约》，会使欧洲在冷战时代沦为美苏核武器相争牺牲品的噩梦重返；美国动员盟友在欧洲大力加强对俄罗斯日趋近距离的备战，使欧洲安全风险节节上升，而欧洲在大西洋联盟中除了需增加在北约开支中的分摊，并无实质话语权，与俄罗斯关系只剩下强烈对抗而没有其他选择。不但如此，特朗普还总催促欧洲对俄罗斯再加强硬，时而批评德俄经济合作、对俄制裁不严。

美国发起对欧洲的贸易战，对欧洲毫不因盟友而有照顾，并且将矛头对准作为欧洲支柱的德国，直到默克尔总理本人，损害欧洲重大利益，意图剥夺欧洲维系其国际地位的基本保障。

在外交上，美国肆意推行单边主义，扰乱欧洲国际治理的

安排，阻拦欧洲提倡的多边主义。

美国贬低、看衰欧盟，对欧洲一体化吹冷风。美国支持英国脱欧、法国频发群众抗议，特朗普幸灾乐祸，借机指责法国政府的不是。美国政治家还到布鲁塞尔公开汇集、鼓动欧洲右翼势力在欧盟内闹事。美欧矛盾激化到相互定位不清，欧洲极度愤慨，惊呼美国已不把欧洲当作战略伙伴，欧洲难有更坏的朋友。但是，欧洲应对美欧矛盾还有两难，主要是与美国联盟仍为欧洲所需。默克尔的内部讲话称，“在世界各种力量兴起时，需要巩固大西洋联盟”，因此，为抵制美国单边主义，法、德等国呼吁的欧洲战略自主还有限度，一旦特朗普为欧洲推出战略自主勃然大怒，默克尔、马克龙就得立刻解释，这一防务合作不过是北约的补充。并且欧洲内部对美政策也有难解分歧，对美真正的独立自主的欧洲防务联合不能想象。

四、欧盟未来的发展

2018年欧洲一体化的困难加剧，进一步表明欧洲一体化赖以生存和前行的一致性与多样性平衡难以实现，这是因为联盟已从发展水平与政治追求相差无几的6国扩员到利益与主张大为多元化的28国，联盟底盘发生历史性的变化。同时，国际形势演变既给予欧盟显示能力与影响的机会，也提出严峻挑战，而各成员国对形势变化的认识、应对不同。欧盟虽多方力图凝聚成员团结，但离心力常常高过向心力趋势未得纠正，国家概念重新在联盟成员关系中加强，以邻为壑事态出现。

与此同时，也应客观估计具有半个多世纪奋斗经历磨炼的欧洲一体化还有克服困难、保持联盟大局的经验和能力。就

2018年而言，在环境保护、防务领域等方面的合作也有亮点。可以相信，未来几年，欧盟所处逆境难有较大转换，但仍会在国际关系中维系举足轻重的作用，一体化在一些具体领域会有新进展。努力保持中欧关系健康、稳定发展仍为我国外交一大课题。

政局风云变幻　欧盟将向何方

杨成绪[①]

内容提要：近年来，欧盟国家大党在大选中屡屡受挫。近百年来，中左或中右大党轮流执政的政治格局正在发生深刻变化。法国和意大利大党已不再执政。德国的两大传统政党在2017年大选中支持率均跌至历史最低点。本文对这些现象进行了剖解，阐明其产生的根源和今后的发展前景。

关键词：欧洲大党影响下降　大国博弈剧烈　欧盟内部矛盾加剧　民粹派兴起

2016年底美国总统大选，特朗普意外获胜，入主白宫，成为世界政治中第一只飞翔上天的“黑天鹅”。过去两年多，由28个国家组成的欧盟面临最为严重的挑战。它和美国剑拔弩张，和俄罗斯之间的棘手问题始终未能缓解，而英国脱欧，民粹主义得势，难民移民问题难解，经济不振，失业问题日趋严重，债务问题无法解决。这种种问题日益困扰着欧盟各国。而最引人注目的莫过于百年以来欧洲各国政治生态发生的根本性变化。

① 作者系中国国际问题研究基金会高级研究员、前驻奥地利大使。

一、传统大党影响下降，在选举中受挫

欧洲大国左右倾大党轮流执政，几乎成为固定不变的政治格局。然而近年来，欧盟各国大选中，往往大党受挫，中小政党兴起，民粹派日益征得民心。自从2008年美国金融危机和继之而来的南欧国家西班牙、葡萄牙、希腊和意大利等先后陷入主权债务危机，在这些国家的大选中，传统大党支持率大跌，成为一股不可逆转的潮流。

2017年德国大选中，基民盟、基社盟（基民盟、基社盟联合组成联盟党，以下简称联盟党，）获票30.9%，仅仅略高于1949年的30%的支持率，可以说跌到了最低点，而社民党在这次大选中获得的支持率仅为20.5%，创造了历史最低纪录。这两大政党在战后大体上保持了40%的支持率。联盟党在1957年大选中，支持率为50%。1972年的大选中，社民党则取得了45.2%的支持率，为两党历史上取得的最高支持率的纪录。继2017年德国大选后，两党的支持率继续下滑。根据2018年11月底德国电视一台的民意测验，联盟党的支持率为24.5%，社民党更是下滑到13.5%。绿党上升到第二大党，支持率达到19%。选择党的支持率为16.5%。

与此同时在欧洲其他大国大选中，多数大党受到严重挫折。2017年法国大选中，传统上保守的戴高乐派和中左的社会党首轮即纷纷落选。执政的社会党总统弗朗索瓦·奥朗德事先以政绩不佳，宣布不参加大选。中右翼共和党的弗朗索瓦·费永在竞选初期取得较高的支持率，但最后被揭露有吃“空饷”的非法行为而受挫。标榜为非左非右，建立新党的马克龙在

第一轮选举中胜出，在第二轮选举中挫败极右翼候选人马丽娜·勒庞，当选为法国总统。

意大利政治变动和德法两国有很大的不同。战后较长时间，意大利基督教天主党和社会党两大中左中右政党轮流执政，政局不稳，选举不断，但实际上，始终是中左中右大党组成政府执政，而近年来，这一现象逐渐趋于弱化。

2018年3月，意大利大选落下帷幕，民粹派的“五星运动党”以接近三分之一的支持率成为最大的政党。这个小党最终和疑欧派的“北方运动党”联合组阁，这在欧洲大国中首开小党和民粹派执政的先例。“五星运动党”是以关心国计民生而吸引民众支持，而“北方运动党”则是坚决反欧盟反难民反移民的极右势力。

2018年瑞典大选，斯特凡·勒文首相的社会民主党赢得144个议席，中间偏右的联盟党获得143个议席。瑞典议会共有349个议席，这就是说，两大政党均没有取得半数以上的议席，从而形成了悬浮议会。但是9月25日，在瑞典议会四个中间偏右的政党要求下，对瑞典首相勒文进行强制性的不信任案投票。结果204名议员对勒文投了不信任票，只有142名议员对他表示支持。瑞典社会民主党是具有100多年历史的老党，从1932年到2006年，74年间共执政65年。在欧洲右倾民粹主义冲击下，瑞典社会民主党的失利无疑也是欧洲传统大党日趋衰弱的普遍现象。

2015年5月，奥地利举行总统选举。在第一轮选举中一向轮流或联合执政的社会党和人民党两大党的候选人纷纷落选，而民粹派的自由党候选人霍费尔竟然获得了35%的选票，绿党候选人范德贝伦获得20%的选票。在第二轮选举中，绿党候选人范德贝伦以微弱的多数战胜自由党的霍费尔。这次奥地利总统选举引起欧洲媒体的高度重视，他们派出大量记者聚集维也纳，关注和分析这次选举结果产生的影响。奥地利是人口不过800多万的小国，冷战期间是东西方两大阵营的交界处，目前则是欧盟东西方的中心点。人们一般认为，奥地利的政治发展可能是欧洲政治潮流的预兆。

2017年初，荷兰大选。荷兰议会共有150个议席。在竞选期间，极右势力自由党一路领先，一度扬言可取得40个议席，可成为第一大党。选举结果是，现任首相吕特领导的荷兰自由民主党获得21.2%的选票，取得了33个议席，而威尔德领导的自由党则取得13.3%的选票和20个议席。欧洲媒体普遍认为，荷兰这次选举挫败了极右势力和民粹主义。但一向有欧洲特朗普之称的威尔德，其自由党已成为荷兰第二大党，影响不容忽视。值得注意的是，在这次选举中，原来议席较多的工党的支持率从24.8%跌至5.7%，而社民党损失更为严重。

当今欧洲各国政治发展尽管存在着不同的形势，组阁的政党其政治主张不尽相同，但是各国大党正在失去影响，是不争的事实。

二、欧洲政府更迭与经济盛衰关系密切

第二次世界大战后，历届政府的更迭往往由于经济下滑、失业率增加、政府治理遇到重大挫折，以欧盟中最大的国家德国为例，较能说明问题。

1949年德意志联邦共和国成立第一届政府，由康拉德·阿登纳出任总理。14年后，经过战后经济恢复阶段，德国经济遇到困难，由主导战后德国社会市场经济的路德维希·艾哈德出

任总理。到1966年，德国发生财政危机，战后德国创造的经济奇迹已经消失，国民经济产值增长率为2.9%，工业增长率为1.2%，艾哈德不得不下台。

1972年，时任社民党和自民党联合内阁总理的威利·勃兰特的秘书纪尧姆被揭露为东德间谍，这成为勃兰特下台的导火线。而真正的原因是勃兰特推行左倾的经济政策，企业主利润下降，引起德国经济界的不满。

1982年德国经济形势恶化，数百万失业人员没有就业希望，国债无限增长，政府束手无策，时任总理社民党人赫尔穆特·施密特不得不下台。

1982年上台的基民盟主席赫尔穆特·科尔在担任总理期间，实现了德国的统一，被尊称为“德国统一之父”。但是到1993年，德国经济急剧下滑，企业破产严重，失业率高达11.2%。特别是统一后的东德地区，经济问题更为严重，失业率为西部地区的两倍，科尔不得不下台。

而到了2002年，时任德国总理的社民党人盖哈特·施罗德也面临经济不振的挑战。当时经济增速已下滑到1.2%，施罗德意识到德国的社会福利政策难以为继，于是制定和实施社会改革方案。但其结果是社民党左派分裂出去，下层群众不满。在2005年大选中，社民党选票下跌，败给联盟党，最后不得不让位于联盟党，由安格拉·默克尔出任总理，联盟党和社民党组成大联合政府。

从战后德国的历史来看，政府的更迭、政党的失选，往往和经济的盛衰有着密切的关系。2017年大选时，默克尔总理的支持率始终居高不下，失业人数从500万减少到250万。据报道，2018年的德国财政盈余可达2650亿欧元。德国是欧盟近年来获利最大的国家。

三、世界力量对比变化 欧盟经济发展面临困境

当今西方工业国家主导世界的作用下降，经济增长迟缓，贫富差距扩大，引起普通老百姓对当前执政党不满。2018年新兴市场国家的国内生产总值占到全球的59%，超过了发达国家。德国总理默克尔在2017年慕尼黑安全会议上称，世界力量对比发生重大变化。从1990年到2015年，全球国内生产总值增长了3倍，美国也增长了3倍，欧洲只增加了1倍，中国则增加了28倍。

自从15世纪工业革命以来，生产力迅猛发展，欧洲在国外大力扩展殖民地，寻求工业生产需要的原材料。在这一过程中，欧洲工业国家保持经济、工业、科学技术的发展，积累了巨额财富。第二次世界大战后，尽管存在着东西方两大阵营的斗争，但西欧国家偏安一角，迅速修复了战争创伤。西欧国家从建立煤钢联营、欧洲共同市场到欧盟，处于相对和平的状态，生活水平不断提高，福利制度持续完善。

20世纪六七十年代，世界仍然保持着工业革命以来欧洲国家出口工业制成品，发展中国家出口资源和原材料的经济关系。而发展中国家处于相互竞争状态之中，造成资源和原材料价格不断下跌，欧洲国家继续获取巨额利润。但随着全球化进程不断发展，工业国家在发展中国家的投资日益增长。发展中国家参与工业化过程中，生产越来越多的工业制成品，成为工业国家可畏的竞争者。近几十年来，中国、印度和东南亚的经济增长率远远高于欧盟国家，欧盟国家的经济发展遇到了困难。

从1998年到2004年，施罗德总理执政期间，德国经济逐

渐陷入到不景气的状态。从1999年到2004年，德国经济增长率仅仅为1.2%，为1990年至1998年的半数。到2002年，施罗德再度当选总理后，面对经济增长缓慢，失业率增加，社会保障体系难以为继的问题，采取了一系列改革措施。2003年6月，他正式提出《2010议程》改革方案。这是一个改革力度很大的方案，其核心是，基于德国社会福利待遇已经超过德国经济的承受能力，主张压缩社会福利，采取增加企业利润、支持企业主的政策，调整社会公正和经济效益的关系。社民党内部对《2010议程》展开激烈辩论，一向比较接近社民党的工会也与社民党出现严重分歧，底层市民纷纷走上街头，举行示威游行，抗议施罗德政府。事实上，当年施罗德面临的经济形势，也是不少欧洲国家当前面临的形势。有些国家由于采取经济紧缩政策，减少福利支出，遭到选举失利下台的结果。有的国家政党不敢面对这一现实问题，回避客观现实，无所作为，从而使国家进一步陷入困难之中，始终未能找到解决问题的途径。施罗德虽因《2010议程》下台，但这一改革方案改善了国内经济环境，增强了企业的国际竞争力。德国的改革引起国际社会高度重视。

2015年10月施罗德传记新书出版会上，德国总理默克尔出席并在会上介绍施罗德这本新书，她特别强调高度尊重施罗德的《2010议程》。

四、欧盟内部矛盾不断发展

自从欧洲主权债务危机爆发以来，西欧和南欧国家的矛盾日趋尖锐化，意大利、葡萄牙、爱尔兰、希腊和西班牙面临主权债务危机时，德国一向力主采取紧缩开支的做法，在提供贷款的情况下，希望早日偿还债务。而债务国则希望采取宽松政策，推动经济发展，克服困境。在这个问题上，西欧和南欧往往存在着重重矛盾。如当前意大利财政预算遇到困难，希望欧盟提供贷款，现在正在相互磋商中。但是总的趋势看，欧盟依然会向意大利提供支持，但在数额上不会完全满足意大利的要求。

西欧和中东欧国家的矛盾在性质上有所不同，而程度上更为严重。由波兰、匈牙利、捷克和斯洛伐克组成的维谢格拉德集团和其他一些东欧国家在欧盟内部与占据主导地位的西欧大国，长期以来始终存在着深刻分歧。

一是关于欧盟改革。这涉及到今后欧盟采用多速发展的方针和在通过欧盟决议案时，倾向于取消一票否决制，而采取有质量的多数票表决通过的原则。这种改革方案遭到众多中东欧国家的反对。

二是难民问题。中东欧国家大多反对接纳难民。有的国家在边境线上建立防护网，禁止难民进入。2015年9月，欧盟要求其成员国按照配额接受从意大利和希腊转来的16万名难民，匈牙利、波兰和捷克三国拒绝接受。欧盟委员会已于2017年12月向欧洲法院起诉这三国拒不接受难民，违反欧洲法律。

三是法治和价值观问题。欧盟认为波兰进行司法改革，违反欧盟的法治。而关于匈牙利是否违反了欧盟核心价值观问题，欧盟正在决定是否要按照《里斯本条约》第七条进行惩罚。

波兰执政的法律与公正党于2015年10月赢得议会选举后，着手进行司法改革。它首先通过了宪法法院改革方案，决定总统或者司法部长可以申请对宪法法院提出诉讼。2017年它又通过三项涉及最高法院的法案，决定最高法院的现任法官全部卸任；另行任命新法官；议会可以任命国家司法委员会成员；司法部长可以任免普通法院的首席法官。欧盟认为波兰的司法改革违背了司法独立和分权的原则，背离欧洲价值观和标准。目前欧盟正在审议是否将波兰司法改革一案交由欧洲议会，表决作出处理意见。

2018年9月11日，荷兰议员在欧洲议会上发言，认为匈牙利政府破坏司法独立，限制言论和学术自由，剥夺弱势群体和移民的权利，背离了欧盟核心价值观。匈牙利总理欧尔班在会上发言辩护匈牙利的立场。12日，设在斯特拉斯堡的欧洲议会投票决定是否对匈牙利按照《里斯本条约》第七条进行惩罚。这次表决以448票赞成、197票反对和48票弃权通过了上述动议。按规定此事需要全体欧盟成员国（不包括涉事国）一致同意才能实施。目前波兰已明确表示反对。这次欧洲议会谴责匈牙利，反映了多年以来欧盟和匈牙利存在着深刻的分歧。匈牙利和欧盟的矛盾由来已久。匈牙利作为一个东欧小国维护自己的国家利益，拒绝接受难民，反对欧盟对匈牙利施加压力，但是匈牙利从欧盟财政预算中每年可得到40亿—50亿美元的财政拨款，是最大的获利国。欧盟对匈牙利施加压力有一定的限度，匈牙利也需要维持和欧盟的正常关系。

五、民粹主义泛起 与难民问题的产生

自2015年德国默克尔总理宣布开放边境，欢迎来自中东的难民以来，欧盟各国就如何解决难民问题产生重大分歧。其根本原因在于日益潮涌而来的难民带来一系列从恐怖主义到社会安全的问题。特别是日益增多的刑事案件，引起老百姓的担心

和不满。

以德国为例，德国分别在2015年接受89万难民，2016年接受28万难民，2017年接受20万难民。对拥有8000多万人口的德国而言，这100多万难民已经使其成为世界上第二大移民国家。难民问题在欧洲爆发以来，欧盟已向土耳其提供60亿欧元的资助，在当地建立难民营，并且资助了约旦和黎巴嫩等国，协助缓解难民问题。但是这一切并不能制止越来越多的中东乃至非洲难民纷纷涌进欧洲国家。欧盟一度主张进入欧洲的难民应该按名额分配给欧盟各国承担，但这始终遭到不少国家的抵制。2018年12月初，欧盟举行内政部长会议，德法两国代表经过磋商，初步建议不再按照欧盟惯例制定难民分配方案。这一建议主张全面研究制定声援难民的体制，确保欧盟国家共同负责解决难民问题。其中心内容是没有参加难民名额分配的国家今后需要根据形势的变化，及时表明难以接受难民的理由。但这些国家需要采取其他有效的方式为缓解难民问题发挥作用。这一建议提出这一直到大部分欧盟国家都同意采取难民分配方案时，方对拒绝接受难民的国家不再采取容忍的做法。

不少国家的民粹派日益兴起多和难民问题有着密切的关系。目前欧盟国家正在不断寻求各种方式，缓解难民问题，在一国之内消除各种分歧，以及处理欧盟各国之间的不同意见，以便认真对付民粹派的发展。迄今为止，最突出的例子是意大利“五星运动党”和“北方运动党”联合执政。奥地利人民党和自由党组成联合政府，自由党一向被认为是民粹派中极右翼的代表。法国极右翼的国民阵线（现改名为国民联合党）主席玛丽娜·勒庞在法国总统马克龙支持率下降的情况下，正在窥伺执政的机会。而波兰执政的法律公正党和匈牙利的青民盟是否是民粹派，在欧洲各国之间仍然存在不同意见。

民粹派代表势力是谁？有一种说法是普通老百姓，但也有种说法，即民粹派的代表人物更多的是失意的知识分子和日益贫困的中产阶级。近年来，欧洲中产阶级正在从社会稳定因素变成不稳定因素。欧洲国家财富日益集中在少数富豪手中。低收入的民众占整个财富比例从20世纪60年代的30%下降到20%。2018年12月，法国不断发生的“黄背心”抗议运动引起全世界的重视。这一运动始于法国社会网站。2018年夏天法国石油价格上涨到历史高度，有一位年轻人在网上请愿要求降低汽油价格，反对政府增加汽油税的决定，有上百万人签名支持，十余万人身穿“黄背心”走上街头。

有一位中学女教师表示，马克龙政府提高了退休金税收，她一年的收入要减少一千欧元，这大大加重了她们的负担。这个“黄背心”运动实际上群龙无首，法国政府要求与其对话，但是没有一个人可以代表“黄背心”运动，任何人只能代表他自己，表达自己的意见。在这期间，人们已经不仅仅局限于要求政府减少汽油税，有的人则要求提高工资，有的人反对马克龙在改革中减少企业主税收，认为这是让富者越来越富，穷者越来越穷，还有的人要求马克龙政府下台。总之，参加“黄背心”示威运动的人希望政府接受民众意见，不断地改进工作。这是新型的直接民主运动。现在法国政府已经宣布不再提高汽油税，但是前景如何，迄今为止依然不得而知。

六、应对世界乱局，欧盟群龙无首，战略阙如

面对巨变的国际形势，欧盟面临重重问题，英国脱欧，民粹主义兴起，各国无力应对当前的变局。马克龙当选法国总统

后，提出加强欧盟的全面主张，而德国陷入内政难解的旋涡之中，选后遇到组阁的困局，随后默克尔提出不再担任基民盟主席，这是欧盟至今没有全面的战略对付当前乱局的主要原因。

而正在此时，美国总统特朗普对欧盟发起一波又一波的进攻。特朗普支持英国脱欧，面对马克龙，也力劝法国脱欧。2018年7月16日，美国哥伦比亚广播公司记者问特朗普，谁是美国的敌人，特朗普答称，“我认为欧盟是美国的敌人”，“俄罗斯在某些方面是敌人，中国在经济上是敌人”。特朗普上台后立即宣布退出《巴黎气候协定》，2018年又宣布退出《伊朗核协议》，这直接打击了欧盟，损害了欧盟的实际利益。特朗普就法德等欧洲国家提高军事预算施加重大压力，一再声称，美国不能单独承担北约的军费支出。而且特朗普将他的攻击矛头集中对准德国，一曰德国对美国贸易保持巨额顺差，占尽美国便宜；二曰德国不愿完全尽责，承担北约规定的军事预算；三曰德国和俄罗斯共同修建波罗的海油气管道，向俄罗斯提供数十亿美元资助。美国扬言要从德国撤出军事基地，考虑在波兰建立军事基地的可能性。马克龙和默克尔先后主张建立欧洲军队，更是引起特朗普的愤怒。与此同时，美国无例外地要求对欧洲增收钢铁和铝税，并高举增加汽车税的大棒，威胁欧盟。

德法领导人多次表明，依赖美国的日子已经过去。2018年2月18日，德国总理默克尔在欧洲议会上表示：“我们毫无保留信任别人的日子已经过去了，这就是说如果欧盟要生存下去，我们欧洲人要将自己的命运更有力地掌握在自己的手中。”

特朗普上台以来，欧美关系特别是德美关系和法美关系已经跌到最低点，西方盟国之间的争斗在战后从来没有像今天这样尖锐激烈。当然，人们注意到欧美之间的分歧更多地集中在战术问题上。双方在战略问题上依然存在着更多的共同点。

欧美之间一直都存在矛盾和分歧，但是相互协调合作多于相互之间的矛盾和分歧。美国对欧盟的政策始终是阻挠欧盟奉行独立自主的政策，反对欧盟强大后成为和美国平起平坐的伙伴。美国为了自己的政治、经济和军事利益一向采取对欧洲各国分而治之的政策。

自从冷战结束，苏联解体以后，美国独霸世界，在欧洲一再力主北约不断东扩，挤压俄罗斯的战略空间。欧洲有识之士早已认识到只有发展和加强欧盟，弥合和俄罗斯的关系，坚持独立自主，才能立足世界。

欧盟国家特别是德国，对北约不断东扩，尤其是要吸收乌克兰和格鲁吉亚加入北约，坚决反对。布热津斯基在《大棋局》一书中指出，没有乌克兰，俄罗斯不再是欧亚帝国。对德国而言，没有稳定的德俄和欧俄关系，欧盟在世界上难以成为一极，难以在世界政治中发挥应有的作用。自从爆发乌克兰危机以来，一方面是欧俄关系不断恶化，另一方面，欧俄双方都在作出努力，寻求弥合分歧的可能性。而美国始终阻挠欧俄接近，力图保持对俄罗斯的制裁。

七、结束语

随着正在发展的世界乱局，世界各国有责任寻求和平共处，争取实现繁荣共赢的时代。

欧盟当前陷入巨大的困境，但欧洲国家在战后经历了煤钢联营、共同市场，直到发展成为欧盟，其潜力巨大。历史上，两次世界大战都发生在欧洲，欧洲各国人民深受战争的苦难，而近半个多世纪以来则处于相对和平的时代。欧盟和世界各国的关系时起时伏，但是总体而言，保持了稳定的发展。欧盟在世界乱局中，面临内外重重矛盾，在可以预见的未来，欧盟将始终处于困难的境地。但是欧洲各国对加强欧盟力量仍有巨大的期望和信心。欧盟的进一步发展从长期看，是可以期待的。

深陷困境的欧盟

丁源洪[①]

内容提要：欧盟是世界上一体化程度最高、综合实力最强的主权国家联合体，现在面临着内外交困的局面。发展差异和利益分配不均成为制约欧盟经济的最大因素，欧盟因之成为从2008年经济和金融危机中复苏最缓慢的实体。欧元先天不足和后天失调的弊病暴露无遗。终极目标难有共识，乌托邦式的欧洲难以为继。难民、移民危机触发欧盟多重危机，导致成员国严重分裂，导致民粹主义和极端势力崛起。“群龙无首”的欧盟又受到美国从外部施加的强大压力，是当前世界局势大动荡、大分化、大改组形势下受冲击和变化最大的一方，前途发展值得关注。

关键词：欧盟　内外关系　民粹主义　发展前景

进入21世纪后，在《马斯特里赫特条约》基础上建立的欧盟，通过成立统一大市场，实现统一货币，吸纳新成员等举措，成为世界上一体化程度最高、综合实力最强的主权国家联合体，在国际上发挥着越来越大的影响力。这个让人称羡的区域一体化样板，一时间风光无限。然而，眼下的欧盟由于内部

---

① 作者系中国国际问题研究基金会高级研究员、前驻欧盟大使。

各种矛盾激化，尤其是反一体化的民族主义思潮的崛起，外部又遇到打着“美国优先”旗号的美国特朗普政府的打压、欺凌、分化，而面临着四分五裂、内外交困的境地。这多少有些出乎世人预料。

正如世间一切事物起变化，固然外部因素不容忽视，但主要因素在其内部。欧盟这个欧洲一体化进程的结晶，也不例外。2008年源于美国并席卷全球的金融危机，给予欧盟以极大的冲击，一下子暴露了欧洲一体化的先天弊端和后天失误。欧盟从此一场危机接着一场危机，相互关联交织，难以自拔，直到对一体化前景茫然失落，莫衷一是。

欧洲一体化如同其他一体化，甚至全球化一样，虽可将一国的资源配置商品市场扩展到更广阔的范围，有利于促进经济发展，但由于参加一体化的国家因经济实力差异等不同国情，必然受益不均。例如据德国贝塔斯曼基金会公布的研究显示，欧洲统一市场在促进成员国经济增长方面，德国受益最多，相当于年人均获益450欧元，而意大利人均获益每年只有80欧元，西班牙是70欧元，希腊等国则更少。欧盟的运转，实行“主权分享”“协商一致”的原则，看似“平等”，但实际上不仅不能解决“利益分配不均”的弊端，反而拖累了欧盟作为一个整体在国际上的竞争力。欧盟是世界上各大经济体从金融危机中复苏最为迟缓的一个。

除去欧盟固有的弊端之外，倡导、推进欧洲一体化的精英们在政策上的失误，与今日欧洲的困境也是分不开的。具体地说，有四大失误：

第一，在客观条件并不成熟，或者说在政治、经济一体化尚不具备条件的情况下，基于德国放弃马克换取法国支持东西德统一的政治交易，匆忙实行货币一体化。由于财政政策仍由各成员国掌控，欧元从诞生之日起，就成了货币政策与财政政策相脱节的“畸形货币”。这成为引发至今仍困扰欧盟的主权债务危机的一大祸根。

第二，为与美国掌控的北约争夺苏联解体后的中东欧地区，德国带头肢解南斯拉夫联邦。德、法、英联手大力推进欧盟“东扩”。在《马斯特里赫特条约》签订前，欧共体用了30年时间从6个创始国扩展到12个，而在签约后的20多年里，将成员国从12个扩大到28个，关键是降低了入盟的“门槛”。其严重后果就是加剧了欧盟内部的不平衡和矛盾，削弱了民众对一体化的信心。

第三，在终极目标没有共识的情况下，盲目推进中央集权式的“联邦欧洲”。对推进一体化进程中出现的问题，不是进行认真反思，却罔顾民意和现实，坚持走“更紧密欧洲”之路。法国总统马克龙刚就任就以此思路提出“改革”欧盟的计划，当即遭到以荷兰为首的12国反对。这成为不少欧盟成员国出现反一体化、要求收回主权的民族主义思潮泛起的一大原因。欧洲理事会主席图斯克忧心忡忡地说：“乌托邦式的建立联邦欧洲的企图，正加速着欧盟的解体。”

第四，根据《联合国宪章》的宗旨和原则，所有国家一律平等，应相互尊重，平等相待，实行一体化的欧盟也不应例外。然而，现实情况并非如此。欧盟的内外事务基本上是德、法、英三大国说了算，中小国家没多少发言权，后入盟的中东欧国家更被视为“二等公民”，以大欺小、以富压贫现象屡见不鲜。这种行为方式只会削弱欧盟的凝聚力。

2008年金融危机引发欧洲主权债务危机，受影响最深的是希腊、意大利、西班牙等南欧国家。一则这些国家财政状况本就较差，再则由于实行统一货币，无法利用货币贬值来应对。

最终，在实施财政紧缩政策等苛刻条件下，接受欧盟制定的贷款援助计划。这些南欧国家与北欧债权国之间结下的恩怨，短期内难以化解。

继之而来的是外来难民、移民问题。德国、瑞典等经济发达国家为弥补本国劳动力短缺，曾对外来难民、移民入境持开放态度。据统计，20世纪80年代，每年进入欧洲的难民、移民约20万人，90年代增至75万人，21世纪增至每年约150万人。外来难民、移民人数急剧增加，主要是由于美欧等西方大国主导的“全球化”导致全球范围的“社会不平等”，富者愈富，穷者愈穷，发展中国家的一些人为谋生计，奔赴入境较为便利的欧洲富国。另一原因是美欧等国造成的北非和中近东地区频繁的战乱，使越来越多的难民涌入欧洲。

本来欧盟规定，外来难民需由其进入的第一个欧盟成员国先进行登记、甄别、鉴定，合格的再送至其申请国。但随着采取非法途径进入欧洲的人越来越多，甄别、安置难民、移民的任务越来越重，使得意大利、希腊等处于一线的国家不堪重负。由于国情不同，欧盟成员国对潮水般涌入的非法难民、移民问题持截然不同的立场。意大利、希腊等国抱怨申请最多的德国、瑞典等北欧国家不肯伸出援助之手，北部欧洲国家又指责意大利、希腊等东南部欧洲国家监管不力。德、法等西部欧洲国家主张按国力分摊和安置难民、移民，而波兰、匈牙利等东部欧洲国家则以不是难民申请国以及国情不同等理由坚决抵制。成员国间相互争吵激烈，互不妥协，使外来难民、移民问题成了导致欧盟内部分裂的焦点问题。

有些人将此归罪于所谓民粹主义（实为民族主义）思潮的崛起，而且欧洲多国已由反移民为主要政见的政党掌权。其实，这种说法是本末倒置，外来难民、移民潮的冲击，是导致民族主义思潮在欧洲崛起及持有反移民主张的政党在越来越多的国家掌权或地位上升的一大原因，而非民族主义思潮兴起的结果。

民族主义思潮近几年在欧美地区重新兴起，是与欧美等国大力推进由其主导的资本主义全球化，导致西方社会内部的严重分裂分不开的。著名经济学家、美国前财长萨默斯指出，“一体化是一项精英集团实施的，且服务于精英们的计划，并未考虑到普通人的利益”。“精英们可以继续推行并捍卫一体化，希望赢得足够的支持。但是从美国总统选举和英国公投脱欧的情况来看，这一战略或许已走到了尽头”。美国前总统奥巴马在美国大选前撰文指出：“美国经济的问题在于不平等，有钱人和其他人之间的差距在扩大。”大选揭晓后，他又在公开讲话中表示：“当前全球化进程存在的问题，引发不公正感；不少选民觉得被快速推进的全球化进程抛在身后，产生沮丧和愤怒。”英国公投脱欧，特朗普入主白宫，波兰、匈牙利“叛逆”一体化，以及以反一体化为政见的各种政党势力在不少欧洲国家异军突起，等等，都折射出普通民众对精英阶层一味推进一体化、全球化的愤怒和反抗。

民族主义与全球主义（各种形式的一体化）的最大差异在于，前者强调国家主权，而后者极力淡化国家主权，因为任何一体化举措都必然会在不同程度上影响国家主权。前些年，以美国为首的西方大国，在推行以全球化概念为核心的战略时，除不断抛出“主权概念过时”“人权高于主权”等谬论外，还竭力贬损、歪曲民族主义这一政治概念。他们把一体化、全球化、全球主义说成是“进步的”，把强调和捍卫国家主权的民族主义说成是“落后的”，这不符合时代潮流。

然而，借助民众对精英阶层及现行体制不满而当选美国总统的特朗普，为讨好民众思变的心理，一上台就打出“美国优先”“让美国再次伟大”的旗号。他2017年在联大发言中公开声言自己支持民族主义立场，大言不惭地奢谈应尊重“国家主权”，在2018年联大的发言中，他更进一步表示自己反对全球主义。其实明眼人都会看出特朗普是在哗众取宠，想利用西方国家民众对全球化造成严重“社会不平等”乃至社会分裂的愤懑捞取资本。无论过去和现在，美国作为世界上的唯一超级大国，为了称霸世界，从来不尊重其他国家的主权，而是肆意践踏，甚至公然颠覆主权国家的合法政权。美国的所作所为，同《联合国宪章》规定的主权平等原则，完全是背道而驰的。特朗普当前奉行的是为美国一己私利，不惜牺牲包括盟国在内的世界各国人民的共同利益的极端的民族利己主义政策。这对大力推进一体化进程的欧盟构成沉重的打击。

当前，陷于困境的欧盟面临的最大问题是“群龙无首”。在英国即将脱欧的形势下，德、法本应发挥推动欧洲一体化的“火车头”作用，但由于两国力量对比的变化和政策主张的差异，难以拧成一股绳。美国前总统奥巴马下台前曾公开表示，寄希望于默克尔的德国来“引领自由世界”。然而这根本不切实际，因为德国虽是世界上一个重要的发达经济体，但并不具备必需的政治经济实力，尤其是军事实力来引领西方。现实情况是，德国目前不仅无力引领整个西方，就是“引领”欧盟都遇到困难。究其原因有三：

第一，德国在第二次世界大战中的不光彩历史虽已得到清算，但受害至深的国家如波兰、希腊等国民众至今仍耿耿于怀。波兰坚决反对德俄之间正在兴建的“北溪—2”天然气管道，不同意德、法筹划建立欧洲独立防务力量，更要求美国在波设立常设军事基地，等等，无一不是为了牵制德国。

第二，德国近些年自恃经济形势优越，在各种欧洲事务中独断专行和自私自利的做法，引发不少欧洲国家的不满。由德国“引领”欧盟已越来越难以服众。

第三，特朗普上台后，在“不能再让盟国占美国便宜”的思想驱使下，把打击的矛头首先对准德国。他在唱衰欧盟，支持英国脱欧的同时，攻击欧盟成了德国的工具，这对一些欧洲国家是有影响的。

尤需关注的是，由于民族主义思潮和形形色色的民族主义政党势力在欧洲舞台上的崛起，不仅德国内部政治形势正在起变化，而且由此促使反德情绪开始在欧洲抬头。

在当今大动荡、大分化、大改组的世界形势中，由于内外因素的共同作用，欧洲形势变动最大，也将对世界形势发展产生重大影响。内外交困的欧盟，何去何从，前景难卜，值得密切关注。

德国对华政策的两面性剖析

梅兆荣[①]

内容提要： 近年来，中德关系虽在高水平上运行，但随着中国经济实力增强，产品技术含量和竞争力提升，德国官方和智库对华负面言行增多，对华政策的两面性凸显。文章列举了众多事例，从根本上剖析了其原因，并指出：随着中国从站起来走向富起来和强起来，中德之间的竞争和摩擦会增多，但基于两国经济结构的互补性和在国际格局中的地位和需求，双方互有合作需求，合作的动力和潜力依然强劲，德国仍可望成为中国实现两个一百年奋斗目标的相对稳定的合作伙伴，可实现双赢。

关键词： 合作共赢　负面言行　深层原因　动力和潜力　前景预测

近两年来，尽管中德关系在高水平上运行，德国官方及智库却频频发表涉华负面言论，并限制中国企业在德投资，特别是阻止中方并购高新技术和关键性基础设施企业。德国是中国在欧洲的头号经贸和技术合作伙伴，且从中德合作中得益良多，为什么成了遏制中国崛起的欧洲领头羊呢？对这个问题，

---

① 作者系中国国际问题研究基金会高级研究员、前驻德国大使。

需要从多个方面加以研析。第一，对中德关系状况应作客观全面的认识；第二，必须正视德方对华态度变化的具体表现；第三，要深挖德方对华“变脸”的诸多原因；第四，在综合分析的基础上预测中德关系的未来走势并研究应对之策。

应当指出，较之于当今世界国际形势和大国关系的复杂多变和不确定、不稳定因素的急剧增多，中德关系总体上还较平稳，务实合作的广度和深度仍走在中欧关系的前列。这主要表现在三个方面：

一是双方领导人互访频繁，沟通密切，反映了相互重视的程度。以2017年为例，继是年5月底6月初李克强总理访德与默克尔总理举行年度会晤，双方签署多项重要合作协议之后，7月上旬国家主席习近平又出席二十国集团领导人汉堡峰会，并对德国进行国事访问。中国两位主要领导人相隔不到一个半月先后访问同一个国家，这在中德和中欧关系史上均属空前。2018年5月上旬，默克尔连任总理后首先访华，7月上旬李克强总理赴德主持第五轮中德政府磋商，相隔才两个月，双方总理互访也是两国关系中罕见的现象。还要特别指出的是，双方会谈务实坦诚，成果丰硕。例如，习近平主席会见默克尔时，就中德关系的发展方向提出了四点针对性很强的意见：中德两国要做合作共赢的示范者、中欧关系的引领者、新型国际关系的推动者、超越意识形态差异的合作者。据反映，默克尔对习主席这四点谈话内容留下了深刻印象。两国总理的会谈聚焦拓展两国面向未来的合作和推动中德关系更上一层楼，也取得了重要共识。特别是李克强总理在记者招待会上强调指出，“16+1合作”是在中欧关系和欧盟有关法规框架下开展的，是开放、透明的，中德可以把两国经济互补优势同中东欧国家的发展需求相结合，开拓第三方市场合作，形成互利多赢的良好局面。

默克尔总理就此作了回应："'16+1合作'是一个有益的合作平台，有利于促进中东欧国家基础设施建设。中东欧国家与中国优势互补，开展合作是对欧盟内部建设有益的补充，并不是在分化欧盟。"第五轮政府磋商取得的成果令人鼓舞，发表了《为构建更美好世界做负责任伙伴》为题的联合声明，强调双方反对保护主义和维护多边主义，支持以规则为基础的自由贸易体系，并公布了两国今后合作的一系列重要协议，彰显了中方新一轮扩大开放的举措率先在中德合作中落实。默克尔表示，欢迎中国企业去德国投资，支持中欧领导人会晤发表联合声明，愿意推动中欧投资协定谈判取得积极进展，德国将发挥自身优势，同中方开展"工业4.0"合作。所有这些都向全世界表明，中德作为世界第二和第四大经济体、亚欧两大地区经济发展的"火车头"和"稳定锚"，都是推动经济全球化和支持贸易自由化的重要力量，都在为促进世界经济增长和全球经济治理而努力。

二是中德双边贸易保持了增长势头，双方投资有增有减，但中方引进德国技术项目数量仍有增长。据德方公布的材料，2017年中国连续第二年保持为德国最大的贸易伙伴，两国贸易额达1866亿欧元。其中，德国从中国进口额为1005亿欧元，对华出口额为861亿欧元，德方逆差144亿欧元。中国是德国出口商品的第三大市场，在汽车、机器制造等领域则是"德国制造"的最大市场。由于双方统计方法不同，按中方统计，2017年双边贸易额为1681亿美元，同比增长11.1%，其中，中方出口额为711.4亿美元，同比增长9%，进口额为989.6亿美元，同比增长12.6%。德国是欧洲对华技术转让最多的国家，截至2017年底，中国从德国引进技术合同累计23 714项，合同金额789.4亿美元。德国也是对华直接投资最多的欧盟国家，截至2017年底，中国累计批准德国企业投资项目9281个，德方实际投入297.2亿美元，其中，2017年新批准的德国在华投资项目387个，实际投入15.4亿美元，同比下降43.1%；而经商务部核准的中国对德非金融类投资累计为101.2亿美元，其中，2017年对德非金融类投资22.8亿美元，超过同期德方对华新增投资额。2018年1—8月，两国进出口总额为1210.7亿美元，同比增长12.4%，其中，中方出口额为503.1亿美元，同比增长9.8%，进口额为707.6亿美元，同比增长14.3%，中方逆差204.5亿美元。在投资方面，截至2018年8月底，德方对华投资项目累计为10 092个，实际使用金额312.3亿美元，其中2018年1—8月的对华投资项目达311个，同比增幅为18.3%，实际投入金额为15.0907亿美元，增幅为15.9%。而在此期间中方对德投资金额仅为8.46亿美元。截至2018年8月底，中国从德国引进技术项目累计为24 253个，合同金额816.7亿美元，其中，2018年1—8月引进技术项目539个，合同金额27.3亿美元，增幅明显下降。

三是两国在人文、科技等领域的交流与合作势头继续上升。特别值得注意的是：2017年5月，刘延东副总理与来访的德国副总理兼外长加布里尔在北京启动高级别人文交流对话机制；9—10月德方在华举办了“德国8：德国艺术在中国”展览。此外，中国在德留学生总数增至4万多人，其中2016年赴德的超过一万人，而同期德国在中国的留学生总数也升至8000人左右；两国在德国合作建立并经营的孔子学院已达19所，孔子课堂5个。德国也是中国最重要的科技合作伙伴之一，2018年2月27日第五届中德创新合作大会在京举行，李克强总理在贺词中誉之为“开创了大国科技合作的先例”，“为两国务实合作装上了一个大功率引擎”。

在肯定中德关系的主流是合作共赢，给双方都带来了实实在在好处的同时，也必须指出，由于意识形态和社会政治制度不同，历史文化传统和价值观念差异，加之两国处于不同的经济发展阶段，发展速度又很不平衡，两国对一些问题的看法存在分歧。回顾中德两国建交以来的关系，除了1989年春夏之交西方国家集体对华实行所谓“全面制裁”的那个阶段之外，施密特、科尔和施罗德三位联邦总理在对华政策上都遵循了“相互尊重”“求同存异”“合作共赢”的原则。施罗德时期，双方还建立了“人权”和“法治”对话机制，以增进相互了解，管控分歧。但自2005年末默克尔上台执政以来，对华关系中强调所谓“价值观外交”，出现了一些对华不友好的表现，其顶峰是2007年9月默克尔总理不顾中方强烈反对，在总理府示威性地会见西藏分裂主义头目达赖，使中德关系一度跌入低谷。两国关系冷却到2008年初，在德方通过内部换文向中方确认西藏是中国领土的一部分，西藏问题属中国管辖范畴，并承诺德国不支持、不鼓励西藏谋求独立的努力，中德关系应建立在相互尊重彼此核心利益的基础上之后，中德关系重新回到正常发展轨道。2008年和2009年国际金融危机和欧洲主权债务危机爆发后，包括德国在内的欧洲在经济上对华合作需求上升，而经济快速发展的中国对欧盟的困境采取了同情和帮助的态度，力所能及地购买了部分困难国家的债券。与此同时，德国作为制造业出口大国与中国合作的领域和潜力扩大，加之随着中国经济实力增强和国际影响力上升，德方日益认识到全球性问题的解决不能没有中国参与。总之，诸多因素促使德国一方面吸取教训，避免踩我核心利益红线，另一方面，出于利益驱动，务实合作思想在对华政策上逐渐占据上风。2010年7月，默克尔总理第四次访华，与中方商定要“全面推进战略伙伴关系”，并决定建立政府磋商机制，为中德关系沿着积极、稳定的轨道向前发展铺平了道路。之后，五轮政府磋商均取得可观成果，特别是2014年两国关系提升为“全方位战略伙伴关系”，并发表了《中德合作行动纲要——共塑创新》文件，为未来五年的合作绘制了蓝图。作为其中最突出的一项内容，双方就“中国制造2025”和德国“工业4.0”战略对接达成共识，从而为两国在更高水平上扩大和深化互利共赢的合作开辟了广阔前景。

但正如世界上的事物都在不断变化一样，在推进中德全方位战略伙伴关系，落实已达成的合作共识和协议的过程中，人们日益感受到德国态度有变或表现出说一套做一套的两面性。一方面，对发展中德关系口头上表态积极，包括赞同中国反对特朗普的单边主义和贸易保护主义以及退出国际协议的行为，并认可中国经济的快速发展对欧洲是机遇；另一方面，却又不时地围绕人权、法治等问题对中国说三道四，并加紧控制对华技术转让，限制中国企业并购德国企业，巧立名目出台对华保护主义措施，甚至制造新版“中国威胁论”。关于后一方面，有以下几点表现：

表现之一，就人权、法治、涉藏等问题对中国说三道四，干涉中国内政。比如：2017年6月德国时任驻华大使接受《金融时报》中文网采访时，谈到中德之间仍存在摩擦时首先列举了“人权问题”，而他所指的摩擦就是德方借所谓“人权个案”对中国内政横加干涉，而中方作为主权国家坚决予以反对；2018年在德国举行中德足球比赛场合，德方违反国际规则在球场上打出支持分裂西藏的政治标语，当中方提出严正交涉时，德国主办方竟以“言论自由”为之辩解；中国执法部门依法对一名在中国犯法的瑞典籍华人实行刑拘，瑞典官方横加干涉并俨然要中方给予治外法权时，德国驻华使馆竟给予帮腔支持。

表现之二，2017年12月南京大屠杀死难者公祭当天，德国驻华大使伙同法国驻华大使在《金融时报》中文网上刊登文章，以介绍二战后德法“和解”的经验为名“教育中国人”，声称：德国二战时虽给欧洲各国带来了杀戮、迫害和掠夺，但二战后法国有远见卓识的国家领导人却以宽宏大量的态度原谅了德国。所以，“和解”不仅要有加害者的道歉，也需要受害者的原谅；不要纠结于战争时期的具体罪行，也不要总是惦记着加害国赔钱，这样才能实现“和解”；德法“和解”造就了如今欧洲的和谐乃至一体化的发展，给两国乃至欧洲都带来了巨大红利。所以，“有必要在南京大屠杀纪念日到来之际分享我们的经验”。这篇说教奇文立即遭到了中国网民的严词批驳，指出：德国至少为战争罪行道歉和下跪了，而且从体制上同法西斯彻底划清了界限，甚至通过宪法封杀法西斯思想和任何支持法西斯的言论。日本这样做了吗？日本为二战罪行认真道歉了吗？日本和二战时的法西斯罪行彻底决裂了吗？

表现之三，2017年底，时任德国驻华大使接受媒体采访中，把两国未就建立网络安全磋商机制进行对话归咎于中方“缺乏对话诚意”。对此，中国外交部发言人华春莹尖锐地指出，这位大使的说法“不符合事实，甚至是颠倒黑白”。事实是，中方曾多次邀请德方派团来华举行磋商，但德方迟迟不派，现在却反诬中方“缺乏对话诚意”。作为大使，应多做促进两国了解、友谊与合作的使者和桥梁，而不应说些不负责任的话。

表现之四，德国总理2017年6月初在北京记者招待会上公开表态“支持”欧盟履行中国入世协议第15条规定，即废除“替代国条款”，并称欧盟正在拟订的贸易“新规”符合世贸组织原则，不歧视中国。但人们从媒体报道中得知，德方背后早已与法国联手推动欧盟炮制名为针对“非欧盟国家”，实为主要剑指中国的保护主义“新规”，即巧立“市场严重扭曲”这个名目，继续发挥原“替代国条款”的功能。

表现之五，德方不时散布“中国的外商投资环境越来越差”，“外商去中国不能享受中国企业在欧洲享有的相同待遇”，列举的突出例子是中国企业可以购买希腊比雷埃夫斯港码头的经营权和法兰克福附近的哈恩机场，而德国企业在中国无此可能。据此德方强烈要求中国履行“对等”原则，并以防止德国高新技术“外流”为由，阻止中国企业并购德国高新技术企业和“关键性基础设施”。德方对中国营商环境的指责不仅与中国不断开放市场的事实不符，而且反映了德方的两大意图：一是压中国进一步开放“市场准入”；二是阻止中国在高新技术领域成为德国的竞争者。柯慕贤大使2017年6月在接受《金融时报》中文网采访时坦言：“过去中德经济结构是互补关系，德国提供高科技，中国偏向中低端，但现在中国在技术上紧随德国，两国正越来越多地展开直接竞争。”说白了，德国就是要中国继续停留在落后状态，而德国则保持其先进地位。至于德方打出的所谓“对等”原则，听起来似乎很公正，实际上行不通。国与国之间的正常买卖与合作，本质是互通有无，取长补短，合作共赢，是两厢情愿而不是强买强卖。各国的国情和需求不同，要求完全“对等”是不切实际的。希腊码头和哈恩机场这两个项目，中国企业是通过公开招标竞购的，而卖方或是出于急需资金和经营困难，或因长期亏损、难以为继而想甩掉包袱。中国企业买下希腊比雷埃夫斯港码头后经营良好，希腊方面受益很大并给予高度评价，是合作共赢的范例。而哈恩机场的卖主也因找到了合适买主而欣慰。这些都是不争的事实。中国没有需要出售的码头和机场，难道也须向德方出售一个码头和机场，以符合德方主张的“对等”原则才算公平？

表现之六，近年来德方一再质疑中国与中东欧国家的“16+1合作”是推行“分而治之战略”，时任德国副总理兼外长加布里尔甚至公开提出要中国像坚持的“一中政策”那样奉行“一欧政策”，不要“分裂”欧洲。对这种毫无根据的指责，中方理所当然予以坚决批驳。中国一贯支持欧洲一体化，愿意看到一个稳定、团结、繁荣的欧洲。中国希望世界多极化和国际货币多元化，因而支持欧元。中国同中东欧国家发展合作，不仅符合中东欧国家的发展需要，而且有利于整个欧洲的均衡发展和促进欧洲一体化。中国同中东欧国家的合作是公开、透明的，每次“16+1合作”领导人会议都邀请欧盟派观察员参加。中国既尊重中东欧国家的独立自主性，也顾及他们与欧盟的特殊关系，在“16+1合作”中遵守欧盟的法规框架。“一中原则”是中国同各国发展官方关系的政治基础，这是包括联合国在内的国际社会公认的原则。但人们不禁要问，“一欧政策”的依据是什么？是什么时候确定并得到国际社会公认的？国际法意义上的欧洲单一主权国家在哪里？我们只知道欧盟是一个主权国家的联合体，其成员国都还是主权独立的国家，完全有权自主决定同外国进行互利共赢的合作。16个中东欧国家中含11个欧盟成员国，他们也都根据各自需要和可能同中国合作，这有什么不对？坦率地说，如果欧盟成员国之间有什么分歧，甚至出现了裂痕，其原因应从欧盟自身内部去寻找。

表现之七，德国较早支持“一带一路”倡议，并且是亚投行创始成员国中出资最多的域外国家，杜伊斯堡和汉堡两市作为中转枢纽从日益增多的中欧班列中获益，默克尔总理也曾表示德国对参加“一带一路”项目持积极态度。但令人诧异的是，德国前驻华大使在2017年6月29日接受《金融时报》中文网采访时却对“一带一路”说三道四，竭力唱反调。他说，“虽然我们原则上支持这个项目，但它是一种中国式的全球化路径。它以中国为中心，在所涉及的其他国家地区几乎不做本地化的工作”，“‘一带一路’项目现在并不举行公开招标，而是由中国企业派遣中方员工来实施”。这位大使承认，“一带一路”项目“将向很多国家的基础设施和产业投入巨资，帮助他们发展经济、稳定政局”，但又称，“我们不喜欢的是，‘一带一路’变成只是由中国人参与而不是各国共同所有的一个项目”。这番话表明，这位大使对中国提出“一带一路”倡议时宣布的“共商、共建、共享”原则以及一些项目建设的实际情况缺乏起码的了解，而他的欧洲中心主义思维和对中国引领“一带一路”项目的妒忌心态却暴露无遗。还值得注意的是，2017年7月8日德国黑森州和平与冲突研究基金会会长哈拉尔德·米勒在《法兰克福新报》上发表文章，就德国政府对“一带一路”的态度作了发人深思的解读。该文主要的内容是：西方通过防御与合作相结合的战略赢得了冷战，但人权政策保持不变。过去15年，中国外交政策向着与德国立场相背的方向持续发展，并积极支持多边主义和发起倡议以改变现存国际架构。其中最重要的计划是“一带一路”，它将中国与中亚、中东、非洲和欧洲之间的经济区域连接起来，目的是使美国这一大西洋经济区的领导力量被欧亚经济区边缘化，中国取代美国的霸主地位。这个结果……不符合欧洲的利益。但欧盟和德国参加“一带一路”是可取的，借此也可以加大对华威慑压力。……德国要成为中国欢迎的合作伙伴，在联合欧洲抵制特朗普错误政策有害影响的同时，也要利用欧盟的分量抵消北京在“一带一路”计划中的支配权。米勒此文对德国政府政策的解读颇能说明问题。还值得注意的是，加布里尔曾提出，欧洲应动员自己的资金和技术在“一带一路”沿线搞基础设施建设，意思就是要同中国竞争，不能让中国独家主导这个项目。无独有偶，2018年9月，欧盟外交和安全政策高级代表费代丽卡·莫盖里尼宣布推出“新互联互通战略”，为中国和欧洲之间大陆的未来基础设施建设提供欧洲的资金和技术，目的是“促进可持续性，主张投资应尊重劳工权利，而不是造成政治或金融依赖，并保证企业公平的竞争环境”。一些欧洲评论家指出，这无疑是与中国“一带一路”倡议相抗衡或竞争的欧洲方案。

表现之八，几位德国政要先后发表实质为“中国威胁论”的言论。2017年11月2日，联邦总统施泰因迈尔在新加坡管理大学发表演讲谈到西方国家恐惧感上升时，声称其原因是世界力量对比发生重大变化，即中国崛起和美国作用的不确定性，基于规则的国际秩序被“侵蚀”，西方保证自由、法治和民主的可信性出了问题，特别强调“中国对西方是一个挑战”，不仅在经济上、地缘政治上，而且也在意识形态上。之后不久，时任副总理兼外长加布里尔在柏林外交政策论坛上发表演讲阐述德国外交政策时，声称欧洲面临要么试着去塑造世界，要么接受其他国家塑造的抉择，声称中、俄、伊朗乃至全世界都在研究西方在捍卫其价值观和利益时态度有多坚定，当美国撤出某些国家和地区时，由于欧盟在力量投射上的缺陷，中东就转向俄罗斯，非洲转向中国。为此，加布里尔敦促欧盟加强内部团结，呼吁美国顾全大局，不要把矛头指向盟国，弦外之音：应共同对付中、俄挑战。2018年2月慕尼黑安全会议上，主持人伊辛格也称，“欧盟28个成员国面对中国，不论在经贸领域还是在外交问题上，应用同一个声音说话”，“如果欧洲像现在这样不团结，就会继续被中国忽视或打败”。2月17日，加布里尔在慕安会上发言时，又进一步拿中国倡议“一带一路”说事，声称“中国正在发展一个全面替代体系，它不同于我们建立在自由、民主之上的西方体系”，中俄正在“试探和破坏西方自由主义的世界秩序”。2018年2月，默克尔总理会见马其顿总理和塞尔维亚总统时，也警告这两位领导人同中国开展贸易时不应与政治问题挂钩，对此媒体评论指出，默克尔发出此一警告的背景是对北京在中东欧和西巴尔干政治影响力日益增长的担忧。

德方对华心态的上述变化预示，中德关系在未来岁月里的摩擦可能会增多。而且迹象表明，欧盟大国主要是德法和欧盟领导人在对华政策上具有协调一致性。德方上述负面言行主要源于三个方面：

一是西方价值观驱动的政策作祟。欧洲一些大国的政治精英始终怀有一种历史上形成的优越感，认为他们的制度和价值观具有普世价值，并且总想以其政治理念改变“异质”国家。他们对中国推行改革开放持欢迎态度，除了通过合作以谋求经济利益之外，亦要借助合作渗透和演变中国。当中国还处于贫穷落后之时，他们愿意向中国提供发展援助，转让部分技术促使中国发展经济，以便有能力购买他们的商品。但今天他们面对的现实情况却是，正如德国《经济周刊》前主编和德意志银行前发言人施特凡·巴龙2018年2月2日在德国《商报》上撰写的文章指出的，“中国人在其漫长的历史中接受了很多外来影响，但没有失去他们的身份认同”，“中国在本质上仍是中国”。不仅如此，中国特色社会主义制度越来越成功并受到国际社会的重视和认可，而西方的社会政治制度却越来越退化失色。这使一些西方政治精英感到难以接受，焦虑感和恐惧心理陡增，情不自禁地要对中国发泄不满，直至想方设法阻止中国在政治制度上也成为西方政治制度的竞争者。

二是利益观上的零和思维作怪。一些欧洲政界人士习惯于以欧洲中心主义和发达国家施舍者的心态俯视发展中国家，看到曾经贫穷落后的中国不但经济发展速度和经济总量超过欧洲，而且科技创新能力也惊人地上升，产品的竞争力正在赶超欧洲，他们难掩内心深处日益增长的焦虑和恐惧，于是想方设法巧立名目遏制中国的发展以保护其利益，但不放弃搭乘中国快车谋求实惠。德国《法兰克福汇报》发行人霍尔格·施特尔茨纳2018年1月7日以《中国通向统治世界的道路》为题，在该报网站上撰文承认：德国联邦政府禁止出售德国企业的新规是针对中国的，欧盟的贸易政策是矛盾的。一方面欧盟称赞自由贸易并把自己定位为特朗普的抗衡力量；另一方面布鲁塞尔的对华贸易政策只是在口头上与特朗普的政策有所不同，因为欧盟委员会也在设置障碍。该文还指出，西方政治家正在思考如何改善全球化“失利者”的境况，但如果自由贸易要求其他国家要承诺保证相同的劳动条件、福利条件、环境标准或同样高的税收等条件，那是有问题的。这与法国总统马克龙的“保护的欧洲”的战略内涵，即所谓“反对社会倾销”一脉相承。

三是国际格局的深刻变化。德国政界、媒体和智库逐渐形成一种共识，就是：美国国力走向衰落，特朗普推行“美国第一”并“从全球责任中撤出”的战略，使欧洲不仅因失去了“主心骨”而不知所措，而且还成了特朗普贸易保护主义的打击对象，因而处于一种对美既怨恨又离不开的境地；而欧洲自身在经受了国际金融危机和主权债务危机双重冲击之后，经济状况虽已有了明显好转，但正如欧盟理事会主席图斯克指出的，继遭受英国公投脱欧这一沉重打击之后，欧盟目前又面临内部“双重分裂”加剧的危险，即欧元区救助争论带来的“南北欧分裂”和难民危机造成的“东西欧分裂”，外加俄罗斯的“威胁”；中国不仅在经济、技术上，而且在政治制度上越来越成为欧洲的“强劲竞争者”，特别是“一带一路”项目对中东欧和西巴尔干国家的吸引力很大，德国尤其担心中国影响力的增长将使这些国家越来越靠近中国而削弱德国的影响力。在此国际环境下，德国在对华政策上处于一种复杂的心态，既要遏制中国，使中国不能成为其“强劲的竞争者”，又不能失去中国这个对其不可或缺的市场和国际合作伙伴。

必须指出，德国对华政策的上述消极变化，并不构成中德关系的全部，不能因此而对中德关系持悲观态度，因为推动中德关系积极发展的条件和因素依然存在。这就是：两国之间没有地缘政治上的直接冲突，也不存在历史遗留下来的纠葛；两国经济结构相似，都是制造业大国和出口大国，但处在不同的发展阶段，互补性依然很强，双方互有合作需求，两国发展经济技术合作存在着强大的动力和潜力；两国在重大国际问题上互有借重需要，特别是层出不穷的全球性问题要求全球治理，任何国家都不能独善其身，单独一国力量难以应对全球性挑战，需要国际协作。中国坚持改革开放政策，对外开放的大门将越开越大，中国宣布的新一轮开放措施即是例证。另外，德国不是铁板一块，在对华态度上也存在着不同的声音。举例来说，德国前驻华大使、宝马基金会主席施明贤2018年2月27日在《德国中小企业新闻》周报网站上撰文，赞扬“一带一路”是中国战略思维的经典之作，并指出，“中国推行这一战略没有咄咄逼人，而是提议所有邻国参与建设。欧洲不应把中国视为竞争对手，而应将其视为关键领域的合作伙伴。‘一带一路’倡议符合欧中双方利益，欧盟应积极参与其中”。因此，只要我们保持清醒头脑，本着相互尊重、公平合理、合作共赢的原则耐心细致地做工作，在交流与合作中不断增进相互了解，消除误解，减少偏见和成见，必要时敢于进行适当的斗争，完全有可能管控好分歧，争取德国成为我国实现两个一百年奋斗目标的相对稳定的合作伙伴并实现双赢。

法国总统马克龙对外政策初析

蔡方柏[1]

内容提要：马克龙当选法国总统后积极开展全方位外交，以此提高法国的大国地位和个人威望。他把重塑欧洲一体化作为其对外政策的战略依托。他还积极运筹大国关系，坚持独立自主的外交政策，反对单边主义，要在国际上起平衡和桥梁作用。他积极介入中东和非洲事务，维护其战略和经济利益。他提出“印太轴心”倡议，更多是提高“存在感”和发言权。总之，法国对国际格局的演变将发挥不可或缺的积极作用。

关键词：重塑欧盟　大国关系　中东　非洲

马克龙于2017年5月当选法国总统。他雄心勃勃，对外积极开展全方位外交活动，发挥法国特有的独立性，提高法国的大国地位。为此，他在国际舞台上纵横捭阖，频频出访，就国际和地区问题提出法国的主张或建议。有评论认为，马克龙外交颇有戴高乐主义色彩。

① 作者系中国国际问题研究基金会高级研究员、前驻法国大使。

一、将欧盟置于对外政策的核心地位，重塑欧洲一体化进程，作为法国继续谋求大国地位的战略依托

马克龙上台伊始随即出访德国，与默克尔总理商谈“重振欧洲计划”。2017年7月13日，马克龙和默克尔在法国爱丽舍宫举行两国联合内阁会议。双方强调加强两国防务与安全合作，如合作研发一款新的欧洲战斗机，并就直升机、坦克等军工产品进行合作。在法德两国推动下，2017年9月欧盟峰会就欧洲“建军”计划达成共识，将在布鲁塞尔成立军事策划和行动总部，以实现独立的规划、协调和指挥。欧洲防务建设过去一直是个老大难的话题。法德能就此达成一定的共识，实属不易。其主要原因一是英国脱欧，消除了一个障碍；二是特朗普实行单边主义，使欧盟意识到建立自主防务的紧迫性；三是法德轴心重启给欧盟注入了一定的凝聚力。然而，欧洲防务建设仍将困难重重：内部东欧等一些成员国持反对态度，担心因而失去美国保护；外部美国也不支持，特朗普斥之为“非常无理”；欧洲经济仍不景气，筹集所需资金并非易事。尽管欧盟面临上述困难，但是欧盟要成为世界一极，与美平起平坐，维护自身战略和经济利益。因此，法德及一些有政治意愿和能力的国家将联合起来，推动自主防务逐步取得一定进展。

马克龙重振欧洲有全面、长远的计划。他2017年9月26日在索邦大学发表演说，全面阐述了对欧元区改革的宏大构想：设立欧元区财长职位，欧元区统一预算，成立欧洲货币基金，用于救助陷入危机的国家；成立与欧洲议会分离的欧元区议会，目标是把欧元区打造成“一个能与中国和美国竞争的经济

力量”。马克龙的构想虽全面、有新意，但在当前形势下，带有理想主义色彩，和者甚寡。马克龙的构想能否变成可实施的计划关键取决于德国是否支持。默克尔在马克龙提出改革构想250天后才作出有保留的支持。她在2018年6月3日接受德国《法兰克福汇报》采访时说：“支持现有的纾困基金即‘欧洲稳定机制’升级为欧洲货币基金，以减少成员国对国际货币基金的依赖。”[①] 作为欧元区最大经济体，德国支持逐步引入总额超过100亿欧元的欧元区投资预算，以帮助相对落后的欧元区成员国发展科技和创新。但她还强调“欧洲货币基金不应由欧盟委员会控制，而应由各国议会掌握审批权，同时各国也须承担各自责任，为自身经济风险买单”。默克尔提出的投资预算与马克龙提出的统一预算有很大差距。目前欧元区的预算只占成员国GDP的1.2%，而马克龙的统一预算要求占成员国GDP的数个百分点。荷兰等部分欧元区强国也反对马克龙的改革计划。

鉴上所述，法德原定于2018年3月前就欧元区改革达成“共同立场”，欧元区成员国计划同年6月前就欧元区改革计划路线图取得一致意见，至今这两项设想都未实现。目前欧盟正面临严峻的政治、经济、安全和社会形势，进行结构性改革势在必行，而且迫在眉睫。特别是默克尔宣布逐步退出政坛，这是对马克龙改革计划新的打击。

然而，维持欧盟特别是欧元区的存在和发展符合法德及其他成员国的根本利益。法德两国经过磨合，甚至发生某种危机，最终会找到共同利益的融合点。据法新社2018年12月4日报道，欧盟各国财长同意为欧元区设立缩水版反危机预算，而

---

① 【美】罗纳德·蒂尔斯基：“马克龙的世界”，美国《外交事务》，2018年1/2月号刊。

不像法国所希望的那样。看来，欧盟将以“多速欧洲”的形式逐步推进欧洲一体化缓慢前行，至少也要维持现状，不使欧盟解体，稳住欧洲作为多极化世界中重要一极的地位。

二、积极运筹大国关系，坚持独立自主的外交政策，又不失灵活性，在国际上起平衡和桥梁作用

（一）支持跨大西洋联盟，坚决反对美国的单边主义

马克龙与特朗普多次会晤并频繁通话，并借美国参加第一次世界大战爆发100周年纪念活动之际邀请特朗普出席法国2017年国庆阅兵式并给予高规格接待。他力图通过“亲密接触”和“建设性对话”拉近同特朗普的私人关系，对其政策施加影响，彰显马克龙成为欧洲代言人的角色。但是，特朗普一系列单边主义和保护主义措施使马克龙大失所望。因此，他强烈谴责“美国肆意推行单边主义，挑起针对中国、欧洲等多方的准贸易摩擦，退出《巴黎气候协定》和伊朗核问题全面协议，使多边主义面临严重挑战”。他对美退出《巴黎气候协定》特别恼火，在法电视台发表讲话，对特朗普进行强烈谴责，他说“你要让美国更伟大，我们要让地球更伟大”。[①] 他在当天举行的记者招待会上指出，没有多边主义，全球就会重返战争，法国不会和不尊重《巴黎气候协定》的国家签署任何贸易协议。更出人意料的是，他在2018年11月11日纪念一战结束100周年的仪式讲话中对自称为民族主义者的特朗普说：“爱国主义与

① 马克龙2018年9月在联合国大会上发表讲话，不点名批评特朗普的霸权主义，说“有人选择强者说了算的做法，但无法保护任何人”。

民族主义截然相反。民族主义是对爱国主义的背叛。”默克尔在接下来举行的巴黎和平论坛致辞中呼应马克龙的言论称，“有些国家乐于宣扬自利，无视自二战结束以来支持和平的国际关系，这令人担忧”。特朗普不出席和平论坛，也因天气变化未能去祭奠为一战牺牲的美军，怒气冲冲地提前回国。13日他连发5条推文，猛烈攻击欧洲领导人，强调法国总统马克龙提议建立欧洲军队防御美国、中国和俄罗斯①“非常无理”，并借法国内政问题和葡萄酒贸易等对马克龙进行讽刺和攻击。马克龙只作了低调的回应。默克尔在欧洲议会发表讲话回应特朗普对马克龙的攻击时强调指出，“我们可以依靠别人的时代已结束，欧洲人必须完全掌握自己的命运”。

法美和欧美之间矛盾正在激化。首先是对世界秩序之争。特朗普认为现有国际秩序不能保证美国继续保持其霸主地位，要通过单边主义“另起炉灶”，而欧洲国家领导人则认为现行秩序能维护自身利益，只需对其作必要的修改。其次是全球战略之争。美国利用乌克兰危机使欧俄互斗而不能自拔，宣布退出《伊朗核协议》，使欧盟周边局势不稳定并无法同伊朗进行正常的经贸合作。美国还批评欧洲建立独立防务计划，要求欧洲增加军费，对北约承担更多义务。最后，美国要削减对欧贸易逆差，挽回数千亿美元的损失。

这些矛盾还会时紧时松地发展下去。但欧美联盟不会破裂。因为欧洲面对俄罗斯的压力和中东伊斯兰极端势力的威胁离不开美国的合作；为应对新兴大国的崛起也需要借重美国的力量。所以法国对特朗普的攻击只作低调回应。马克龙仅指责特朗普在法国最严重恐袭的周年纪念日缺乏基本的礼貌。同日

---

① 《人民日报》，2018 年 6 月 6 日。

晚，马克龙在“夏尔·戴高乐”号航母上强调，“美国是我们历史上的盟友，而今后将继续是盟友”。

（二）改善对俄关系，确保欧洲安全，谋取经济实惠

俄罗斯是法国近邻，攸关法国和欧洲安全、能源供应和可持续发展，对俄关系是法国外交政策重要的组成部分。马克龙上台不久，借彼得大帝300年前访法文物展开幕之机邀请普京总统访法。两位领导人于2017年5月29日在凡尔赛宫会晤，重启法俄关系。马克龙认为，推动欧盟建设、维护世界和平及解决国际和地区热点问题都离不开与俄方的沟通和协调。马克龙会晤普京后会见了乌克兰总统波罗申科，表示法国反对俄罗斯兼并克里米亚。在随后召开的二十国集团峰会期间，他和普京、默克尔就解决乌克兰问题的《明斯克协议》深入交换了意见。

2018年5月，马克龙总统作为主宾出席第22届圣彼得堡经济论坛，并对俄进行正式访问。在此访中，法俄相互示好。普京高度评价法国外交的独立性，称法国是俄罗斯传统、可靠的朋友。马克龙则突出法俄传统友谊和共同利益，表示尊重俄罗斯在国际和地区问题特别是中东问题发挥更重要作用。双方淡化分歧，突出维护《伊朗核协议》的共同立场，同意就叙利亚问题加强沟通协调，在乌克兰问题上继续落实《明斯克协议》，并支持“诺曼底四方”机制达成共识。经济上，双方举行“法俄经济对话”，在合作开发北极能源等领域达成50余项合作协定。

法国对俄罗斯政策存在两面性。一方面法国出于维护自身利益并彰显其大国地位和作用的目的，在乌克兰危机问题上参加对俄罗斯制裁，在民主人权问题上对俄罗斯施压，在叙利亚

化武问题上联手美英对叙利亚进行军事打击，威慑俄罗斯，在俄罗斯前特工中毒案等问题上向俄罗斯施压。另一方面，法国通过高层互访和通话、经贸合作及“诺曼底四方”机制等渠道竭力在欧俄关系中扮演“中间人”角色。马克龙对俄罗斯示好有多方面的考虑：一是对冲特朗普单边主义政策，扩大在国际和地区热点问题上的发言权；二是在伊朗核问题上希望俄罗斯劝说伊朗继续留在《伊朗核协议》内；三是抓住俄罗斯急于打破西方制裁心理，强调法国愿参加俄罗斯经济多样化，以扩大对俄罗斯出口和投资。在当前美欧裂痕加深，俄美战略对抗加剧的背景下，欧俄相互需求增多。俄罗斯重视法国独立自主的外交传统，将法国视为打破西方制裁，分化欧美关系的突破口。

马克龙开启对俄关系有更深层次的战略考量。法国不仅要避免俄对欧洲的军事威胁，更重要的是要把俄纳入欧洲安全架构中，以此提高欧洲在国际事务中的话语权。马克龙在2018年8月法国驻外使节会议上指出：“不考虑同俄罗斯的关系，我们就不能持久地建设欧洲，我们应与俄罗斯建立战略伙伴关系……共同建设我们的未来。”

随着国际形势的变化，法俄关系可能出现继续缓和的趋势。但在俄美关系继续对抗的形势下，法俄关系难有突破性的进展，双方在乌克兰等问题上的结构性矛盾短期内难以调和，加之东欧国家反俄情结很深，因此，法俄和欧俄关系根本改善仍任重道远。

（三）发展对华关系是法国全球战略的重要组成部分

马克龙在2017年二十国集团峰会期间与习近平主席会晤。他表示，对习主席十分敬佩，中国是维护世界和平不可或缺的伙伴。马克龙2018年伊始就选择对中国进行国事访问，第一站选择西安，以表示对“一带一路”倡议的支持，他说，如果本着合作精神去推进，那么中国促进基础设施和文化项目建设也符合法国和欧洲的利益。在正式会谈中两国元首就双边关系和重大国际问题深入交换了意见，增进了政治互信，达成广泛的共识。两国元首“决定在相互信任、互惠原则基础上进一步提升紧密持久的中法全面战略伙伴关系水平”。

此访在政治、经贸、人文等各个领域都取得了丰硕成果。经贸合作是两国元首重点议题之一。双方本着相互尊重、友好协商、着眼长远、互利共赢的精神，对未来各领域合作进行了全面规划。双方同意重点深化核能、航空航天等传统领域合作，全面拓展农业食品、环境保护、先进制造业，创新研发及金融等领域的合作。中国商务部新闻发言人高峰11日就马克龙访华达成的经济成果表示，“中法企业签署了涉及核能、航空航天、养老、环保、金融、能源综合利用等领域的商业协议，涉及金额约200亿美元”；“两国元首就在‘一带一路’框架下加强战略对接，增进两国经贸合作达成重要共识”。双方签署了关于成立中法企业家委员会的谅解备忘录，召开了该委员会成立大会暨第一次会议。这表明中法早已超越简单的买卖关系，合作的深度和广度不断拓展，利益融合更加密切。

在不到半年时间内，法国总统和总理相继访华，彰显了法方对发展中法关系的重视。法国总理菲利普应邀于2018年6月22日至25日正式访问中国。此访主要是落实两国的合作项目。会谈中，李克强总理指出，务实合作是中法关系的“推进器”，中方愿同法方不断做大合作蛋糕，将彼此的政治共识和合作意愿转化为实实在在的合作成果，推动两国战略产业对接再上新台阶，推动核能、航空航天领域大项目早日落地并长期稳定实施，支持两国企业和科研机构在数字经济、人工智能、高端制造等领域加强创新合作。菲利普总理表示，法方愿同中方进一步增进政治互信，深化务实合作，进一步拓展双方在工业、经济、民用核能、航空航天领域的合作，更加促进双方共同发展。双方还就共同关心的国际和地区热点问题交换了意见。

会谈后，两国总理见证了双方在能源、科技、农产品、医药卫生等领域10余项合作文件的签署。菲利普总理还访问了深圳和上海，并在清华大学发表了演讲。这次造访增进了他对中国的了解，有利于深化两国务实合作。

但是，中国快速发展使法国等欧洲国家很不适应，因而在政治上对华有疑虑。马克龙在2018年8月法国驻外使节会议上称，“中国积极参加传统多边游戏的同时，还在推进自己的理念”。他表示支持“一带一路”倡议，但认为中国“过于强势”，“不能短视或是迷信”。在经贸关系及其他敏感问题上两国也存在分歧。法国政府公开要求“对等开放”，限制外资进入欧盟战略性敏感行业，防止高新技术流入中国，积极推动欧盟限制中国投资。不少南欧国家和企业界对此并不认同，但默克尔明确表示支持法国的做法。因此，在法德发生多起中方不得不放弃并购或调整并购规模的事件。在南海问题上，法国于2018年5月派“西北风”级两栖攻击舰“迪克斯梅德”号在南海航行，同年8月法又派军机在此区域飞行。法国国防部长在接受媒体采访时称，法国“永远站在第一线捍卫国际海域航行，自由航行是不可剥夺的权利”，[①] 法方的这些做法更多是在显示法国的大国地位和影响力。尽管中法关系存在不协调一面，但两国的共同利益远大于分歧和矛盾，正如马克龙在2017年二十国集团峰会期间会见习近平主席所说，“我们存在众人周知的分歧，

① 《欧洲时报》，2018年10月28日。

比如贸易问题，我们在一些敏感事务[①]上存在分歧，但是我们将会共同解决”。

三、积极介入与法利害攸关的国际与地区事务，谋取战略和经济利益，打击恐怖主义，维护法国和欧洲安全

（一）积极插手中东事务

法国在中东有其传统的影响力。2017年11月，黎巴嫩总理哈里里访问沙特期间宣布辞职。正当舆论炒作哈里里深陷“被迫辞职”，被沙特“软禁”的关键时刻，法国出面邀请哈里里前往巴黎，为澄清谣传，打破僵局提供了契机，12月18日哈里里收回辞呈。法国为黎巴嫩结束政治危机作出了重要贡献。法国在叙利亚问题上调整政策，改变对巴沙尔政府的强硬立场，重点打击恐怖组织并力促叙利亚国内和平稳定。马克龙接受法电视二台采访时表示，针对极端组织“伊斯兰国”的战争一旦结束，就应和沙巴尔政府开展政治对话。在伊朗核问题上，他表示，法国将坚持执行《伊朗核协议》并多次推动美方维系该协议，特朗普除对马克龙提出商签补充协议的建议予以部分回应外，未作实质性让步。

中东与法国仅一海之隔，传统上被欧盟视为“后院”。马克龙注重发挥传统地缘政治和经济优势，谋求扩大在中东的势力范围和经济利益。欧盟进口石油的一半来自中东地区。同时，维护中东国家的稳定有助于防止中东成为恐怖分子滋生的基地，还可防止难民涌入欧洲。但是，中东地区矛盾重重，教

① 《欧洲时报》，2018 年 10 月 28 日。

派斗争复杂，美俄及地区强国博弈不断，法国主要靠与各方对话施加影响，其外交提议难以转化为实际行动。然而，法国加速重返中东步伐，虽无力单独解决中东地区问题，但在一定程度上推动了中东困局的缓解。

（二）提出建立“印太轴心”，增加对印太地区的话语权

马克龙重视与印太国家互访和对话，先后访问了印度和澳大利亚等国并接待了日本等国领导人访法。在出访澳大利亚期间，他提出了“印太轴心”的倡议，推动以法、印、澳三国对话为核心，建立三国外长、防长“2＋2”磋商机制，保障三方共同经济利益，维护印太地区的秩序和平衡。

法国提出此创议的考虑是，全球战略重心东移，法国视该地区为影响国际秩序和大国关系格局演变的关键因素之一，法国要在该地区有所作为，特别是保持对其海外领地的控制力。法国在印太地区有多个海外领地，长期以来存在不同程度的“统独之争”。法国通过发展同澳大利亚等域内大国“睦邻”关系，加强对海外领地的控制，促进其经济社会发展，抑制其离心倾向，同时谋求经济利益并积极开拓印太军贸市场。法国在印度洋和太平洋拥有约950万平方公里的海洋专属经济区（占法国海洋专属经济区总面积的86%）和丰富的海洋资源，这些经济利益驱动法国加大对印太地区的投入。法国更看重印度、澳大利亚等国的军贸市场。马克龙访印、澳期间，法印同意就采购法战机、联合研制潜艇和发动机等继续保持合作。法澳就2016年签署的价值340亿欧元的潜艇采购“世纪大单”后续工作对表，建立军工合作专门工作组。

马克龙的“印太轴心”在一定程度上呼应了美国的印太战略，但法国受自身实力和地缘位置所限，难以在该地区发挥

"轴心"作用，更多是提高"存在感"和发言权。

（三）加大对非洲投入，重点打击恐怖主义势力，继续维护法国安全和传统影响力

马克龙力图摆脱过去的殖民地形象，重新定义法非关系。2017年11月他首次出访非洲布基纳法索、科特迪瓦、加纳三国并出席在科特迪瓦举行的第五届欧盟—非洲峰会。他全面阐述对非政策，承诺终结对非特殊政策，突出共同利益和反恐合作，推动将法非关系纳入欧非关系的框架内，通过法非关系优势，主导欧非关系。马克龙抵达布基纳法索就遭到一些民众的抗议。有评论指出，法国与当地政要融洽，而同该地区年轻人和社会脱节。所以，他在瓦加杜古大学发表演讲，重点提及教育、可再生能源、创业公司、交通、健康等年轻人所关心的议题，力图以谦虚的态度与年轻人对话。

反恐是马克龙对非政策重点之一。法国在萨赫勒地区有4500名士兵执行反恐行动。他2017年5月就任总统第六天就造访西非的马里，直飞法军指挥基地吉奥视察，7月2日又在马里举行的萨赫勒五国集团特别峰会上表示，法国将在年底前为联合反恐部队提供800万欧元的支持。2018年9月9日，在法国大力推动下，萨赫勒五国集团联合反恐部队正式成立，但"关键是缺乏所需的资金"。法国四处奔走，积极动员欧盟、联合国等国际社会给予"赞助"。欧盟宣布将提供5000万欧元，美国出资6000万欧元，萨赫勒五国各出1000万欧元。据《赫芬顿邮报》法国版报道，各方承诺的4亿欧元的资金，大多停留在口头上。法方表示，相关过程非常复杂，但开始取得"具体成果"。美国倾向通过双边而非多边框架提供援助，甚至希望削减联合国的资金支持。马克龙此访目的是希望通过支持非盟改

革，由非洲自己多出钱，以解决所需资金的缺口，但得不到非洲国家赞同。在经济政策方面，法国加大对非投入。法国银行数据显示，2016年法国在非洲直接投资存量为460亿欧元，主要集中在摩洛哥、阿尔及利亚、塞内加尔、喀麦隆等国。然而，法国对非投资仅占其全球投资的4.3%。法国对非贸易出现不同程度萎缩。如2016年法国对阿尔及利亚和科特迪瓦的出口分别为56亿美元和11亿美元，2012年对两国出口分别为81.6亿美元和12.8亿美元。这反映了法国产品竞争力有所下降。马克龙还表示，法国将增加对外援助，2022年将达到占GDP的0.55%，对非援助相应增加。法国将继续加强对非在教育、卫生等领域的合作。

总的来看，马克龙一年半的外交成就显著，受到国际社会的重视，进一步提高了法国的大国地位和影响力，他在外交上积极进取，被视为欧盟一体化的“旗手”和欧洲的“代言人”。同时，他的外交引发争议和批评，说他热衷于提倡议、路线图，但缺乏后续落实，这是法国实力与其外交雄心之间的差距使然。随着其外交实践的增多，外交政策逐步趋于稳重。在当今世界面临百年未有之大变局时期，马克龙年轻有为，只要他坚持独立的外交政策，努力推进国内经济结构性改革，保持政局稳定，法国作为世界五强之一的大国对国际格局演变将发挥不可或缺的积极作用。

印度对“印太”战略的态度及印美关系的走向

郑瑞祥[①]

内容提要：特朗普2017年正式提出“印太”战略，美、日、澳、印“四国安全对话”重新启动。美日极力拉拢印度入伙，印度给予积极回应，但在涉华问题上持慎重态度。在“印太”战略背景下，印美关系获得快速而全面的发展，特别是防务合作最为突出。但印度也是特朗普单边主义和贸易保护主义的受害者，印美之间出现了新的矛盾和分歧。印度坚持外交“战略自主”，一方面与美国发展战略伙伴关系，适度支持“印太”战略，另一方面在主要大国之间寻求平衡，实现自身利益最大化。

关键词：印太战略　印度　态度　印美关系

2017年11月上旬，美国总统特朗普出访亚洲5国，并出席在越南举行的亚太经合组织（APEC）峰会。特朗普在各种场合都宣示“自由开放的印度洋—太平洋”（FOIP）的所谓“印太”战略构想。这个构想的核心是建立由美国、日本、澳大利亚和印度组成的四国安全对话机制。印度是印度洋地区的大国，舆

---

① 作者系中国国际问题研究基金会研究员、中国国际问题研究院研究员。

论普遍认为印度对“印太”战略的成败起着至关重要的作用，所以引人关注。

2018年6月1日，在新加坡召开的“亚洲安全论坛”（又称“香格里拉对话会”）上，印度总理莫迪发表主旨演讲，一方面他谈论“航行自由”，作为对美国主张的呼应；另一方面他明确主张“建立自由、开放、包容的印度洋—太平洋地区（FOIIP），将该地区所有国家都置于对进步和繁荣的共同追求之中”，莫迪加上了一个修饰词“包容的”，并且讲了四次。他还说，印度没有将该地区视为一个“战略区域或少数成员的俱乐部”。这显示他与美国保持适当的距离。莫迪还对中国和中印关系进行了正面的评价，与美国国防部长马蒂斯无端攻击中国的讲话形成鲜明的对照。国内外媒体和智库专家学者对莫迪讲话作出了各种解读，试图从他的讲话中分析印度政府对“印太”战略的态度。不能仅从莫迪的一次讲话分析得出什么结论，而有必要对印度在“印太”问题上的战略考量和“印太”背景下的印美关系作全面的分析。

一、印度对“印太”战略的态度

从“印太”概念到“印太”战略，印度的态度有一个发展和演变的过程，到目前为止可以归纳为“积极而慎重”。

印度对“印太”早有自己的打算，和美、日推行的“印太”战略既有相同的部分，也有明显的差别，在战略利益一致的时候给予积极的回应；反之，则慎重行事。在当今复杂多变的国际和地区形势下，印度更加需要考虑周全。

“印太”概念或战略并非特朗普首创。实际上，“印太”概念、“四国同盟”和“四国机制”的提法，早在10多年前就有了。而印度学界对“印太”概念的论述虽不能说是最早，起码是属于比较早的。印度有不少人是“印太”概念的鼓吹者。2007年，印度有官方背景的战略智库“防务与战略分析所”（IDSA）发表一份报告，题为《印度与日本合作展望：海岸线安全》，首次提出“印太”概念，包括从东非和西亚沿岸延伸，跨越印度洋和西太平洋，直至东亚海岸的广袤海域。同年8月，日本首相安倍访问印度在印国会发表演讲时引用了这一概念。2010年以后，印度政府官员多次提到“印太”概念。2011年11月，美国、澳大利亚、印度三国研究机构联合发表研究报告《共同的目标与趋同的利益：美、澳、印在印太地区的合作计划》。此后，美、日、印、澳等国的战略分析家和军方人士频繁地提到“印太”概念，主张建立所谓“四国集团”以应对中国的崛起。2012年12月，时任印度总理辛格在印度—东盟峰会的讲话中称“一个稳定、安全、繁荣的印太地区对我们自身的发展与繁荣至关重要”。

莫迪上台以后，正好遇上美国、日本加紧推动“印太”战略，并极力拉拢印度参加。2016年8月，日本首相安倍在出席“非洲开发会议”时提出了“印太”战略构想。同年11月莫迪访问日本，安倍游说莫迪政府参与“印太”战略，强化区域安全合作，莫迪作了积极回应。2017年6月，莫迪访问美国，与特朗普会谈后发表的联合声明宣称，共同维护印太地区和平、稳定和繁荣是两国在该地区战略合作的目标。同年10月，时任美国国务卿蒂勒森访印，表示未来印美两国将拓展在南亚和印太地区的战略合作关系。2017年11月特朗普访问日本，与安倍共同推动“自由与开放的‘印太’战略”。日本媒体报道，印度对美日推动的“印太”战略“保持某种程度的小心谨慎”，虽然印度也使用“印太”作为一个战略性的地区概念，但在政策层面上保持自己的“战略自主”，与美日保持一定的距离。随着“印太”战略的逐步推进，沉寂了10年之久的美日澳印“四国安全对话”死灰复燃。2017年11月12日，上述四国外交部门司局级官员在马尼拉会晤，会后发表公报称，会议讨论了保障印太地区自由与开放的、基于法律规则的国际秩序。与会者承诺今后继续讨论四国深化在共同价值观和原则基础上的合作。2018年6月和11月又开了两次同样的四国对话会。日本媒体认为，“四国安全对话”中，日本最积极，是主要推动者；美国似乎更多是支持者而非领导者；澳大利亚是美日的盟友，自然表示支持；印度积极参加，但对是否要升格为部长级持慎重态度。西方学者认为印度是四国机制中最薄弱的一个环节。

印度对“印太”战略主要有以下三个方面的考虑：

第一，印度是印度洋地区的大国，经济和军事实力名列前茅。长期以来印度自认为印度洋是印度的海洋。但是，在传统上的亚太地区不包括印度，亚太经合组织也没有印度。现在美国把印度洋和太平洋连在一起变成“印太”，而且十分看重印度在印太地区的重要作用，正中印度下怀。这样印度就可以名正言顺地在亚太或者印太地区提升“存在感”。印度前外交秘书希亚姆·萨兰指出，随着印度在地区和全球地位的提高，它不可避免地向这一扩大的地缘政治和地缘经济空间的中心移动。“印太”概念正好契合这一变化趋势。美国的“印太”概念等于承认了印度在印度洋和太平洋扮演的重要角色。

第二，印度想把自己的“东向行动”战略与美、日推行的“印太”战略进行对接。早在2014年莫迪在执政头一年访美时，与奥巴马发表的联合声明中就指出，印度的“东向行动”政策与美国的“亚太再平衡”战略有共同点。2015年1月奥巴马访印时双方又发表了《印美关于亚太和印度洋地区联合战略愿景》的共同声明。2016年11月莫迪访问日本，据日本外交部称，两国领导人一致认为，为了印太地区的稳定与繁荣，通过加强合作，将把日本的“自由与开放的印太战略”与印度的“东向行动”政策对接。2017年特朗普把“亚太”改成“印太”，印度“东向行动”与美国“印太”战略对接，就是顺理成章的事情了。

第三，美、日推行的“印太”战略具有明显的针对中国的意图：一是遏制中国的崛起；二是对冲中国的“一带一路”倡议。这与印度的战略利益基本一致，因此印度对美、日、澳、印“四国安全对话”给予了积极的响应，寻求从中获得战略红利。印度指望借助美国以及四国机制的力量作为与中国竞争的资本。但是印度又不会全心全意地支持和参与“印太”战略，以避免不必要地刺激中国。印度一方面参加针对中国的“美日印”三边对话，另一方面参加“中俄印”三边对话。2018年11月在阿根廷举行的二十国集团（G20）峰会期间，莫迪分别与美、日和中、俄领导人举行了两个三边峰会，可谓用心良苦。另外，印度还是“金砖”五国和上海合作组织的成员国。莫迪总理说过，印度重视发展同中国的友好合作关系。在经历了2017年的边境对峙之后，2018年中印关系成功转圜。

二、“印太”战略背景下的印美关系

总的说来，“印太”战略为印美关系的发展增添了新的动力。

冷战结束以来，特别是进入21世纪以来，印美关系得到了快速和全面的发展，双方建立了全球战略合作伙伴关系。莫迪和特朗普先后担任印美领导人之后，在原有的基础上两国关系迅速升温，日趋紧密。印美关系保持良好的发展势头。

（一）印美战略合作伙伴关系不断深化，双方在政治、经济、军事等领域的合作不断拓展

2016年6月，莫迪访美受到特殊待遇，在美国参众两院联席会议发表演讲，受到热烈欢迎。据印度媒体统计，莫迪45分钟讲话获得64次鼓掌。媒体评论说，两国合作从未有今天这样的深度和广度。莫迪强调，“一种强大的印美合作关系有助于确保海上商路安全和航行自由”。很明显，这是附和美、日的言论，是对“印太”战略的暗中配合。2017年莫迪再次访美，特朗普称赞印美关系“前所未有之牢固，前所未有之好”。

印美关系发展中最具突破性进展的是两国的军事和防务合作，双方认为防务合作已经成为印美战略合作伙伴关系的支柱和核心。同时，美国同意向印度出口先进武器装备和进行技术转让也成为拉拢印度支持和参加“印太”战略的重要诱饵。2016年印美两国国防部长签署了《印美后勤交流备忘录协定》，该协定允许两国军队互相使用对方陆、海、空军事基地及相关设施，进行综合补给、维修保养和人员休整等后勤作业。美方同意提升两国防务贸易及技术共享水平，印度将享有与“美国最亲密的盟友和伙伴”的同等待遇。2018年8月1日美国国会通过新的国防授权法，给予印度战略贸易许可地位（STA–1），亚洲除印度外只有日本、韩国得到此待遇。同年9月举行的印美外交部长和国防部长2+2会谈取得的主要成果是，两国又签订了《通讯兼容性与安全备忘录协定》（COMCASA），美印两军可实现情报共享，便利两国共同把握海洋状况等。今后两国

还要签订类似的军事合作文件。美国的如意算盘是通过签订这些协定，逐步把印度捆绑在美国的战车上，为美国的全球战略和“印太”战略服务。多年来，印美双边、印美日三边联合军事演习规模越来越大，越来越具有实战性质。印美两国已宣布2019年将在印度东部举行海陆空联合军事演习。2018年12月印度国防部长西塔拉曼访问美国，这是一年之内印美防长第4次会晤，美防长马蒂斯称，在追求安全、繁荣和自由的“印太”的共同愿景中，印度是“稳定的力量”。双方确认防务合作是印美战略伙伴关系的关键支柱（Key Pillar）。美方还特别安排印防长从华盛顿到夏威夷访问美军印太司令部，访问期间，印美空军正在印度西孟邦进行联合演习。

印美经贸合作虽然比不上防务合作的发展速度，但也取得了显著的成绩。据“美印战略伙伴关系论坛”网站提供的数字，2016年印美双边贸易（货物贸易+服务贸易）为1142亿美元，2017年达1260亿美元，比上年增加10.4%。而且贸易平衡对印度有利，印度有300亿美元左右的顺差。多年来美国稳居印度第一大贸易伙伴之位。相比之下，2017年中印贸易刚刚超过800亿美元，远不及印美贸易总额，但是，以货物贸易计算，我国是印度第一大贸易伙伴。

（二）印美关系也存在一些矛盾和分歧，还出现过波折

特朗普上台以来，美印已经发生过多次不愉快的事情。例如，在2017年6月莫迪访美期间，双方同意建立的国防部长和外交部长组成的2+2会谈被美方两度推迟，直至2018年9月才举行。印媒体抱怨说这是“20年来印美关系最差”的时候，虽然有些言过其实，但反映了印度舆论对美国的不满和失望。再如，印度提前半年邀请特朗普在2019年1月访问印度并作为印

度国庆庆典活动的主宾，竟被美方拒绝，理由是与美国总统发表国情咨文的时间撞车。但印度人不理解，为什么奥巴马总统就能在2015年1月应邀访印并作印国庆主宾，特朗普就不行？不言而喻，美方的傲慢严重伤害了印度的自尊。

特朗普在“美国优先”的口号下推行单边主义和贸易保护主义，印度也是受害者之一。这方面的印美矛盾和分歧显得更加突出。

在经济方面，虽然美国没有对印度挑起贸易冲突，但是对钢铝产品加征进口税，也影响印度对美国的钢铝出口。2016—2017年度印对美钢铝出口占该国钢铝出口的11%，其中钢出口145亿美元，铝出口32亿美元。2018年6月印度宣布要采取报复措施，对从美国进口的农产品、金属制品、摩托车等29种商品加征进口关税。其实，更加让印度担忧和不满的是，特朗普政府收紧了对外籍务工人员的H1-B签证，影响到在美国信息产业部门工作的数十万印籍技术人员的饭碗，对多年居世界第一的印度软件外包业务也是沉重的打击。

在外交方面，美国退出《伊朗核协议》并对伊朗实行制裁，从伊朗购买石油的国家也将受到制裁，而印度长期依赖石油进口，伊朗是印度第二大石油供应国。美国还警告印度不要从俄罗斯购买S-400防空导弹，否则也要受到制裁。这些都给莫迪政府的外交政策出了难题。如果说特朗普上台前印度能够轻松自如地在大国之间左右逢源的话，现在的特朗普新政使印度左右为难，必须小心谨慎地与美国周旋。印度不顾美国反对，坚持从伊朗购买石油，从俄罗斯购买S-400防空导弹，并且已签订了协议。特朗普虽然威胁要制裁印度，但结果还是对印度网开一面。当然印度也作了让步，如一再推迟执行对美国商品加征关税，表示要减少购买伊朗石油，等等。有意思的是，印度政府"提醒美国"不要忘记印美两国是"战略伙伴"，印度期望今后遇到类似问题仍会得到美国政府的"特别照顾"。

三、结 论

（一）印美关系仍将向更加紧密的方向发展

印度学者认为，印美关系是可持续发展的战略伙伴关系。印度著名战略分析家拉贾·莫汉指出，印美两国利益交汇，对地区和国际问题的看法日益趋同。从防务、高技术合作到经贸合作，再到两国民众之间的交流，印美关系是印度与所有大国关系中最全面的关系。

印美关系发展的主要动力是互有需要。美国主要是从全球战略和亚太（印太）地缘政治的角度考虑，需要拉拢印度，把它当作遏制中国的重要力量，即所谓印太地区的"平衡器"。在当前形势下，印度自信地认为美国更需要印度。美国为了拉拢印度支持和参与"印太"战略，可谓费尽心机。特朗普称赞莫迪是"真正的朋友"；美国前国务卿蒂勒森访问印度时说印美要结为"持续一百年的伙伴"；美国国防部长马蒂斯在2018年香格里拉对话会上特别提到印度在"印太"的角色是"领导者"和"负责任的统筹人"。

当然，印度也需要美国。一是印度需要美国资金和技术的支持和帮助，以实现莫迪提出的"印度制造"的宏伟目标；二是印度需要与美国的政治、战略、军事等方面的支持与合作，以实现印度从南亚地区大国变成世界大国的梦想。正如印前外交秘书、前驻华大使拉奥琪指出的，今天印度与美国的伙伴关系是印度外交政策的关键因素。

（二）印美之间的矛盾和分歧将长期存在，有些矛盾是结构性的

美国提出“印太”战略，把美军太平洋司令部改为印太司令部，表面上是重视印度，实际上把两洋都置于美国控制之下。而印度历来反对任何大国染指印度洋，美国来了，印度失去的恐怕比得到的更多。印美之间旧的矛盾解决了，又会产生新的矛盾和问题。在不断产生和解决矛盾分歧中发展战略合作伙伴关系，将成为两国关系的新常态。印美两国越走越近，但不会一帆风顺。特朗普上台以来，印美两国之间的问题大多源自美国，因此解决问题的主动权也在美国手里。

（三）印度在处理印美关系和其他大国关系时仍将坚持“战略自主”的立场

美国等西方国家把印度称为“摇摆国家”，显露出它们对拉拢印度未能达到预期的效果而感到失望或失落。其实，“摇摆国家”的地位正是印度的优势，凭借这一优势，印度游走于主要大国之间，寻求最有利于自己的“平衡”地位，结果印度成了主要大国竞相争取的“香饽饽”。如果说“战略自主”是印度的外交战略，那么“摇摆”就是一种外交策略，多年来印度运用得相当熟练。今后，印度将继续在美、日、中、俄等主要大国之间寻求平衡。澳大利亚学者认为，印度一方面在海洋上与澳、日、美合作，另一方面在欧亚大陆与中、俄合作。总之，印度不会甘心做某个大国战略棋盘上的一颗棋子，因此它不会“一边倒”。这种平衡外交是相对的、动态的，印度将根据形势的变化和自身条件的变化随时进行调整，莫迪总理在新

加坡香格里拉对话会上的讲话就是很好的例证。

西方和印度媒体有一种说法，似乎是中国把印度推向美国怀抱，印美越走越近，中印就渐行渐远。反过来，中印关系搞好了，印度就会与美国拉开距离，印度就不会支持“印太”战略，甚至会退出“四国安全对话”机制。然而，不能用简单的逻辑来分析和判断复杂的国际关系。很有可能与上面的说法相反，中印关系的改善有助于印美关系进一步发展，因为这二者不是零和游戏。正如印度媒体评论的，由于印度与中国改善关系，与俄罗斯重新确定坚强的关系，印度就保持了更大的战略空间，有助于印度与美国达成更好的交易。

所以，我们不能低估印度政治精英的智商，毕竟对印度来说，左右逢源、两头得利才是最佳选择。

地区形势与前景分析

北约未来初析

——北约不会解体，美国不会退出

张林初[①]

内容提要： 特朗普入主白宫后，特别是2018年以来，大西洋两岸出现了重要变化，理念上产生了严重分歧，大西洋联盟出现了结构性和永久性的裂缝。但出于深层的战略原因和未来安全的需要，北约不会走向解体，美国也不会退出北约。为确保北约的集体防御和大西洋两岸的稳定与安全，北约将采取有效措施加强军备建设。但是，特朗普奉行"美国优先"的单边主义政策，将进一步拉大大西洋两岸的裂缝，北约将不再是原来意义上的北约。

关键词： 北约　矛盾　未来　走向　分析

特朗普当选美国总统后，特别是2018年以来，北约出现结构性裂缝，大西洋两岸渐行渐远，矛盾日趋尖锐复杂，隔阂日增，裂痕渐深。然而，虽然大西洋逐步"变宽"，但因深层的战略原因和未来安全的需要，至少在可以预见的将来，北约不会走向解体，美国也不会退出北约。北约将采取各种政治军事

---

① 作者系中国国际问题研究基金会研究员。

措施，继续实施集体防御政策，应对复杂多变的安全形势，维系大西洋联盟和成员国的安全和稳定。

一、大西洋两岸矛盾日趋尖锐复杂

特朗普上任以来，大西洋两岸出现了重要变化，在理念上产生了严重分歧，美国奉行单边主义，其他盟国则继续维持多边主义，而北约本身就是一个多边组织；美国注重实利，要立竿见影，其他盟国则关注长远战略。大西洋联盟出现了结构性和永久性的裂缝，大西洋“变宽”很可能是未来的趋势。

（一）在北约作用问题上

“赶走俄国人，请来美国人，压制德国人”。这是北约首任秘书长洛德·伊斯梅勋爵的名言，非常形象地说明了北约最初的作用。然而，70年后的今天，国际安全形势和战略格局发生了翻天覆地的变化，大西洋两岸对北约作用的认识发生了巨大变化。美国将北约作为其继续维持世界霸权和控制欧洲的工具，试图继续垄断欧洲的安全事务，想把北约改造成“更加”美国的北约，为美国的全球战略服务；以德法为代表的“老欧洲”盟国，企图依托北约，维护欧洲及周边地区的安全和稳定，谋求欧洲安全的自主权，最终建立起欧洲独立的防务；波兰、匈牙利、罗马尼亚等中东欧新加入北约的“新欧洲”盟国，则把北约和美国作为其安全的主要支柱和靠山，以应对强大的俄罗斯。控制与反控制、协调与抗争的博弈日趋激烈。

（二）在安全关切方面

欧洲的主要安全关切是欧洲大周边的安全。欧洲认为伊斯兰的极端主义、中东北非的动乱以及俄罗斯军事力量在欧洲东部和东地中海的强势出现，严重威胁着欧洲的安全与稳定。中东北非动乱造成的几百万难民潮，不仅给欧洲带来了诸多的政治社会问题，而且还严重影响欧洲的团结和安全。针对大周边安全问题，欧洲不可能武力解决，也没有武力解决这些问题的实力和意志。这就决定了欧洲盟国在伊朗核问题、叙利亚问题、美驻以使馆迁往耶路撒冷问题及对俄政策问题上，与美国不同步、不同调。美国则不同，美国把中国、俄罗斯等大国以及伊朗等伊斯兰国家视为其主要安全威胁，强势打压。特朗普政府不顾欧洲国家、伊斯兰世界及中俄等大国的反对，撕毁伊朗核问题全面协议，强行把美驻以大使馆迁往耶路撒冷，明显不在意欧洲的大周边安全关切。2018年10月，美国又不顾欧洲安危，威胁要退出《中导条约》。由此可见，大西洋两岸已经在欧洲安全关切问题上各说各的话。

（三）在防务开支问题上

安全关切和安全威胁认识的不同，导致北约盟国在军费投入问题上产生严重分歧。特朗普上台后，大力渲染俄罗斯对欧洲的威胁，批评盟国特别是德国对北约的贡献太少，美国则承担了北约70%的开支，保护着欧洲的安全和稳定。特朗普曾对媒体表示，如果盟友不承担他们应该分摊的费用，他可能会放弃对盟友的自动保护权。在北约2018年7月布鲁塞尔峰会上，特朗普发出最后通牒：如果这些成员国不立即将其防务开支提高到占其国内生产总值的2%，美国将单独采取行动；德国和北约其他成员国必须在2019年1月1日以前实现上述目标。① 北约欧洲盟国特别是“老欧洲”盟国认为，俄罗斯问题更多的是政治问题，而不是军事安全问题，欧洲国家面临的主要威胁是恐怖袭击、难民危机、跨国犯罪、环保气候问题等非传统安全因素。所以欧洲盟国不可能在防务上作大的投入。到目前为止，北约29个成员国中，除美国之外，只有英国、希腊、波兰、爱沙尼亚、拉脱维亚、立陶宛、罗马尼亚等7个国家的防务开支符合占其国内生产总值2%的要求。

（四）在内部关系方面

除了“新欧洲”和“老欧洲”在安全关切上存在固有的分歧外，特朗普入主白宫以来，北约内部矛盾上升，关系更趋复杂。特朗普不时直言不讳地指责北约成员国尤其是德国。他不仅批评德国的国防开支过低，而且还指责德国与北约的敌人俄罗斯进行过于紧密的能源合作。他近乎挖苦地说，“如果德国从俄罗斯进口60%—70%的能源和新管道，德国自己也成了俄罗斯的‘俘虏’”。② 特朗普不断指责德国，羞辱默克尔，以致德国媒体认为：目前在所有北约欧洲盟国中，特朗普将德国视为其“敌人”。美国甚至还放风美可能要从德国撤出驻军。同时，美国与土耳其的关系也十分紧张，甚至对土进行制裁。原因是美国干涉土内政，美土在叙利亚、伊朗问题上存在严重分歧，土购买俄罗斯的S-400防空导弹系统。土耳其的对外政策已发生重大变化，同时又存在很大的不确定性，值得关注。德国和土耳其是北约的两个重要成员国，美国与其关系的走向，

① “北约峰会中暴露的美德分歧”，澎湃新闻网，2018年7月26日。

② 同上。

将直接影响北约的未来。

二、北约依然是维系大西洋两岸的纽带

大西洋两岸矛盾日趋尖锐复杂，大西洋逐渐“变宽”，北约将不再是原来意义上的北约，但大西洋联盟不会分道扬镳，北约不会走向解体，热衷“退群”“废约”的美国也不会退出北约，至少在可以预见的将来，这种可能性基本不存在。特朗普的“美国优先”政策要成功实施，离不开北约盟国的合作和辅助。大西洋两岸除了同属西方世界，有着共同的价值观和意识形态外，还有着深层的战略和未来安全的需要。

（一）北约仍是大西洋两岸集体防御的基础

成立于1949年的北约，是以美国为首的西方国家缔结的针对苏联等国的军事政治联盟，其宗旨是成员国在集体防御和维持和平与安全方面共同努力，促进欧洲—大西洋地区的稳定和繁荣。虽然国际战略格局和欧洲安全形势发生了翻天覆地的变化，原来的苏联已经解体，华约也已不复存在，但北约依然是美国争夺并维系其世界霸主地位的基石，也是“西方自由世界秩序”维持至今的主要依托。北约2018年7月布鲁塞尔峰会的公报重申，“北约依然是集体防御的牢固基础，是成员国就安全进行磋商和泛大西洋作出决定的主要论坛”，“北约将继续为欧洲—大西洋地区的和平、安全和稳定而努力”。[①] 美国总统特

① https://www.nato.int/cps/fr/natohq/official_texts_156624.htm?selectedLocale=fr。

朗普也宣称："我信任北约，美国会继续支持北约，美国将对北约盟国一如既往地承担约定的义务，共同实施集体防御。"[①] 然而，特朗普将更多地强化北约为美国的全球战略服务。

（二）北约是大西洋联盟共同对付俄罗斯的工具

近年来，俄罗斯强势崛起，用武力改变了战后边界，欧洲国家特别是中东欧国家真切地感到"北极熊"又来了。北约认为，"俄罗斯非法吞并克里米亚，在北约边境附近进行挑衅性的军事部署和军事行动，进行大规模军事演习，甚至为达到其政治目的威胁使用或使用武力……已使欧洲—大西洋地区的安全环境更加不确定，更加不可预测，已严重影响欧洲—大西洋地区的稳定和安全"。[②] 北约的"新欧洲"成员国更是感到俄罗斯是现实的威胁，担心俄罗斯改变战后边界。因此，他们需要北约来维护国家主权和领土完整。北约2018年7月布鲁塞尔峰会公报重申了北约"集体防御、危机处理和安全合作"的三大战略任务，强调共同对付俄罗斯，增加北约在前沿的军事部署。

（三）美国在欧洲有着重大的军事战略利益

北约不仅是美国维系美欧战略关系的纽带和控制欧洲的工具，同时也是美国全球军事战略中的重要一环。美国在欧洲有着重要的军事战略利益。目前，美国在欧洲驻扎有62 000多名军人，约占美国驻海外军人的三分之一，分别驻扎在14个

---

① "北约峰会中暴露的美德分歧"，澎湃新闻网，2018 年 7 月 26 日。

② https://www.nato.int/cps/fr/natohq/official_texts_156624.htm?selectedLocale=fr。

北约成员国，其中德国最多，达34 000多人，意大利次之，为11 000多人。同时，美国在欧洲拥有庞大的军事基地网。德国的斯图加特军事基地是美军驻欧洲司令部和美军非洲司令部所在地，意大利的那不勒斯海军基地是美国第六舰队司令部所在地。另外，美国以“志愿者”的方式，为北约提供反导系统，分别在西班牙、罗马尼亚、波兰部署或将部署“宙斯盾”反导系统，直接将反导系统推进到俄罗斯的家门口。美国在欧洲庞大的军事存在，是北约共同对付俄罗斯的重要军事力量，同时也是美国控制欧洲和欧洲留住美国的重要手段。

（四）大西洋两岸互为重要的经贸投资伙伴

经贸投资是大西洋联盟的重要组成部分，也是维系大西洋联盟的压舱石。据美国商务部公布的数据显示，2017年美国与欧盟的货物贸易总额为7184.50亿美元，其中美向欧盟出口2835.17亿美元，占美出口总额的18.3%，美从欧盟进口4349.33亿美元，占美进口总额的18.6%。[①] 2017年美国与欧盟的服务贸易总额为4283.09亿美元，其中美向欧盟出口2398.13亿美元，美从欧盟进口1884.96亿美元。[②] 2017年美国与欧盟的货物和服务贸易总额高达11 467.59亿美元。据美国经济分析局公布的数据显示，2017年美国对欧洲的投资总额为2436亿美元，存量达35 534亿美元；欧洲对美国投资总额为1282亿美元，存量

① “三大经济体2017年GDP值及对外货物贸易额数据”，http://blog.sina.com.cn/s/blog_610b154e0102xbrt.html?tj=fina。

② “美国与世界主要国家和地区服务贸易进出口关系”，http://blog.sina.com.cn/s/blog_14ecf3f690102xt3k.html。

达27 313亿美元。[①] 如此密切的经贸投资关系，你中有我，我中有你，密不可分，紧密地维系着大西洋两岸的关系，美欧实难分道扬镳。

三、北约将继续积极采取有效措施加强军备建设

北约认为，“当前我们处于危险、多变和难以预测的安全环境，各个战略方向充满着挑战和威胁……俄罗斯的侵略行径，是对大西洋联盟的挑战，严重影响欧洲—大西洋地区的安全”。[②] 为此，北约将采取积极有效措施加强军备建设，确保北约的集体防御。

（一）承诺增加防务开支

防务开支问题历来是北约内部争论的焦点。为避免北约成员国防务开支持续下降的趋势，北约2014年威尔士首脑会议商定，到2024年各成员的国防开支达到占其国内生产总值的2%，其中装备预算达到占其国防预算的20%。截至2017年，除美国之外，只有7个成员国的国防预算和一半成员国的装备预算达到上述要求。其中，德国2018年的防务支出仅占其国内生产总值的1.24%，到2025年才能达到占1.5%。在欧洲乱象丛生和经济复苏缓慢的形势下，在北约2018年7月布鲁塞尔首脑会

① “2017年美国海外投资大增4000亿美元，瑞士成美国资金新宠”，https://baijiahao.baidu.com/s?id=1608205267524074259&wfr=spider&for=pc。

② https://www.nato.int/cps/fr/natohq/official_texts_156624.htm?selectedLocale=fr。

议上，迫于美国总统特朗普的重压，各成员国承诺将增加国防开支。北约2018年7月布鲁塞尔首脑会议声明称，预计到2024年，三分之二成员国的防务开支将达到占其国内生产总值的2%，24个成员国的装备预算将达到占其国防预算的20%。[①]

（二）建立和强化指挥控制机构和网络战中心

为便于向与俄罗斯对峙的前沿快速集结部队，确保北约最高司令部在任何时候都能指挥控制北约部队面对任何军事挑战和安全威胁而发起的军事行动，尤其是指挥控制集体防御的大规模军事行动，北约2018年7月布鲁塞尔峰会决定，2018年年内成立一个联合军种部队司令部和一个联合军种支援司令部。联合军种部队司令部设在美国的诺福克，负责保护大西洋交通线的安全；联合军种支援司令部设在德国，负责保障作战部队后方的行动自由和对作战部队的增援以及将武器装备快速运送到欧洲东部前沿。两司令部的陆军部分，可以指挥控制多个军级规模单位。另外，随着网络战的愈演愈烈，北约决定组建一个网络战中心，中心设在比利时，负责北约网络空间的情报侦察和网络战的协调。[②]

（三）强化应急部队常态部署

为应对日益复杂的安全形势，提高北约部队的战备水平和快速反应能力，能让更多成员国高质量、随时能参加军事行动的部队提交北约，北约2018年7月布鲁塞尔峰会发出了一项名

---

① https://www.nato.int/cps/fr/natohq/official_texts_156624.htm?selectedLocale=fr。

② 同上。

为“四个30”的倡议，承诺到2020年，北约将拥有一支在30天或更短时间内，部署30个中重型机械化营、30个空军歼击机中队和30艘作战舰艇的应急部队。[①] 同时，北约将加强前沿部署，除提高北约东北多国师以及驻爱沙尼亚、拉脱维亚、立陶宛和波兰的共4500人的4个多国轮换派驻营的实战能力外，将加强北约在黑海地区的前沿部署，充实驻罗马尼亚的多国旅，并增派海空军部队，以“更好地应对越发不可预测的安全环境”。[②] 另外，北约将重型装备陆续部署到爱沙尼亚、拉脱维亚、立陶宛和波兰等前沿国家。值得注意的是，波兰还邀请美国在其领土上建立永久性军事基地，这将北约驻欧洲的军队前推到离俄罗斯更近的地区。

（四）频繁举行军事演习提高部队的作战能力

近些年，北约从波罗的海到黑海不断举行军事演习，向俄罗斯频频施加强大的军事压力。这些演习，参演国多、规模大、科目多，实战性和指向性明显。例如，2018年6月，北约在爱沙尼亚、拉脱维亚、立陶宛和波兰等敏感地区举行名为“军刀出击”的联合军事演习，共有19个国家的1.8万兵力参演，其中包括北约新组建的4个多国营，重点演练空中支援、远程投送和两栖突击等科目。值得一提的是，北约将美国驻德国的两个装甲团投放到离俄罗斯边境很近的演习地域。[③] 2018

---

① https://www.nato.int/cps/fr/natohq/official_texts_156624.htm?selectedLocale=fr。

② https://www.nato.int/docu/review/2018/Also-in-2018/the-black-sea-region-a-critical-intersection-nato-security/FR/index.htm。

③ https://www.nato.int/cps/fr/natohq/news_156063.htm?selectedLocale=fr。

年10月下旬至11月初，北约在挪威中部和东部及其周边的北大西洋和波罗的海海域和冰岛、芬兰与瑞典领空举行“三叉戟接点—2018”联合军事演习，北约29个成员国与瑞典和芬兰两个伙伴国参演。参演兵力有50 000多名官兵、150余架战机、65艘舰艇和10 000多辆车辆，其中包括美国“哈里·杜鲁门”号航母打击群和5000名“高度戒备联合特遣部队”，其规模为冷战结束以来之最。其目的在于强化北约与伙伴国家“在任何时候应对来自任何方向的任何威胁”的防御能力，以及“有针对性的威慑能力”。演习将以挪威的国家主权受到威胁为背景，重点演练北约及伙伴国在寒区大规模登陆作战能力和对登陆部队持续作战的保障能力，检验“高度戒备联合特遣部队”的快速反应能力。[①] 这次演习是近年来在俄罗斯边境附近举行的规模最大的演习。

（五）继续东扩挤压俄罗斯的战略空间

自冷战结束以来，北约已进行四轮东扩，成员国已从原来的16国扩大到现在的29国，“疆域”已扩至俄罗斯边界，在千余公里陆地边境上与俄罗斯“零距离”接触，对俄罗斯构成直接的现实威胁。为进一步围堵俄罗斯，压缩其战略空间，北约2018年7月布鲁塞尔峰会又正式邀请马其顿政府与北约进行其入约谈判。虽马其顿2018年9月30日进行的关于修改国名的公投因投票率不足50%而无效，但马其顿加入北约的进程已开始。同时，北约还将继续实行“门户开放”政策，向所有符合条件的申请国敞开大门，并重申北约2008年布加勒斯特峰会邀

① https://www.nato.int/cps/fr/natohq/news_155866.htm?selectedLocale=fr。

请波黑和格鲁吉亚加入北约的决定，希望其加快改革，早日成为北约的一员。北约不仅通过东扩进一步挤压俄罗斯，而且还通过由北约29个成员国和21个伙伴国组成的欧洲—大西洋伙伴理事会，埃及、突尼斯等7国组成的地中海对话，巴林、卡塔尔等4国组成的伊斯坦布尔倡议等机制从中亚、中东、北非和地中海等地区全方位围堵俄罗斯。

2019年是北约成立70周年。展望未来，面对俄罗斯的强势崛起和复杂多变的国际安全形势，北约不仅还将存在，而且还会扩员壮大，发挥集体防御的作用，保护成员国的安全和稳定。但是，特朗普奉行“美国优先”的单边主义政策，将进一步加重成员国的离心倾向，拉大大西洋两岸的裂缝，北约将不再是原来意义上的北约。美国一方面更多地让北约为其全球战略服务，另一方面将在北约内进行有选择的合作，加强与波兰、罗马尼亚等“新欧洲”国家的合作，淡化与德国、法国等“老欧洲”国家的关系。“新欧洲”国家将更多地倚重北约和美国，并视北约和美国为其外交防务基石，“老欧洲”国家将更多地致力于欧洲独立防务的建设，法国总统马克龙已明确表示，要“建立一支真正的欧洲军队”来保护欧洲。

基础设施联通助推中亚国家加速地区一体化和参与经济全球化

赵常庆[①]

内容提要：基础设施联通是中国提出的“一带一路”倡议的重要组成部分，是推动沿线国家和人民之间联系，助推地区经济一体化和经济全球化的重要平台。中亚地区基础设施联通在欧亚地区具有枢纽作用。自2013年“一带一路”倡议提出以来，中国与中亚国家基础设施联通进展顺利，成效显著。近几年特别是2018年以来，中亚国家之间基础设施联通也出现新局面。本文除介绍上述情况外，还以中国与中亚国家、中亚国家之间、阿富汗三个案例说明，对于联通来说除有可以联通的硬件外，还要具备其他一些条件。地区一体化和经济全球化的发展离不开基础设施联通，地区一体化和经济全球化对基础设施联通提出更高的要求，并赋予其发展的强劲动力。

关键词：“一带一路”　基础设施联通　中亚国家　地区一体化　经济全球化

2013年中国提出的“一带一路”倡议包括五方面内容：政

① 作者系中国国际问题研究基金会研究员，国务院发展研究中心欧亚社会发展研究所副所长、研究员。

策沟通、设施联通、贸易畅通、金融融通、民心相通。对中亚国家来说，设施联通是指铁路、公路、输油输气管道、航空、电信、网络、输变电设施等的联通。这些基础设施担负人力、物力、能源、信息的输送任务，它们的联通有如血管对人体的重要作用一样，会将不同国家和人民联系起来，对各国经济发展和友好交往发挥重要作用，是推动地区一体化和经济全球化的重要平台。从中国与中亚国家经济联系来看，在“一带一路”建设中，基础设施联通的作用要高于目前规模尚小的贸易畅通和金融融通。就中亚国家本身而言，基础设施联通是形成新的地区一体化的必然要求，也为它们走向世界、参与经济全球化提供重要的工具和手段。

一、中亚在欧亚地区基础设施联通方面具有枢纽作用

位于欧亚大陆之间的中亚地区，从中国通往俄罗斯、欧洲、南亚和西亚的陆路交通运输、通讯设施、电力输送大部分要经过这里。从现有设施情况来看，中哈之间有铁路相连。目前通过连接中哈的铁路可以抵达中亚国家、俄罗斯、欧洲、伊朗、阿富汗，由中亚国家的哈萨克斯坦阿克套港和土库曼斯坦的土库曼巴什港经轮船摆渡后可以抵达阿塞拜疆等南高加索国家。已经建成的“双西公路”，将中国经过哈萨克斯坦、俄罗斯等国与欧洲相联。中吉乌公路将于2018年底完工，不仅使三国实现公路联通，还可以通过塔什干延伸到南亚和西亚国家。中塔公路可以延伸到阿富汗。中哈输油管道和连接土库曼斯坦与其他中亚国家抵达中国的中亚—中国天然气管道，正在源源不断地将中亚国家的油气输送到中国。经过中亚地区的光缆除

连接中亚国家外，还延伸到俄罗斯和欧亚其他国家，在信息沟通方面发挥重要作用。正在恢复的中亚电网与俄罗斯、中国、阿富汗等国可以连接。互联网和物流中心的建立，使中亚国家与周边国家有了新的对外经济联系空间。中亚地区还是俄罗斯基础设施向南发展以及欧洲、西亚与南亚国家经陆路走向中国、东亚与东北亚的必经之地。这些情况表明，中亚地区起着将中国与欧洲、南亚和西亚国家基础设施联通的桥梁和枢纽作用。在“一带一路”建设中，从基础设施联通层面来看，中亚国家所处的独特地理位置和与周边国家的关系，对中国和欧亚地区国家来说非常重要。

二、中国与中亚国家基础设施联通取得早期收获

在“一带一路”建设中，中国与中亚国家基础设施联通的进展开局良好，其中尤以陆路运输最为耀眼。

如今由中国发往欧洲的货运专列，几乎每天都要经过哈萨克斯坦驶往欧洲，有的到德国，有的到西班牙，最远到达英国和荷兰。目前，这种运输已经常态化和制度化，已经由专列变为班列。2018年3月28日，哈萨克斯坦铁路总公司副总裁叶柳巴耶夫表示，2011年至2017年过境哈的集装箱运量增长了200倍。他认为过境运输潜力巨大，运量将成倍增长。[①] 另据哈有关方面透露，仅2018年1—7月初，过境哈的集装箱班列有1861次，其中中国—欧洲方向班列同比增长40%，返程班列同

① 俄新社中文网，2018年3月30日。

比增长60%。[①] 铁路联通不仅有中欧班列，还有中国经哈萨克斯坦、土库曼斯坦两国通往伊朗的直达货运专列，以及由中国通往乌兹别克斯坦的货运专列。如果说最早由中国开往中亚和欧洲的货物专列首发城市只有连云港和重庆等少数城市，现在已经有位于中国东中部的浙江义乌、江西赣州和鹰潭、湖北武汉、河北石家庄等城市。迄今参与中欧班列运输的中国城市已有48个，通往欧洲15个国家的43个城市。2018年3月7日，从荷兰阿姆斯特丹出发前往中国义乌的首趟专列出发，以后每周开3班，主要运输荷兰的肥料、药品和科技产品。据中国中央电视台2018年7月15日报道，2018年上半年开行的中欧班列有2490列（这里包括经俄罗斯线路的班列），同比增长69%，相当于2011—2016年开行的班列的总和。2018年9月18日，从中国江西鹰潭开往乌兹别克斯坦的货运专列实现首发。2018年1—7月，从中哈两个铁路口岸过货量达772.3万吨，同比增长34%。

目前由中国通往哈萨克斯坦的铁路有两条，即通过阿拉山口和霍尔果斯两个口岸西行的铁路。中国正在与哈方商谈从中国克拉玛依经塔城和哈萨克斯坦阿亚古兹通往阿拉木图的第三条铁路建设。

除铁路外，经哈萨克斯坦通往欧洲的公路运输也开始运营。双西公路基本建成。这条公路长8400公里，在哈境内2787公里，是“丝绸之路经济带”的重要组成部分，迄今已经过货3000多万吨，未来潜力很大。另一条由中国新疆伊尔克什坦经吉尔吉斯斯坦南部重镇奥什抵达乌兹别克斯坦首都塔什干全长959公里的中吉乌公路已经正式通车。这是构建中国—中亚—

① 俄新社中文网，2018年7月11日。

西亚经济走廊的重要通道，也是“丝绸之路经济带”建设的重要成果。连接中国与塔吉克斯坦的公路通过塔国内公路可以延伸到阿富汗。

这些铁路和公路不仅为中国所用，将中国的货物源源不断运往中亚、欧洲、西亚和南亚，同时也为欧洲和亚洲国家将本国货物通过铁路和公路运往中国提供便利，还可以使货物经中国港口飘洋过海，远销世界各地。哈萨克斯坦通过中国铁路经连云港和睦南关将本国粮食运往越南，越南也准备通过中国铁路经哈萨克斯坦将货物运往中亚和欧洲。乌兹别克斯坦也在利用中哈两国铁路和连云港口岸向韩国等国出口商品。中欧班列回程列车对欧洲国家商品输送到中国发挥了重要作用。

铁路联通给过境国带来不少红利。哈萨克斯坦从过境运输中每年可以得到50亿美元的收益。其他中亚国家也看到“一带一路”运输带来的过境效益，都在基础设施建设和联通方面加大投入，使本国能成为“一带一路”过境国，以便将本国发展与世界接轨，参与经济全球化进程。

除铁路公路运输外，输油输气管道的联通也引人注目。中哈输油管道从2006年开始运营，迄今已向中国输油1.1亿吨。连接中国与中亚的另一条管道即中亚—中国天然气管道，更是基础设施联通的杰作。这条西起土库曼斯坦东抵中国的输气管道共由A、B、C、D四条管道组成，连接中亚五个国家和中国。土库曼斯坦丰富的天然气，还有乌兹别克斯坦和哈萨克斯坦的天然气，可以通过这些管道输送到中国。俄罗斯也在考虑利用这些管道为中国提供油气。据报道，至2018年初，中亚输送到中国的天然气已经达到2000亿立方米。这些管道使中亚国家，特别是缺乏天然气的吉尔吉斯斯坦和塔吉克斯坦也能从中受益。

中国与中亚国家也通过光缆实现通讯联通，并经过中亚延伸到欧洲。有的中亚国家电能过剩，可以通过电网互联输送到邻国，例如，2018年塔吉克斯坦、吉尔吉斯斯坦和土库曼斯坦已经开始向乌兹别克斯坦和阿富汗等国输电。

设施联通还包括互联网建设，或称“网络丝绸之路”。哈萨克斯坦开始与中国企业合作，建设电子商务平台和物流运输中心。比如，哈萨克斯坦铁路公司所属快递公司与中国聚贸集团合作建立电子商务平台，为客户提供从原料到制成品的全方位服务，哈客户可以通过该平台寻找到自己需要的商品和合作伙伴。北哈州将与北京建工国际建设工程有限公司合作建设规模宏大的物流联合企业。中国远洋运输集团公司将在阿勒腾阔勒（哈）—霍尔果斯铁路过境点建立大型物流中心。大型国际物流中心的建立，有利于推动经济全球化，极大地方便企业和居民，推动各国经济发展。

三、中亚国家基础设施朝联通方向发展，向西亚、南亚、南高加索和欧洲延伸

中亚国家27年前同属于苏联，那时它们之间有统一的铁路、公路、石油天然气管道和统一的电网。苏联解体、中亚国家独立，这些基础设施也受到影响。由于各种原因，有的国家例如塔乌间铁路、公路、航空停运了，输气管道连续多年不用了，统一电网也不存在了。中亚国家原本就位于亚洲腹地，对外交通不便，彼此隔阂不仅使得原有的基础设施无法联通，同时也为与域外国家的经济联系增加了困难，加大了对外交往和经贸合作的成本，对参与经济全球化进程亦有不利影响。中亚

国家也都认识到这个对各国经济发展有害无益的问题，曾试图通过实现地区一体化摆脱这种困境，但受内外因素干扰，多次尝试收效甚微，20多年在相互缺乏信任和人为阻断基础设施联通的氛围中度过。直到2016年乌兹别克斯坦新总统米尔济约耶夫上台后，情况才开始转变。这两年随着乌兹别克斯坦政策的变化和中亚其他国家的积极回应，冰冷的关系开始回暖，种种迹象表明，它们正在朝地区一体化的方向努力，并通过与邻国的合作参与经济全球化。在彼此关系走近的大背景下，基础设施联通成为关系向好的晴雨表，为走向地区经济一体化打开了方便之门。

在中亚国家相向而行的努力下，停顿多年的交通运输、航空、电力、油气管道等基础设施逐渐恢复使用。哈乌两国恢复了高速铁路运输，哈还通过哈输油管道为乌输送俄罗斯原油。2018年塔乌和塔哈之间恢复了空中运输，还增加了新的航线。同年4月起塔吉克斯坦恢复了对乌送电。这是2009年11月塔退出中亚地区统一电网后首次对乌供电。两国决定重建统一供电系统。乌兹别克斯坦开通了经乌到塔的铁路运输，并对过境费用提供30%—50%的优惠。乌也恢复了对塔的天然气供应。吉尔吉斯斯坦恢复了对乌的供电。相互关系变好，基础设施联通，促进了经济联系的发展，彼此外贸额都出现不同程度的增长，使各国增强了经贸合作的信心。为此，各国都调高了双边贸易额的目标，如吉计划与乌双边贸易达到5亿美元，与哈达到10亿美元。

中亚国家都重视交通基础设施建设，哈萨克斯坦等国都将基础设施建设列为国家经济发展的重点领域。哈2018年1—5月运输业收入1.078万亿坚戈（约合32.6亿美元），同比增长16.5%，增速高于国内很多其他行业。“一带一路”使各国看到过境运输带来的好处，都希望积极参与，尤其是哈、土两国。哈萨克斯坦扩建了位于里海之滨的阿克套港，2018年8月11日哈萨克斯坦库里克港多式联运枢纽正式启用，由中国霍尔果斯口岸开出的班列通过该联运枢纽可以经里海摆渡到达阿塞拜疆的巴库，再由巴库经过格鲁吉亚等国抵达欧洲，使中、哈、南高加索、欧洲国家实现运输一体化。土库曼斯坦建成了同样位于里海之滨的土库曼巴什港。土库曼斯坦政府正与罗马尼亚商谈建立由土库曼巴什港经巴库，再通过铁路经格鲁吉亚的巴统或波季跨黑海到达罗马尼亚康斯坦察港的“里海—黑海国际运输走廊”。土库曼斯坦的计划受到中亚国家的欢迎，它们也可通过“里海—黑海国际运输走廊”将本国食品运往欧洲。土库曼斯坦的计划表达了该国希望成为“一带一路”过境国的强烈愿望。乌兹别克斯坦、土库曼斯坦、伊朗、阿曼之间建立国际运输走廊，使中亚和西亚联系起来。不久将要建成的环里海铁路网将使环里海五个国家哈萨克斯坦、土库曼斯坦、伊朗、阿塞拜疆、俄罗斯的铁路互联互通。中亚国家可以通过里海铁路网抵达这五个国家。吉尔吉斯斯坦正在加速南北公路建设，以提高过境能力。在“一带一路”框架下，酝酿已久的“中吉乌铁路”建设有望启动。中亚国家基础设施北向俄罗斯，东向中国，南向阿富汗、伊朗，西向南高加索国家、土耳其、欧洲发展，可以突破位于亚洲腹地交通不便的困境，积极参与地区一体化和经济全球化进程，有利于各国经济和社会发展。

除运输设施联通外，其他基础设施联通也取得进展。2018年4月24日，乌兹别克斯坦总统米尔济约耶夫表示，乌将参加土库曼斯坦—阿富汗—巴基斯坦—印度四国天然气管道建设项目（TAPI），这将有助于阿富汗重建和与土库曼斯坦开展大规模经济合作。土阿巴印天然气管道全线长1840公里，是2015

年12月开始建设的，计划输气能力330亿立方米，阿富汗段也在2018年动工。乌想通过参与该项目建设与南亚国家开展更广泛的经济合作。塔吉克斯坦和吉尔吉斯斯坦参加的中亚—南亚输变电网项目（CASA-1000）开工建设，这是一条大型跨境基础设施联通项目。中亚国家都在发展数字经济，希望建立物流中心带动本国经济发展。哈萨克斯坦发展最快，其他国家也在跟进。2018年土库曼斯坦成立物流协会，其任务就是开发过境运输走廊，实现国际运输线路多元化，增加过境运输货物量，提升本国运输企业竞争力。

四、国家友好和政策保证是基础设施联通的重要条件

实现基础设施联通除要有可以联通的硬件外，还要有足够的货源、客户需求、可以保证基础设施联通正常运营的安全环境和资金保证，以及能够保证运营顺利进行的政策，也就是包括政策沟通在内的软件建设。基础设施联通是发展经济特别是经贸合作的需要，也是各国参与经济全球化的需要，安全稳定的环境和资金保证是不可缺少的，由于联通要经过两个以上的国家，这就需要国家间有协议保证，这又涉及能保证联通顺利进行的政策问题，属于“一带一路”倡议中的政策沟通。

本文以中国与中亚国家关系、中亚国家之间关系变化、阿富汗三个案例，说明“其他条件”对发展基础设施联通的重要性。

首先，看中国与中亚国家的关系。

应该说，中国与中亚国家基础设施联通进展顺利，成效显著，与具备发展基础设施联通的诸项条件有关。这是指，中国与中亚国家政治关系很好，建立了全面战略伙伴关系或战略伙

伴关系，领导人互访频繁，友好氛围浓厚。2013年中国提出“丝绸之路经济带”建设倡议以来，习近平主席就与哈萨克斯坦总统纳扎尔巴耶夫会见了14次，解决了妨碍基础设施联通的许多难题。中国与中亚国家互为邻国或近邻，经济互补性强，希望借助“一带一路”建设实现各自经济发展规划和目标，通过友好合作，达到互利共赢、共同发展的目的。中国与中亚四国是上海合作组织成员，沟通方便，并对构筑安全环境形成广泛共识。中国在保证基础设施联通方面提供了必要的资金支持。更为重要的是，中亚国家对“丝绸之路经济带”建设给予很高的评价。例如，哈萨克斯坦总统纳扎尔巴耶夫2018年2月12日对中国中央电视台记者说，“‘丝绸之路经济带’是个伟大的构想。2012年全球还没有摆脱危机，世界各国经济仍处在水深火热之中，困难重重。在此背景下，‘一带一路’倡议恰逢其时。很多国家积极响应、欣然接受这一能帮助他们摆脱危机的良策。也正是这一构想，促使哈萨克斯坦提出‘光明之路’新经济计划，牢牢把握这一发展契机”。他还强调，“‘丝绸之路经济带’的提出符合时代要求，高瞻远瞩，并且惠及哈萨克斯坦广大民众”。2013年9月9日，时任乌兹别克斯坦总统卡里莫夫在与中国国家主席习近平会谈时表示，希望同中方加强贸易、通信、交通基础设施、人文等领域互联互通，共筑当代丝绸之路，造福两国人民。[①] 2013年9月11日吉尔吉斯斯坦总统阿塔姆巴耶夫在与中国国家主席习近平会谈时表示，吉方支持习近平主席建设“丝绸之路经济带”的倡议，愿同中方扩大经贸、能源、互联互通、人文等领域合作。[②] 2014年9月13日，塔吉克斯坦

① 新华网，2013年9月11日。

② 新华网，2013年9月2日。

总统拉赫蒙在与习主席会谈时表示，塔方希望积极参与“丝绸之路经济带”建设[①]。在2018年举行的上合组织成员国青岛峰会和杜尚别政府首脑（总理）理事会上，中亚国家都对参与“一带一路”建设寄予很高的期望，希望通过“共商、共建、共享”原则，将本国的发展战略与“一带一路”倡议对接。需要产生动力，共识促进合作。中国与中亚国家的经验说明，良好的国家关系和拥有广泛共识对实现基础设施联通所具有的重要作用。

其次，看中亚国家之间关系变化的影响，这从正反两个方面说明基础设施联通必备的一些条件。如上所述，当中亚国家之间关系紧张时，现成的铁路、公路、管道、航空、电网都不能用了，只能投资修建替代物，或者因与别国联系受阻而加大与外界联系的成本，各国都在相互提防和敌视中浪费自己有限的物力和财力，影响经济和社会的发展和人民福祉的改善。当情况发生变化，彼此关系向好后，有利于基础设施联通的政策也相继出台并付诸行动，使基础设施开始联通，取长补短的经济合作步伐明显加快，取得合作共赢的效果，经济得到发展，人民往来也开始便捷。同样的基础设施，就因为国家关系及其政策可以弃用，也可以由于政策改变恢复使用。因此，在基础设施联通方面，只注意硬件建设是不够的，欲使其发挥功效，特别是做到联通，还必须考虑软件建设，尤其是要保证国家间关系之良好和制定可行的政策，特别是要做到政策沟通，消除影响设施联通的障碍和不利因素。

第三个例子与中亚国家毗邻的阿富汗有关。该国长期处于

① “习近平同塔吉克斯坦总统会谈 制定全方位合作路线图”，中新网，2014年9月3日。

战乱状态，迄今内战仍没有停止，安全形势不好，世界各国很少对其基础设施建设问津，对过境运输安全也存在疑虑，从而使基础设施建设和联通增加了难度。基础设施联通困难无疑对该国战后重建、经济发展和与别国的经济合作产生不利影响，更谈不上积极参与经济全球化进程。

以上三个案例反映出的三种情况、三种结果，说明基础设施联通是个复杂的系统工程，需要硬件和软件的有效配合和保证，缺乏哪一项都会事倍功半。

这里还要指出，中亚国家基础设施建设和联通得到许多国际金融机构，如亚洲开发银行、世界银行、欧洲复兴开发银行、伊斯兰发展银行、欧亚发展银行、亚洲基础设施投资银行、“丝路基金”等的帮助，也与这些国家参与许多地区性国际组织，如独联体、欧亚经济联盟、上海合作组织、突厥语国家合作委员会、伊斯兰国家组织等有关。考虑到上述区域性国际组织都重视包括基础设施联通在内的经济合作，而作为上述区域性国际组织成员的中亚国家，具备与上述组织中其他成员开展基础设施联通的有利条件，容易与其他成员国形成基础设施网络化，使经济由中亚地区一体化向经济全球化发展。

基础设施联通的政策保证相当重要。这里不妨举2017年由中国、俄罗斯、白俄罗斯、哈萨克斯坦、蒙古、德国、波兰七国签署的《关于深化中欧班列合作协议》为例。这是一项为“一带一路”建设服务、解决基础设施联通可能遇到的问题的文件。协议规定，签署国将改善基础设施，建立运输安全信息交换系统，加快通关速度。中国与中亚国家以及中亚国家之间也应该签署类似的协议，以保证基础设施朝进一步联通和运行便捷的方向发展。2018年9月20日，乌兹别克斯坦总统米尔济约耶夫在塔什干召开的有37个国家、300多名代表参加的题为

“国际交通走廊中的中亚：战略合作及其未来实现的机遇”国际研讨会上，建议成立“中亚国家交通运输区域理事会”，制定中亚地区交通走廊发展战略，协调区域交通运输合作，制定可持续发展方案，使各国能共同发展交通运输和基础设施。这是一个对发展区域合作大有裨益的建议，应该表示赞同和给予支持。

地区一体化和经济全球化的发展离不开基础设施联通，地区一体化和经济全球化对基础设施联通提出更高的要求，并赋予其强劲的发展动力。相信中亚国家会在“一带一路”框架下将基础设施联通做得更好，以适应经济社会发展和改善人民福祉的需要，加快朝地区一体化和经济全球化方向迈进。

中国—东盟关系15年回顾和南海局势

李家忠[①]

内容提要：2018年是中国—东盟建立战略伙伴关系15周年。15年来，双方关系保持了健康稳定发展势头。政治互信不断增强，经贸联系日益密切，互利合作成果丰硕，人文交流空前活跃，中国同东盟各国关系更加巩固，双方安全合作迈出可喜一步，“南海行为准则”磋商取得重要进展，南海共同开发有所突破。南海局势继续趋稳趋缓，中菲关系全面改善促进了地区格局的积极变化。尽管美国不断在南海兴风作浪，但无法改变南海局势趋稳趋缓的局面。

关键词：中国　东盟　合作　南海

1967年成立的东盟（东南亚国家联盟）经过半个世纪的发展壮大，如今已成为由10个东南亚国家组成的政府间区域合作组织，是亚太地区重要的经济实体，也是世界上各大国和重要中心的区域政策中不可或缺的合作伙伴。2003年，中国率先加入了《东南亚友好合作条约》，并成为首个与东盟建立战略伙伴关系的国家。15年来，在中国和东盟国家的共同努力下，双

---

① 作者系中国国际问题研究基金会研究员、前驻越南大使。

方关系保持了健康稳定发展势头，政治互信不断增强，经贸联系日益密切，互利合作成果丰硕，人文交流空前活跃。中国—东盟关系的发展为双方20亿人民带来了实实在在的利益，促进了地区乃至世界的和平稳定与繁荣。

2018年是中国—东盟建立战略伙伴关系15周年，过去15年，中国—东盟关系的发展主要体现在如下方面：

一、众多领域务实合作迈上新台阶

2003年中国与东盟建立战略伙伴关系之初，双方贸易额仅为782亿美元，到2017年已增至5148亿美元，是2013年的6.6倍，中国连续9年是东盟的第一大贸易伙伴，东盟连续7年是中国的第三大贸易伙伴，双方贸易额有望到2020年达到1万亿美元。东盟是“一带一路”国际合作的优先方向和重要伙伴。2017年中国对东盟直接投资存量为883.6亿美元，同比增长23.5%。迄今中国在东盟设立直接投资企业4000余家，雇用当地员工30多万人，有力地促进了当地经济社会的发展。中国已同新加坡、缅甸、马来西亚等东盟国家签署了政府间合作谅解备忘录，同老挝、柬埔寨签署了政府间双边合作规划。2010年中国—东盟自由贸易区正式全面启动，迄今中国和东盟的贸易占到世界贸易的13%，成为涵盖11个国家、20亿人口、GDP达6万亿美元的巨大经济体，是目前世界上人口最多的自贸区，也是发展中国家中最大的自贸区。与此同时，双方在教育、文化、旅游、科技等领域的合作也成效显著。中国和东盟双向游客人次由2016年的3000多万增至2017年的近5000万。目前双方互派留学生已超过50万人。中国在东盟国家设立文化中心已增至6个，并建立了33个孔子学院和35个孔子课堂。

特别值得一提的是安全合作取得可喜进展。随着中国—东盟间政治互信的增强，双方在安全防务上也在尝试加强联系与合作。2018年8月4日，中国和东盟国家40名海军军官在新加坡樟宜海军基地进行了桌上模拟演练。10月10日起，中国与马来西亚和泰国在马六甲海峡举行为期9天的中马泰联合军事演习。中国派出1艘导弹驱逐舰、1艘导弹护卫舰、2架舰载直升机、3架伊尔-76运输机和共计692名官兵参加。10月22日至28日，中国与东盟首次在南海水域举行联合军事演习。中方派出包括导弹驱逐舰在内的三艘舰艇参加演习。此次演习是落实中国和东盟防长共识，深化中国与东盟防务安全合作，增进互信的重要行动，不仅有助于促进中国与东盟国家的军事合作关系，加强海上安全合作，对于维护地区和平稳定，抵御域外势力的干扰破坏也具有重要意义。

二、中国同东盟主要国家的关系进一步巩固

2016年6月杜特尔特出任菲律宾总统后，改变了其前任阿基诺三世彻底投靠美国、利用南海问题与中国作对的政策，一面同美国拉开距离，一面将中菲南海争议搁置一旁，谋求依靠中国的援助发展经济、改善民生，遂促使中菲关系全面转圜。如今中国已成为菲律宾最大的贸易伙伴、第一大出口市场、第二进口来源国、第二大游客来源国。2018年11月20日至21日，习近平主席对菲律宾进行国事访问，两国元首在会谈中高度评价中菲关系的发展。习近平指出，杜特尔特总统上任两年来，他们6次会晤，就中菲关系和共同关心的问题深入交流，巩固

了共识，增进了友谊。在双方共同努力下，各领域合作成果丰硕，给两国人民带来了福祉，为地区和平稳定作出了贡献。他愿同杜特尔特总统一道，从战略高度规划中菲关系长远发展，传承友谊，深化合作，让两国人民永远做好邻居、好朋友、好伙伴，共享发展繁荣。杜特尔特表示，热烈欢迎习近平主席对菲律宾进行国事访问，这是中国国家主席13年来首次到访，具有历史性意义，是两国关系的重要里程碑，将掀开两国伙伴合作的新篇章。访问期间，双方发表联合声明，决定“在相互尊重、坦诚相待、平等互利、合作共赢基础上建立中菲全面战略合作关系”。中菲关系从转圜到巩固、提升，对改变地区格局、促进中国同东盟其他国家关系的发展发挥了重要带动作用。

拥有3100万人口的马来西亚是东盟中的重要国家，近年来中马关系得到长足发展。2018年5月，92岁的马哈蒂尔再次出任马来西亚总理，当时外界普遍关注今后马中关系的走向。5月24日，马哈蒂尔在会见中国大使时说，中国是马来西亚的亲密朋友和重要伙伴。马来西亚新政府将继续致力于加强同中国在政治、经贸等领域的全方位合作。他说，近年来中国经济高速增长，铁路等基础设施建设成就显著，农业等领域科技水平日新月异，中国的发展经验和科学技术值得马来西亚学习借鉴，马中合作大有可为。马方欢迎中国企业去马投资兴业，推动两国合作继续向前发展。2018年8月，马哈蒂尔对中国进行国事访问，双方表示坚定致力于保持中马长期友好，无论形势如何变化，中国对马友好政策和马来西亚对华友好政策都不会改变。双方将以共建“一带一路”为主线推进中马务实合作。习近平主席会见马哈蒂尔时，赞赏马来西亚政府和马哈蒂尔本人高度重视中马关系，赞赏马哈蒂尔多次表示支持“一带一路”倡议，赞赏他为推动亚洲区域合作作出的重要贡献。马哈蒂尔对习近平表示，他此次访华旨在向中国政府和中国人民表明马来西亚对华友好的政策不会变化。中国外交部发言人称，中方对马哈蒂尔访华成果“深表满意”，对马方暂停某些合作项目表示理解。

越南是侵占南海岛礁最多的国家，但近年来受地区形势的影响，两国关系较前平稳。中越互为重要市场，2017年双边贸易额突破1000亿美元，中国连续14年成为越南第一大贸易伙伴。2018年前6个月双边贸易额达到660.4亿美元，同比增长28.8%。据越方统计，截至2018年6月，中国在越投资项目1995个，金额125亿美元。2018年前10个月，前往越南的中国游客达到20万人次。2018年4月，越共总书记阮富仲对到访的中国国务委员兼外长王毅说，越方欢迎中国发展壮大，为地区及世界和平稳定作出更大贡献。阮富仲高度评价习近平总书记在中共十九大胜利召开后不久将越南作为首次出访的国家，表示越中是友好邻邦，同为社会主义国家，两国没有任何理由不团结互助。当前越中关系保持积极发展势头，越方支持“一带一路”倡议，愿加紧“一带一路”与“两廊一圈”[①]对接，推进双边务实合作。双方本着“同志加兄弟”的精神，通过友好协商，妥善处理海上问题，作为过渡性措施，双方可探讨开展共同开发，共同维护海上和平稳定。2018年10月，习近平致电祝贺阮富仲总书记当选越南国家主席时指出，当前“两国关系持续向好发展，双方治党治国经验交流日益密切，各领域务实合作不断深化，给两国人民带来了实实在在的利益”。2018年11

---

① 两廊一圈系指昆明—老街—河内—海防—广宁经济走廊、南宁—谅山—河内—海防—广宁经济走廊和环北部湾经济圈，涉及总面积86.9万平方公里。

月，越南总理阮春福以12个主宾国之一的身份率团前来参加首届中国国际进口博览会，其展位面积比非主宾国大一倍。

人均GDP达到57 000美元的新加坡，东盟中最富有的国家。几年前，中新关系曾一度较为冷落，2017年5月中国举办“‘一带一路’国际合作高峰论坛”，在东盟有7个国家领导人出席的情况下，新加坡没有出席。之后或许经过某些思考，李显龙总理于当年9月在时隔三年后再次访华，2018年4月又前来出席博鳌论坛，先后两次同习近平主席进行会谈。李显龙表示，中共十九大和中国两会宣示的政策，体现着中国政府对自身发展高瞻远瞩的规划和对国际体系的支持。当前新中双边合作与时俱进，日益深化。新加坡支持一个中国政策，反对台湾“独立”，希望看到中国稳定繁荣，在国际事务中发挥更大的作用。新方支持共建“一带一路”和成立亚洲基础设施投资银行，助力本地区和世界共同发展。习近平表示，中方愿同包括新加坡在内的东盟国家加强沟通协调，实现“一带一路”倡议同东盟发展规划更好对接，构建更为紧密的中国—东盟命运共同体，希望新加坡发挥积极建设性作用。2018年11月，新加坡工商部长率团参加中国国际进口博览会，并有80家公司300多人参展。就在此期间，中国商务部称中国与新加坡已经完成了升级双边自由贸易协定的谈判，从而为新加坡企业提供更多的投资保护、改善进入中国市场的渠道。这发出一个强有力的信号，表明双方在贸易自由化问题上立场坚定。与此同时，李克强总理对新加坡进行正式访问。李克强充分肯定当前中新关系的发展，指出“双方政治互信巩固，务实合作成果丰硕，互为重要贸易伙伴”。新加坡总理李显龙表示，当前“新中关系发展势头良好，双方在贸易、投资、科技、教育、文化各领域务实合作不断取得新成果，实现互利共赢”。

可以说，中国同上述东盟主要国家关系的稳定健康发展，是确保中国同整个东盟关系稳定健康发展和地区和平稳定的关键。

三、南海局势继续趋稳趋缓

随着中国同东盟关系的进一步发展、政治互信的增强，东盟成员中，无论是同中国存有南海争议的国家，还是其他国家，更多关心的是同中国合作发展经济，改善民生，从中获取实实在在的利益，因而对南海问题的兴趣和关注度逐渐下降。以往在东盟外长会议和东盟地区论坛等场合，总会有一些国家就南海问题对中国进行指责或影射。但2018年东盟外长会议和中国—东盟外长会议期间，几乎没有听到这种声音，当时正值国际仲裁庭对菲律宾提出的南海仲裁案作出仲裁两周年，但会议上对这一问题无人提及，再次表明所谓“仲裁”完全是一张废纸。

2018年8月初在中国—东盟外长会议上，中国与东盟国家就“南海行为准则”单一磋商文本达成一致，这是“准则”磋商取得的重大进展，是这次会议的最大亮点，为下一步“准则”具体案文磋商奠定了基础。王毅国务委员兼外长说，“这好比中国和东盟国家一起建造一所房子，过去11个国家可能有11种设计方案，现在不仅统一为一个设计方案，打好了基础，同时还建起了四梁八柱。中方认为，如果没有外来干扰，‘南海行为准则’磋商将进入快车道”。“事实证明，中国和东盟国家有能力维护南海地区和平稳定，有能力共同磋商达成共同遵守的地区规则”。李克强总理2018年11月出席中国—东盟（10+1）

峰会时表示，中方愿与东盟各国共同努力，“在协商一致基础上，争取未来3年完成‘南海行为准则’磋商，助力地区和平与发展”。

南海共同开发迈出可喜一步。2018年3月，菲律宾总统发言人罗克称，菲律宾已在研究对南海进行共同开发。据菲媒体报道，菲外长卡亚塔诺于6月3日称，如果没有法律障碍，菲律宾与中国之间的南海共同勘探工作可能最快将在2019年展开。2018年10月王毅国务委员兼外长访菲期间，菲总统府发言人帕内洛称，菲律宾将与中国就共同勘探南海签署三项协议。对此王毅表示，中方愿同菲律宾继续探讨南海共同开发。搁置争议、共同开发是中国领导人邓小平向菲律宾领导人提出的富有政治智慧的设想，如果双方能在不影响各自主权声索的前提下实现共同开发，不但将帮助菲律宾缓解今后可能发生的能源短缺问题，也将为中菲妥善处理有关争议找出一条现实出路，并为其他南海沿岸国开展此类合作提供良好范例。特别是在习近平主席此次访菲期间，两国签署了《关于油气开发合作的谅解备忘录》，双方表示愿积极商讨包括海上油气的勘探开发，标志着中菲在海上共同开发的道路上取得了实质性进展。

四、美国和地区形势

特朗普出任美国总统第一年，未再提及奥巴马执政时期的“亚太再平衡”口号，在“美国优先”政策的影响下，把主要精力放在处理国内事务上，要求盟国为自身的安全承担更多费用，加之在朝核问题上争取中国的大力支持，故这一年在南海问题上没有太多的动作。但美国意识到，中国随着发展壮大，将会挑战其世界地位，故于2017年12月和2018年1月相继发表《国家安全战略报告》和《国防战略报告》，把中国列为主要战略竞争对手，随即在挑起与中国贸易摩擦的同时，在南海采取了一系列挑衅动作。

2018年3月23日，美国海军“马斯廷”号驱逐舰打着“航行自由”旗号驶入南海美济礁12海里领海范围。中国国防部发言人指出，这是对中方的“严重政治和军事挑衅”。5月22日，美方宣布将“太平洋司令部”改名为“印度太平洋司令部”。美方媒体承认这是“应对中国在该地区经济和军事压力的最新举措”。5月23日，美国取消对中国参加环太平洋军演的邀请。5月27日，美国“安提坦”号、“希金斯”号两艘军舰未经中国政府同意，擅自进入中国西沙群岛12海里领海，遭中方舰机警告驱离。6月2日，美国防长马蒂斯在香格里拉对话会上声称，“中国在南海的政策与我们战略承诺的开放性形成鲜明对比”，并威胁说“如果中国找不到一条同所有利益相关国家更密切协作的途径，中国将自食其果”。6月4日，美国两架B-52轰炸机抵近南沙群岛海域飞行。8月10日，美国海军P-8A“海神”巡逻机飞抵南沙渚碧礁、永暑礁、赤瓜礁和美济礁上空，遭中方6次警告。9月底，美国导弹驱逐舰“迪凯特”号驶入南沙群岛南熏礁和赤瓜礁12海里海域，同奉命跟踪的中国军舰相距只40米。美国防长马蒂斯于2018年1月和10月两次访问越南，企图拉拢越南制衡中国在本地区日益增强的军事实力。

鉴于美方的一系列挑衅行为和中美贸易摩擦的升级，中方取消了原定邀请美国防长于2018年10月访华的计划。10月10日，东盟防长扩大会议在新加坡举行，中、美、日等8个对话国防长出席。应美方要求，与会的中国防长魏凤和同美国防长马蒂斯进行了90分钟会谈。马蒂斯表示，美中之间存在分歧，但分歧不是对抗，竞争也不意味着敌对。美方愿致力于发展中美两军关系，认为加强合作是两军关系发展的唯一合理途径。当前形势下，希望继续加强两军各层级沟通交往，用好互信合作机制，使两军关系沿着正确轨道发展。然而就在中美两国防长会晤的同时，美军两架B-52轰炸机于10月16日飞到南海，声称这一行动符合国际法以及美国长期以来对自由开放的印度—太平洋发展愿景的承诺。对此，中国外交部发言人陆慷于18日表示，中方一向尊重和维护各国根据国际法在南海享有航行和飞越自由，坚决反对有关国家打着“航行自由”的旗号，损害沿海国主权和安全利益，扰乱地区和平稳定的做法。我们会采取必要措施维护自身主权和安全利益。美国一方面和中国保持互动，希望和中国发展稳定的关系，另一方面派出舰机到南海执行所谓航行自由的挑衅行动。这充分展示美方的口是心非，言行不一。美国一方面不希望中美之间发生大的冲突，知道发生冲突对两国都不利，所以愿意保持互动，管控分歧；另一方面对中国进行遏制，挑动南海紧张局势，便于美国找到借口维持在该地区的军事存在和影响力，继续利用南海作为把手遏制中国。就在12月1日习近平主席同美国总统特朗普在阿根廷首都布宜诺斯艾利斯会晤前夕，美国海军“钱瑟勒斯维尔”号导弹巡洋舰未经中国政府允许，擅自进入中国西沙群岛海域，遭中方海军兵力驱离。

综上所述，尽管中美两国元首会晤后，两国关系有所缓和，可是美方在南海问题上未见有所松动。但美国毕竟是域外势力，决定本地区和南海局势如何发展的不是美国，而是本地区各国。随着中国的发展壮大和中国—东盟关系的进一步密切发展，特别是中菲关系全面改善，促使地区格局发生了巨大变化，东盟国家从各自利益出发，拒绝在中美之间选边站。2018年11月28日，越南国防部发文称，越南决不会卷入中美之间的竞争。可以断定，不管美国在南海问题上如何兴风作浪，都无法改变南海局势继续趋稳趋缓的局面。

马来西亚政党轮替及其影响

张铁根[①]

内容提要： 马来西亚2018年5月举行大选，反对党“希望联盟”（希盟）击败长期执政的“国民阵线”（国阵）。这是马来西亚自1957年独立以来第一次实现政党轮替，政治格局发生了深刻变化。国阵主导政党巫统滋长了“长期执政的傲慢”，贪腐丛生，是导致丧失政权的根本原因。马政坛争斗远未平息，前副总理安瓦尔两年后能否顺利接任总理仍存变数。92岁高龄的马哈蒂尔再任总理，他在竞选期间曾对中国在马投资发表过一些不友好的言论，上台后叫停了一些中企承建项目，中马关系的前景一度蒙上阴影。马哈蒂尔和安瓦尔相继于8月和10月访华，中马关系实现了平稳过渡，这对“一带一路”倡议的持续推进具有积极意义。

关键词： 马来西亚　政党轮替　国阵　希盟

2018年5月9日，马来西亚举行第14届大选，前总理马哈蒂尔率领的反对党联盟“希盟”在222个下议院议席中赢得113席，超过半数，获得执政权。纳吉布总理领导的执政党联盟“国阵”仅获79席，丧失执政地位，沦为反对党。这是马自

---

① 作者系中国国际问题研究基金会亚太中心执行主任、研究员。

1957年独立以来首次实现所谓“政党轮替”，媒体称之为“政治地震”。5月10日，马哈蒂尔宣誓就任马来西亚第七任总理。92岁高龄的马哈蒂尔曾在1981—2003年担任总理，相隔15年后“再作冯妇”，堪称政坛奇迹。马政局的重大变化，将对马的政治稳定、经济社会发展及对外关系产生深刻影响。

一、冰冻三尺非一日之寒

大选前，舆论普遍认为国阵稳操胜券，纳吉布将蝉联总理，希盟获胜的机会微乎其微。因为国阵长期执政，拥有雄厚的政治和经济资源，而反对党阵线的组成比较仓促，内部还矛盾重重。美国有线电视新闻网（CNN）甚至断言，希盟获胜简直是“天方夜谭”。马哈蒂尔大选后承认，他们也没料到希盟会上台执政，因此在竞选宣言中许下一些明显不切实际的承诺，目的只是为了搅局，以致新政府上台后果然难以兑现承诺，陷于被动。那么，这起“黑天鹅”事件是如何发生的呢？

（一）国阵主导政党巫统的腐朽导致“国阵大厦”的崩塌

国阵由巫统、马华公会、印度人国大党等十几个政党组成。巫统是个马来人政党，在国阵处于老大地位，其他成员党唯其马首是瞻，巫统的成败就是国阵的成败。纳吉布是巫统主席，也是国阵主席。马来人占总人口的68.8%，华人占23.2%，印度人占7%，其他族占1%。如能获得多数马来人的支持，取得执政权便如囊中取物。巫统以马来族利益代表者自居，连续执政长达61年，享尽了特殊的政治经济利益，也养成了“执政的傲慢”，以为自己江山永固，从未想过有下台之日。党内骄奢之风蔓延，贪腐盛行，高层纷争激烈。“物必先腐也，而后虫生之”，巫统贪污事件迭出。大选前夕，“一个马来西亚发展有限公司”（一马公司）丑闻爆发，严重损害了巫统及纳吉布本人的形象。2015年7月，美国《华尔街日报》报道称，与一马公司有关联的实体向纳吉布的个人账户汇入近7亿美元的巨款。2016年7月，美国司法部提出诉讼，申请追回被纳吉布亲信从一马公司非法挪用资金购置的10亿美元资产。所谓一马公司是一家由马财政部管辖的主权基金，纳吉布总理兼任财政部长，同时也是一马公司的顾问委员会主席。从目前揭发的情况看，一马公司财务管理混乱，账目不清，纳吉布至少负有“领导责任”。纳吉布执政时期，马反贪污委员会和检察院曾对一马公司做过调查，结论是纳吉布没有做过违法的事。纳吉布坚称，那笔汇入他个人账户的巨款是沙特阿拉伯王室的政治捐款，而且稍后已经归还。但社会上仍然质疑不断，巫统领导层内部也意见分歧，巫统署理主席、副总理穆希丁以及吉打州务大臣慕克力（马哈蒂尔的儿子）等人坚持要求纳吉布“讲清楚”。纳吉布采取高压手段予以应对，把穆希丁和慕克力开除出党。有部分领导人对纳吉布不满，退出巫统。马哈蒂尔组织反对党和社会力量揪住一马事件不放，举行各种抗议集会大肆炒作，对纳吉布造成极大杀伤。前巫统青年团团长凯利在大选后称，一马公司事件是造成巫统败选的原因。马哈蒂尔政府上台后，立即对纳吉布提起刑事诉讼，指控他犯下失信、贪污和洗钱等32项罪行，纳吉布拒绝认罪。纳吉布的妻子罗斯玛生活奢华，拥有大量名贵手提包和手表，在社会上引起轰动，也因洗钱等罪名遭法院传唤。纳吉布夫妇命运如何，尚待法院审判。

（二）马哈蒂尔与纳吉布分道扬镳，令纳吉布在政坛遭受重大打击

马哈蒂尔本来是纳吉布的父亲拉扎克（马来西亚第二任总理）一手培养提拔的，马哈蒂尔知恩图报，力推纳吉布担任巫统主席，继而出任政府总理。近年来马、纳渐生嫌隙，直至势不两立。马哈蒂尔利用一马公司事件攻击纳吉布贪污、盗窃国家财产，组织一些前巫统要员，在2016年11月成立“土著团结党”，与其他反对党结成“希望联盟”，要与国阵在大选中一决高下。马哈蒂尔政治经验丰富，手腕老辣。他担任过22年总理，虽然社会上对他过往的施政风格颇有微词，但经济搞得不错，有“马来西亚发展之父”的美誉，加上“旧臣”大都健在，因此在政坛仍有相当影响，对纳吉布形成很大牵制。

马哈蒂尔与安瓦尔“重新复合”则是纳吉布的噩梦。安瓦尔曾在马哈蒂尔内阁任副总理，被马哈蒂尔视为接班人，但在1998年因施政理念相左和有“抢班夺权”嫌疑而去职。安瓦尔以“改革”为号召，成立“人民公正党”，尽管身陷囹圄，仍然通过其妻子和女儿领导公正党发展成为最大反对党。大选期间，马哈蒂尔派人同安瓦尔协商谈判，终于达成政治和解，联手对付纳吉布。马、安结盟是希盟大选获胜的最重要因素。

（三）巫统长期奉行“马来人至上”政策，非土著选民都成为反对党的票仓

巫统长期奉行“马来人至上”政策，漠视华人、印度人等非土著族群的利益，历届大选，非土著选民都成为反对党的票仓。上届大选（2013年），发生所谓“华人海啸”，华人选票一边倒向反对党，差点就把国阵拉下马。马华公会、印度人国

大党名义上是执政党，但在国阵内缺乏话语权，被视为不能维护华人和印度人的利益，屡遭选民抛弃，在本届大选几乎“全军覆没”。非土著的“关键少数”成为压倒国阵的最后一根稻草。此外，国阵竞选策略失当，“大意失荆州”，巫统的传统票仓——联邦土地发展局辖下的垦殖民区选民被反对党挖走，亦是败选不可忽视的因素。

二、政坛暗流涌动

国阵沦为反对党后分崩离析，原来是有14个成员党的大党，如今仅剩5个成员党，马来西亚最大的华人政党马华公会对继续留在国阵意兴阑珊。巫统在马来人当中仍有相当大的影响，但重整困难。其新任主席阿末扎希2018年10月18日被马反贪污委员会起诉逮捕，现取保候审，对巫统“收拾旧山河”的努力无疑是个沉重打击。国阵已是明日黄花，前途渺茫。

新政府初步站稳脚跟，但希盟内部矛盾若隐若现，安瓦尔能否顺利接替马哈蒂尔担任总理仍存变数。按照希盟的内部约定，如大选获胜，则推举马哈蒂尔担任总理，任期两年，然后由安瓦尔接任。尽管马哈蒂尔的威望较高，但他领导的土著团结党是希盟内的少数党，而安瓦尔领导的人民公正党是最大执政党。马哈蒂尔表态，他将“担任总理两年左右，或长或短，看情况而定”。安瓦尔说，希盟不硬性规定马哈蒂尔的任期，否则他会成为“跛脚总理”，目前他全力支持马哈蒂尔施政。但安瓦尔的支持者担心马哈蒂尔横生枝节，如同历史上曾经发生过的那样，使安瓦尔的总理美梦再次成为泡影。希盟由4个政党组成，在下议院共拥有113个议席。其中人民公正党48席

（安瓦尔为主席，党员以马来人为主），民主行动党42席（林冠英为秘书长，党员以华人为主），土著团结党12席（马哈蒂尔为主席，党员均为土著），国家诚信党11席（党员均为马来人）。马哈蒂尔为保持势力均衡，将大批政坛元老招至其麾下，组成“元老派”；以安瓦尔为首的“少壮派”，大部分是政坛新手，“还未习惯执政”。两派能否勠力同心，是马来西亚政局是否稳定的关键。2018年10月14日，安瓦尔在国会下议院议席的补选中获胜，15日，宣誓就任下议院议员。11月18日，安瓦尔在人民公正党全国代表大会上正式当选党主席，这为安瓦尔接任总理铺平了道路。不过，马哈蒂尔与安瓦尔不和的传闻不绝于耳，有评论称，安瓦尔目前不宜“过急”，仍须韬光养晦，防止阴沟翻船。

三、建设“新马来西亚”

马哈蒂尔新政府提出建设“新马来西亚”的口号，决心重振昔日“亚洲之虎”的雄风。马哈蒂尔2018年8月出席纽约联合国大会一般性辩论，10月向马来西亚国会提呈“第11个马来西亚计划中期检讨报告”，对马来西亚未来内外政策方针作了阐述。马哈蒂尔称，马来西亚是个多元种族、多元宗教、多元文化和多语言的国家，未来要建设和平、进步与繁荣的马来西亚，让每一个马来西亚人都平等地享有国家的繁荣和财富，改变“旧政权”热衷于政治、种族和宗教仇视及大范围贪腐的状况。要进行改革，改善政府治理，加强创新，提高生产力，提升工业高端价值链，重视人民福利，尤其是40%最低收入人群，达到普惠的经济增长，重回“亚洲之虎”的地位。不过，马来西亚的“种族政治”仍将长期占据政治文化的主导地位，马来人和土著特权优先的格局不会轻易改变。希盟政府要打造一个“廉洁、公平、公正”的新马来西亚，可谓任重而道远。

对外方面，马哈蒂尔强调，马来西亚要成为所有人的朋友，没有敌人；坚持中立和不结盟，在相互尊重和互利的基础上进行合作；建立睦邻关系，繁荣与稳定的邻居有利于马来西亚。

新加坡与马来西亚的关系非常特殊。新是从马分离出来的，两国的历史纠葛很复杂。马哈蒂尔与新加坡的“开国之父”李光耀素有恩怨，两人在位时马新关系疙疙瘩瘩。马哈蒂尔这次刚上台，就给新加坡来个下马威，预示着两国关系的发展不会太顺利：一是单方面宣布取消新加坡—吉隆坡高铁项目，声称“在这个项目中马来西亚挣不到一分钱”。新方对此很不高兴，认为此项目是两国政府经过长达十年谈判达成的协议，不能未经双方协商就取消。新加坡已经为项目的先期工程花费了2.5亿新加坡元（约1.81亿美元）。双方经过权衡利弊，讨价还价，达成协议，新隆高铁推迟至2020年5月31日动工，马来西亚向新加坡补偿1500万新元（约1087.35万美元）。其实，新隆高铁项目对两国均具有重要的政治经济意义，马方仅因财政问题予以推迟，理由有点牵强。二是提出就1962年供水协定重启谈判。根据该协定，马来西亚以每千加仑水0.03林吉特（1美元=4.173林吉特）的价格，每天从柔佛河向新加坡输送2.5亿加仑的河水，并以每千加仑水0.5林吉特的价格从新加坡回购经过处理的净水。马哈蒂尔对媒体称，马向新的供水价格太便宜，从新回购的水太贵，要重新谈判。新加坡官方回应称，新马供水协定已经列入1965年新马分家协定，并在联合国备案，双方必须完全遵守协定，对马哈蒂尔重启谈判的要求不予配合。其实，马新政府成立不久，千头万绪，供水问题并非当务之急，把此问题抛出来，可理解为马哈蒂尔对新加坡的一个姿态。马哈蒂尔还说过，在马来西亚经营几十年的国阵垮台了，新加坡的人民行动党也执政了几十年，新加坡人民可能已经对其政府感到“厌倦”，暗示人民行动党也可能下台。马哈蒂尔此番话，遭到新加坡舆论的抨击。2018年12月4日，马来西亚交通部长陆兆福在国会宣称，马政府拟于2019年始逐步收回马来半岛南部的航空交通管理权，因为新加坡附近机场飞机的起降侵犯了马主权。5日，新加坡外长维文致电马外长赛夫丁指出，马单方面扩大柔佛州新山港口的海域界线，侵犯了新加坡领海。此前不久，11月12日，马哈蒂尔前往新加坡出席东亚峰会并正式访新，同李显龙总理会晤，双方重申了两国的紧密合作关系。总的看来，马新地理、历史、经济联系紧密，难以切割，两国关系今后可能龃龉不断，但不至于闹翻。

马哈蒂尔对日本似乎有着特别的情结。早在1982年，时任总理的马哈蒂尔就提出“向东看”政策，要学习日本的“政商协作体制和企业管理文化”。马日关系非常密切，日本是马最大外国直接投资来源国，2017年累计达130亿美元。2018年11月5—7日，马哈蒂尔对日本进行5月上台以后的第三次访问。日本首相安倍晋三会见了马哈蒂尔，日本政府决定向马来西亚发行2000亿日元（约17.56亿美元）的“武士债券”，供马“偿还债务”，利息0.65%，偿还期10年。马哈蒂尔在日本筑波大学演讲时称，希望日本在马来西亚开设大学分校，使马学生能够方便学习日本的“价值观、文化、工作态度和道德品格”。6日，日本明仁天皇向马哈蒂尔颁授“一等旭日桐花大绶章”，表彰他为促进日马关系作出的贡献。

马哈蒂尔此前执政时经常批评美国，对现在的特朗普政府也不持好感。马哈蒂尔说，特朗普言行前后不一，一日三变，不好打交道。特朗普对亚洲了解不多，脱离现实。特朗普的外交方式破坏了美国此前在亚洲所作的努力，在世界两个最大经济体的贸易争端中，历史将站在中国一边。

四、中马关系的新起点

中马1974年建交。当时，马来西亚是东盟第一个同中国建交的国家。建交初期，两国关系发展总体平稳，各领域的往来不断增加，但马来西亚对中国存有疑虑，两国处于不温不火状态。马哈蒂尔1981—2003年担任总理期间，采取搁置意识形态分歧，重点开展经贸关系的政策，中马关系有了长足进展，两国在国际和地区问题上也合作良好。纳吉布担任总理期间，中马关系发展到了一个新的高度。纳吉布对中国的“一带一路”倡议表现了高度热情，尤其是纳吉布2016年10月31日—11月6日访华，中马签署了16项政府对政府、14项企业对企业的谅解备忘录和协议，涉及资金约342.5亿美元。中国交通建设股份有限公司同马来西亚衔接铁道公司签订合约，共同承建马来西亚东海岸铁路项目。东海岸铁路全线规划总长688公里，预计投资220亿美元。该铁路可视作泛亚铁路的一部分，也是马来西亚与“一带一路”倡议联系最紧密的旗舰性项目。该项目2017年8月正式动工，目前已完成工程量17%。马哈蒂尔出于竞选的需要，大力抨击纳吉布政府引进中国投资，指责纳吉布“把马来西亚的主权典当给中国”，是“卖国”行为。马哈蒂尔还指称，中国碧桂园公司同马来西亚柔佛州政府在马南部合作开发房地产项目“森林城市”是中国企图在马建立“殖民地”。柔佛州王室批驳马哈蒂尔是在“散布恐慌和玩弄种族政治”。

马哈蒂尔抹黑中国投资，不能不引起我国民众的不满，国际上某些媒体给马哈蒂尔戴上“反华”的帽子。大选结束后，马哈蒂尔仍在不同场合指责中企同马方签订了“不平等”的合同，中方占尽便宜，马方当了“冤大头”。7月4日，马来西亚衔接铁道公司通知中国交通建设股份有限公司，暂停东海岸铁路项目；马来西亚苏里亚战略能源公司通知中国石油天然气管道局，暂停位于马六甲和沙巴州两个耗资达10亿美元的输油管和输气管项目。中国交通建设股份有限公司在一份声明中回应称，通知函没有说明停工期限，担心停工会产生额外的费用，还会影响到2250名当地员工以及数百家分包商、供应和顾问公司的生计，对此表示痛心和关切。

中国投资因马政党轮替而接连受挫，值得我们反思。类似马来西亚这样看起来很友好的国家，主要领导人一旦变更，中资项目便“命悬一线”，这种现象不应再继续下去。中企方面可能对政治风险、经济风险、财政风险和法律风险等因素估计不足，应引以为鉴，尽量避免投资对象国的低成本随意违约。马方强调有关工程造价太高，性价比差，财政困难，等等，固然也有一定道理。不过，基础设施建设是战略性的长期投资，不能追求立竿见影地获得盈利，考虑的是长远的政治、经济、社会利益，中国无意设置“债务陷阱”。马哈蒂尔号称“超级马来人”，他抹黑纳吉布执政时期的中马经贸合作，主要是为了竞选，同时也有“种族主义”的色彩。另外，马哈蒂尔清楚中国的地位、实力和影响，懂得中马关系的重要性，也了解马来西亚的主流民意欢迎中国投资。他断然搁置中资项目，又反复强调欢迎中国的“一带一路”倡议，对华采取务实政策。

2018年8月17—21日，马哈蒂尔总理对中国进行正式访问，就两国关系进行“对表”。中国国家主席习近平在会见马哈蒂尔时说，中方坚定奉行中马友好，相信新时期中马关系大有可为。中国本着相互尊重、友好协商的原则，妥善对待存在的问题，坚持友好合作的大方向，实现互利双赢。马来西亚是古代“海上丝绸之路”沿线重要国家，也是最早响应“一带一路”倡议的沿线国家，双方要以共建“一带一路”为主线推进新时期中马务实合作。马哈蒂尔表示，这次访华是马来西亚新政府的重要举措，旨在向中国政府和人民表明，马来西亚对华友好政策不会变化。中国是有重要影响的国家，也是马来西亚最大的贸易伙伴。历史上中国从未殖民过马来西亚，中国今天的发展对马来西亚也不是威胁。马中合作助推了马来西亚的发展，马来西亚支持并愿积极参与共建“一带一路”，相信这有利于地区的发展和繁荣。

2018年8月20日，中国政府和马来西亚政府联合声明发表。双方一致认为，当前两国都站在各自国家发展新的历史起点上，双方将从战略大局和长远出发，在相互尊重、平等互利基础上，进一步增进政治互信，深化务实合作，推动中马全面战略伙伴关系持续稳步发展。双方在高层交往、“一带一路”、经贸关系、基础设施、人文交流等领域的合作达成广泛共识。关于南海问题，双方强调维护南海和平、安全与稳定及航行自由和安全的重要性，认为各直接有关主权国家应根据包括1982年《联合国海洋法公约》在内的国际法原则，通过友好磋商和谈判以和平方式解决争议。中马还签订了一系列合作文件。

2018年10月24日，马来西亚另一位重要政治人物安瓦尔访华。安瓦尔在中国人民大学法学院就“马来西亚的法治与中马的未来”发表主题演讲。安瓦尔强调，马来西亚肯定愿意同中国合作，马中除了在基础设施领域外，应更多地在人工智能、机器人、技术转让等领域进行合作。中国史无前例的经济增长，引起很多人的嫉妒，很多政治领导人都有这个弱点，但中国不容易被打倒。美国曾经呼吁自由贸易，现在却挑起贸易摩擦，反过来是中国在提倡自由贸易，世界进入了“后正常时代”。中国国务委员兼外长王毅会见了安瓦尔。王毅指出，中马共同利益远大于具体问题，中方始终从战略高度和长远角度看待和重视中马关系。马哈蒂尔总理8月访华，标志着中马关系实现了平稳过渡。

总之，中马之间不必纠缠于“一城一地的得失”，而应从全局和长远考虑推进两国的友好关系。中马关系正在新的起点上再出发。

中菲关系驶入“快车道”

黄桂芳[①]

内容提要：习近平主席首访菲律宾，同杜特尔特总统共同规划中菲关系的未来发展，掀开两国全面合作的新篇章。两年来，中菲关系焕发新的活力，实现了由转圜、巩固到提升的跨越性发展。两国在“一带一路”框架下的互利合作亮点纷呈，实现“政经双热”的新特点，全方位、多层次、各领域的发展引人注目。菲军舰首次来华参加联合军演彰显互信。美国在南海问题上一再兴风作浪，杜特尔特总统呼吁美国停止干预南海问题。中菲两国在新时代扬帆再起航。

关键词：习主席访菲　中菲跨越性发展　扬帆再起航

一、习主席访菲是两国关系发展的重要里程碑

2018年11月20日至21日，习近平主席首次对菲律宾进行国事访问。在习主席和杜特尔特总统政治决断和推动下，两国共同规划中菲关系未来发展，掀开两国全面合作崭新篇章。访菲期间，两国元首达成重要共识，一致决定在相互尊重、坦诚

---

① 作者系中国国际问题研究基金会研究员、中国前驻菲律宾大使。

相待、平等互利、合作共赢的基础上建立中菲全面战略合作关系。会谈后，两国元首共同见证了中菲两国政府关于共同推进“一带一路”建设的谅解备忘录和关于油气开发合作的谅解备忘录等29项双边合作文件的签署。

习主席在会谈中指出，中菲两国是交往千年的近邻，睦邻友好、合作共赢是双方唯一正确选择。中方愿同菲方传承友谊、深化合作，让两国永远做好邻居、好朋友、好伙伴，共享发展繁荣。习主席强调，双方决定建立中菲全面战略合作关系，符合两国民众期待，适应双边关系发展要求。双方要把安全、发展、人文三大支柱领域合作扎扎实实推向深入。中方坚定支持菲律宾禁毒和反恐事业，将继续在力所能及范围内向菲律宾提供支持，帮助菲律宾开展更多减贫等社会民生项目，扩大教育、文化、旅游等交流合作，打造增进两国人民了解和友谊的新舞台。习主席指出，菲律宾是中国共建“一带一路”的重要伙伴。双方要深化“一带一路”倡议同菲律宾发展战略对接，加强基础设施建设、电信、农业等领域合作。习主席还指出，中菲在南海有广泛共同利益，可以继续通过友好协商管控分歧，推进海上务实合作，为地区和平稳定和人民福祉作出应有贡献。中方支持菲律宾履行中国—东盟关系协调国和中国—东盟东部增长区合作协调国职责，愿同菲方携手推动中国—东盟关系优化升级，推动东亚合作得到更大发展。中菲同为亚洲新兴市场经济体，要加强在地区和国际事务中的协调合作。

杜特尔特总统在会谈中强调，这是中国国家主席13年来首次到访，具有历史性意义，是两国关系的重要里程碑，将掀开两国合作关系的新篇章。他表示，菲方愿继续同中方深化全面战略合作关系，加强贸易、投资、农业、防务、卫生、禁毒、民生、基础设施建设、能源等领域合作，扩大教育、人力资源等人文交流。菲方赞同本地区国家共同维护南海和平稳定，愿积极促进东盟同中国发展关系。在处理国际事务中，中国是站在历史的正确一边，菲方愿密切同中方在联合国等多边框架内沟通协调。

习主席对菲律宾的国事访问，受到菲律宾高级官员、工商界领袖、主要新闻媒体、知名学者和各阶层民众的高度评价。众议长阿罗约和参议长索托欢迎习主席到访，表示现菲中关系正处于历史最好时期，两国全方位合作良好，中国是菲律宾经济发展最重要伙伴之一。菲参众两院赞同将菲中关系提升为全面战略合作关系，支持杜特尔特政府发展好菲中关系，愿加强同中国立法机构交流，深化各领域务实合作，造福两国人民，推动打造人类命运共同体。习主席首次对菲进行国事访问，菲方以隆重热烈的仪式迎接中国贵宾。马尼拉市长、前总统埃斯特拉达宣布全市放假一天，以便于民众欢迎习主席到访。沿途，主人特意安排艺术家伴随着菲律宾传统竹管弦乐翩翩起舞，向中国贵宾展示菲律宾独具特色的传统文化。菲律宾民众特别是孩子们的欢快笑容，在菲律宾掀起了中国热。人们发自内心对中菲关系不断向前发展感到欢欣鼓舞。

二、历经风雨，又见彩虹

诚如习主席会见菲律宾众议长阿罗约和参议长索托时指出的，近年来，中菲关系焕发新的活力，实现了由转圜、巩固到提升的跨越式发展，为两国人民带来福祉，促进了地区和平稳定。2016年杜特尔特总统上任以来3次访华，同习近平主席6次会晤。这在国际关系史上是很罕见的，表明菲方对菲中关系发展的重视。两国元首建立了互信和友谊，作出顶层设计和战略部署，引领中菲关系不断发展。两年来，中菲双方陆续恢复外交、防务、经贸、农渔业、科技、能源等一系列双边对话合作机制。地方友城、教育、文化、媒体、智库、青年等领域交流日益热络。双方在国际多边场合一直保持良好的沟通协作。2018年，中菲关系持续向好，各领域的务实合作不断深入；南海局势趋稳向好。两国建立南海问题双边磋商及海警合作联委会等机制，探讨在渔业、海事、联合搜救、海洋科研和环保等领域开展务实合作，“南海行为准则”磋商获重大进展。中国气象局发布消息：自10月31日起，中国南沙群岛永暑礁、渚碧礁、美济礁气象观测站正式启用。这意味着南沙地区及周边国家渔民和过往船只将获得更精准的气象预报预警信息。

两年来，菲律宾在杜特尔特总统带领下，推动实施“社会经济发展十点规划”“大建特建”，开创了国家发展欣欣向荣的局面，“一带一路”倡议可同其发展战略紧密对接，特别是可同基础设施建设紧密对接。基础设施建设是国家经济发展的必由之路，将为中菲合作创造更多机遇。基础设施建设是菲律宾政府优先施政方向，也是中菲两国优先合作领域。中方愿在“一带一路”的框架下，按照“企业为主、政府推动、市场运作”的原则，积极参与菲律宾公路、机场、港口、桥梁等基础设施建设和运营，充分利用优惠性质贷款、专项贷款等融资渠道，支持两国基础设施建设合作。“一带一路”倡议同菲律宾政府提出的“2017—2022发展规划”十分契合，也与菲律宾“打造基础设施建设黄金时代”目标一致，两国合作空间广阔。企业历来是两国经济发展的主力军。中方援建的帕西格桥梁、戒毒康复中心及赤河口灌溉项目已破土动工。双方就卡利瓦大坝、苏比克—克拉克铁路、南北铁路南线以及“平安菲律宾”

等重大基础设施项目保持密切沟通，预计投入金额超过70亿美元。此外，几年来，中方向菲方累计提供12.84亿元人民币无偿援助，推进农村饮水泵站等项目，支持菲律宾提振民生，减贫助困，有助于实现可持续发展。

过去几年，中菲关系全方位、多层次、各领域的发展引人注目，两国合作呈现“政经双热”新特点，从外交、经贸等领域双边磋商全面恢复到商讨海上油气勘探开发的海上合作机制正式启动，从中国企业掀起赴菲投资合作热潮到中国跃居菲第一大贸易伙伴、第一大进口来源地、第二大游客来源地。2017年中菲贸易额达512.8亿美元，同比增长8.5%。2018年1月至8月，中菲贸易总额达362.6亿美元，同比增长11.9%。2017年，中国对菲新增投资5384万美元，同比增长67%，2018年1至5月，中国新增投资达1.5亿美元。2018年是中国改革开放40周年，首届中国国际进口博览会11月5日至10日在上海举办。菲律宾支持多边贸易体制，抓住机遇，借助进博会平台，推介展示菲律宾产品。首批参展的产品于10月3日率先抵达上海，并于4日顺利实施分拆。中国电信及其本地合作伙伴组成的联合体正式中标成为菲第三家电信运营商，将全力提升菲律宾通信基础设施发展水平，提高民众通信生活的幸福感。从卡利瓦大坝等基建项目的积极合作到人民币与菲律宾比索直接交易兑换的加速推进，从探讨工业园开发合作项目，再到海上、空中直航接连开通，中菲在“一带一路”框架下的合作亮点纷呈。目前，往返于两国的航班已达每周300架次。2018年，中国从菲律宾进口100万吨热带水果，中国赴菲律宾的游客达100万人，创历史新高。这两个“100万”为两国尤其是菲民众带来实实在在的利益。此外，两国教育、科技、新闻、文化等领域合作也取得积极成果。

几年来，中菲逐步加强农业、渔业的互利合作，助力菲律宾实施更多民生项目。由中国政府无偿援建的中菲农业技术中心迄今已与菲专家共同开展了两期农业技术合作项目，涵盖杂交水稻、农业机械和沼气技术等领域。中心利用袁隆平的杂交水稻技术培育出适合菲土壤气候的热带杂交水稻品种——西岭8号。如今菲律宾400万公顷的耕地中，超过1/10种植着杂交水稻。粮食高产给农民们带来了丰收的喜悦。中方高度重视与菲方的渔业合作，为落实两国领导人共识和双方签署的备忘录要求，应菲方渔民请求并经双方协商，在2017年中方向菲赠送10万尾东星斑鱼苗的基础上，2018年11月14日继续向菲律宾赠送第二批10万尾东星斑鱼苗，支持菲方发展水产养殖，提高当地居民的就业和收入。应菲方请求，中方还将有一万尾淡水鱼苗近期通过空运从广州发往马尼拉。

中菲大幅加强执法防务、反恐、禁毒、打击网络犯罪及安全领域的合作。2017年5月，菲律宾棉兰老岛马拉维市反恐战事爆发后，中方及时向菲方提供武器装备等援助。2018年10月22日，马拉维反恐取得最后胜利的第二天，中方就向菲方移交了工程机械等设备，以实际行动支持和参与马拉维重建。中国承诺还将向马拉维重建捐助5亿元人民币。菲国防部长洛伦扎纳说，经过马拉维的艰苦战役，菲律宾成功阻止了恐怖势力向亚洲及其他国家蔓延。他感谢中国等国家对菲律宾的支持和帮助。

菲军舰首次来华参加联合军演彰显互信。2018年10月17日，菲律宾海军后勤支援舰“达古潘市”号从菲军港出发，前往中国湛江及其以东海域参加21日至28日举行的首次中国—东盟“海上联演—2018”，开展交流活动和实兵演练。中国与东盟十国均派员参加，中国派出包括导弹驱逐舰、导弹护卫舰和综合补给舰在内的三艘舰艇，东盟国家也派遣舰艇或观察员参演。参演各方围绕《海上意外相遇规则》使用及联合搜救、编队通信操演等内容进行演练，有助于未来在南海地区减少误解误判，增进互信、管控海上危机。这是落实中国—东盟防务高层共识、深化中国与东盟防务安全合作、增进互信的重要活动。

菲律宾地方省份、城市与中国的省市交流合作蓬勃发展，为当地经济社会发展作出了积极贡献，菲“首善之都”达沃就是其中的先驱和典范，中菲友谊也伴随着民间交流与推动一直延续。2018年10月28日，中国驻菲律宾达沃总领事馆开馆。同日，香港至达沃的直航正式开通，福建晋江与达沃开通民航直航。继海南省与菲律宾巴拉望省建立省城友好关系后，11月13日，晋江继南宁之后与达沃缔结友城签约。12月18日，福建泉州与达沃开通航线，每周两班。达沃正如王毅国务委员兼外长所指出的将成为中菲共建“一带一路”的重要枢纽、中菲深化交流合作的示范基地以及中国同东盟东部增长区合作的先行之地。达沃是当前中菲开展全面合作的优先地区。援建校舍开工仪式只是一个开端，双方正积极推进多项基础设施合作项目，包括达沃河桥、达沃至萨马尔跨海大桥、达沃铁路以及高速公路等。

菲律宾有众多的华人华侨，他们在菲律宾的市场地位举足轻重，既是中国改革开放的先行者、建设者，也是受益者。他们历来是联系中菲友好的纽带和桥梁。几年来，中菲两国人文交往特别是青年交往越来越紧密。菲律宾丝绸之路国际商会世界福建青年联会菲律宾分会2018年8月成立，要在菲传播“一带一路”倡议，宣传中国梦的理想，秉承爱心奉献、共创和谐的理念，传承中华民族传统文化，成为联通中外的文化使者。

2018年10月18日至11月1日，由福建省外办和菲律宾友好基金联合举办为期15天的“首届中菲青年互访交流游学活动”，旨在增进两国青年之间的相互了解，深化福建与菲律宾的友好交流与合作，推动中菲友好关系的深入发展。两国青年代表结伴先后到菲律宾的马尼拉、达沃、宿务和福建的福州、厦门、泉州、武夷山等地游览，参加培训、座谈、考察、联谊、参观等各种形式的活动，参访两国大专院校、政府机构，了解两国历史、文化等，探访研讨中菲在“海上丝绸之路”上的历史、现代和未来。

2009年9月，“妈祖信俗”被联合国教科文组织列入人类非物质文化遗产代表作名录。2016年3月，妈祖文化写入中国“十三五”规划纲要。2018年10月20日至25日，“妈祖下南洋，重走海丝路”启动，湄洲妈祖以邮轮为载体，巡安菲律宾马尼拉活动如期举行。组织者希望把“立德、大爱、行善”的妈祖精神播撒在海上丝路上，惠及更多人。活动所到之处，受到菲律宾华侨华人的热烈欢迎。菲律宾有近300万华侨华人，妈祖文化在菲华侨华人间世代相传，氛围浓厚而独具特色。湄洲妈祖巡安活动，助推民心相融、国家经贸合作和文化互通，汇聚了侨力，凝聚了侨心，也架起菲中友谊桥梁。

旅菲各校友会联合会一行60名侨胞组团于11月初参加“海外侨胞故乡行·走进福建”活动。他们珍惜此次故乡之旅，表示要当好中菲友谊的桥梁纽带，凝聚广大海外侨胞力量，为新福建建设多作贡献。

2018年10月22日至24日，以菲律宾《商业镜报》专栏作家阿鲁南为团长的菲律宾、文莱记者团一行16日访厦，参访了福建自贸区厦门片区、厦门城市规划展览馆、邮轮母港、软件园二期、官任社区和鼓浪屿。他们表示，中国与东盟友好关系源远流长，希望双方未来能更加开放，期待更多的合作。

他们积极把握机遇，在文化、媒体交流和对话中实现彼此借鉴和相互交融，努力成为中菲文化交流的践行者、中菲传统友谊的维护者、两国双边关系的贡献者。

三、美国在南海问题一再兴风作浪

美国打着“航行自由”的幌子，招摇海上，炫耀武力，制造军事紧张。2017年5、7、8、11月以及2018年1、3、5、9月，美军“杜威”号、“斯坦塞姆”号、“麦凯恩”号、“查菲”号、“哈尔西”号、“桑普森”号、“霍珀”号、“马斯廷”号、“希金斯”号、“安提坦”号、“迪凯特”号等军舰多次非法进入中国南沙、西沙、中沙岛屿12海里以内海域，无一不是打着“航行自由”的旗号。[①]2018年11月15日起，美国海军“斯坦尼斯”号航母与“罗纳德·里根”号航母在菲律宾海域会合组成双航母编队，共包括10艘军舰、150架各型飞机和12 600名人员，开展大规模的联合军演。此外，美国还拉拢日本、澳大利亚和英国等盟友介入南海事务。

长期以来，每年大约10万艘各类船只在南海航行从未遇到“不自由”问题，正是南海的自由航行传统支撑着全球一半以上的海上贸易。具有讽刺意味的是美国没有加入《联合国海洋法公约》，如今却处处打着《联合国海洋法公约》的旗号裁定

① “到底谁在南海兴风作浪耍套路”，2018年10月19日，http://paper.people.com.cn/rmrb/html/2018-10/19/nw.D110000renmrb_20181019_6-02.htm。

他国的海上行为，而从不认为美国有遵守《联合国海洋法公约》的必要。美国的做法本质上是以武力胁迫的手段，把自己对于国际法的片面、错误的理解强加于人。

美国不仅在军事上秀肌肉，骄纵横行，而且在舆论上摇唇鼓舌，妄言中国在南海搞“军事化”，对中国岛礁建设横加指责。更有甚者，美国在多个国际和地区会议上散布“威胁论”，挑拨离间，制造外交紧张。美国要出这些花招，想逼东南亚国家在南海问题上“选边站队”。作为唯一与美国具有同盟关系的南海主权声索国菲律宾，基于稳固自身利益和执政重点放在国内经济建设的立场不愿随美起舞。杜特尔特总统2018年11月15日在新加坡举行的第33届东盟峰会上干脆直接呼吁美国停止干预南海问题。中国与包括菲律宾在内的东盟国家共同努力并见证了“南海行为准则”的磋商进展，见证了南海朝着和平稳定的方向发展，见证了有关各方积极探讨合作和共同开发，见证了有关各方在管控和解决争议问题上相向而行的态度。事实再次表明美国这个域外国家是南海问题的麻烦制造者。

菲律宾是美国的盟友，菲的防务历来仰仗美国，在南海问题上亦然。出于其对外奉行“大国平衡”政策考虑，菲律宾日后对美国在南海问题的举动有所配合也有可能。何况，菲律宾正在其占领的中业岛加固机场等设施。菲现政府虽然暂时搁置南海仲裁结果，但今后重提“裁决”的可能性不能排除。

四、千年潮未落，风起再扬帆

隔海相望，菲律宾不仅是中国的友好近邻，还是重要的合作伙伴。中菲有着千年的交往史，地缘相近、人缘相亲、文缘相通，两国人民有着亲戚般的关系。两国在经贸和人文交流方面具有独特优势。菲律宾既是古代“海上丝绸之路”的重要枢纽，更是新时期“一带一路”的重要节点国家。1975年6月，中菲建交以来，两国关系总体上发展顺利。近年来短暂经历一些波折，自2016年起，经过双方的共同努力，中菲关系由转圜、巩固到发展，各领域的务实合作，惠泽两国人民，有利于地区和平、稳定和发展。这是两国各级官员的共识，也是各行各界的共同期盼。2018年4月9日，杜特尔特总统在博鳌亚洲论坛记者招待会上说，当前菲中关系“繁花似锦”。中国是菲律宾外交发展的优先方向，在“一带一路”合作框架下菲律宾从中获益匪浅。他希望进一步发展同中国的务实合作，为菲律宾国内的经济建设提供巨大帮助。“一带一路”顺应了经济全球化的历史趋势，也是中菲互利共赢之路。中菲携手共建“一带一路”顺民心、得民意、惠民生。习近平主席首访菲律宾为新时代两国关系谱新篇，标志着中菲发展驰入“快车道”。

习近平主席和杜特尔特总统为开辟中菲关系的新未来，作出了全面部署，主要是：深化政治互信，推动两国关系行稳致远；坚持合作谋实，确保中菲关系根基牢固；坚持民心相通，实现中菲关系恒久如一；坚持携手共赢，促进东亚合作深入发展。目前，中菲各有关部门正在通力协作，具体落实和实施双方达成的29项协议。我们深信，有两国元首亲自指引把舵，中菲睦邻友好、互利合作的巨轮，定会沿着“一带一路”乘风破浪驶向更加美好的明天。

2018年非洲形势喜忧参半

舒　展[①]

内容提要： 近年来，非洲进入政治社会转型和经济发展换挡两者既相互促进又相互制约的“新常态”时期[②]，形势演变错综复杂。2018年，多数国家基本保持和平稳定，安哥拉、津巴布韦、南非、埃塞俄比亚等主要国家政治变迁相对平顺或有惊无险，不少国家的经济先后趋稳复苏。然而，大陆内外的地缘战略布局、国际贸易和投资环境不佳以及恐怖袭击、气候变化和疾病肆虐等非传统安全压力有增无减，非洲之角、乍得湖区和萨赫勒及其南缘地带的僵局未见根本好转。今后一段时期的非洲政治局势和经济增长依旧存在不稳定、不确定的因素。

关键词： 非洲形势　经济增长　社会转型　政治变革

非洲不少国家重启政治、经济和社会转型，政治改革方面反思模仿欧美模式弊端，突出本土创制或借鉴东亚治国经验，力求政局保持或恢复稳定；经济发展方面调整政府与市场关系，

---

① 作者系浙江师范大学非洲研究院特约研究员，前驻厄立特里亚、卢旺达大使。

② 参见戴兵：“非洲发展新形势、中非关系新进展及中非合作新前景”，载张宏明主编：《非洲发展报告 No.20（2017~2018）》，社会科学文献出版社，2018 年，第 148 页。

更多强调政府主导作用，优先拓展农业和农产品加工的增值产业链，坚持制造业、服务业等多样化发展，侧重扩大就业和减少贫困；社会服务方面注重改善民生，力推包容性和可持续发展。

一、经济波动持续但有望走出谷底

2015—2017年多数非洲国家经济不景气，总体经济增长率不及3%，人民生活水平下降，社会不满因素增多，多国接连发生社会动荡和民族冲突。根据英国牛津化险集团的最新《非洲的风险及回报》报告，非洲近年政治和经济持续动荡，自2018年起开始走出衰退，人均区内生产总值三年来首次有实际增长，带动投资前景重新看好。① 安哥拉、津巴布韦、南非、埃塞俄比亚等国先后完成政权交接，新人新政初见积极效果。联合国贸易和发展会议2018年10月16日报告预测，撒哈拉以南非洲经济继2017年增长2.7%之后，2018年可望达到3.1%，2019年达3.8%，2020年可逾4%。②

由于北非状况不佳，全非洲的上述数值均少0.1个百分点，

① “Control Risks Group Limited: Africa Risk-Reward Index”, https://www.controlrisks.com/our-thinking/insights/reports/africa-risk-reward-index.

② 国际货币基金组织：《地区经济展望·撒哈拉以南非洲：资本流动和就业前景》，第10页，2018年10月。世界银行同月出炉最新《非洲脉搏》（African Pulse）的数据称，由于全球贸易和工业增长失速导致需求下降，农矿产品价格反弹乏力等不利外部环境，撒哈拉以南非洲经济从2015—2016年经济滑坡开始复苏，2018年预计增长2.7%，略高于2017年的2.3%，低于半年前的预期。

而且尚未赶上受全球金融危机影响之前的增速。2018年53个非洲国家中18个经济增速有望超过5%，加纳、埃塞俄比亚、科特迪瓦、塞内加尔等国或可超7%，[①] 在当前世界经济继续滑坡的大形势下并不逊色。麦肯锡公司（McKinsey&Company）预测，非洲总产值到2020年将达2.6万亿美元，1.28亿个家庭的可支配收入约为1.4万亿美元。[②]

世界银行非洲部首席经济学家阿尔伯特·祖法克（Albert Zeufack）认为，此系非洲三大经济体尼日利亚、安哥拉和南非的经济恢复乏力拖了后腿，不过后两国初现好转迹象。南非统计局2018年12月3日表示，第三季度的国内生产总值（GDP）同比增长2.2%，扭转前一季0.4%的萎缩。[③]

科特迪瓦、肯尼亚和卢旺达等资源不多的国家反而保持较快增长，供给侧方面的农业和服务业稳固，需求方面的家庭消费和公共投资两旺。卢旺达国内总产值继2017年实际增长6.1%之后，2018年上半年（年化率）冲上8.6%，第三季度为7.7%，全年将增长7.2%，卢国财长预测2019年可达8%。[④] 主要得益于建筑和信息等产业的强劲发展，通货膨胀保持在3%

---

① “18个非洲国家GDP增速预计超5% 中非民间商会建议企业提前布局抢占先机”，该文称非洲2018年将有18国的国内生产总值增速逾5%。http://wap.eastmoney.com/ScrollNewsCont.aspx?cd=20181202997265559&c=0&op=1。

② Victor Kiprop, “Mobile Industry to Add U.S.$150 Billion to Africa’s Economy By 2022 ”, The East African , July 3, 2018.

③ Bloomberg, “South Africa’s Economy Emerges From First Recession in Decade”, December 4, 2018, https://www.dailymaverick.co.za/article/2018-12-04-s-africas-economy-emerges-from-first-recession-in-

④ Collins Mwai, “Economy Grows by 7.7% in Third Quarter”, The New Times, December 12, 2018.

以下。[①]

2018年4月国际货币基金组织曾预测，撒哈拉以南非洲若干国家的经济增长在未来五年仍将强劲，到2023年，该地区约三分之一的经济体将创造2000年以来年均增速逾5%的纪录。[②]

统计附录表1　实际GDP增长[③]

（百分比）

	2010—2015年	2016年	2017年	2018年	2019年
安哥拉	4.6	−2.6	−2.5	−0.1	3.1
贝宁	4.3	4.0	5.6	6.0	6.3
博茨瓦纳	5.5	4.3	2.4	4.6	3.6
布基纳法索	5.9	5.9	6.4	5.9	6.0
布隆迪	3.3	−1.0	0.0	0.1	0.4
佛得角	1.5	3.8	3.9	4.3	4.0
喀麦隆	4.8	4.6	3.5	3.8	4.4
中非共和国	−3.4	4.5	4.3	4.3	5.0
乍得	6.2	−6.4	−3.1	3.5	3.6
科摩罗	2.3	2.2	2.7	2.8	2.8
刚果民主共和国	7.7	2.4	3.4	3.8	4.1
刚果共和国	4.8	−2.8	−3.1	2.0	3.7
科特迪瓦	5.8	8.3	7.8	7.4	7.0
赤道几内亚	−1.2	−8.6	−3.2	−7.7	−2.6
厄立特里亚	4.7	1.9	5.0	4.2	3.8

① Rwanda, “IMF Confirms 7.2% Economic Growth Rate for Rwanda”, allAfrica.

② https://www.imf.org/en/Publications/WEO/Issues/2018/03/20/world-economic-outlook-april-2018.

③ 国际货币基金组织：《地区经济展望·撒哈拉以南非洲：资本流动和就业前景》，“统计附录”，2018年10月，第81—82页。

续表1

（百分比）

	2010—2015年	2016年	2017年	2018年	2019年
斯威士兰	3.3	1.4	1.6	1.3	0.4
埃塞俄比亚	10.2	8.0	10.9	7.5	8.5
加蓬	5.4	2.1	0.5	2.0	3.4
冈比亚	2.9	0.4	4.6	5.4	5.4
加纳	7.7	3.7	8.4	6.3	7.6
几内亚	4.5	10.5	8.2	5.8	5.9
几内亚比绍	3.6	6.3	5.9	4.5	5.0
肯尼亚	6.0	5.9	4.9	6.0	6.1
莱索托	4.2	3.1	–1.6	0.8	1.2
利比里亚	5.3	–1.6	2.5	3.0	4.5
马达加斯加	2.2	4.2	4.2	5.0	5.4
马拉维	4.6	2.3	4.0	3.3	4.7
马里	3.9	5.8	5.4	5.1	4.8
毛里求斯	3.8	3.8	3.8	3.9	4.0
莫桑比克	7.0	3.8	3.7	3.5	4.0
纳米比亚	5.7	0.7	–0.8	1.1	3.1
尼日尔	6.6	4.9	4.9	5.3	5.4
尼日利亚	5.8	–1.6	0.8	1.9	2.3
卢旺达	7.5	6.0	6.1	7.2	7.8
圣多美和普林西比	4.9	4.2	3.9	4.0	4.5
塞内加尔	4.3	6.2	7.2	7.0	6.7
塞舌尔	5.1	4.5	5.3	3.6	3.3
塞拉利昂	5.3	6.3	3.7	3.7	5.5
南非	2.4	0.6	1.3	0.8	1.4
南苏丹	–5.1	–13.9	–5.1	–3.2	–4.6
坦桑尼亚	6.8	7.0	6.0	5.8	6.6
多哥	6.1	5.1	4.4	4.7	5.0
乌干达	5.3	2.3	4.8	5.9	6.1

续表2

（百分比）

	2010—2015年	2016年	2017年	2018年	2019年
赞比亚	6.0	3.8	3.4	3.8	4.5
津巴布韦	9.1	0.7	3.7	3.6	4.2
撒哈拉以南非洲	5.1	1.4	2.7	3.1	3.8
不包括尼日利亚和南非	5.8	3.5	4.4	4.6	5.4
石油出口国	5.3	−1.7	0.2	1.6	2.4
不包括尼日利亚	4.1	−2.0	−1.2	0.6	2.8
石油进口国	4.9	3.6	4.4	4.0	4.6
不包括南非	6.4	5.2	6.0	5.6	6.1
中等收入国家	4.6	0.4	1.8	2.3	3.0
不包括尼日利亚和南非	5.2	2.7	3.1	3.8	4.9
低收入国家	6.5	4.4	5.8	5.4	6.0
不包括脆弱的低收入国家	7.4	6.1	7.3	6.3	7.0
处于脆弱状态的国家	5.1	2.7	3.8	4.5	4.7
法郎区	4.6	3.5	3.9	4.4	5.0
中部非洲国家经济共同体	3.9	−0.3	0.3	1.7	3.2
西非经济货币联盟	5.2	6.5	6.6	6.4	6.3
东南非洲共同市场（撒哈拉以南非洲成员）	6.7	4.8	6.0	5.6	6.1
东非共同体5国	6.1	5.4	5.3	5.9	6.3
西非经济共同体	5.8	0.5	2.7	3.2	3.6
南部非洲关税同盟	2.6	0.8	1.3	1.0	1.5
南部非洲发展共同体	3.9	1.4	1.8	2.0	2.9

二、经济发展换挡的新尝试

非洲不少国家重提发展长规划短计划。进入21世纪以来，东、南、西部非洲一些国家先后提出20—40年的中长期发展规划，辅之以5年期的短期实施计划，涉及具体的国家治理、经济增长和社会进步指标。2017年底至2018年初，安哥拉、津巴布韦、南非和埃塞俄比亚等国领导人换班，他们在推出改革新政的同时，均保持了一定的政策延续性。

2018年6月20—21日，总部设在阿克拉的非洲经济转型研究中心（African Center for Economic Transformation，ACET）携手加纳政府召开第二届非洲转型论坛（ATF2018），各国官员与专家学者就增加就业、促进投资和非洲经济转型务实对话。此次论坛还举办私企和社团高管圆桌会议，讨论上届论坛（ATF2016）发起的非洲转型联盟（Pan-African Coalition for Transformation，PACT）的发展以及政府、企业和社会合作落实跨界转型和改革政策。

撒哈拉以南非洲的经济结构变革比人们想象得更深刻，有可能开辟一种有别于传统工业化促进发展的道路。[①] 非洲这种结构转型优先发展外贸服务业、园艺和农产品加工业，以及信息通信产业。

---

① Brookings Institution's Africa Growth Initiative & UN University World Institute for Development Economics Research, *Industries Without Smokestacks – Industrialization in Africa Reconsidered*, Oxford University Press, 2018; quoted in Brahima Sangafowa Coulibaly, "Africa's Alternative Path to Development", May 3, 2018.

1998—2015年，非洲的服务出口增长速度是商品出口的6倍多。2014年，非盟峰会通过《建设智慧非洲宣言》，力推通过信息通信技术产业加速社会经济发展。移动通讯在2018年之后4年内可为撒哈拉以南非洲创造1500亿美元产值，相当于地区总产值的8%，[①] 肯尼亚、卢旺达、塞内加尔和南非的信息产业蓬勃发展。电子商务在非洲发展也很快，目前，非洲和中东电商市场收入为185.83亿美元，到2023年将增至274.17亿美元。[②]

旅游业在非洲大陆支持约2100万人就业，占就业总数的1/14；产值超过1600亿美元，占非洲生产总值近8%，胜过制造业和金融业的产值。[③] 卢旺达的旅游业跃居最大出口项，约占出口总额的30%。埃塞俄比亚、加纳、肯尼亚和塞内加尔都融入了全球园艺价值链，埃塞俄比亚10年间跃升为全球主要花卉出口国。[④]

非洲追捧的新兴服务业除了有利于出口贸易之外，生产率多高于农业，可吸收大量一般技术工人，且与制造业一样，亦得益于技术变革、规模经济和产业集聚效应，有望带动经济发

① "Victor Kiprop: Mobile Industry to Add U.S.$150 Billion to Africa's Economy By 2022", The East African, July 31, 2018.

② Fatuma Hirsi Mohamed (肯尼亚信息通信部常秘), "E-Commerce Is Africa's New Opportunity", (Kenya) Daily Nation, December 20, 2018, https://allafrica.com/stories/201812200085.html?aa_source=nwsltr-africa-en.

③ "Africa Union: Tourism Creates 21 Million Jobs in Africa, Exceeds Manufacturing, Banking", http://allafrica.com/stories/201806150052.html?aa_source=nwsltr-africa-en.

④ John Page, "The road not taken: Structural change in Africa reconsidered", Chapter 4, in Brahima S. Coulibaly ed., *Foresight Africa: Top Priorities for the Continent in 2018*, The Brookings Institution, 2018, p. 66.

展。此外，非洲服务业不易受生产自动化冲击，并有助于非洲国家为众多年轻人创造正规就业机会。[①] 至少，服务业可与制造业并行不悖，为非洲实现结构转型提供更多路径。

不过，一些国家公共债务居高不下，有的持续上升。其他风险包括岁入下滑和天灾人祸。[②] 而且，照目前非洲的人口增长趋势，许多国家需要几十年保持经济平均增长7%以上（目前仅3%—4%），才能逐步减少贫困和提高人均收入，任重道远。

三、政治转型在曲折中探索前行

非洲国家在政治上不同程度地摸索符合自身国情的发展道路，了解与借鉴世界不同的发展经验教训。[③]

不少非洲国家的执政党汲取20世纪军政权或一党制高压引起民众反弹和社会分裂的惨痛教训，一方面明确必须遵循“以人民为中心”（people-centred）的基本原则，另一方面强调社会各方通过协商达成共识的非洲价值观。有识之士认为，欧美民

---

① Brahima Sangafowa Coulibaly, “Africa’s Alternative Path to Development”, May 3, 2018, https://www.brookings.edu/opinions/africas-alternative-path-to-development/.

② Emily Wilson, “African Countries With the Fastest Growing Economy 2018”, September 4, 2018, https://edmontongazette.com/african-countries-fastest-growing-economy-2018/.

③ 参见黎文涛、王磊：“非洲政治在碰撞与磨合中发展前行”，载张宏明主编:《非洲发展报告 No.20（2017~2018）》，社会科学文献出版社，2018 年，第 38 页。

主制度内在的冲突性过强，非洲传统文化鼓励社会、经济和政治中各类竞争，不过力求避免冲突，非洲价值观追求“协商达共识”。他们主张在扬弃本土价值观的前提下，消化借鉴一些国际上的好做法，本土的民主基因与国际的价值标准相结合就是治国理政的创新。卢旺达多年实践政党论坛、全国对话等本土创制（Home Grown Solutions）的治理模式，反对分裂，力主社会和民族团结，实行权力分享（总统和总理不是同一个政党、不是一个民族）。如卡加梅总统每年抽出两天时间直接与民众对话并率内阁和地方首长集体接受问责，每月最后一个周六各级领导到各地参加义务公益服务并与群众商议当地发展的大政方针。① 埃塞俄比亚、南非等东南非洲国家都相互交流和借鉴本土治国理政经验。

一些非洲国家转向政府主导发展（developmental state），自主探索和实践国家发展道路的意识更加强烈，经济发展与社会发展同步且力求公平，因而社会凝聚力有所增强。

非洲20年的转型改革道路颇不平坦，各国发展亦不平衡。当前，相当多国家的政党还是以民族为基础，“联合政府”时有腋肘之患，尚未找到完全适合自身发展之路，受制于内外因素制约，“成长的烦恼”并不少。

非洲需要走自己的改革道路以开发其潜力。非洲发展面临挑战，不是因为缺乏勇气或毅力，而是因为没有把握每个非洲国家的现实和特定国情及其由此产生的矛盾。虽然其他任何国家都不可重复中国的发展道路，但在非洲引起共鸣并留下印象

① 笔者采访卢旺达爱国阵线创始成员铁托（Tito Rutaremara）参议员笔录。

的是中国注重“用经济和治理来改善社会”这一主要经验。[①]

非洲有55个国家，[②]每年都有几个国家搞选举，或是有人试图推迟选举或是难以处理善后。[③]竞选时，每个政治家都许诺大幅提高人民生活水准，但兑现者并不多。利比里亚和塞拉利昂的政党轮替顺利，但政策并无新意，政绩乏善可陈。普罗大众一时狂欢后重又失望，社会愤懑不平很快再现。不过，近5年来非洲没有发生军事政变，逢选必乱的现象逐渐减少，少数国家在选举前后出现“街头政治”，有的输家寻求司法介入，但多有惊无险，鲜见翻盘。

对此，中国国内舆论乃至学界有两种不太合适的说法。一种是，非洲进入新一轮“动荡”（“第三任期”是“民主倒退”），“安全”问题重新突出；另一种是，要支持非洲政权的“长期稳定”。两者都不完全准确，均未换位思考，颇有“以己度人”之虞。津巴布韦、南非和肯尼亚的政治各有特点，既不是外部世界的“促进民主”所能解释的，也不是内部民众的“求变心态”所能概括的，不宜简单地归结为“不稳定”甚至“社会动荡”，更不能仅仅出于自己好做“工作”之需，祈望甚至建议联手“国际社会”“加强”这些国家的“政治稳定”。

---

① Charles Onunaiju, “Understanding Realities”, The Africa Report, December 14, 2018, http://www.theafricareport.com/Media-release/understanding-realities.html?utm_source=%5BNewsletters%5D+The+Africa+Report&utm_campaign=3791835b93-EMAIL_CAMPAIGN_2016_12_12_COPY_01&utm_medium=email&utm_term=0_7ee2458fc1-3791835b93-338155625.

② 根据非洲联盟的说法，包含西撒哈拉。

③ 2018年18个国家进行全国/地方立法机构或总统大选，包括延期两年的民主刚果大选再度推迟到年底。

例如南非的“变天”，对南非社会和百姓来讲是件好事情，并非完全是执政的非洲人国民大会“内部权力争斗失控”，而是非国大内部积极力量力图拯救国家免于“被利益集团挟持”。南非人民、非国大有智慧、有能力处理好接班或换代问题，包括几经推后的土改问题。这个问题的实质本是非洲人拿回自己原有的基本资源控制权，而且不仅限于南非，不少非洲国家仍旧尚未解决这个问题。津巴布韦的土改到底是否部分解决了问题尚无定论，外界其实并不了解详情，无从置喙。

无论是津巴布韦的政治过渡，还是南非与埃塞俄比亚的政治发展，本国和非洲多数人认为积极意义大于消极意义，同时也都不希望外部干预。这充分体现在非洲各国提高了对自身政治、安全事务的自主意识。[①]

四、安全形势喜忧参半

联合国结束14年在利比里亚的维和、49个非洲国家签署《非洲大陆自由贸易协定》[②]、非盟改革有所进展以及埃塞俄比亚和厄立特里亚结束20年不战不和的状态，这些是2018年非洲的一些重大积极发展，说明非洲正在推进“自主解决问题”。

与此同时，非洲一些地方安全风险挥之不去。自2015年以

① 张春：“非洲提升外交自主性的尝试与成效”，载张宏明主编：《非洲发展报告 No.20(2017~2018)》，社会科学文献出版社，2018 年，第 92 页。

② 迄今仅 12 国立法机构批准，还需 10 国批准方可生效。[SA] Institute of Security Studies, (AU) “Peace & Security Council Report”, ISSUE 109, December 2018 – January 2019, https://issafrica.s3.amazonaws.com/site/uploads/psc-109-1.pdf。

来，非洲武装或暴力冲突逐渐减少，恐怖袭击导致的死难人数也有所下降。但是，多国政权更迭，若干冲突热点未消，天灾人祸迫使难民和无业流民涌入城镇或邻国，甚至远及非洲以外地区，带来诸多矛盾与摩擦。社会骚乱时常发生，有增无减，基础服务和治安难题一时难以解决。

尼日利亚政府围剿重创博科圣地武装，但后者仍能在东北部杀人越货，并流窜邻国尼日尔、乍得和喀麦隆，影响到萨赫勒地区的安全。尼日尔三角洲复仇者（the Niger Delta Avengers）时常袭击平民，东南部比夫拉分离组织死灰复燃。非盟军队即将撤离索马里，但索马里国防军尚无力保家卫国。索马里青年党并未过气，还会肆虐。中非共和国政府仅控制小部分国土，各派谋反势力割据，犬牙交错。

展望2019年，东非的南苏丹和索马里内乱难以彻底解决；中部民主刚果和中非共和国的动乱不已，又平添喀麦隆的北南之争；西部几内亚湾的恐怖活动有增无减，且尼日利亚、塞内加尔、几内亚等7国迎来不同级别的选举（全大陆11国进入选举年）。民众上街“搞政治”、做买卖、讨就业近年已成“新常态”。生活艰难和就业无路导致以往相对稳定的乌干达、肯尼亚、南非以及突尼斯等国以青年和妇女为主的抗议此起彼伏，如果政府找不到改善人民生活的新方法，政权安全难免频受威胁。

当前我们还缺乏对非洲权力结构、文化与冲突、价值观、社会心理等多方面的深刻理解和认识，我们只有设身处地站在非洲各国的立场上努力去理解他们的价值观，基于非洲特有的思维方式同他们“共商共建”合作大计，才能真正做到平等对话和有效沟通，才有可能找到解决共同面临问题的办法。

五、非盟改革略有进展

2018年非洲最大的成就是49国签署《非洲大陆自由贸易协定》①。这将为非洲创造一个大市场，他们的国内生产总值合计2.19万亿美元（另一说法为3.3万亿美元），有利于吸引外来投资、汇集内部资源，推进经济结构转型和发展区域价值链。到2022年，非洲内部贸易可能从目前占非洲对外贸易总额的16%升至52%。②

7月初，非洲联盟第31届峰会在毛里塔尼亚首都努瓦克肖特举行，决定将非洲发展新伙伴计划（NEPAD）协调机构改为非盟发展署。

11月，非盟特别首脑会在亚的斯亚贝巴举行，讨论非盟改革，与欧洲联盟就科托努协定进行谈判，将非洲发展新伙伴计划机构转变为非盟发展机构，以及加强非盟同行评议机制、和平与安全理事会。大会主旨是非盟在政治决策和日常工作中要“高效率和有效力”，非盟委员会将从现有的8个部门改为6个：政治事务、和平与安全；经济事务、贸易和工业；基础设施、能源、科学技术；社会发展和人道主义事务；环境和农业发展；

① 迄今仅12国立法机构批准AfCFTA，还需10国批准方可生效。[SA] Institute of Security Studies, (AU) “Peace & Security Council Report”, ISSUE 109, December 2018 – January 2019, https://issafrica.s3.amazonaws.com/site/uploads/psc-109-1.pdf。

② African Union, “The Continental Free Trade Area - a Game Changer for Africa”, The East African (Nairobi), June 27, 2018, http://allafrica.com/stories/201806270735.html?aa_source=nwsltr-africa-en.

妇女和青年。该委员会将来将由8名（不再是10名）高级官员组成——主席、副主席和6名委员。3月，非洲大陆自由贸易区协定签订，随后8国批准。卢旺达率先签署并批准人员自由流动议定书，以及发起非洲统一航空市场，都是推动非洲一体化的重大步骤。其中最大的进展是非盟和平基金长期以来完全依赖外援的局面有所改善，此前有6000万美元自筹自主资金（用于调解与维和），虽然离4亿美元的目标还有很长一段路，毕竟聊胜于无。

2019年，埃及将接棒卢旺达，轮值非盟主席。塞西是否有卡加梅的远见、决心、能力与人缘，还有待观察。另外，南非（同时出任联合国安理会非常任理事国）、埃塞俄比亚和阿尔及利亚（同年大选，很可能“新人有新政”）有望重返非盟和平与安全理事会，加上事实上“常任”的尼日利亚，将对“加强和平与安全理事会的能力”这项关键改革产生不容低估的影响。

中阿合作迈向新时代

刘宝莱[①]

内容提要： 中阿关系历史悠久，互补性强，历久弥新。经历7年多的变革转型，阿拉伯国家普遍重视经济发展，加强工业化进程，积极致力于同中国共建“一带一路”，以搭上中国经济发展的快车。目前一些大项目已在地区落地生根，开花结果。2018年7月，习近平主席在中阿合作论坛第八届部长级会议上提出中阿共建“一带一路”新倡议和对阿联酋的访问，为全面推进中阿共建“一带一路”和打造命运共同体谱写了新篇章。

关键词： 中阿合作　优势互补　“一带一路”　成果显著　新倡议　新天地

中华民族同阿拉伯民族均为两个伟大的民族，具有悠久历史、古老文明。埃及的尼罗河流域和中国的黄河流域造就了世界古文化的摇篮，为世界文明宝库作出了杰出贡献。中阿人民之间的友谊源远流长，在古丝绸之路上“舟舶继路，商使交属”，留下了先人们的足迹，谱写了许多动人的友好故事，代

---

① 作者系中国国际问题研究基金会中东研究中心主任，中国人民外交学会前副会长，前驻阿联酋、约旦大使。

代相传。

自1949年10月1日中华人民共和国成立以来，中国同阿拉伯国家的关系不断向前发展。进入21世纪，双方的合作领域更广泛，步伐更坚实，其中“一带一路”成为双方合作的重要项目。2018年7月10日，中阿合作论坛第八届部长级会议在北京举行。习近平主席出席开幕式，并发表重要讲话，宣布“经过中阿双方友好协商，我们一致同意建立全面合作、共同发展、面向未来的中阿战略伙伴关系”，[①] 从而使双方的全面合作迈向了一个崭新的时代。

一、发展是阿拉伯地区大事

自2011年至今，席卷中东大地的政治风暴给该地区带来的更多是动乱、破坏和灾难，有违地区民众要求变革的初衷。时至今日，地区国家均在继续寻求符合本国国情的发展道路，振兴经济，改善民生。但要达此目的，绝非易事。地区国家的发展道路是漫长、曲折和复杂的，主要面临以下问题：

（一）经济发展滞后

阿拉伯国家经济发展迟缓，与世界其他大洲拉开了距离，尤其是2011年爆发大动乱以来，地区经济普遍下滑，造成经济损失超过千亿美元。事实证明，动乱的根本原因在于经济上不

① 习近平：“携手推进新时代中阿战略伙伴关系——在中阿合作论坛第八届部长级会议开幕式上的讲话”，《北京日报》，2018年7月11日。

去，致使民不聊生，怨声载道。这也是该地区的老大难问题。

（二）经济发展单一，墨守成规

阿拉伯国家要么是石油输出国，主要依赖石油出口；要么是农业国，主要靠出口农产品。还有些国家主要靠旅游收入。另外，该地区缺水，客观上，直接影响经济多元化发展。

（三）工业化水平较低

阿拉伯国家正处于工业化初期阶段。拥有重工业的国家仅有伊朗、埃及、土耳其、沙特等国。大多数国家只有轻工业，且现代化程度不高，甚至还有小作坊，更没有门类齐全的工业基础和设施。工业发展的低速运转难以提升经济活力。

（四）缺乏完整的发展规划

阿拉伯国家缺乏完整的发展规划，即使有规划，往往好高骛远，可操作性差，加之一缺资金，二缺人才，三缺前瞻性，易受外界影响，计划跟不上变化，其中一些国家财政困难，年年赤字，寅吃卯粮，顾不上实施发展规划。

（五）政局动荡

阿拉伯国家政局动荡，内阁改组频繁，官僚机构按部就班，贪污腐败盛行。政要们只顾眼前利益，应付局面，对经济抓得不紧、不实、不全面。另外，社会分配不公，贫富差距拉大，出现“朱门酒肉臭，路有冻死骨”的现象。广大民众对政府强烈不满，时有骚乱，影响社会治安。

（六）域外大国干预

域外大国干预、大国博弈影响地区稳定，严重干扰阿拉伯国家经济发展。比如美国对伊朗、土耳其的制裁直接影响两国的经济发展。地区热点问题持续发酵，难有净土，难民增加，人心惶惶，劳民伤财。

二、中阿合作具有坚实基础

习主席说：“历史和现实证明，无论国际风云如何变幻，无论面临怎样的艰难险阻，中阿始终是互利互惠的好伙伴，同甘共苦的好兄弟。”[①] 中阿合作有着深刻的历史渊源。从政治层面看，双方没有根本的利害冲突，没有历史遗留问题，只有友谊与合作。在国际和地区事务中，中阿坚持多边主义，反对单边主义和强权政治，主张国际政治民主化，并通过政治途径解决国际争端、地区热点和民族纠纷；反对各种形式的恐怖主义；照顾彼此间的关切和核心利益。中国支持巴勒斯坦正义事业，阿方在台湾问题上坚持“一个中国”立场。在四川汶川遭受百年不遇的特大地震时，沙特、阿联酋和阿曼等阿拉伯国家均提供了大量援助；中方也向巴勒斯坦、伊拉克、叙利亚、约旦和黎巴嫩等阿拉伯国家难民提供了人道主义救援。

在经济层面上，双方互补性强，可以取长补短，互通有

---

① 习近平：“携手推进新时代中阿战略伙伴关系——在中阿合作论坛第八届部长级会议开幕式上的讲话”，《北京日报》，2018 年 7 月 11 日。

无，互利合作具有强大的生命力，尤其在共建“一带一路”方面，可操作性强。中国国力大增，是世界第二大经济体，在核能、航空航天、电讯、网络、基础设施建设等方面，已进入世界先进行列，并步入高铁时代。值得提及的是，中国拥有庞大的高素质的科技队伍、大量优质产能、各类物美价廉的商品、雄厚的资金、健全的招商引资法规、安全稳定的社会环境。改革开放40年，中国人民创造了世界奇迹。“中国坚持打开国门搞建设，实现了从封闭半封闭到全方位开放的伟大历史转折。开放已经成为当代中国的鲜明标识。中国不断扩大对外开放，不仅发展了自己，也造福了世界。”[①] 今后5年，中国将进口超过8万亿美元商品，对外投资总额将超过7500亿美元。中国首届国际进口博览会已于2018年11月5日在上海举办。习主席在开幕式上的主旨演讲中强调：“中国正在稳步扩大金融业开放，持续推进服务业开放，深化农业、采矿业、制造业开放，加快电信、教育、医疗、文化等领域开放进程，特别是外国投资者关注、国内市场缺口较大的教育、医疗等领域也将放宽外资股比限制。”[②] 他说：“预计未来15年，中国进口商品和服务将分别超过30万亿美元和10万亿美元。”[③] 这将为阿拉伯国家提供更多合作机会。而阿拉伯国家具有丰富的能源、雄厚的资金和庞大的市场。在国际油价下跌，海湾石油输出国普遍面临财政收入下跌的困境下，它们既需要大量出口换汇，又需要大量进口，以发展经济，改善民生，并实施各自的发展规划。中国能满足

① 习近平：“共建创新包容的开放型世界经济——在首届中国国际进口博览会开幕式上的主旨演讲”，《解放日报》，2018年11月6日。

② 同上。

③ 同上。

对方的需求。双方可以在以下领域加强合作：1.经贸。阿拉伯国家每年进出口贸易超过上万亿美元，其中阿拉伯海湾合作委员会6国约占一半。它们从日用消费品到飞机、大炮、高科技产品等，主要依赖进口。因此，中阿双边贸易基本未受地区动荡的影响。关于投资，中阿双向互动，天地广阔，大有可为。2.工程承包、劳务合作。地区国家基础设施薄弱、陈旧，亟待改造、重建，尤其是政局动荡的5国（叙利亚、伊拉克、也门、利比亚和南苏丹），一旦政局趋稳，定要大兴土木。据报道，叙利亚重建，需耗资5000亿美元。而地区国家工程承包占全球份额的19%，高达4万亿美元。3.能源。每年中国从该地区进口原油约占总进口量的一半。海湾石油输出国和伊拉克拥有大量油气田需要开采。中国有关企业同它们已有合作，并取得显著成绩，前景看好。4.高新领域。阿尔及利亚、埃及、沙特、阿联酋等国正启动卫星发射项目；地区再生能源项目正在发展，规模巨大。埃及和约旦等积极筹建核电站。5.优质产能转移。随着企业转型升级，中国大量劳动密集型产业将逐步减少。而阿拉伯地区正处于工业化初期，需要这些产业。据当地媒体报道，地区各国平均失业率超过12%，其中年轻人约占25%。庞大的失业大军对当地政府是一巨大压力，如处置不当，必将引起社会骚动。因此，急需采取多项措施解决。

在发展战略上，双方理念基本契合，共同语言增多。为2020年全面建成小康社会，中国政府正深化改革，加大对外开放力度，通过“一带一路”，实施西向战略，扩大国内中西部地区对外开放，促进全面发展。阿拉伯国家经过7年多的变革转型，对发展也有了深刻认识。中国的综合实力、发展道路和治国理政经验吸引了它们的目光，进而促其加速东向政策。

三、“一带一路”助力地区发展

当前，国际和地区形势正发生深刻变化，尤其是在美国特朗普政府“反复无常、不太靠谱”的情况下，阿拉伯国家普遍看好中国，愿同中国共建“一带一路”。阿拉伯国家联盟外长理事会通过决议，表达了阿拉伯国家集体参与“一带一路”建设的政治意愿。这样，一可搭上中国经济发展快车，将“一带一路”同国内发展规划相对接，建设一些利国利民的项目，改善民生，振兴经济；二可寻求亚投行、丝路基金和其他专项优惠贷款，用于发展重大项目；三可借鉴中国治国理政经验；四可推动去极端化，推动民众全力以赴致力于发展经济。

习主席在中阿合作论坛第八届部长级会议开幕式上的重要讲话中，对中阿共建“一带一路”提出了新倡议，宣布中方设立配备200亿美元贷款额度、按商业化原则运作的“以产业振兴带动经济重建专项计划”和成立配备30亿美元金融合作专项贷款的“中国—阿拉伯国家银行联合体”；牢牢抓住互联互通这个“龙头”参与阿拉伯国家有关港口和未来阿拉伯铁路网建设；积极推动油气合作、低碳能源合作“双轮”转动；努力实现金融合作、高新技术合作“双翼”齐飞；打造“园港互联”；实施“千人交流计划”和“万人培训计划”等具体举措。这将为双方“一带一路”建设注入新的活力。中阿签署的《中阿合作共建“一带一路”行动宣言》是中国在世界上同地区组织签署的第一个“一带一路”行动宣言，意义重大，影响深远，必将发挥示范作用。目前，中国同阿联酋的能源合作已延伸到上游。“2017年，阿方将阿布扎比陆上石油区块共计12%

的特许经营权授予中国企业；2018年3月，阿方又将阿布扎比海上石油区块所属两个油田各10%的特许经营权授予了中国企业。”[①] 2018年7月19日至21日，习主席对阿联酋进行了国事访问，受到阿方“超高规格”礼遇。阿方派12架战机为习主席专机护航，在习主席车队行进中安排飞行表演和马队护卫。阿布扎比王储穆罕默德亲王向习主席授予国家最高荣誉勋章扎耶德勋章，并邀请习主席到私邸做客。7月20日，两国发表《联合声明》强调，两国元首一致决定，进一步提升双边关系水平，建立全面战略伙伴关系。与此同时，双方签署了近20项合作文件，涉及政治、经济、金融、能源、农业、文化等领域。值得一提的是“一带一路”倡议同阿方“重振丝绸之路”设想高度契合。因此，双方签署了共建“一带一路”谅解备忘录，同意加强发展战略对接和产业政策沟通，在更高水平、更宽领域、更深层次推进合作。双方同意港园一体，打造国际贸易、产能聚集、区域辐射三位一体功能布局，推动传统油气和低碳能源合作“双轮”转动、科技和金融合作“两翼”齐飞。双方将在阿布扎比加快建设首个“一带一路”国际交易所，为阿拉伯海湾地区“一带一路”建设提供金融服务。在文化领域，双方将具体落实“百校教中文”“拥抱中国”、互设文化中心等项目。另外，在同阿方领导人会谈中，穆罕默德表示，阿联酋钦佩中国的发展模式和骄人的成就，赞赏中国奉行开放的发展战略，愿密切同中国广泛合作，做中国可靠的伙伴。穆罕默德强调，深化同兄弟般中国的传统战略友好关系始终是阿联酋对外关系的重中之重。阿中关系提升至全面战略伙伴关系符合双方共同

---

① “习近平主席在阿联酋媒体发表署名文章”，《浙江日报》，2018年7月19日。

心愿，将更好造福两国人民。他称赞习主席此访是一次历史性访问，十分钦佩中国取得的发展成就，高度认同习主席的远见卓识和治国理政理念，相信中国有着光明的未来，必将为世界和平和人类进步作出更大贡献。

2016年习主席曾先后访问沙特和埃及，大大增进了双边务实合作。习主席提出了影响深远的共建“一带一路”四大行动计划：高举和平对话旗帜，开展促进稳定行动；推进结构调整，开展创新合作行动；促进中东工业化，开展能源对接行动；倡导文明交流互鉴，开展增进友好行动。

为推进工业化进程，地区多数国家都制定了中长期发展规划或战略。比如，埃及塞西总统执政后，大抓经济建设，制定了“苏伊士运河走廊计划”，准备修建5个港口码头和3个工业园区，将沿岸7.6平方公里打造成世界级航道枢纽。2014年12月下旬，塞西总统访华。双方同意将两国战略合作关系提升为全面战略伙伴关系。埃方愿将其发展规划同“一带一路”对接，并成立了专门委员会研究将中方的优质产能转至埃及事宜。2015年、2016年、2017年和2018年，塞西总统再度访华和出席有关国际会议，双方深化了合作。

沙特“2030愿景”规划规模巨大，涉及面广，拟将扩大基础设施建设，振兴经济城，建设物流、旅游、工业、高科技等特区，发展非石油非矿产品，并将其贸易的出口由16%升至50%。预计政府总投资上万亿美元，以实现经济发展多元化，改变仅对石油的依赖。2017年3月15日，沙特国王萨勒曼率千人代表团访华。习主席同萨勒曼国王举行会谈。国王表示，愿将沙特发展规划同“一带一路”对接。为此，双方签署了价值650亿美元的协议，涉及能源、基建、科技等领域。2018年11月30日，在出席二十国集团领导人第十三次峰会期间，习主席在布宜诺斯艾利斯会见沙特王储穆罕默德时表示，他同萨勒曼国王成功实现互访，两国建立全面战略伙伴关系。双方就推进双边关系发展达成的重要共识正在逐步落实。中方始终从战略高度和长远角度看待中沙关系。沙特保持稳定和发展是中东海湾地区实现繁荣进步的基石。中方坚定支持沙方推动经济多元化和社会改革，愿同沙特在涉及彼此核心利益问题上继续相互支持，双方要落实好“一带一路”倡议同沙“2030愿景”对接，推动各领域合作。① 穆罕默德王储表示，沙特支持中国的发展，支持“一带一路”合作。沙中战略性关系发展良好，中国已成为沙特第一大贸易伙伴，两国在投资、能源等领域合作成果丰硕，沙特希望继续深化。沙特赞同中国在国际事务中的立场和主张，期待中国发挥更大作用，愿为促进阿拉伯国家和伊斯兰世界同中国友好合作关系发展作出贡献。②

目前“一带一路”已在阿拉伯地区落地生根，开花结果。影响较大的项目主要有六个：一是中沙延布炼厂正式投产。该厂设计加工能力达到40万桶原油/日（合2000万吨/年）。这是中国石化首个海外炼化项目，也是中国在沙特最大的投资项目。二是埃及的中埃苏伊士经贸合作区。该合作区起始的1.34平方公里早已全部建成，二期工程（2平方公里）已经启动，引进了纺织、服装、石油装备、摩托、太阳能等100多家中国企业，可以为埃及创造1万多个就业机会。三是中国与阿联酋联合建设运营的哈利法港二期集装箱码头项目。该码头2019年第一季度投入运营，年处理能力为240万标准箱。四是中阿

① “保持扩大市场开放，共同做大国际贸易蛋糕：中沙相互支持推进合作”，《解放日报》，2018年12月2日。

② 同上。

（联酋）产能合作示范园。已有16家企业签署了入园意向协议，其投资额为64亿元人民币。五是中阿（联酋）合作建设中的迪拜700兆瓦光热发电项目。这是当今世界上规模最大、技术最先进的光热发电站。六是2017年中国为阿尔及利亚发射的一号通信卫星。

四、全面推进“一带一路”建设的有关建议

为了全面推进“一带一路”建设，特提出如下建议：

（一）加大宣传力度

“一带一路”对包括阿拉伯国家之内的世界各国来说，都是一个新鲜事物，国际社会对此有各种解读或疑虑是正常的。因此，我们应进一步讲清楚中阿共建“一带一路”的重大意义及其给对方带来的好处，尤其要强调“共商、共建、共享”、平等互利、决不强加于人、损人利己。2018年4月10日，习主席在博鳌亚洲论坛2018年年会开幕式上的主旨演讲中强调，“共建‘一带一路’倡议源于中国，但机会和成果属于世界，中国不打地缘博弈小算盘，不搞封闭排他小圈子，不做凌驾于人的强买强卖”。

（二）加强高层友好往来

加强高层互访是打开双边创新性合作之门的一把金钥匙。2018年7月下旬，习主席对阿联酋的国事访问收到了超预期的丰硕成果，“将中阿双边关系推向更高水平，对中国同阿拉伯

国家合作产生了示范效应”。[①] 中阿今后应继续加强合作，并做好顶层设计，促进“一带一路”与地区国家发展规划对接，打造合作新亮点。

（三）积极推动《中阿合作共建“一带一路”行动宣言》的具体实施

双方应加大“中阿合作论坛”的工作力度，积极推动《中阿合作共建“一带一路”行动宣言》的具体实施 ，做强能源、新闻、北斗导航、企业家论坛等机制，努力推动建立妇女、青年、旅游等机制，使论坛释放更大能量，呈现新气象、新作为、新成就。在全面考察、论证和充分协商的基础上，力争再建几个有影响力的、利于双方的大型合作项目。

（四）积极参与地区事务，突出重点，量力而行

我们要主动发声，推动热点问题政治解决，及时提出有关务实方案和倡议。2016年习主席访问埃及，在开罗阿盟总部发表重要演讲时，就中东向何处去指出，化解分歧，关键要加强对话；破解难题，关键要加快发展；道路选择，关键要符合国情。关于中国的中东政策，坚持“三不”原则。习主席强调，我们在中东不找代理人，而是劝和促谈；不搞势力范围，而是推动大家一起加入“一带一路”朋友圈；不填补“真空”，而是编织互利共赢的合作伙伴网络。2018年7月下旬，习主席在

---

① “相知无远近，万里尚为邻——国务委员兼外长王毅谈习近平主席对阿联酋、塞内加尔、卢旺达和南非进行国事访问，出席金砖国家领导人第十次会晤，过境毛里求斯并进行友好访问”，《北京日报》，2018年7月29日。

访问阿联酋同阿方领导人深入交换意见时，就中东问题提出了中国方案。他指出，要坚持通过政治途径解决热点问题，找到符合地区实际、兼顾各方利益的方案；要积极探索以发展促和平的中东治理路径，筑牢地区和平稳定的根基；要加强去极端化国际合作，铲除恐怖极端主义滋生土壤。习主席“提出的方案体现共同、综合、合作、可持续的安全观，顺应当地民众盼稳思定的普遍心愿，受到域内外高度评价”。[①]

（五）加强调研，注重可行性研究

调研是成功的先导，细节决定成败，严禁大而化之，不甚了了。我们既要务虚，更要务实；既要跟踪地区总体形势、发展趋势、前景估计，又要重视国别研究，覆盖各个领域；既要看到眼前，又要着眼长远；既要抓带普遍性、倾向性问题，又不要放过个别、特殊问题；既要实地考察，做全方位调研，又要看到动态变化和不测因素，以防造成不必要的损失。对阿拉伯地区来说，一些国家政局动荡、复杂多变是常态。对此，我国应有充分思想准备，始终保持忧患意识，做到未雨绸缪，从容应对。

（六）加强文化交流，促进包容互鉴

中阿要在传播重和平、尚和谐、求真知上下功夫，坚持以对话消除误解，以包容化解分歧。应充分发挥中阿改革发展研

---

① “相知无远近，万里尚为邻——国务委员兼外长王毅谈习近平主席对阿联酋、塞内加尔、卢旺达和南非进行国事访问，出席金砖国家领导人第十次会晤，过境毛里求斯并进行友好访问”，《北京日报》，2018年7月29日。

究中心的平台作用，将其“做大做强，为双方提供更多智力支持”。同时，双方要加强公共、民间外交，举办多层次、宽领域的各类研讨会，进行治国理政、思想理念的沟通与交流，以增进相互了解，增信释疑，达到心灵沟通，使人才和思想在“一带一路”上流动起来。

中阿共建“一带一路”大有可为

罗兴武[①]

内容提要：习近平主席提出的共建“一带一路”倡议，日益得到阿拉伯国家的积极响应和支持。阿拉伯国家身处“一带一路”交汇地，是共建“一带一路”的天然合作伙伴，双方有着互利合作的坚实基础和共同利益。在双方的共同努力下，中阿共建“一带一路”取得了早期可喜成果。中阿共建“一带一路”带动了双边关系的全面发展，为相互合作提供了难得的机遇，中阿共建“一带一路”，合作前景广阔，大有可为。

关键词：“一带一路”　天然伙伴　早期成果　大有可为

2018年7月10日，习近平主席在北京召开的中阿合作论坛第八届部长级会议开幕式上的讲话中指出：“4年前，我在这里向阿拉伯世界发出共建‘一带一路’的邀请。4年来，我们携手同行，把‘一带一路’同地区实际结合起来，把集体行动同双边合作结合起来，把促进发展同维护和平结合起来，优势互补，合作共赢，造福地区人民和世界人民。”习主席的这一讲话，为新时代中阿共建“一带一路”指明了方向和路径，提供

---

① 作者系中国国际问题研究基金会研究员，前驻利比亚、约旦大使。

了根本遵循方针。

一、“一带一路”日益受到阿国欢迎

习近平主席提出的共建“一带一路”的重大倡议，顺应了时代发展的潮流，反映了中国和阿拉伯国家要和平、求合作、谋发展的共同愿望和利益，日益受到阿拉伯国家的热烈欢迎和积极支持。2018年3月，阿拉伯国家联盟外长理事会通过决议，强调阿拉伯国家作为一个整体将在“一带一路”框架下加强同中国对话合作；7月，在本届部长级会议上，通过并签署了《中阿合作共建“一带一路”行动宣言》；9月，阿盟外长理事会再次重申阿方愿加强同中方共商共建“一带一路”，这充分表明阿拉伯国家集体参与“一带一路”的坚定决心。迄今，已有17个阿拉伯国家同中国签署“一带一路”谅解备忘录，5个阿拉伯国家同中国签署了产能合作文件。

与此同时，阿拉伯国家领导人、政府高官、学者对共建“一带一路”纷纷表示热情支持和高度赞赏。埃及总统塞西说，埃及是最早支持“一带一路”倡议的国家之一，坚信这一倡议将为埃中双边和国际区域合作带来巨大机遇。埃方希望借鉴中国的发展经验，发挥埃及的区域优势，用好苏伊士运河工业园区，共同拓展欧洲、中东、非洲市场。沙特国王萨勒曼说，沙方支持中国“一带一路”倡议，愿深化同中方在贸易、投资、能源、教育、科技、信息安全等领域合作。科威特埃米尔认为，在“一带一路”框架下，阿中双方对接战略目标，合作机遇无限。约旦国王阿卜杜拉二世表示，约旦愿与中方深化共建“一带一路”合作，推动能源、基础设施领域重大项目建设，共谋发展繁荣。阿联酋王储穆罕默德指出，通过古老的丝绸之路，阿拉伯世界同中国保持着悠久的传统友好。今天，中国正引领世界重启丝绸之路，“一带一路”倡议受到国际社会广泛支持。阿联酋愿继续积极参与“一带一路”合作。伊拉克副外长邵什·赛义德说，“一带一路”是一个富有创造性和包容性的构想，将为我们国家的复兴和地区发展带来动力。伊拉克将积极落实习近平主席提出的建议，共享“一带一路”发展成果。叙利亚大马士革战略研究中心副主任易卜拉欣认为，和平共处、多元共生是“一带一路”倡议的重要内容。当前，中东地区仍面临着战乱和极端势力的挑战，通过互惠互利的贸易往来，“一带一路”建设将带动沿线国家走出战争困境。

二、阿国是共建“一带一路”的天然合作伙伴

古老的“陆上丝绸之路”和“海上丝调之路”把中国人民和阿拉伯人民紧密连接在一起，双方友谊深厚，亲如一家。阿拉伯国家身处“一带一路”交汇地，是共建“一带一路”的天然合作伙伴，双方有着互利合作的坚实基础和共同需求。

（一）政治基础扎实牢固

中国和阿拉伯国家同属发展中国家，有着共同的历史遭遇，在反帝、反殖、争取民族独立和人民解放的斗争中，同甘共苦，并肩战斗。在新形势下，中阿都面临着维护民族尊严、捍卫国家主权、探索发展道路、实现民族振兴的共同任务，应该紧密配合，守望相助。在国际事务中，中阿一贯互相同情和支持，坚决反对霸权主义和强权政治，反对干涉别国内政，主

张通过和平谈判解决分歧和争端，反对使用武力或以武力相威胁，在涉及彼此核心利益和重大关切问题上相互理解和声援。中国坚决支持阿拉伯巴勒斯坦人民的正义事业，支持召开新的巴勒斯坦问题国际会议、“两国方案”和探索创新中东促和机制。阿拉伯国家坚定奉行“一个中国”原则，支持中国在台湾、涉疆、涉藏及南海问题上的立场。值得提及的是，在南海仲裁案闹得最厉害的时候，2016年5月在多哈召开的中阿合作论坛第七届部长级会议上，阿拉伯国家集体率先发表联合声明，明确坚定支持中国对南海问题的立场，这几乎成为中国“南海外交战”的转折点。同时，中阿双方不断加强高层往来，就发展双边关系和共同关心的国际和地区问题进行磋商，交流看法，达成共识。双方不断增进的政治互信，为中阿在各个领域的合作打下了牢固的基础。

（二）经贸合作互补性强

中国和阿拉伯国家都处在发展变革的关键时期，相互加强经贸合作，取长补短，互通有无，这对双方十分重要且有益。阿拉伯国家经济发展不平衡，工业、农业落后，基础设施薄弱，先进的科技和设备缺乏，资金不足等，制约了阿拉伯国家的经济发展。但是，阿拉伯国家人力资源和自然资源丰富，特别是石油和天然气，其探明储量分别约占其世界探明储量的65%和80%。我国经过40年的改革开放和快速发展，国家面貌发生了翻天覆地的变化，已跃升为世界第二大经济体，外汇储备达3万多亿美元，中国在核能、航空航天、电信、网络、高铁、基础设施建设等方面已进入世界先进行列，“中国制造”设备质量上乘，科技先进，性价比高，中国人管理经验丰富。但中国油气资源不足，大部分依靠进口。中国和阿拉伯国家在上述方面形成的巨大反差，正是双方难得的合作机遇，中阿可发挥各自长处，优势互补。

（三）安全合作互有需要

中国和阿拉伯国家都面临着暴力恐怖势力、宗教极端势力、民族分裂势力这“三股势力”的威胁，特别是“东伊运”和“伊斯兰国”等恐怖组织所从事的暴力恐怖活动，给双方的安全与稳定带来了严重的负面影响。共同打击这“三股势力”成为双方的共同使命。中阿双方紧密合作，坚决反对各种形式的恐怖主义，同时也反对把恐怖主义同特定民族宗教挂钩，主张秉持共同、综合、合作、可持续的安全观，坚持综合施策，标本兼治。对此，中国向阿拉伯国家提供3亿美元援助，用于执法合作、警察培训项目，帮助阿拉伯国家加强维护稳定能力建设。中国现有1891名维和官兵在4个阿拉伯国家和地区执行维和任务，占中国派出维和人员总数的73%和派往世界上8个热点地区的一半。迄今，中国海军已派出30批舰艇编队，在亚丁湾、索马里海域为中外6400多艘船只护航，中国还参与了6个阿拉伯国家的扫雷行动。在阿拉伯国家的支持下，2017年中国在吉布提建立的海外第一个后勤保障基地正式投入使用，增强了中国提供安全公共产品的能力。中阿双方在安全方面的合作大有作为。

（四）人文交流互学互鉴

中国和阿拉伯国家都有着灿烂的文化、古老的文明。中华文明和阿拉伯文明，历史悠久，底蕴深厚，都曾对人类文明的进步与发展作出宝贵的贡献，在当今世界文明体系中占有重要的地位。中华文明和阿拉伯文明各成体系、各具特色，但都包含有人类发展进步所积淀的共同理念和共同追求。中华文明倡导“和为贵”“亲仁善邻”“己所不欲，勿施于人”，阿拉伯文明主张“包容”“敬畏”“仁爱”“中正”，双方都重视中道和平、忠恕宽容、自我约束等价值观念。中阿应开展文明对话，以文明交流超越文明隔阂、文明互鉴超越文明冲突、文明共存超越文明优越。双方应通过文明互鉴，一起挖掘民族文化传统中积极处世之道同当今时代的共鸣点，相互从对方文明中寻求智慧、吸取营养，彼此尊重，和谐相处，用实际行动驳斥西方散布的“文明冲突论”，让人文交流互学互鉴成为增进中国人民和阿拉伯人民友谊的桥梁，成为推动社会进步的动力。

三、中阿共建“一带一路”取得可喜成果

经过双方的辛勤耕耘，中阿共建“一带一路”已从理念转化为行动，从愿景转化为现实，取得了早期可喜的成果。

（一）政策沟通顺利进行

中国与12个阿拉伯国家建立或提升了双边战略合作（伙伴）关系。即便阿拉伯国家大小、强弱、贫富和社会制度不同，中国政府均本着“求同存异，和而不同”的原则，加强同阿拉伯国家的合作，积极构建包括高级别联合委员会、经贸联委会在内的多层次、多渠道政府间宏观政策沟通交流机制，就经济发展战略进行交流，共同制定推进以能源合作为主轴，以基础设施建设、贸易和投资便利化为两翼，以核能、航天卫星、新能源三大高新领域为突破口的“1+2+3”的合作格局，为阿拉

伯国家大型合作项目的实施提供政策支持。

（二）设施联通务实推进

中阿积极推动中国倡议的“一带一路”与阿拉伯国家各自制定的发展战略相对接，一批有需求的项目得到实施或列入规划。中沙联合投资100亿美元在沙特延布新建的炼油厂已投产，由中铁建修建的从沙特麦加到麦地那全长450公里的铁路已竣工。2017年3月，沙特国王萨勒曼访华时，中沙签署了总金额达650亿美元的合作协议，第一批中沙产能与投资合作30个重点项目已确定，其中8个项目已开工。巴林“龙城”已于2015年9月落成开业，中国主题商场面积达12万平方米，已有500家中国企业入驻。中埃苏伊士经贸合作区一期项目已完成，34家中国公司进入，投资额达4.26亿美元，为埃及创造近2000个就业机会。其二期项目已揭牌，园区面积从1.34平方公里扩大到6平方公里，预计将有100家中国公司入驻，带来约25亿美元的投资和1万人的就业。继中国公司承建造价30亿美元的埃及新首都中央商务区一期项目和造价12.39亿美元的开罗“斋月十日城”轻轨项目后，2018年9月中埃双方又签署了由中国公司建设埃及新首都中央商务区二期项目、苏伊士炼油及石化厂项目、阿塔卡抽水蓄能电站项目、汉纳维清洁燃煤项目等4个工程承包合同，总金额达100多亿美元。中石油首次进入阿联酋油气市场，获得阿布扎比海上和陆上合作区项目40%的权益。中阿合建运营的哈利法港二期集装箱码头项目将于2019年投入运营，中阿合建世界上规模最大、技术最先进的迪拜700兆瓦光热发电项目进展良好。中阿技术转移中心揭牌成立。中国积极参与伊拉克重建，我中资机构在伊承揽油气项目5个，承包各类工程项目合同总额达307亿美元。卡塔尔将举办2022

年世界杯，中铁建集团参与主场馆建设，造价约140亿元人民币。葛洲坝集团和中水电公司在科威特从事科威特新城项目和路桥项目建设，造价约100亿元人民币。2017年4月，10多家中国企业同阿曼方面签署合作文件，投资30多亿美元，在阿曼杜库姆经济特区修建面积达11.72平方公里的中国—阿曼产业园。同时，中国积极推动沙特吉赞经济城中国产业园、中国—阿联酋产能合作示范园、中国—苏丹农业合作开发区等建设。2017年3月，中国能建广东粤电集团融资16亿美元，在约旦修建最大的油页岩电站项目，同时中国企业还同约旦在风力发电、太阳能等领域开展合作。中国同阿尔及利亚等国开展双边航天合作，2017年中国成功发射了一颗阿尔及利亚一号通信卫星。2018年，中国一阿拉伯国家北斗中心在突尼斯成立；中国公司同摩洛哥方面签署合作协议，投资61亿美元，开采磷酸盐；9月，中铁16局与苏丹国家铁路公司签署总长2407公里从苏丹港经尼亚拉到阿德里的铁路项目框架协议。该铁路项目是通往乍得的主要干线，被誉为“贯穿非洲大陆经济的光荣铁路”。2017年，中国在阿拉伯国家新签承包工程合同额达328.05亿美元，直接投资达12.5亿美元，同比增长8.9%。

（三）贸易畅通凸显活力

“丝绸之路”源于贸易，兴盛于贸易。阿拉伯国家是我国重要的贸易市场。中国已同22个阿拉伯国家和海湾阿拉伯国家合作委员会建有经济联委会机制，同所有阿拉伯国家签署了双边政府经济、贸易和技术合作协定。目前，中国是10个阿拉伯国家的最大贸易伙伴和整个阿拉伯地区的第二大贸易伙伴。2018年前9个月，中阿双边贸易额达1756.11亿美元，同比增长24.54%；中国从阿拉伯国家进口原油1.3亿吨，同比增长

10.5%。此外，海湾阿拉伯国家合作委员会和我国重启自由贸易区谈判，并取得实质性进展。2017年9月，在宁夏举办的第三届中阿博览会签署合作项目253个，总金额达1860亿元人民币，成为中阿共建“一带一路”的重要平台。

（四）资金融通充满生机

9个阿拉伯国家已成为亚洲基础设施投资银行成员国，其中7国为创始成员国，沙特和埃及还分别担任亚投行中东选区和非洲选区的董事。目前，亚投行已批准4项涉及阿拉伯国家的项目，分别是阿曼杜库姆商业码头项目、铁路系统准备项目、宽带基础设施项目和埃及太阳能光伏发电项目，贷款总额达6.63亿美元。丝路基金在中东投资的首单项目是阿联酋哈斯彦燃煤电站。为进一步促进双边贸易和投资便利化，中国先后同阿联酋和卡塔尔签署了等值350亿元人民币的双边本币互换协议，还在这两个国家开设了人民币清算业务，并设立了共计200亿美元的共同投资基金。中国银行、中国工商银行、中国农业银行、国家开发银行等还在海湾一些阿拉伯国家开设了分支机构和办事处。为促进中东工业化进程，中国联合阿拉伯国家，共同实施产能对接行动，包括设立150亿美元的中东工业化专项贷款，用于地区国家产能合作、基础设施建设项目。同时，中国向中东国家提供100亿美元商业性贷款，支持开展产能合作；提供100亿美元优惠性质贷款，并提高优惠贷款优惠度。资金融通为阿拉伯国家参与“一带一路”建设提供了重要的资金支撑。

（五）民心相通有序开展

国之交在于民相亲，人文交流是中阿共建“一带一路”的重要支柱。双方在文化、艺术、教育、卫生、传媒、旅游等领域开展了形式多样的交流与合作。截至2017年底，中国与11个阿拉伯国家签署了双边文化合作协定新的年度执行计划，推动53个中阿部级政府文化代表团互访，组织296个文艺展演团组4604人次互访，推动105家阿拉伯文化机构与中方对应机构开展合作，邀请258名阿拉伯文化艺术人才来华研修等。目前，中国已在9个阿拉伯国家建立了12所孔子学院和4个孔子课堂。2016年，阿拉伯国家在华留学生超过1.8万人，中国赴阿拉伯国家留学生增至2433名；13个阿拉伯国家成为中国公民出境旅游目的地国，9个阿拉伯国家给予中国公民免签或落地签，中国同7个阿拉伯国家开通了直飞航线，每周往来航班增至近200架次，每年人员往来达100多万人次。丰富多彩的人文交流活动，为深化中国同阿拉伯国家的合作奠定了坚实的民意基础和社会基础。

四、中阿共建“一带一路”大有可为

“一带一路”建设全面带动中阿关系发展，双方一致同意建立全面合作、共同发展、面向未来的中阿战略伙伴关系，中阿友好合作进入新阶段，中阿共建“一带一路”开启了新征程。习近平主席站在发展中国家团结振兴的历史高度，着眼中阿双方的长远利益，提出了增进战略互信、实现复兴梦想、实现互利共赢、促进包容互鉴等四方面的倡议和一系列重要举措，为推动新时期中阿关系发展、携手共建“一带一路”描绘了新蓝图，注入了新动力。中阿共建“一带一路”前景广阔，大有可为。

（一）以互联互通为“龙头”，对接彼此发展战略

中方愿参与阿拉伯国家有关港口和未来铁路网的建设，支持阿方构建连接中亚和东非、沟通印度洋和地中海的黄金枢纽物流网，携手打造蓝色经济通道，共建海洋合作中心和“一带一路”空间信息走廊，推动中国北斗导航系统和气象遥感卫星技术服务阿拉伯国家建设。

（二）积极推动油气合作、低碳能源合作“双轮”转动，构建能源合作新格局

双方将继续推动“油气+”合作模式，深化石油、天然气勘探、开采、炼化、储运等全产业链合作，加强和平利用核能、太阳能、风能、水电等领域合作，共同构建油气牵引、核能跟进、清洁能源提速的中阿能源合作格局。

（三）努力实现金融合作、高新技术合作“两翼”齐飞，建立新的交易平台

中方支持建立产能合作金融平台，围绕工业园建设拓展多元化投融资渠道，推进园区服务、企业成长、金融支持三位一体发展。中方支持中国有关金融证券机构同阿拉伯国家主权财富基金和管理机构合作，建立立足海湾、辐射中东北非、吸引全球投资者的国际交易平台，服务“一带一路”建设。中方支持设立“中国—阿拉伯国家银行联合体”，配备30亿美元金融合作专项贷款。

（四）设立“以产业振兴带动经济重建专项计划”，提供200亿美元贷款额度，同有重建需求的国家进行合作

中国将再向叙利亚、也门、约旦、黎巴嫩人民提供6亿元人民币援助，用于当地人道主义和重建事业，还将再向巴勒斯坦提供1亿元人民币无偿援助，用于巴勒斯坦发展经济、改善民生。

（五）坚持对外开放，提供更多合作机遇

未来5年，中国将进口超过8万亿美元商品，对外投资总额将超过7500亿美元，这将给阿拉伯国家带来更多合作机会和实实在在的利好。中国欢迎阿拉伯国家参加首届中国国际进口博览会，将在今后5年实现阿拉伯国家参加博览会及贸易和投资综合展全覆盖。成立中阿新闻交流中心，启动中阿电子图书门户网站项目以及第四届“阿拉伯艺术节”均取得可喜成果。

（六）推动中阿人民情感交流，夯实民意基础

未来3年，中国将再邀请阿拉伯国家100名青年创新领袖、200名青年科学家、300名科技人员来华研讨，再邀请100名宗教人士、600名政党领导人访华，再为阿拉伯国家提供1万个各类培训名额，再向阿拉伯国家派遣500名医疗队员。

共建“一带一路”是一项造福中国人民和阿拉伯人民的伟大工程，双方正共同努力推动其走深走实。同时也应看到，阿拉伯国家处于局势动荡的中东地区，热点问题突出，民族宗教矛盾错综复杂，突发事件频仍，暴力恐怖活动猖獗，一些国家处于政治经济转型期，社会不宁，安全形势不容乐观。同时，大国博弈加剧，地缘政治斗争激烈。这些都会给“一带一

路”建设带来消极影响。尽管如此，中阿共建“一带一路”的有利条件仍大于不利因素，机遇大于挑战。我们要坚定信心，攻坚克难，抓住机遇，迎接挑战，弘扬丝路精神，强化战略思维，加强统筹协调，做好规划设计，紧抓重点项目，防范各种风险，一步一个脚印朝着目标前进，中阿要团结一道谱写共建“一带一路”新篇章，为推动构建中阿利益共同体和命运共同体作出不懈努力。

中东形势大变，叙利亚危机仍难解决

安惠侯[1]

内容提要：阿拉伯世界大动乱基本平息，“伊斯兰国”溃败，美中东政策逐步明晰。美俄博弈加剧，沙特与伊朗矛盾激化。美更加偏袒以色列，巴勒斯坦问题被边缘化。土耳其调整中东政策，美撤军决定使叙利亚局势不确定性增加。

关键词：动乱平息　美俄博弈　沙伊矛盾　边缘化　撤军决定

在世界面临百年未见之大变局的大背景下，中东地区局势出现了重大变化。

一、阿拉伯世界大动乱基本平息，“伊斯兰国”溃败

2010年底在突尼斯爆发，很快波及几乎所有阿拉伯国家的大动荡—大动乱，基本平息。多数国家较快平息国内动荡，恢

---

① 作者系中国国际问题研究基金会战略研究中心主任，中国国际问题研究院特聘研究员、前驻中东国家大使。

复和平发展进程。突尼斯和埃及这两个在大动乱中发生政权更迭的国家，已产生强势政府，逐步恢复国家稳定，致力于变革、发展。埃及总统塞西2018年高票连选连任，继续出任总统。作为大动乱的溃疡也出现一些积极变化。叙利亚局势出现转机。也门战事尚未平息，但烈度下降。在联合国调停下，也门冲突双方开始接触，磋商局部停火事宜。利比亚计划2019年举行总统选举，如果顺利，有利于政局走向稳定。恐怖暴力事件较往年有所减少。沙特主动邀请卡塔尔出席海合会峰会，卡外交大臣出席，双方关系有所松动。然而，巴勒斯坦与以色列矛盾激化，美打压伊朗不放松，中东局势仍存在许多不确定性。

2014年成立的"伊斯兰国"，一度在伊拉克和叙利亚攻城略地，制造骇人听闻的血腥暴行，肆虐三年多。"伊斯兰国"在俄、美及其支持的武装力量协同打击下溃败，残余势力或转入地下，或逃往他国，作为建政实体不复存在。残余势力继续制造一些恐怖事件，但想东山再起，不太容易。

阿拉伯国家痛定思痛，"不要战争，不要动乱，要稳定，谋变革，求发展"成为国家与民众的共识和普遍诉求。许多学者认为，阿拉伯世界进入漫长的转型期。何谓"转型"，尚不见有人详细论述。"转型"就是要寻找到一条适合本国国情的发展道路，保持稳定，独立自主，实行变革，发展经济，改善民生，增强国力。

二、特朗普政府的中东政策逐步明晰

特朗普上台后，首次出访选择了沙特、以色列和巴勒斯坦。美与沙特签订了1100亿美元的军售合同。特朗普宣布退出《伊朗核协议》，承认耶路撒冷是以色列的首都，并于2018年5月将美驻以使馆由特拉维夫迁往耶路撒冷。特朗普显著改善在奥巴马执政时期严重恶化的美与沙特、以色列的双边关系。

特朗普不顾包括法国、英国和德国在内的国际社会的普遍反对，悍然退出《伊朗核协议》并对伊朗实行石油禁运等严厉制裁；挑动沙特为首的伊斯兰逊尼派国家与伊朗、叙利亚、黎巴嫩真主党等什叶派势力对抗。美国于2018年初提出的《国防战略报告》提出，美国要在中东地区建立持久联盟，打击恐怖主义分子，抵消伊朗的力量，确保能源通道安全。

美力挺以色列，打压巴勒斯坦。美2017年底提出的《国家安全战略报告》强调，“来自圣战恐怖组织的威胁和来自伊朗的威胁正使人们认识到，以色列不是该地区问题的根源。各国在应对共同威胁时日益发现与以色列的共同利益”。美停止对巴勒斯坦援助并将巴勒斯坦驻华盛顿机构逐出，不再坚持以“两国方案”解决巴以矛盾。巴方断绝与特朗普政府交往，不再承认美调停巴以冲突的资格。巴以暴力冲突时起时伏。

2018年10月美与海合会6国，以及埃及、约旦开会，酝酿成立“中东战略联盟”，即“阿拉伯版北约”，矛头指向伊朗，同时防范俄罗斯在中东扩大影响。

特朗普曾表示要尽快从叙利亚撤出美军，后又改口称，美军将留驻叙利亚，“直到从恐怖分子手中解救的地区局势稳定以及彻底扑灭‘伊斯兰国’复燃的威胁”。2018年9月，美国家安全顾问博尔顿强调，“只要伊朗军队留在伊朗边境之外，美军就会继续留驻叙利亚”。然而，2018年12月19日白宫突然宣布，特朗普决定从叙利亚撤出全部美军。这一决定引发美国内一片反对，美国防部长马蒂斯宣布辞职；美欧洲盟友深感不安，一片惊愕。

特朗普政府两次妄称叙政府军使用化学武器，并以此为借口，向叙军基地发动导弹袭击，突破奥巴马执行的美不对叙利亚直接发动军事打击的政策。

特朗普政府还协助沙特在也门开展军事行动，打击胡塞武装。

以上种种可以看出，特朗普的中东政策是：扶植并利用沙特和以色列，打压和削弱伊朗，保持叙利亚和也门战乱，使巴勒斯坦问题进一步边缘化，遏制俄罗斯影响，在不增加投入的情况下，维持美对中东事务的主导地位。尽管特朗普推行“印太战略”，重点遏制中国，但只要美继续坚持全球称霸，就不会放弃中东。有学者因美减少对中东的投入，认定中东进入“后美国时代”，显然是言过其实。

三、俄罗斯在中东地区影响扩大，与美博弈加强

2015年，应叙利亚政府要求，俄罗斯出兵叙利亚。短短几个月时间里，俄军扭转叙战场局势，挫败“伊斯兰国”武装及反对派势力对政府军发动的凌厉攻势，增强政府军实力，政府军重新掌控战场主动权。俄军的战绩促使美改变对“伊斯兰国”纵容、放任政策，进而加强对其打击力度。2016年10月，俄宣布将叙利亚的塔尔图斯港建成俄永久海军基地。随后，普京总统批准俄、叙关于俄无限期在叙部署空天部队的协议。伊朗和黎巴嫩真主党派出武装力量与叙政府军并肩作战，维护巴沙尔政权，与俄罗斯利益一致，彼此配合默契。

俄在叙不仅在军事上占据优势地位，还与伊朗、土耳其联

手举行阿斯塔纳和会，实际上要取代联合国主导的日内瓦和会，主导叙利亚问题的政治解决进程。

土耳其对俄罗斯出兵叙利亚，开始持反对立场，并曾击落一架俄军机。在土耳其发生未遂政变并因此与美交恶后，土、俄关系改善。俄默许土军事占领叙西北部地区，扶植“自由军”实行割据，并联手打击极端宗教恐怖势力武装。

2014年塞西当选埃及总统后，俄罗斯成为塞西出访的首个非阿拉伯国家。2015年普京访埃，这是俄元首10年来首次访埃。美欧认为塞西是通过政变上台，停止对埃军援和军售，俄成为埃最大军火供应国。两国战略性军事安全合作也不断加强。2015年两国还在地中海举行了联合军事演习。俄与埃达成在埃建核电站协议。

俄罗斯也加强了与沙特、以色列的交往与合作。

俄罗斯利用美减少对中东的投入，实行收缩政策，地区国家对美疑虑增加，普遍加强外交多元化的有利时机，在中东扩大影响，与美博弈加剧。但俄毕竟经济实力不强，又遭遇美的阻遏，除在叙利亚拥有一定优势外，尚无力撼动美在中东的主导地位。

四、沙特与伊朗矛盾激化

过去，沙特支持伊拉克萨达姆政权对抗伊朗，美推翻萨达姆政权后，伊拉克什叶派掌控国家权力，与伊朗改善关系。伊朗在地区的影响力扩大。阿拉伯世界大动荡—大动乱的态势，使埃及国力遭到极大削弱，沙特自认为应由它发挥阿拉伯世界领袖的作用，从而站在与伊朗争夺地区影响力的第一线。沙特曾坚决反对美与伊朗签订《伊朗核协议》。特朗普上台后在中东重点打压伊朗，并扶植和利用沙特，符合沙特的战略利益。沙特依仗美国的支持，更加坚定地与伊朗对抗。沙、伊对抗主要是出于地缘战略利益考虑，但也有教派分歧的因素。沙特自认为是阿拉伯世界逊尼派的领袖，伊朗则是什叶派国家最强大者。双方都利用教派因素壮大自身势力。

美表示对伊朗无意发动军事打击，也不强行实施政权更迭，但要通过极限施压，逼伊朗改变行为方式，也就是要伊朗放弃反美立场，听命美国。伊朗迄今态度十分强硬，但制裁使得伊朗经济十分困难，不稳定因素显著增加。事态发展存在诸多变数。

五、土耳其地区政策调整

土耳其原本努力争取加入欧盟，对中东事务介入不多，但欧盟一直拒绝接纳土耳其。阿拉伯世界大动荡—大动乱爆发后，土积极介入阿拉伯世界事务，推销土发展模式。叙利亚战争爆发后，土与地区几个阿拉伯国家各自扶植反政府势力，力主推翻巴沙尔政权。土还视叙利亚库尔德人武装是土耳其库尔德工人党的分支，属于恐怖势力，主张予以打击。“伊斯兰国”成立后，在叙北部靠近土边境地区打击、迫害叙库尔德人。土部署边境的军队，袖手旁观。俄罗斯出兵叙利亚后，土持反对态度，并击落一架俄军机。2016年土发生未遂政变，土与美国关系迅速恶化。土与俄关系则迅速改善。土不再坚持巴沙尔必须下台，与俄联手安置叙各派反政府武装，俄、土、伊（朗）创立叙利亚问题阿斯塔纳政治进程。土还出兵叙北部地区，打击、防范叙库尔德武装，而后者得到美国的大力支持。土抓住巴勒斯坦旗帜，批评美偏袒以色列，指责沙特“背叛巴勒斯坦事业”，“与美、以肮脏勾结”。在沙特与卡塔尔交恶后，土公开支持卡塔尔。土又捅出沙特记者在沙特驻伊斯坦布尔领馆被暗杀事件，使得沙特与美国处境尴尬。土是北约成员国，但出于自身利益考量，与俄罗斯发展关系，与美拉开距离。

六、巴勒斯坦问题进一步边缘化，以色列谋求与更多阿拉伯国家改善关系

特朗普政府不顾国际社会的普遍反对，承认耶路撒冷是以色列的首都，并将美驻以使馆迁往耶城。特朗普政府取消对巴勒斯坦的援助，并将巴勒斯坦驻美机构逐出。巴方宣布断绝与美关系。2018年3月30日，巴勒斯坦人在加沙和约旦河西岸地区举行长达一个半月的“灾难日”抗议，与以色列方面发生流血冲突，巴方死亡100多人，伤2800多人。11月，巴、以再次发生流血冲突。

特朗普偏袒以色列，打压巴勒斯坦的态度更为突出。美《国家安全战略报告》强调，“来自圣战恐怖组织的威胁和来自伊朗的威胁正使人们认识到，以色列不是该地区问题的根源。各国在应对共同威胁时日益发现与以色列的共同利益”。

美不再坚持以“两国方案”解决巴以争端。美扬言，将于2019年初，出台有关巴勒斯坦问题的“世纪方案”。媒体透露，美总统国际谈判特别代表贾森·格林拉布特与特朗普的女婿贾里德·库什纳一同制定该方案，重点着墨以色列的安全需求，同时对巴勒斯坦保持公平。

巴勒斯坦仍然处于分裂，无法团结一致对外，更加削弱自身影响力。阿拉伯国家对美袒以压巴立场，反应平淡。巴勒斯坦问题已经被边缘化。

沙特等海湾国家在对抗伊朗方面，与以色列有共同立场，对以态度已有松动。内塔尼亚胡2018年10月访问阿曼。媒体报道以正在与巴林讨论建交事宜。

七、叙局势出现积极变化，外国势力仍在阻挠危机解决

美国推行“新干涉主义”挑起的叙利亚战争，延续近8年。这造成50万人丧生，150万人伤残，在全国2000万左右人口中，近700万沦为难民逃往国外，财产损失超过4000亿美元，除首都大马士革外，其他城镇多数沦为废墟，美丽的国土惨遭蹂躏。因外国势力的干预，危机至今未能解决。

当下，叙政府军在俄罗斯、伊朗和黎巴嫩真主党的支持下，已控制70%以上国土。巴沙尔已稳住阵脚，在叙实行政权更迭的风险目前不复存在。2018年底，阿联酋重开驻叙利亚使馆，预示阿拉伯国家将逐步重新接纳叙。

在美国的支持下，叙库尔德人武装在叙东北部和东部地区占据近25%的国土，并要求实行自治。

土耳其军队越境占据叙西北部地区，主要是防范叙库尔德人势力扩大。2018年12月12日土总统埃尔多安宣布要对叙库尔德民兵发动攻势。美立即宣称土行动“不可接受”。

此外，叙境内宗教极端恐怖势力残余并未完全肃清。

特朗普于12月19日突然决定从叙利亚撤军，给叙局势带来新的不确定性。在竞选总统时，特朗普就曾指责前几届政府

在中东发动战争，更迭政权，推行民主，是劳民伤财，得不偿失。他当选执政后曾表示要撤出驻扎在叙利亚的美军，后又改口，几经反复后，终于决定撤军。特朗普解释说，美出兵叙利亚是为了打击“伊斯兰国”，“伊斯兰国”已经溃败，因此应尽快撤军。美国不再担任“世界警察”。

美出兵叙利亚既没有得到叙政府同意，也没有得到联合国的授权，是违反国际法的侵略行为。美军撤出本来就是应该的，但特朗普决定撤军丝毫不是要改邪归正。对他来说，“美国优先”高于国际法，高于一切。

人们注意到，特朗普是在与土耳其总统埃尔多安通电话后作出撤军决定的。埃尔多安此前威胁要对美国支持的叙利亚库尔德武装占据的曼比季发动进攻。特朗普作出从叙撤军的决定后，埃尔多安宣布推迟发动进攻。显然，特朗普的撤军决定与美土间达成某项安排有关。媒体透露，土决定放弃购买俄罗斯的S-400防空导弹系统，转而购买美国的“爱国者”反导系统。土耳其在经济实力和军事实力上都算得上是中东大国，土还是北约成员国，本来是美的盟友，只是在土未遂政变后，与美关系恶化。土转而加强与俄罗斯的关系，并与俄、伊朗联手管控叙战局和推动叙问题政治解决进程。美在中东重点打压伊朗，阻遏俄罗斯影响扩大。缓解与土的紧张关系，符合美中东政策的大局。

此外，特朗普从现实主义出发，认为2000名美军留驻叙利亚，既无法改变俄罗斯在叙占有优势局面，也不可能实现推翻巴沙尔政权的初衷。从美全球战略力量配置考量，美无意也无力加大对叙投入。叙对美已成“鸡肋”之势。土对叙库尔德人武装发动攻势，箭在弦上。届时驻叙美军处境尴尬且危险。权衡利弊，商人出身的特朗普认为撤军更加划算。

叙库尔德武装是打击“伊斯兰国”的有生力量，曾要求在叙实行自治。在“自治”这个问题上，其与叙政府有矛盾，但在军事行动上，双方一直相安无事。美撤军后，在土军的打压下，库尔德武装很可能谋求政府军的支持。叙政府对土在叙领土上打击叙库尔德人，并扩大对叙国土的占领，不可能坐视不管。土、叙矛盾势必激化。全力支持叙政府的俄罗斯和伊朗，也不会听任土在叙肆意横行。如果土与俄、伊朗关系恶化，当然是美希望看到的“好事”。精于算计的特朗普，在决定从叙撤军时，不会不考虑到这些因素。

叙库尔德人指责美在背后捅刀了，欧洲盟国表示反对。法国和英国在叙也有驻军，法表示将继续留驻并反对土打击叙库尔德武装。俄罗斯欢迎特朗普的撤军决定，但强调，美军应该将占据的地盘移交给叙利亚政府。以色列表示，在美撤军后，以对叙政策不变，将继续打击伊朗在叙的军事力量。叙军方指责以色列战机2018年12月25日袭击了大马士革附近的某些目标。

对特朗普来说，与“美国优先”相比，国内和国际上的反对声浪不值得重视。不少人担心，美军撤出后，“伊斯兰国”会东山再起。其实，区区2000名美军的去留，没有那么大的作用。倒是，如果土挑起打击库尔德武装的战火扩大，有可能给恐怖组织死灰复燃提供机会。

在2018年圣诞节期间，特朗普突然飞抵伊拉克，慰问驻扎在伊拉克的5200名美军。这是他执政两年后首次访问美驻外军队。特朗普向他们解释了决定从叙撤军的原因并强调，不会从伊拉克撤出美军，并暗示伊拉克可能被用作在叙利亚执行任务的基地。这似乎在向国内外批评者表明，从叙利亚撤军，并不意味美将放弃或离开中东地区。

2018年12月24日，埃尔多安宣称，土耳其认为保护叙利亚的阿拉伯人和库尔德人，是土耳其的责任，土耳其不会允许库尔德民兵的残酷统治存在。土野心很大，但要发动对叙库尔德武装的大规模军事行动，还面临诸多障碍。土在调兵遣将的同时，加紧展开外交攻势。美媒体报道，特朗普已接受埃尔多安的邀请，将与2019年访问土耳其。土美商定，美军代表团即将访土，讨论在美撤军后，土美在当地协调问题。土方保证，决不会放松对“伊斯兰国”残余势力的打击。土警告法国，不要支持库尔德民兵，法军留驻叙利亚没有任何好处。俄罗斯媒体称，埃尔多安可能访问莫斯科，就美撤军事宜与俄磋商。土还接待了伊朗总统的访问，埃尔多安公开谴责美国对伊朗实施制裁。

土耳其的军事行动及其规模，叙库尔德武装的走向，叙政府及其支持者俄罗斯及伊朗如何应对，将是今后影响叙利亚局势的主要因素。叙危机解决无期，事态如何发展，值得关注。

八、结 语

特朗普的中东政策将继续导致中东地区动荡不安。

据媒体透露出的内容，美即将公布的“巴以和解方案”，主要是照顾以色列的安全利益，而忽视巴勒斯坦的诉求。巴勒斯坦问题近来的确被边缘化，但该问题是地区根源性问题，关乎广大阿拉伯—伊斯兰民众的民族和宗教感情，仍然具有极大的敏感性。如美方过于袒以压巴，势必激起阿拉伯—伊斯兰民众的愤怒和抗议，这将牵制各国政府对美妥协。

美对伊朗极限施压，增加地区局势不确定性。如欧洲国家在美压力下也退出《伊朗核协议》，伊朗势必重启核开发，从而危及核不扩散条约，可能引发地区军备竞赛。如届时以色列在美授意下，外科手术式袭击伊朗核设施，将引发地区新一轮军事冲突。如果美制裁造成伊朗经济极度困难，引发民众不满，伊政局可能生变，激进势力一旦取代温和派上台执政，可能会采取极端手段抗美，如封锁霍尔木兹海峡等举措。同时，也不能排除伊朗被迫向美妥协求和的可能。

美推动成立“阿拉伯版北约”用心险恶，企图挑动地区国家恶斗，来确保它对地区事务的主动权。但这种如意打算恐难顺利实现。

中东国家摆脱大国控制的独立自主倾向在发展。有关动向，值得密切关注。

对特朗普中东政策的几点看法

姚匡乙[①]

内容提要：美国中东政策经纬脉络是：以反恐和遏制伊朗为主轴，以组建以海湾合作委员会成员国为主体的“中东战略联盟”和巩固与以色列、沙特的战略同盟关系为支柱，强化沙特等国的亲美阵营，打压伊朗等国的反美阵营，削弱俄罗斯在中东的影响，确保美国在中东的主导地位。特朗普的中东政策将给中东地区乃至国际形势发展带来诸多严重负面影响，使中东局势乱上加乱，成为中东局势进一步动乱的重要根源。美国损人利己、任性妄为的政策也把自己置于十分尴尬的位置。

关键词：特朗普 美国 中东政策 主要内容 影响与后果

一、特朗普中东政策日趋清晰

特朗普上台已两年，美国的中东政策日趋清晰。2017年末和2018年初，美国先后推出《国家安全战略报告》和《国防战略报告》两份重要文件。《国家安全战略报告》指明美国在中东地区的三大目标，即中东地区不能成为圣战恐怖分子的避难

① 作者系中国国际问题研究基金会高级研究员、前驻土耳其大使。

所和温床，不允许任何敌视美国的大国主导中东地区，中东地区要对全球能源市场的稳定作出贡献。同时报告指出，中东地区危机丛生，挑战众多，“伊朗扩张、国家崩溃、圣战意识形态、社会经济停滞以及地区竞争等错综、转型还是脱离接触，都不能使我们摆脱该地区的问题。美国必须实事求是地看待我们对该地区的期望，不让悲观主义掩盖我们对现代中东的利益或愿景”。《国防战略报告》提出，美国要在中东地区建立持久联盟，打击恐怖主义分子，抵消伊朗的力量，确保能源通道安全。“打击恐怖主义”“遏制伊朗”和“建立持久联盟”是两份报告的关键词。根据上述两份报告，结合特朗普近两年的中东外交实践，概括地说，美国中东政策大致轮廓是：以反恐和遏制伊朗为主轴，以组建以海湾合作委员会成员国为主体的“中东战略联盟”和巩固与以色列、沙特的战略同盟关系为支柱，强化沙特等国的亲美阵营，打压伊朗等国的反美阵营，削弱俄罗斯在中东的影响，确保美国在中东的主导地位。

二、特朗普中东政策的主要内容

（一）优先考虑打击恐怖组织，反恐重心转向“遏制伊朗”

打击“伊斯兰国”等恐怖组织，是美国中东政策的优先考虑，但反恐重心正由打击“伊斯兰国”向“遏制伊朗”转移。特朗普在竞选期间曾多次批评奥巴马政府打击“伊斯兰国”的政策过于软弱。其执政后加大打击“伊斯兰国”力度，一方面，由美国领导的国际反恐联盟加强对盘踞在伊拉克境内的“伊斯兰国”进行空中打击；另一方面，美国向叙利亚北部增派多达1000名美军士兵，使美国在叙军事人员达到2000名，同时向以叙库尔德人为主体的叙民主军提供大量武器装备，使其在挫败“伊斯兰国”上发挥重要作用。2017年底，在俄罗斯等国大力参与下，“伊斯兰国”大面积被击溃，除在叙东部代尔祖尔一带还有残存的恐怖分子外，盘踞中东四年之久的“伊斯兰国”基本被歼灭。随着反恐战场上的新形势和美国全球战略的需要，美反恐战略发生重大变化，开始把“大国竞争”置于反恐之上，在中东，把遏制伊朗作为反恐主要对象。2018年10月4日，美国总统特朗普发布新版《国家反恐战略》。新版反恐战略除突出美国优先、突出盟国的作用和突出从源头上遏制恐怖主义势力外，重点突出伊朗因素，把伊朗作为其反恐的主要对象，称伊朗当局依靠伊斯兰革命卫队，有能力、有意愿对美国在本土及海外的利益进行袭扰；同时，其通过对黎巴嫩真主党、也门胡塞武装、巴勒斯坦哈马斯的支持，以及对巴林、伊拉克等什叶派国家内政的干涉，在本地区持续制造不稳定因素，资助并宣扬恐怖主义。因此，应对伊朗的威胁成为特朗普政府反恐战略中重要的一环。

（二）遏制伊朗是美中东政策的核心内容

根据美国对中东战略形势的上述新定位，特朗普政府把遏制伊朗作为美中东政策的核心内容。特朗普政府改变了奥巴马政府执政后期对伊朗采取的接触政策，称《伊朗核协议》是“最糟糕的协议”，批评奥巴马袒护伊朗，致使美国与以色列、沙特等传统盟友关系恶化。为此，特朗普上任后屡屡向《伊朗核协议》发难。2018年5月8日特朗普不顾国际社会的强烈反对，悍然宣布美国将退出《伊朗核协议》，并重启因《伊朗核协议》而豁免的对伊朗制裁。国务卿蓬佩奥向伊朗提出12项要求，要求伊朗永久停止核与导弹研发活动，停止对中东“恐怖组织”

的支持，停止对也门胡塞武装的军事支持，撤出叙利亚境内所有军事人员等，称只有伊朗满足这些要求，美国才能取消所有制裁，并全面重建两国外交关系。8月，美国重启对伊朗金融、金属、矿产、汽车等一系列非能源领域制裁。11月，美国重启对伊朗能源业和石油交易、央行交易等领域制裁，并将制裁名单增加700个实体和个人。

遏制伊朗在特朗普中东战略中具有统领全局的重要意义。其作用一是表明，特朗普是践行竞选承诺、维护美国国家利益的总统；二是迫使伊朗停止支持“恐怖主义”和在中东的“破坏活动”，尤其是逼迫其在叙利亚战场上收缩力量，从而削弱阿萨德政权，打击俄罗斯力量，重新夺回叙利亚问题的主导权；三是安抚以色列、沙特这两大美国盟国，修复和重建美国在中东的同盟体系。美国的目标是，不断收紧对伊朗制裁，动用经济、军事、外交等多种手段，迫使伊朗签订美国所需要的新伊朗核协议，不排除通过对伊极限施压，以压促变，谋求伊朗政权更迭。但美不会对伊朗实施大规模的军事行动。

（三）力图打造“阿拉伯版北约”，构筑同盟战略体系

着力修复与沙特等盟国的关系，力图打造“阿拉伯版北约”，构筑覆盖整个中东的同盟战略体系，是美国中东政策的重要抓手。2017年5月，特朗普前往沙特阿拉伯进行其上任以来的首次出访，一改历任美国总统首访选择邻国这一惯例。特朗普与沙特国王萨勒曼签署了价值高达1100亿美元的军售协议，并与50多个阿拉伯和伊斯兰国家领导人举行首脑会议。特朗普还与海合会成员国领导人举行了闭门会议。会议讨论了有关海湾地区所面临的安全威胁、建立海湾防御体系以及加强美国与海合会成员国经贸关系等问题。特朗普此行希望与伊斯兰

世界发展建设性关系，尤其是重建与沙特近80年的传统盟友关系。2018年10月，沙特记者卡舒吉在沙特驻土耳其伊斯坦布尔总领馆被害，作案手段十分残忍，引发西方国家强烈反应，美国力挺沙特，助沙特渡过危机，特朗普称沙特是美“铁杆伙伴”，“在与伊朗斗争中，沙特一直是一个非常优秀的盟友”，“在任何情况下，美国都与沙特站在一起”，再次强调沙特在美国中东战略中的重要地位。

2018年8月，美国与海合会6国、约旦和埃及共8个所谓“温和阿拉伯国家”协商，试图以北约为蓝本，打造名为“中东战略联盟”的“阿拉伯版北约”。同年10月，美国与沙特等海合会成员国、埃及、约旦共同举行麦纳麦安全峰会，就2019年完成“中东战略联盟”组建达成一致。美的意图明面上是遏制伊朗、打击恐怖组织、预防极端主义，深层次考量是整合中东地区的盟国，使温和阿拉伯国家组成的“中东战略联盟”与美国—以色列和美国—土耳其战略同盟相互呼应，构筑覆盖整个中东地区的盟国战略体系，使之成为美国实现地区战略目标的工具，美国将以低成本获取最大利益。

（四）加强与以色列的关系，进一步提升以在美国中东战略中的作用

加强与以色列的关系，进一步提升以在美国中东战略中的作用，是美中东战略中的重要环节。特朗普打破传统，突破了二战以来美国历届政府对耶路撒冷地位的政策传统，宣布承认耶路撒冷为以色列的首都，并于2018年5月14日正式将美国驻以色列使馆由特拉维夫迁至耶路撒冷。特朗普敢于触碰耶路撒冷这一十分敏感问题，原因除着眼国内政治，取悦犹太势力外，更重要的是，美国对中东战略定位的变化。美《国家安全

战略报告》称，“几代人以来，以色列和巴勒斯坦之间的冲突被认为是阻碍该地区和平与繁荣的首要因素。今天，来自圣战恐怖组织的威胁和来自伊朗的威胁正在使人们认识到，以色列不是该地区问题的根源。各国在应对共同威胁时日益发现与以色列的共同利益”。很明显，美国有意降低巴以问题在中东的重要性，利用沙特等国对伊朗的疑惧，认定恐怖组织和伊朗的威胁是中东地区混乱的根源，把以色列作为防堵伊朗扩张的重要力量。

与此同时，特朗普总统推出解决巴以争端的中东和平计划。迄今为止，这份由特朗普女婿、白宫高级顾问库什纳和国际谈判特别代表贾森·格林布拉特制定的所谓巴以问题“世纪协议”，详细内容并未公开，但据媒体披露，该计划把耶路撒冷问题、巴勒斯坦难民问题、犹太人定居点问题排除在谈判之外，海湾国家在加沙地区投资10亿美元，帮助在加沙和西奈半岛北部建立一个巴勒斯坦国家；将约旦河西岸被占领区划归占领国，其余部分建立巴勒斯坦自治区；耶路撒冷主权属以色列。格林布拉特称，计划“重点着墨以色列的安全需求”，同时“对巴勒斯坦人保持公平”。美推出该计划，意在强化以色列的安全环境的前提下，争取巴以争端的持续解决；鼓励以色列与沙特等阿拉伯国家媾和，以便集中力量对付伊朗。

（五）着眼后叙利亚危机，强化与俄罗斯的博弈

叙是美俄在中东博弈的重要场所。2015年9月，俄强势军事介入叙利亚危机后，一举帮助叙阿萨德政权稳住阵脚，收复霍姆斯、阿勒颇等大片失地，也巩固了俄在叙的海军、空军基地。俄还联合土耳其、伊朗通过阿斯塔纳等平台，努力缓和冲突、推动谈判。俄在博弈中占据上风。美对俄的强势出击并未

作过多反应。特朗普上台后，聚焦打击“伊斯兰国”，2017年4月化武事件爆发后，特朗普虽然下令对叙政府军进行了首次“闪电式”空袭，但事后明确表示是为了反化学武器，并未更改其“反恐优先”的政策总基调。同年6月，特朗普秘密终止了扶植叙利亚反对派的计划。2018年11月，美叙利亚问题特使杰弗里公开表示，美将不会再使用任何方式来更迭叙政权。上述情况表明，在叙战场形势大局基本已定的情况下，美无意在叙挑起大规模战事，但这并不意味美将叙问题主导权拱手相让。美主要着眼于后叙利亚危机，围绕叙的政治安排和经济重建与俄展开博弈：在欧洲一线全面围堵俄，制造各种借口，对俄实施制裁，对俄进行孤立，以此牵制俄在叙的行动；利用叙反对派武装和驻叙美军，阻遏叙政府军进一步收复失地；谋求美军在叙长期驻扎，把美军撤离与伊朗军队撤离挂钩，迫使伊朗军队撤出叙利亚，切断伊朗与叙利亚间的联系，弱化俄在叙的影响力；利用手中的库尔德牌，强化库尔德政治实体地位，影响叙战后的政治安排；利用修宪公投，图谋在叙建亲美政权。一个动荡、分裂、弱势的叙利亚符合美国的利益。

三、特朗普中东政策将使中东局势更为动荡

特朗普的中东政策将给中东地区乃至国际形势发展带来诸多严重负面影响，使中东局势乱上加乱，成为中东局势进一步动乱的重要根源。

（一）美国退出《伊朗核协议》并重启制裁，给伊朗经济带来严重负面影响

美国退出《伊朗核协议》并重启制裁，给伊朗经济带来严重负面影响。为抗议经济形势日益恶化，德黑兰等城市发生了多起游行示威。伊朗国内温和务实派面临强硬派挤压。如果伊朗最终得不到因弃核而应得的利益，随时可能退出协议，走上重新拥核之路。这将严重冲击核不扩散体系，导致中东海湾大规模的军备竞赛，战争乌云将笼罩中东上空。此外，如伊朗石油出口完全遭到封锁，不能完全排除伊朗封锁霍尔木兹海峡的可能，这将导致国际油价大幅度飙升，严重危及全球经济。再则，如伊朗一旦拥核，还有可能增加以色列采取先发制人对伊朗核设施进行外科手术式打击的风险，而此举必将引发伊朗回击。作为中东地区的两个大国，伊朗和以色列之间的正面冲突会使周边很多国家卷入其中，使中东陷入更大的混乱。围绕伊核问题，美伊及有关各方的博弈空前加剧，不测因素明显抬升，伊核问题将成为中东乃至全球的重要热点。

（二）巴以局势紧张，暴力对抗频发，冲突升级风险加大，巴以和平谈判陷于前所未有的困境

巴以局势紧张，暴力对抗频发，冲突升级风险加大，巴以和平谈判陷于前所未有的困境。美国承认耶路撒冷为以色列首都，并把美国驻以色列使馆从特拉维夫迁到耶路撒冷，引起国际社会特别是中东各国广泛批评和不满，为抗议美国的霸权行径，自2018年3月30日起，巴勒斯坦人在加沙和约旦河西岸地区举行为期一个半月的“灾难日”抗议。这是近年来巴以之间爆发的最惨烈的冲突，造成100多人死亡，2800多人受伤。迄今，加沙地带巴勒斯坦人回归大游行尚未停止，巴勒斯坦平民伤亡人数不断上升。2018年11月，以色列与加沙武装人员发生激烈交火，造成双方人员重大伤亡。这是2014年以来双方最严重的冲突。由于美国的偏袒和支持，以色列在约旦河西岸、耶路撒冷的定居点建设持续推进，拆除巴勒斯坦人的房屋的行动仍在发生。2017年7月，以色列对耶路撒冷老城内穆斯林圣殿山实施强制安检，引起巴勒斯坦民众一波强烈抗议。不久，巴勒斯坦国总统阿巴斯宣布，巴方停止与以色列各级政府之间的联系。2017年10月，美国不满联合国教科文组织将犹太教中仅次于耶路撒冷的圣城希伯伦宣布为巴勒斯坦的世界文化遗产，宣布退出这一组织。2018年1月，美国国务院宣布，冻结向联合国近东巴勒斯坦难民救济和工程处提供的资金援助，使得美国与巴勒斯坦的关系迅速走冷。为回应美国的挑衅，巴勒斯坦国总统阿巴斯强调，耶路撒冷是“巴勒斯坦人民永恒的首都”，今后将“拒绝美国在巴以问题上的单独调解人身份”，并决定召回巴解组织驻华盛顿办事处代表。美制定的中东和平计划严重偏袒以色列，不仅背离联合国安理会有关巴以争端的决议，也与国际社会公认的“土地换和平”“两国方案”和“阿拉伯和平倡议”等原则不符，理所当然将被巴勒斯坦和其他有关国家反对和拒绝，巴以和平进程将走进“死胡同”。

（三）教派矛盾加深，逊尼派和什叶派两大阵营的分歧和冲突加剧

教派矛盾加深，逊尼派和什叶派两大阵营的分歧和冲突加剧。中东地区历来民族宗教矛盾十分复杂。近年来，随着中东形势的演变，中东地区形成以沙特为首的海合会6国、约旦、埃及等国组成的逊尼派国家阵营和以伊朗、伊拉克、黎巴嫩真

主党、叙利亚阿萨德政府、也门胡塞武装等组成的什叶派阵营，两派在叙利亚危机、也门内战等一系列地区热点问题上立场相左，纷争不已。美国策动沙特等国筹建反伊朗联盟，势必扩大以沙特为首的逊尼派国家同以伊朗为首的什叶派国家的教派矛盾，致使两派矛盾和对抗更加复杂化、尖锐化和长期化。

（四）阿以争端蜕变为巴以争端，影响中东各国国家关系的变化，推动中东地区格局的重塑，埋下地区新冲突的种子

突出阿拉伯世界与伊朗矛盾，淡化阿拉伯世界与以色列矛盾，使阿以争端蜕变为巴以争端，将影响中东各国国家关系的变化，推动中东地区格局的重塑，并埋下地区新冲突的种子。特朗普中东政策重要的变化，是把伊朗与沙特等国的矛盾置于巴以矛盾之上，视其为地区的主要矛盾。沙特等国因而对以色列态度正在发生重大变化。在美国推动下，沙特等国与以色列在军事、经济等方面开展合作。据报道，以色列早就与沙特分享有关伊朗的情报，同时，为在也门作战的沙特领导的联军提供战术指导。以色列国防军参谋长埃森科特中将还在美国华盛顿会见沙特、埃及和约旦等国军方人士，共同讨论应对伊朗威胁问题。2018年10月，尽管以色列与阿曼没有外交关系，但以总理内塔尼亚胡历史性地访问了阿曼，预示着以色列与部分阿拉伯国家关系逐步解冻和回暖。另一方面，尽管伊朗面对美国的压力，内外困难不小，但仍具相当实力，在中东的影响力不可小视。在美国遏制伊朗政策压力下，一些阿拉伯国家拒绝选边站队，仍然与伊朗保持良好关系。伊朗依然是地区格局重塑的重要方面，因此阿拉伯国家分裂的局面进一步显现，阿拉伯国家联盟在面对一系列重大问题上难有作为，向心力严重下降，中东地区格局面临深度调整。同时，应该看到，阿拉伯民众对以色列有着根深蒂固的敌视心理，作为阿以矛盾核心，巴勒斯坦问题涉及领土、安全、犹太人定居点、难民回归、东耶路撒冷地位等一系列重大而敏感问题，牵动着广大阿拉伯人民、广大伊斯兰国家人民的情感，有关国家如处置不当，刻意淡化或者忽视阿以矛盾，必将招致广大阿拉伯民众的反对，引发社会的不满和动荡。2018年10月，约旦国王阿卜杜拉二世宣布将收回根据1994年和平协议租借给以色列的两块领土，其主要原因是为平息广大民众的反对声浪，这便是一个很好的例证。

四、特朗普中东政策将使美国处于尴尬境地

奥巴马执政后期，特别是在其第二任期内，为适应战略重心东移亚太的需要，在中东采取战略收缩，提倡多边合作，强调发挥“巧实力”作用，以此继续维持超级大国地位。如从伊拉克撤军，结束打了近十年的伊拉克战争；松动与伊朗关系，签署《伊朗核协议》；极力避免直接卷入中东地区复杂的教派斗争。这些行动使紧张动荡的中东局势得到一定程度的缓解。特朗普上台后，大肆推行反奥巴马政策。但特朗普倡导“美国优先”，孤立主义倾向明显，其为避免再次陷入中东泥淖，仍将延续前任的收缩政策。这并不意味着美国抽离中东、放弃对中东事务的主导权，而是策略转变：通过拉一派打一派，制造矛盾，挑动内斗，从中渔利；通过树立敌人，扩大两派矛盾和对立，确保美国利益的最大化；通过拉帮结伙，构建和扩大亲美联盟，增强盟国实力，维持巩固美国在中东的主导地位。保持有限动乱，是美国中东政策的基调。美国这一政策，与地区

国家和人民求稳定、谋发展、促合作的潮流背道而驰，必将为地区国家和人民所认识和反对，美国将把自己置于十分尴尬的位置。

美国修复中东盟国体系的努力难以奏效，组建反伊朗同盟困难重重。首先，中东形势的发展，已使美国难以控制。俄美在中东的博弈出现新的态势，俄在叙利亚问题上明显占据上风。随着美俄在中东博弈加深，俄罗斯在中东强势存在，中东各国不会把鸡蛋放在一个篮子里，会注重奉行平衡的多元的外交政策。一方面，土耳其、伊朗与俄罗斯保持紧密关系，沙特、埃及、约旦等国与俄罗斯的关系也在升温；另一方面，美国传统盟国的离心倾向在发展，由于美国未能妥善处理居伦问题、库尔德问题，土耳其与美国矛盾凸显，两国同盟关系面临考验。其次，美国筹建“阿拉伯版北约”面临基础不牢、内聚力薄弱的窘境。一是八国对待伊朗态度差别很大。沙特、阿联酋和巴林敌视伊朗，与伊朗关系紧张。相比之下，科威特、阿曼、卡塔尔、埃及和约旦对伊朗态度相对缓和，仍与伊朗保持政治、外交、经贸和文化联系。二是这些国家内部矛盾不断，沙特和卡塔尔断交危机为标志，海合会内部裂痕短时期难以愈合，卡塔尔退出石油输出国组织（欧佩克）是这一矛盾的新发展，而卡塔尔拥有美国在中东最大的空军基地，卡塔尔与沙特等国的矛盾成为构筑“阿拉伯版北约”一大障碍。三是沙特和埃及作为阿拉伯世界两个大国，同样存在争夺地区主导权的争斗。四是这些国家与美国存在程度不同的分歧和间隙，特别是阿拉伯民众反美情结根深蒂固，各国政府难以违背民意迎合美国。所有这些，将影响它们彼此间的深度合作，难以形成类似北约的地区性组织。

特朗普损人利己的中东政策，其结果可能最终伤及自身，使其影响力和公信力严重下降。特朗普在耶路撒冷问题上的立场，遭到国际社会强烈谴责和反对，美国把自己置于阿拉伯和伊斯兰国家的对立面。特朗普退出《伊朗核协议》，更遭到世界上多数国家反对。2018年7月，中国、俄罗斯、英国、法国、德国与伊朗六国外长在维也纳召开伊朗核问题外长会议，就美国退出《伊朗核协议》后继续维护并执行伊核问题全面协议进行会谈。会后发布联合声明，重申各方共同维护执行伊核问题全面协议不动摇，并致力于解决美国退出《伊朗核协议》后出现的问题。声明确认就提供伊朗相关补偿作出承诺，主要包括与伊朗进行更广泛的经济合作以确保伊朗的金融通道畅通，确保伊朗原油及相关产品的出口，有效支持与伊朗开展贸易的实体，鼓励对伊朗继续投资等。同年9月，上述六国在联大开会期间再次召开外长会议，各方再次重申上述立场。欧盟主席容克在9月联合国大会上宣布，为了维持其承诺，摆脱美元制裁，欧洲将考虑在未来建立一个单独的金融体系，以维持与伊朗的正常贸易，特别是石油贸易。俄罗斯等国也宣布建立促进伊朗进出口结算的专门机构，以帮助并确保实体经济与伊朗开展合法贸易。尽管欧洲国家面临美国巨大压力，但欧盟并未放弃对伊朗的承诺。在中国、俄罗斯、欧盟国家的支持与努力下，加之伊朗在制裁与反制裁斗争中积累了丰富经验，美国使伊朗石油出口归零的企图终将破灭。特朗普政府以美国为中心的单边主义政策，最终可能搬起石头砸了自己的脚，严重弱化美国在国际社会和中东地区的影响力和公信力，使得中东国家与美国之间的信任鸿沟加大，进而削弱美国主导中东事务的能力。

对埃及2018年社会经济状况的评估

杨福昌[①]

内容提要：2018年是埃及大选年，塞西胜选连任。2018年埃及形势基本是稳定的，政府主要精力仍放在反恐、维稳、抓经济上，取得不少成绩，一些大型项目有的已完成，有的在建设中，以投资拉动经济增长，2018—2019财年计划增长5.8%。当局面临的问题也不少：穆兄会阴魂不散，西奈和西部沙漠反恐战争在持续，国内思潮复杂，经济有增长，但人民获得感不强。外交上仍执行中立、不结盟政策，更多强调尊重国家主权，和平解决争端，不干涉内政。

关键词：稳定　发展　成绩　困难

一、塞西获总统连任　治理途中仍困难重重

2013年6月“革命”后，穆兄会政权被推翻，塞西执政，2014年6月3日当选总统，任期4年，2018年3月塞西参加换届大选，以97%的高票率当选连任。

---

① 作者系中国国际问题研究基金会高级研究员、外交部前副部长。

塞西获胜在意料之中，因为没有人同他竞争。2012年参选败北的总统候选人沙菲在阿联酋生活5年后返埃，原拟参选，经过对形势的评估，决定放弃。原拟参选的前参谋长阿南被选举委员会从名单中删除，理由是，根据法律规定，“现职武装部队及警察部队官兵不得享有从事政治活动的权利”。[①] 最后，埃及“明日党”主席穆萨在提名时限结束前数小时，宣布参选。穆萨是支持塞西的人，他参选是为了避免单一候选人的尴尬。他在接受《金字塔报》采访时称，“没有一个人否认塞西总统获人民的高支持率，所有人都看到了他实现的巨大成就，人们很难接受他有一个竞争者”。该报用的标题是“我参选为了实现平衡，人们不接受塞西的代替人”。[②]

塞西当选连任有群众基础，他在埃及由乱到治的转变中的确做出了成绩。他在选前作的总结4年成绩的讲话中给自己的评价是“拯救了一个国家”。[③] 在年底的一次讲话中他再次提道，“我们拯救了行将崩溃的国家”。[④] 他对埃及处境作的分析是，从历史角度讲，5次战争消耗了国力，失去了发展机会。这5次战争是指5次中东战争和20世纪60年代的也门战争，埃及均参与其中。他特别提道，“我们国家1967年遭到侵略，至今其影响还在”。从当前发生的事态讲，2011年动乱后，穆兄会上台，给埃及政治披上浓厚的宗教色彩，违背了埃及多元文化的传统，2013年6月30日，“革命”推翻穆兄会，“拒绝了不符合当代思潮的控制”，埃及得以重返世俗之路。5次战争迟滞了国

① 《金字塔报》网站，2018年1月26日。
② 《金字塔报》网站，2018年3月11日。
③ 《金字塔报》网站，2018年1月18日。
④ 《金字塔报》网站，2018年11月6日。

家发展，穆兄会上台改变了埃及政体，上述“拯救国家”之说应包含以上两内容，可能推翻穆兄会政权占的比重更大一些。

在总结4年成绩的讲话中，塞西披露了他第一任期的施政纲领：为数百万青年创造就业机会；使埃及以新面孔展现给世界；建立强大的工业基础；保护国家免受伤害。[①]

从实践看，塞西执政4年确也做出了不少成绩：

社会秩序安定了。原来人们，特别是青年，发现街头抗议的威力，动不动就上街游行集会。4年来这一现象基本消失，街上不再混乱。

从教义及武力两方面打击恐怖主义，案件发生率下降。

经济有了发展。塞西上台后一改上届政府的无序状态，在打压穆兄会的同时，狠抓经济。现在看其中有些是酝酿已久却没有实行的项目，他把这些先完成，如运河双道通航、建立新行政首都等，以投资拉动经济，实现了每年4%—5%的增长。

抓卫生、教育、青年、妇女工作，照顾低收入及最有需要的人群，自2014年至今已建立9所大学，[②] 获社会好评。

4年来，塞西政府在稳定、发展方面做了不少努力，也有成绩。在2017年1月，他会见埃及三大报主编时说：“我们现在完成的事业过去30年也难完成。”[③] 他在2018年大选前的讲话中谈到，经济改革已推迟了40年，使国家经济面临崩溃的危险。以上说法是否恰当，姑且不论，人民看到政府在抓经济、办实事，这是人们支持塞西连任的基础。在支持政府的报纸对政府一片颂扬声中，当局也面临国内外的挑战和批评：第一，安全

① 《金字塔报》网站，2018年1月18日。

② 同上。

③ 《金字塔报》网站，2018年1月16日。

问题。2018年恐袭事件还时有发生；在西奈，军队与恐怖组织的战事未了；埃及尚处于“紧急状态”。第二，人民生活未见明显的改善。虽然经济年增长率在提高，但老百姓没有收获感，特别是2016年底汇率浮动、开始经济改革后，物价上涨，生活水平下降。第三，社会上党派林立，思想多样，对现政权支持者、批评者、反对者都存在。特别是经济改革带来的一些负面因素使生活水平下降，导致怨声多、不满情绪上升。国内外的反对势力借此攻击当局。塞西号召人民团结一致，共渡难关，对媒体没有敦促团结、对成绩报道不足多有批评。

二、开展反恐行动　实现社会安定

埃及反恐行动在文武两方面进行。文是指使人们正确理解伊斯兰教义，正本清源，能区分正确与谬误，从根本上铲除产生恐怖主义的基础。塞西上台伊始即认定更新传播伊斯兰教的语境非常重要，他提出了要匡正伊斯兰教语境，后来还提出了要进行宗教革命，他说这样做不是损毁宗教，而是为了保护它，要人们知道伊斯兰教是和平的、是倡导中道的。他的提法是大胆的，过去从未有哪位穆斯林领导人说过这样的话。伊斯兰教自创教至今已1440年，时代不同了，创教时遇到的问题和有互联网的今天截然不同，把解决那个时期问题的教义完全用到今天，如关于圣战、异教徒等论述，显然不合时宜。

埃及宗教部2018年新建了一所培训学院，将于2019年1月召开国际伊斯兰教事务最高委员会会议时启用。朱玛部长称，这所学院是根据塞西提出的要培养有文化、开明的宗教人士而设，要求学员了解现实、不僵化、不封闭、接受新事物。学院还将为他国培训阿訇，使埃及在伊斯兰世界起到更新宗教语境的领导作用。①

《金字塔报》网站主编阿拉·萨比特在他的一篇文章中写到，不能认为只办几次培训班，或在书本上删掉诸如如何对待奴隶和婢女就可以了，这些现象今日已不存在，但在宗教书中很多被奉为神圣，删除极有必要，更重要的是现代社会学及语言学发展很快，就是有人不愿将其纳入大学的教学中，还认为现在的宗教语境没有问题。② 萨比特的文章披露了在更新宗教语境方面是存在不同意见的，不但在社会上，甚至在宗教高等学府中都存在，“因此收效甚微”。

武是指以武力对暴力。埃及内地形势基本稳定，2018年发生了几起袭击教堂事件，被当局化解，并未挑起教派之间的冲突。穆兄会方面，自2016年其军事领导人卡玛勒被击毙后，再未有大的行动。总之，内地形势基本在当局掌控之下，是较平稳的。

在西部沙漠地带主要是应对从利比亚潜入的武装分子。这一区域地广人稀，对恐怖分子来说有利，不易被发现，同时也不利，一旦被发现，无处躲藏。据埃媒体报道，仅2018年2月份，政府军就摧毁了两批14辆越境运送武器的车辆，击毙了车上人员。③ 对这一区域防范十分必要，以防被击溃的“伊斯兰国”武装人员转移至利比亚，再进入埃及。有消息称，2018年初该组织有6000人已回到利比亚，其中80%为突尼斯人，拟在

① 《金字塔报》网站，2018 年 11 月 24 日。
② 《金字塔报》网站，2018 年 11 月 16 日。
③ 《金字塔报》网站，2018 年 2 月 13 日，2 月 16 日。

利比亚的达尔奈市建立基地，该市距埃仅80公里。① 为打击西奈的恐怖活动，埃政府于2018年2月9日发动了“西奈2018”行动，动员各军兵种及警察部队，轰炸敌人据点、摧毁其储存武器弹药的窝点及人员藏身处，以一举歼灭恐怖分子。埃军方发言人2018年10月16日宣布，自2月行动开始后已消灭450名恐怖分子，30名军警牺牲。② 埃武装部队2018年12月中旬发布“西奈2018”第30号公告，除谈到击毙27人，缴获大量武器弹药及毒品外，还谈到挫败了2833名不同国籍人员欲越境进入埃及的图谋。③ 埃当局以这样大的兵力在北西奈同恐怖分子战斗，大有一决雌雄之意，应是出于以下考虑：稳定全国安全大局；南西奈是埃旅游胜地，许多大型国际会议在该地举行，不允许北部形势影响南部；2017年11月下旬北西奈劳达村一个逊尼派清真寺遭袭，死305人，伤108人，引起国内震惊，④ 政府应有反应；“伊斯兰国”在摩苏尔和拉卡被击败，溃散各地，现正寻找大本营的落脚地，传说西奈是其选项之一。埃当局先发制人，清理内部，以免被其抢占先机。

三、经济有喜有忧，人民生活待提高

（一）关于2018—2019财年预算

2018—2019财年埃及国内生产总值定为5.251万亿埃镑（以

① 《金字塔报》网站，2018年4月26日。

② 《中埃网》，2018年10月18日。

③ 《金字塔报》网站，2018年12月13日。

④ 《金字塔报》网站，2018年11月25日。

下简称“镑”），年增长率为5.8%，支出为14 340亿镑，其中工资2660亿镑，补贴及社会保障3320亿镑，付债务利息5413亿镑。收入为9891.88亿镑，主要为税收，达7703亿镑。预算制定的基础为：汇率为1美元＝17.25镑。

（二）2018—2019财年债务负担重

财政部长称，2018—2019财年政府将支付债务利息5413亿镑，还债2760亿镑，两项合计8173亿镑，占财政收入的90%。①议会预算委员会主任侯赛因2018年5月份谈到债务问题时表示，外债达880亿美元，埃及能够按时还债付息；问题在内债，内债达2.5万亿镑。整体债务为4.3万亿镑，70%为内债，30%为外债。②

据埃及中央银行公布的材料，2017年底，埃外债为829亿美元，至2018年6月底达到926亿美元，③内债至2017年底达到3.41万亿镑。④还债付息是财政的一项大支出，政府已意识到问题的严重性，也采取了一些措施。从减少内债讲，运河双道通航是靠高息募资完成的，至今已偿付完毕；新行政首都的建设费用也未列入预算，是以出售土地的收入进行的。据埃媒体报道，新首都建成后要求各使馆迁入，埃方以每平方米400镑的价格提供土地。从减少外债讲，虽外汇储备至2018年9月底已达到444.54亿美元，但基本是用来应对进口的支出，还债要靠提升旅游、侨汇、运河等自创的收入，如不能满足，只有再

① 《金字塔报》网站，2018年7月6日。
② 《金字塔报》网站，2018年5月30日。
③ 《金字塔报》网站，2018年10月25日。
④ 中国驻埃及大使馆经商处网站，2018年6月28日。

借贷。旅游人数2015年曾达到930万人，有74亿美元的收入，因俄客机被击毁事件，2016年降至540万人，有38亿美元的收入。[①] 政府花大力量在国内外宣传，提振旅游业，估计2018年可能有起色，能否恢复到2015年的水平，还要观察。过去埃及发生恐怖袭击事件后，一般三年左右会恢复，这次恢复慢，跟地区的大形势有关。

（三）人民生活改善甚微，没有获得感

自2011年动乱始，因受安全和经济形势影响，埃出现工厂倒闭、工人失业、普通百姓生活水平下降状况。2016年11月实行经济改革后，放开汇率、减少补贴，未想到带来货币贬值、通胀飙升，人民生活又紧了一层。2018年11月汇率为1美元＝17.97镑，通胀率在2017年7月曾达到35.2%，2018年降至10%左右。2017年失业率为11%左右，失业人口350万，至2018年上半年，失业率降至9.9%，失业人口为287.5万。据埃统计机构数字，生活在贫困线以下的人群达到27.8%。《半岛台》网站对此分析称，埃及将贫困线定在5787.9镑，每月约482镑，但按世界银行的贫困线标准为每人每天1.91美元，每月约为1015镑。[②] 如按世界银行的标准，则贫困人口比例还要增大。在生活水平下降状况下，自然有人反对，有人借机做文章。塞西在2018年纪念"7·23革命"讲话中说："过去3个月，有人散布了2.1万条谣言，妄图制造混乱，破坏团结。"

尽管如此，社会基本保持了稳定，一是人们不愿再看到动乱，二是政府采取了有效的维稳措施，三是政府给予低收入者

---

① 《金字塔报》网站，2018 年 1 月 18 日。

② 《半岛台》网站，2018 年 7 月 27 日。

和贫困人群物质和政策上的照顾。

政府工作重点对象是青年。青年是埃及社会的主要人群，据统计机构的数字，18—29岁人群达到2020万人，占人口总数的21%。[①] 塞西2018年11月在一次记者会上说，埃及65%以上人口在40岁以下。[②] 青年是两次“革命”打先锋的人，也是养家糊口的主要力量，青年稳则国家稳。塞西2016年召开了第一届全国青年大会，2018年又召开了世界青年大会，目的是摆成绩、谈困难、求理解，争取青年这一广大人群，同时听取与会者对社会问题的反应。第一届大会后，根据与会青年的要求，政府分批释放了成百上千名在两次“革命”中被捕的大学生。为稳定青年这一群体，政府在政治上允诺把他们逐渐安排到适当的领导岗位，同时在经济上解决他们的困难。塞西在2018年大选前的讲话中谈道，“这4年建立了11 000个项目，每天平均3个”。虽未透露细节，这样大的数量估计是中小微企业，是为青年们建立的。在同一讲话中，他还谈道，“为青年提供2000亿镑优惠贷款，利率不超过5%”。[③] 2018年11月埃及银行的贷款利率为17.75%，5%是相当优惠了。

为照顾低收入和贫困人口，政府为工作人员每人增加工资50镑，最低退休金由500镑增加到750镑，全社会实行供应卡制，以使补贴由实物转为现金落在最有需要的人手中。至2018年1月，已有7000万人持有该卡，卡上金额由上一财年的21镑提升到50镑。[④] 通过这些措施使这一人群感受到政府的关心，

---

① 《金字塔报》网站，2018年8月12日。

② 《金字塔报》网站，2018年11月6日。

③ 《金字塔报》网站，2018年1月18日。

④ 《金字塔报》网站，2018年1月22日。

有利安定团结，但预算支出要增加。2018年预算支出中有补贴及社会保障一项，为3320亿镑，而上一财年只有补贴，金额为3400亿镑，根据同国际货币基金组织签署的协议，埃方要减少补贴，2018年预算中加入社会保障支出也是不得已而为之，否则，在货币贬值、通胀增加的情况下，人民的生活将更苦不堪言。

四、外 交

经历了8年的动乱，埃及面临转型、改革、发展问题，在外交上需要同各方搞好关系，为自己创造良好的外部环境。

（一）对2011年起始的动荡给予负面评价

2018年10月在会见科威特媒体时，塞西表示，2011年发生的事情是史无前例的，当时的分析是错误的，导致解决方式的错误，其后果是一些国家垮台，让位给地方武装或恐怖组织。[①]这是塞西对“阿拉伯之春”的一贯评价，自上台后，从未隐晦，既基于埃及的穆兄会上台，导致以后的“6·30革命”，社会大乱，也是针对阿拉伯世界的变局给出的结论。阿盟秘书长盖特2018年10月在埃及外交委员会的一次讲话中，对当时形势同样作出了负面评估。他说：“阿拉伯世界出现‘碎片化’‘分裂’状况，不能应对国际形势变化带来的严重挑战。阿拉伯世界正处于一个悲剧式阶段。”[②]人们怀念动乱前的生活，塞西曾感慨

① 《金字塔报》网站，2018年10月14日。

② 《金字塔报》网站，2018年10月24日。

地说，尽管他们在各方面都付出了巨大努力，他们还是希望回到2011年前的状况。[1]

（二）塞西的埃及外交政策

塞西在当选总统后的宣誓讲话中谈到埃外交政策，主要有以下四点：1. 同国际和地区的所有方面保持平衡关系；2.这种关系建立在伙伴关系及利益交换之上，而不介入无益的分歧和斗争；3.强调埃及的国家利益，也尊重别人的利益；4. 强调尊重国家主权、不干涉内政。[2] 根据上述政策，在解决地区问题上，他提出了埃及方案：1.尊重国家主权，维护其统一，保留其建制；2.尊重人民的意志；3.和平解决危机；4.解除地方势力及极端力量的武装。[3]

通过上述塞西的阐述，可以看到埃及的对外政策及其实践仍是中立、不结盟，更加强调尊重主权、和平解决争端、不干涉内政的内涵。

埃及同大国和欧洲均保持友好关系。

塞西上台后已5次访华，双方政治关系良好，已签署建立全面战略伙伴关系协议；经济上合作密切，涉及金融、基础设施、经济园区、新行政首都建设等诸多方面，有数百家中国企业活跃在埃经济领域。

埃及同俄罗斯的关系主要体现在军事合作上，2014年2月，塞西以副总理身份访俄，商讨了从俄购买20亿美元军火的协议，普京表示支持塞西竞选总统。2017年12月11日，埃俄签

---

① 《金字塔报》网站，2018 年 11 月 13 日。

② 《金字塔报》网站，2018 年 6 月 30 日。

③ 《金字塔报》网站，2018 年 10 月 14 日。

署了在埃西北沿海城市塔巴建立核电站的协议，总工期12年，总投资300亿美元。

关于埃美关系，塞西上台后，双方关系一度冷淡。特朗普上台后，一改奥巴马时的政策，接待塞西2017年4月访美，称赞他打击恐怖主义的强硬立场。塞西认为特朗普接地气，了解美国人民的情况。目前，埃美关系正常，是双方互有需要，一个是世界大国，一个是地区大国，谁也离不开谁。

对地区仍处冲突的国家，如叙利亚、利比亚、也门、伊拉克，强调和平解决问题。

对阿拉伯世界，埃及呼吁团结，支持巴勒斯坦事业，调解法塔赫同哈马斯的关系，持续为利比亚内部和解作出努力。塞西认为，“将阿拉伯国家凝聚在一起的不是国际上常说的‘利益’，而是‘共同命运’，一国好会反映到其他国，反之亦然”。[①] 2018年以来，埃及同非洲国家互动频繁，“2018非洲论坛”于12月上旬在埃举行，有多位国家元首出席，主题是推动贸易和投资，实际涉及面很广，新科技的发展、非洲的未来、青年及妇女在发展中的作用等都是讨论的内容。埃及是东部和南部非洲共同市场（科迈萨）成员，非洲是埃及的腹地、大后方，双方历史关系长远，密不可分。埃及有学者对这次论坛评价很高，把非洲称为埃及之根，今日埃又强势重返。从出席情况看，说明非洲国家相信埃及的作用，说明他们看到进行政治、经济合作的重要性。2019年埃及将成为非盟的轮值主席，预计在对非工作上会有更多行动。

① 《金字塔报》网站，2018年10月14日。

五、结束语

埃及正在治理的道路上前进，政局基本稳定。塞西执政前4年把主要精力放在反恐、维稳、抓经济上，大方向是对的，也取得不少成绩，同时，面临的挑战也是明显的。他面临的挑战主要有：1.穆兄会阴魂不散。2018年12月初，穆尔西执政时期的内政部长艾哈默德·苏里曼以加入非法组织、危害国家安全罪被捕。2.西奈的恐怖分子尚未完全清除。3.国内思潮复杂，异见人士不时对政府提出批评，并通过媒体散播。4.人们的获得感不高，经济改革带来的果实需要时日方得体现。5.从大的方面讲，埃及需要有一条符合自己国情的发展道路，不能总是头痛医头，脚痛医脚。

委内瑞拉2018年5月的大选及大选后的形势

徐世澄[①]

内容提要： 2018年5月20日，委内瑞拉举行总统和州议会选举。马杜罗以超过得票居第二的候选人47%的优势获胜，但这次大选投票率低于50%，反对派民主团结联盟主要政党抵制这次大选。国际社会对这次大选结果的反应不一。自马杜罗第二次当选总统以来，委内瑞拉的政治、经济、社会形势出现了一些新的变化，为应对危机，马杜罗采取了一系列措施。目前马杜罗政府所面临的最大问题是经济困难和危机。总的来看，马杜罗政权还是比较稳固的，反对派内部分歧严重，群龙无首。因此，在短期内马杜罗政权不会倒台。

关键词： 委内瑞拉　查韦斯　马杜罗　2018年大选　经济危机

委内瑞拉是南美洲重要的国家之一，面积91.64万平方公里，人口3231.6万。1998年12月，乌戈·查韦斯作为左翼玻利瓦尔运动候选人在大选中获胜，打破了两大传统政党长期交

---

① 作者系中国国际问题研究基金会研究员，中国社会科学院荣誉学部委员、拉丁美洲研究所研究员。

替执政的政治格局。1999年2月，查韦斯就任总统。查韦斯就任委内瑞拉总统被认为是拉美左翼崛起的标志，随后，拉美先后有10多个国家的左翼通过选举，纷纷上台执政。查韦斯执政后，倡导“玻利瓦尔革命”，先后推动制订新宪法，将国名改为委内瑞拉玻利瓦尔共和国，实行土改和国有化。自2005年起，查韦斯又提出“21世纪社会主义”的主张。2008年他建立统一社会主义党（PSUV），颁布旨在深化经济和社会变革的一系列法律法规。2012年10月7日，委内瑞拉举行总统选举，查韦斯击败反对党联盟“民主团结联盟”候选人卡普里莱斯再次当选连任。同年12月，查韦斯宣布癌症复发在古巴接受肿瘤切除手术并进行治疗。2013年3月5日，查韦斯在加拉加斯病逝，由副总统尼古拉斯·马杜罗任代总统。查韦斯去世后，在2013年4月14日大选中，马杜罗以1.49个百分点的微弱优势胜出，并于4月19日就职。

查韦斯执政时期（1999—2013年），正值国际市场油价不断上涨时期，政府通过掌握的丰厚的石油收入，发展经济，推行一系列改善民生、实现社会公正的社会计划，如“深入贫民区计划”“鲁滨逊计划”“苏克雷计划”“大住房计划”等，使中下层居民得到实实在在的好处，贫困人数大幅度减少，贫困率从1998年的49%下降至2011年的27.8%，同期赤贫率从24.7%下降至10.7%。

然而，马杜罗执政以来，由于国际市场油价的急剧下降，拉美政治生态发生“左退右进”的不利局面，以及政府一些政策的失误等原因，委内瑞拉形势每况愈下，经济危机加剧。在2015年12月6日的国会选举中，执政党联盟大爱国中心遭到失败，在新一届议会167个议席中只获55席，得票率为40.8%；而反对派获112席，得票率为56.2%，反对派控制了国会。2016

年1月新国会成立后，反对派控制的国会与政府的“府院之争”愈演愈烈，反对派企图通过煽动民众抗议，通过罢免性公决和谋求美洲国家组织、美国等西方国家和拉美右翼国家支持来推翻马杜罗政府，均没有奏效。2017年5月1日，马杜罗总统根据宪法，宣布举行制宪大会选举和召开制宪大会，以克服政治危机。同年7月30日，举行制宪大会选举，8月4日，制宪大会正式成立，当选的545名制宪大会代表全部为查韦斯—马杜罗派。原外长黛尔茜·罗德里格斯当选为制宪大会主席。召开制宪大会的主要目的是用制宪大会来取代反对派控制的国会的立法职能，以有效地行使其职权。反对派控制的国会虽然没有被取消，但实际上已经靠边站。

一、2018年5月20日的大选

2018年5月20日，委内瑞拉举行总统和州议会选举，反对派民主团结联盟主要政党正义第一党、人民意志党等抵制这次大选，只有亨利·法尔孔领导的进步前哨党决定参选。这次大选对委内瑞拉现任马杜罗政府来说，是生死存亡的关键一役。总统候选人一共 4 名，分别是由执政党统一社会主义党等 10 个左翼政党组成的祖国广泛阵线提名的候选人、现总统马杜罗，得到争取社会主义运动、部分基督教社会党党员和委内瑞拉生态运动支持的进步前哨党领导人、前拉腊州州长亨利·法尔孔，改革希望党候选人哈维尔·贝尔图奇和人民政治团结党候选人雷依纳多·吉哈达。

5月20日总统选举最终结果：全国选民总数 20 527 571 人，其中登记选民为 20 369 698 人，参加投票人数 9 383 329 人，投票率为46.06%。在4名参选的总统候选人中，马杜罗得票率为67.84%，法尔孔得票率为20.93%，贝尔图奇得票率为10.82%，吉哈达得票率只有0.39%。马杜罗虽然以超过得票第二名法尔孔约47%的优势获胜，但投票率低于50%，即大多数选民没有投票。

国际社会对委内瑞拉大选的反应可以分成三种：第一种，对马杜罗当选明确表示祝贺的国家有古巴、玻利维亚、萨尔瓦多、尼加拉瓜、俄罗斯、白俄罗斯、伊朗、土耳其、朝鲜和中国等。第二种，美国、欧盟和利马集团14国等，它们质疑委这次大选的合法性，反对和不承认委大选的结果。在委大选结束后，特朗普政府立即采取新的制裁措施，由拉美13国和加拿大组成的利马集团 14 国发表公报，宣布不承认委大选结果，并决定降低与委的外交规格。欧盟也表示不承认委大选结果，并表示将采取相应制裁措施，但各国态度不尽相同。第三种，世界上大多数国家，对委大选结果没有表态，但这些国家会延续与马杜罗政府的关系。

在经济危机如此严重的形势下，马杜罗缘何能在大选中获胜？主要原因是：1.查韦斯和马杜罗先后执政 19 年，实施了一系列惠及中下层民众的政策，使他们得到切切实实的好处，因此有将近 30% 的民众是铁杆查韦斯马杜罗派。2. 近年来，马杜罗政府采取的一些措施，如发行“石油币”、对低收入民众发放廉价“食品袋”（CLAP）和“祖国卡”、增加最低工资和各种补贴等取得一定效果。3.马杜罗政府还牢牢掌握主要国家机器，如军队、制宪大会、最高法院、全国选举委员会等，而反对派控制的国会已靠边站。4.反对派联盟四分五裂，群龙无首。大部分反对党拒绝参选，抵制这次大选，号召民众不去投票，宣布不承认大选结果。一些反对党领导人甚至屈从美国指令，公开要求美加强对委制裁，不得人心。5.美国、欧盟及“利马集团”反对委大选，激发了委民众的民族主义和爱国主义情绪。

二、大选后委内瑞拉的形势

自马杜罗第二次当选总统半年多来，委内瑞拉的政治、经济、社会形势出现了一些新的变化，马杜罗政府为应对危机，采取了一系列措施。

（一）政治形势

马杜罗政府提出要实现全国政治和解，政府释放了数十名政治犯，与参加选举的反对派候选人之一贝尔图奇进行对话。

马杜罗政府调整了部分领导班子，加强了行政和立法机构的领导。2018年6月14日，马杜罗任命原制宪大会主席49岁的黛尔西·罗德里格斯任副总统。6月19日，制宪大会召开会议，545名代表选举执政党统一社会主义党第一副主席迪奥斯达多·卡贝略为制宪大会主席。

执政党委内瑞拉统一社会主义党召开四大，加强了党的领导。2018年7月28日，四大开幕，670名代表出席，7月31日结束第一阶段会议，马杜罗再次当选党主席，卡贝略再次当选党的第一副主席。8月27日召开第二次全会，主要讨论经济复苏计划。9月10—12日，召开委内瑞拉统一社会主义青年（团）代表大会。8月31日，召开全国工人阶级大会。12月9日，委举行市议员选举。

2018年8月4日，在首都加拉加斯发生了无人机袭击总统未遂事件，7人受伤。委司法部门立即进行了调查和处理。据8

月22日总检察长塔雷克·威廉·萨布（Tarek William Saab）的报告，共有43人涉案，其中包括哥伦比亚的前国会主席胡里奥·博尔赫斯和国会议员胡安·雷盖塞斯（已被捕），25人已被捕起诉。委政府已要求秘鲁、哥伦比亚、美国引渡9名嫌疑犯，还要求国际刑警组织抓捕18名嫌疑犯。马杜罗总统指责哥伦比亚当局支持这一袭击事件。

尽管发生恐怖袭击事件，但总的来看，马杜罗政权还是比较稳固的，马杜罗牢牢地控制党、政、制宪大会和司法选举机构，特别是得到军队和占人口30%左右的中下层民众的支持。反对派虽然控制了国会，但国会的功能已被2017年8月4日官方成立的制宪大会所取代。原反对派民主团结联盟由20多个倾向不同的政党组织组成，由于内部分歧严重，联盟已经瓦解，新成立的“自由委内瑞拉广泛阵线”缺乏号召力。据报道，委反对派目前已分裂成6派，反对派提不出政纲，形不成一股强有力的力量，对当局构不成威胁。尽管美国总统特朗普、副总统彭斯、国防部长马蒂斯、前国务卿蒂勒森和现国务卿蓬佩奥叫嚷要对委内瑞拉进行军事干预，但得不到拉美国家的响应。因此，在短期内，马杜罗政权不可能会倒台。

（二）经济形势

委内瑞拉经济危机是十分严重的。马杜罗2013年执政以来，委GDP连年下滑：2014年为-4%，2015年为-7.1%，2016年为-16.5%，2017年为-14%，2018年预计为-15%，2019年预计为-6%。2013—2018年GDP累计下降45%。通胀率不断上升：2015年为180.9%，2016年为550%，2017年为2800%，2018年预计为65 000%（国际货币基金组织预计超过1 000 000%）。2018年财政赤字率预计为20%（已连续6年赤字），目前国际储备只有85亿美元，而外债为1430亿美元，2018年应偿还90.22亿美元。在未来4年，平均每年需偿还99亿美元，相当于出口收入的32.6%。由于缺乏再投资、技术人员外流和官员贪污等原因，委主要财政收入和出口收入来源的石油产量大幅度下降。2013年前石油日产量约320万桶，2015年下降到230—240万桶，2018年11月日产只有117万桶。石油产量和出口量的下降，加上前几年国际油价的下跌，使委财政收入和外汇收入大幅度减少，无力进口所急需的食品和药品等，使国内物资供应紧张，物质供应短缺率高达80%。由于设施老化、缺乏维修经费和人才，首都和一些城市经常停电、停水，人民生活受到严重影响。据非官方统计，委贫困率从2014年的34%上升到82%，其中赤贫率高达61%。

为了复苏经济，恢复生产，克服危机，马杜罗政府连续出台了一系列经济措施，特别是2018年8月20日颁布了“经济复苏、增长和繁荣计划”。其主要措施有：1. 自8月20日起，发行新货币主权玻利瓦尔（BsS），将现行强势玻利瓦尔（Bf）去掉5个“0”，1 BsS等于10万Bf。2. 将汽油价格逐步上涨到国际市场水平。目前委内瑞拉汽油十分便宜，1公升汽油只有4美分（美国为71美分，拉美在1美元以上），因此，在委内瑞拉边境地区，倒卖汽油的现象十分严重。政府要求居民进行车辆登记，有“祖国卡”和车辆已经登记的车主可享受政府补贴的汽油价。3. 改革税收制度，将增值税从12%增加到16%。4.放开汇率，政府开设300个兑换所。从1美元等于2.49BsS到1美元等于60BsS，贬值95.8%。到12月5日，1美元等于151.64BsS。5. 增加最低工资近3400%（3364%），月最低工资加伙补从51.96BsS（519.6万Bf）增加到1800BsS（1.8亿Bf），相当于30美元。到12月1日，由于通货膨胀加剧，最低工资增加到4500BsS，仍相当于30美元。6. 新货币与石油币（Petro）挂钩，以石油币为依托，1石油币等于3600BsS或60美元，等于两个最低工资。7. 中小私人企业职工的最低工资增加部分由政府负责解决。8. 政府给1000万祖国卡持有者发放90天的补贴600BsS（10美元）。9. 政府连续取消了8039种恢复生产急需的资本货物和中间产品的进口税。10. 8月下旬，政府规定了25种生活必需品（包括面粉、大米、牛奶、鸡蛋、牛肉、鸡肉、黄油等）的价格。8月30日，政府又与商家商定了8种卫生用品价格。11. 自9月11日起，实施一项全国黄金储蓄计划，出售小金锭做储蓄，1.5克3502BsS，2.5克5837BsS。12. 政府鼓励和欢迎本国私人和外国投资，努力增加石油产量。8月28日，委国有石油公司（Pdvsa）与14家本国和外国公司签署了协议，增加投资4.3亿美元，在短期内，力争在14个油田将原油日产量增加64万桶，目标是日增产102.5万桶。13. 8月26日，新成立国内贸易部，任命威廉·孔特雷拉斯为部长，宣布统一社会主义党将设立主管经济和生产的党的副主席。14. 10月1日，委内瑞拉总统马杜罗宣布，由委政府发行的数字加密货币石油币将于11月5日正式开放向公众出售。

经济危机和困难是目前马杜罗政府所面临的最大问题，马杜罗政府已经认识到有效地应对危机、克服经济困难是巩固其执政地位的关键。委内瑞拉官方虽然也承认在经济政策方面犯有错误，但更多地强调，是美国的经济制裁和国内右翼势力和私人部门所策动的投机倒把、囤积居奇的“经济战”，引发了经济危机和困难。从主观上看，马杜罗政府采取上述措施的目的是想扭转目前的经济形势，但从实施情况来看，效果并不理想，通货膨胀并没有得到有效遏制，经济形势并没有好转。据统计，由于缺乏原材料、外汇短缺、政策偏激等原因，委全国原有61.7万家企业，现只剩下44.7万家企业，有五分之一的国有企业因经营不善等原因而停产。

（三）外交形势

马杜罗2018年5月20日再次当选总统后，美国、欧盟和包括加拿大在内的由美洲十几个国家组成的“利马集团”宣布不承认大选结果，决定降低与委外交关系的规格，撤回驻委大使；特朗普政府对委采取了新的更加严厉的制裁措施，不仅增加了制裁委内瑞拉高官的人数，而且禁止美国公司和私人与委内瑞拉做交易；欧盟一些国家也对委进行制裁。12月7日，秘鲁外长向利马集团提出建议，于12月19日在哥伦比亚波哥大举行的利马集团外长会议上，讨论与马杜罗政府断交的问题。此前，哥伦比亚总统杜克已宣布，哥伦比亚将于2019年1月10日马杜罗新的总统任期开始时，与委内瑞拉断交。美洲国家组织接连开会，企图通过谴责委内瑞拉的决议，遭到玻利维亚、尼加拉瓜和加勒比一些国家的反对。

委内瑞拉政府努力发展与古巴、玻利维亚、中国、俄罗斯、白俄罗斯、朝鲜、伊朗、土耳其等国的友好合作关系，以打破美国等国的制裁。2018年4月，古巴新当选的国务委员会主席兼部长会议主席迪亚斯-卡内尔访问委内瑞拉。9月，马杜罗总统访华。11月下旬和12月初，朝鲜最高人民会议常任委员会委员长金永南和土耳其总统埃尔多安访问委内瑞拉。12月上旬，马杜罗访问俄罗斯，普京总统表示支持马杜罗政府，反对用恐怖主义手段改变委政局，俄承诺给委60亿美元贷款。

近年来，因经济和生活困难，委内瑞拉大量人口移居国外。据联合国难民事务高级专员公署估计，目前在外国的委内瑞拉移民有230万人，主要移居哥伦比亚、厄瓜多尔、秘鲁、巴西、智利等国，其中不乏专业人才，从而影响委本国的经济发展和生产建设。西方媒体称发生了委内瑞拉难民危机或人道主义危机或灾难。委官方不承认这是难民危机。由于委内瑞拉移民大量涌入，给邻国的经济、生活和治安造成困难，秘鲁、厄瓜多尔、巴西等国政府采取了一些限制措施，引起委政府的不满。在与委交界的巴西帕卡拉马市，8月曾发生放火烧毁委移民财产事件，巴西政府出动3000多名军队到边境地区。8月23日，厄瓜多尔指责委马杜罗政府缺乏政治意愿，不着手解决委移民问题，宣布退出美洲玻利瓦尔联盟，并提议召开美洲外长会议，商谈委移民危机。最近，委政府制定了“回归祖国计划”，欢迎移居国外的委内瑞拉民众回国。解决移民问题的关键是委国内的生产能否恢复，经济形势能否迅速好转。

三、中委关系的发展与对发展中委关系的建议

1974年6月28日，委内瑞拉与中国建交，至今已44年，委内瑞拉是拉美国家中与我国建交较早的国家之一。建交以来，中委关系稳步发展。特别是1999年2月查韦斯就任总统后，两国高层往来频繁，查韦斯曾6次访华。2013年4月马杜罗当选和就任总统后，曾4次访华（马杜罗曾10次访华）。双方经贸合作不断扩大，科技、文化、教育等领域的交流日益增多。在国际事务中，双方相互理解，密切合作。2001年，中委建立共同发展的战略伙伴关系。2014年7月，在对委内瑞拉进行国事访问期间，习近平主席同马杜罗总统共同宣布将中委关系提升为全面战略伙伴关系。2001年两国建立中委高级混合委员会，到2018年9月，该委员会已召开了16次会议。

2018年5月20日马杜罗再次当选总统后，习近平主席曾致信表示衷心祝贺和良好祝愿。9月17日，习近平主席在会见到访的马杜罗总统时表示赞赏马杜罗总统高度重视发展中委关系，坚定支持中委合作，强调中委要协力增进友好互信，创新推进互利合作，持续促进共同发展，引领中委全面战略伙伴关系迈上新台阶，更好造福两国人民。

中委两国建立全面战略伙伴关系来之不易，马杜罗政府对我国友好，在一系列重大国际问题上一直支持我国的立场，如在南海问题上，马杜罗政府是唯一明确支持我国立场的拉美国家。马杜罗当选总统后，在国际上处于比较孤立的情况下，我们应该继续发展与委内瑞拉的友好合作关系，注重发展对委内瑞拉经济社会发展和民生改善能起明显作用的合作关系和项目，如尽力帮助委内瑞拉尽快增加石油产量，适当给予委人道主义援助，帮助培训一些急需的技术人才等。另外，我们也应要求对给予委贷款的使用和效益进行必要的监督。

此外，鉴于目前我国国内一些媒体出现对委内瑞拉的负面报道的状况，应积极正面引导国内舆论，纠正一些不实报道（如委内瑞拉政府将以一小岛给中国以抵债，中国给委的贷款委无力偿还，打水漂等）。对于此类言论，有关部门应作必要的澄清和解释。

阿根廷经济重新陷入衰退

沈　安[①]

内容提要： 阿根廷2018年5月爆发的汇兑危机导致其经济复苏进程中断，重新陷入衰退。预计2018年和2019年阿根廷经济将处于负增长状态。这是拉美地区经济发展进程中的一个重大事件，对拉美地区经济的增长具有深远影响。阿根廷经济进程的反复表明，增长模式的失误，宏观经济结构性失衡，公共债务过度增长，内部储蓄不足，财政困难，仍然是制约其经济增长的根本因素，不解决这些问题，无法保持经济的可持续健康增长。

关键词： 阿根廷经济　汇兑危机　外债

回首2018年拉美经济，一个最突出的事件是阿根廷5月汇兑危机爆发，完全打断了阿根廷经济的复苏进程，使之陷入新的衰退。预计2018年和2019年阿根廷经济将处于负增长状态。阿根廷经济复苏进程反复表明，增长模式失误和宏观经济的结构性失衡，公共债务过度增长，内部储蓄不足，财政困难，仍然是制约其经济增长的根本因素，不解决这些问题就无法保持

① 作者系中国国际问题研究基金会研究员、新华社世界问题研究中心研究员。

经济的可持续健康增长。

一、连续两年经济衰退已成定局

受国际金融危机的影响，2012年阿根廷开始陷入经济衰退，2015年和2016年出现负增长，2017年开始复苏，实现增长2.9%。阿政府原估计2018年实现增长3.6%，从而走出衰退周期。但是，2018年5月初汇兑危机造成的金融风暴，导致阿经济复苏进程中断，再次陷入新的衰退。最初人们估计2018年经济仍可保持较低的正增长，但阿政府与国际货币基金组织达成总额570亿美元的应急贷款协议后，阿接受了该组织提出的严苛的经济调整条件，从下半年开始实施全面财政紧缩，促使经济进一步收缩，衰退幅度加大。

阿根廷这一轮经济衰退具有长期性和严重性的明显特点。阿政府预测2018年经济增长率为负增长（–2.4%），最初认为2018年可能为零增长，后来又调整为–0.5%。阿根廷中央银行前行长雷德拉多认为，阿政府仍大大低估了衰退的幅度。他估计，阿经济2019年将为负增长（–1.5%）。而阿民营机构更为悲观，如咨询机构“资本基金会”估计2019年阿GDP将下降3%。联合国拉美经委会、世界银行和国际货币基金组织等国际机构对阿经济增长率的预测也一再下调。

国际货币基金组织2018年10月9日在印度尼西亚巴厘岛年会期间发表的经济预测报告认为，阿根廷经济2018年和2019年连续两年的负增长已成定局。报告预测，2018年阿经济将为负增长2.6%，2019年为负增长1.6%。该机构上次报告曾预测这两年阿经济的增长率分别为2%和3.2%。2018年10月9日报告还预测，2018年阿通货膨胀率将达到47.5%，2019年将达到31.7%。报告说，2018年2月至9月中旬比索贬值40%，股票指数降幅更大，国家风险指数上升，中央银行的货币政策导致利率大幅上升。国际市场动荡，不确定因素的存在，国内贪腐丑闻，对国际货币基金组织要求的稳定计划缺乏信心，加剧了金融市场的动荡。

受汇兑危机等因素的冲击，阿经济增速已经全面大幅下降。据阿根廷国家统计局2018年8月份报告估计，阿经济2018年上半年发生急剧下降，阿GDP2018年6月份同比上年暴跌6.7%。按年度计算，阿GDP累计下降0.6%，为2009年以来最大跌幅。其中，下降严重的是农牧业（–31%）、渔业（–16%）、商业（–8.4%）、制造业（–7.5%）。只有矿业（4.9%）、金融（4.6%）、电力、天然气和自来水（4.3%）维持增长。

除汇兑危机外，其他内外因素同样导致阿经济下降。严重的旱灾对农牧业影响极大，导致阿农业损失60亿美元。外部因素中，美联储加息导致阿汇兑风暴，使其信贷困难。阿严重依赖外来资金，因此遭受沉重打击，投资下降。

二、汇市风暴席卷阿根廷

2018年阿根廷经济的拐点是5月初汇兑危机引发的汇市风暴。

这场被阿根廷专家称之为“汇兑危机”的汇市风暴始于4月底，全面爆发于5月份的第一周。在被称为“黑色星期四”的5月3日，美元汇率当日上涨8.27%，突破1美元兑23.30比索。第二周，阿汇市初步回稳，美元汇率恢复稳定，略有下降，小幅波动。7日当天，美元兑比索汇率批发价（卖出价）为1美元兑21.6比索。各商业银行平均零售价降到1美元兑22.20—22.35比索。随后几个月中，比索汇率仍波动不已，继续保持贬值趋势，7月初达到1美元兑27.2比索，9月底一度达到1美元兑41.3比索，11月初回到1美元兑35.7比索左右。阿央行11月初公布的月度报告预计，12月底比索汇率将达到1美元兑39.6比索，2019年底将达到1美元兑48.9比索。

过去几年中，阿比索一直保持贬值态势。2015年12月初马克里政府上台时，美元兑比索的汇率还是1美元兑10比索左右。马克里政府全面放开汇兑管制后，比索迅速贬值，2015年底就达到1美元兑13.5比索左右，此后贬值势头不断加剧，2017年12月31日达到1美元兑19.1比索。2018年初以来，比索贬值不断加速，5月初出现暴跌，此后不断贬值。估计与2017年底的1美元兑19.1比索相比，美元兑阿比索汇率2018年全年涨幅将达到130%以上。

为应对汇市危机，平抑汇市，阿央行最初按照预定的渐进主义对策预案，陆续抛售美元回购比索。但这场风暴来势凶猛，央行连续抛出73亿美元，相当于央行国际储备的13%，仍不能稳住汇率。为此，阿不得不采取断然措施，放弃以往遵循的渐进主义政策，从货币和财政政策两个方面采取“休克”措施。一方面，央行连续三次提高比索利率，最终把参考利率提高到40%，达到2015年以来最高水平。另一方面，财政部宣布削减公共工程开支300亿美元。与此同时阿大力收紧银根，大幅度提高央行对商业银行的贷款利率，其中7天期贷款利率为47%，1天期贷款利率达到58%的极高水平。央行还强迫商业银行减持美元，要求它们抛售了12亿美元，以减轻市场美元供求压力。在财政政策方面，财政部还宣布，将补充削减财政赤字指标，将其占GDP的比重由原定的3.2%调低到2.7%。5月7日，政府又建议石油企业冻结燃料价格两个月，以稳定物价。这一建议遭到石油企业界反对，未能实行。

这些措施宣布后，很快产生了一些明显的效果，稳定了投资者“民心”，暂时消除了“恐慌”情绪。美元兑比索汇率迅速下降。但是汇市风暴并未因此而过去，相反，比索跌风愈演愈烈，央行在抛出近100亿美元之后，宝贵的国际储备已经降到危险的水平。在这种形势下，5月8日马克里政府不得不向国际货币基金组织发出求救申请。

三、国际货币基金组织（IMF）贷款使阿暂过难关

2018年7月5日，经过反复谈判，阿根廷与国际货币基金组织达成由该组织和其他国际机构向阿提供总额565亿美元应急贷款的协议。协议的内容大体如下：

（一）贷款总额

国际货币基金组织贷款（备用贷款信贷Stand-by）500亿美元，3年内拨付。2018年6月20日立即发放150亿美元，用于加强预算和央行国际储备。500亿美元相当于阿GDP的7.8%。

其他国际机构贷款56.5亿美元，在未来12个月支付。其中美洲开发银行为25亿美元，世界银行为17亿美元，拉美开发银行为14亿美元。

（二）贷款条件及阿方承诺

根据贷款条件，阿根廷方面应达到的调整目标为：2021年

以前共削减财政开支193亿美元；财政赤字占GDP之比：2018年2.7%，2019年1.3%，2020年实现平衡，2021年盈余0.5%；通货膨胀率：2019年17%，2020年13%，2021年9%。

阿需加强中央银行的自主权，央行今后不得资助国家财政。政府必须向国会提交央行组织法修正案，加强其自主权。

贷款的偿还方式：阿根廷分八个季度偿还贷款，每季度偿还一份，宽限期为3年，利率为可调整利率，浮动空间为1.96%—4.96%，2021年开始偿还。

据阿根廷政府公报估计，如果累积支付不超过阿根廷在IMF资本份额（84.8亿美元）的187.5%，那么贷款成本将为1.96%。如果累积支付数量超过其份额的187.5%，那么偿还成本为3.96%。如果贷款超过上述数额，期限为3年以上，那么偿还成本将为4.96%。

为应付对外支付困难，2018年9月初，应阿根廷政府的要求，国际货币基金组织同意提前向阿交付500亿美元贷款中的大部分款项。按照这个协议，该组织将在2019年底前把400多亿美元提前交付阿方，用于稳定财政、金融和汇兑市场。阿舆论认为，2019年是阿总统大选年。这一协议表面上是为了稳住汇兑市场，实际上是为了支持马克里在2019年大选中获胜。

2018年9月26日，国际货币基金组织又宣布同意对阿根廷追加71亿美元贷款。这样，该组织向阿提供的贷款总额就达到了571亿美元。但该组织执委会最终批准的贷款额为563亿美元。2018年底之前，该组织于9月份将其中的第一笔贷款150亿美元拨付阿方，10月27日拨给阿第二笔57亿美元。

上述协议意味着，阿开始实行新的货币政策和汇兑体制。这些措施实施后，央行初步稳住了汇兑市场，美元兑比索汇率有所回落，10月8日降到1美元兑37比索。10月8日，中央银行发行了600亿比索（约合16亿美元）的名为Leliq（Letras de liquidez）的央行债券，年利率高达72.6%，发行比较顺利，而且利率有所回落。但这一做法也引起投资者担心央行资产负债表将出现严重失衡，进一步加剧政府财政危机。

国际货币基金组织的贷款使阿根廷暂时避开危机的风险。但这笔贷款改变不了阿固有的问题，也不能使其一劳永逸地避开金融危机。现在阿根廷面临着既要紧缩财政，以避免金融危机，又要推动经济复苏，防止衰退长期化的艰难选择。但当务之急，阿政府首先必须完全落实对国际货币基金组织承诺的条件，紧缩财政，调整经济，改善金融形势，避免今后更大的金融风险的冲击。

四、紧缩政策助推经济全面衰退

阿根廷与国际货币基金组织贷款协议的达成，增强了阿方的支付能力，使阿取得了在国际市场上进一步融资的保障，使其暂时避开了债务违约的风险。从长远来看，如果阿方能够完成承诺的指标，其双赤字问题将有所缓解，财政形势会得到改善。但这个紧缩财政的协议将使阿根廷2018年的公共投资下降，经济增速放缓，甚至发生衰退，这对已经十分困难的阿根廷经济来说，无异于雪上加霜。

紧缩措施中，对经济影响最大的是减少公共开支和提高利率。如前所述，马克里政府为稳定汇率，控制通货膨胀，制止资金外流，按照国际货币基金组织的要求，实施全面紧缩政策。政府开始调整投资计划，削减各项开支。央行先后提高基准利率，先是提高到45%，最终又达到70%，为世界最高纪录。如前所述，阿中央银行投放的Leliq债券，年利率已经达到72.6%，大大超过此前央行债券（Lebac）的利率。

如此高昂的利率，不仅使央行负债猛增，还将导致中小企业的债务利率上升到100%，使大批企业因无力还债而破产倒闭，从而进一步加剧衰退。与此同时，物价飞涨的势头仍然强劲，到2018年10月初年通货膨胀率已接近40%，预计全年指数将超过40%。国际货币基金组织预测这一数字将达到40.5%，大大高于2017年的24.8%。而阿民间机构对此估计还要高。如前所述，美元兑比索汇率虽然初步稳定，但没有出现明显回落的迹象，甚至比索还将继续贬值，一般预测至年底，可能达到1美元兑40比索以上。

五、阿经济进程逆转的主要原因和教训

（一）改革措施不配套加剧财政失衡

导致阿汇兑危机的外力来自美国。2018年4月下旬，美国调整货币政策，财政债券收益率高企，美联储宣布可能提高参考利率，导致美元升值风席卷全球市场，拉美及其他新兴经济国家货币纷纷贬值。但是，唯独阿根廷发生了一场大风暴。这主要是经过数年积累，阿已经具备本币大幅贬值的内部条件。特别是马克里2016年开始推行经济改革，全面开放汇兑市场，但相应配套的防范措施没有跟上，导致比索在美元升值风冲击下大幅贬值。

其内部原因有以下几项：

第一，长期高通货膨胀，造成比索贬值巨大压力。2011年以来，随着国际经济环境恶化，阿经济逐步进入新的衰退期，

经济增速下滑，通货膨胀高企。阿是除委内瑞拉外，拉美连续多年通货膨胀率最高的国家之一。2015年以来，马克里政府把治理通货膨胀作为财政和经济政策的主要目标，但一直没有实现。2017年制定的财政计划预计，2018年阿通货膨胀率为12%，但2018年初再次调高到15%。但民间经济学界估计，实际上2018年通货膨胀率将高于20%。通货膨胀高企的原因主要是政府福利开支超过实际财政能力，连年财政赤字，超量货币发行，物价结构失衡，过度的保护主义造成进出口政策失误，收入下降，导致国际收支失衡。

第二，在资金短缺的情况下，政府再次走上举债增长的老路，开始增加借债，导致公共债务大幅度增长。其中，多数是央行发行的短期债券，这就导致阿部分短期债务集中于2018年到期，以致央行和政府支付手段不足，偿债能力无法保障。

第三，汇兑政策失误，导致自由汇兑名存实亡，汇率失衡，比索高估。2015年马克里政府取消前政府的外汇管制，实行更自由的浮动汇率和自由兑换制度，买卖美元一般不受限制。但是，由于出口下降，出口收入增长有限，外资流入也没有达到政府的预期，导致政府期望的外资流入和经济增长都没有实现。外汇供求关系仍没有解决，美元供给不足，需求压力依旧，一旦有风吹草动，市场必然动荡。

第四，政府和央行的作为与不作为都有失当之处。央行一些举措的失当，也会引发危机。2018年4月底，央行决定对持有央行债券的外国人征收金融税。这个规定导致外国投资者提前抛售央行债券，引发抢购美元风潮，成为随后一场大危机的诱因和前奏。此外，在这次危机发生之初，央行应对措施开始也有失当之处，连续投入73亿美元，仍未达到稳定市场的目标，白白损失了13%的外汇储备。

（二）公共债务仍是危机的主要因素

阿根廷经济复苏进程的中断，导致这一结局的汇兑危机，都是公共债务增长过速和债务结构失衡的结果。2018年到期的公共债务过于集中，财政困难，资金不足，导致缺乏对外支付手段，以致在国际金融动荡形势冲击下，陷入金融和经济危机。这也是马克里政府不得不求助于国际货币基金组织的主要原因。

2001年阿根廷因无法偿还到期债务而陷入金融和经济危机。2005年债务重组后，阿历届政府实施谨慎的债务政策，公共债务形势一直保持健康稳定状态。但是马克里上台后，改变了这种谨慎的债务政策，过度举债，导致公共债务形势恶化。

关于阿公共债务总额的数目，众说不一。大体上有以下几个数字：阿学者和一些机构说，到目前为止，阿公共债务大约有3500亿美元左右。官方正式的确切数字是，2018年4月，即5月初汇兑风暴发生前20天，阿根廷经济部财政国务秘书处在向议会提交的公共债务报告中的数字。报告说，到2017年底，阿公共债务总额达到3340亿美元，相当于GDP的59%。

按照阿官方统计方法，如果扣除欠国内公共部门的债务和与GDP捆绑的债券，那么净公共债务则为1662.68亿美元，相当于GDP的29.6%（近30%）。2017年国内生产总值（GDP）为5622亿美元。

阿根廷政府认为，阿公共债务是可持续的。其理由是，除上述总额及占GDP比重即债务率外，其平均年利息占GDP的比重也仅为1.9%—2.1%。此外，欠个人和机构的债务占GDP比重从2016年的25.2%逐年上升，2021年达到最高值38.3%后，将逐年下降。到2021年，公共债务平均每年增长210亿美元，增长率和增长额都不算太高。

但是，人们注意到，马克里政府2015年12月上台以来，阿债务形势发生了突出的变化。

其一，债务总额增长过快，而且增幅过大。据上述报告，从2015年底到2017年底，阿债务总额从2406亿美元增长到3209.34亿美元，增长了约800亿美元，其中净债务增长了640亿美元。阿政府与国际货币基金组织达成500亿美元应急贷款后，阿媒体说，马克里政府在不到3年内就借了1000多亿美元债务，创造了一个新纪录。

其二，公共债务总额的74%是外币债务，即美元、日元、欧元和瑞士法郎债务，事实上是必须用外汇偿还的外债。

其三，阿根廷债务形势面临两大难题。受上述情况影响，阿根廷2018年债务形势存在两大问题。

第一个问题是2018年到期债务过于集中，数量过多。阿根廷公共债务总额并不算太高，占GDP比重也不算太大，而按官方公布的今后几年到期债务年度平均数额也不高，大约在每年210亿—250亿美元左右，应该说不存在违约的风险。但是，其到期债务的年度数额不均衡，仅2018年到期的债务总额就达到700亿—800亿美元。换言之，2018年是一个巨量级的债务集中到期年度。到期的债务主要是央行近年发行的短期融资债券。受经济衰退和出口下降影响，阿根廷财政收入和出口收入都在下降，即所谓“双赤字”现象，造成阿根廷只能靠借债还债，因而成为国际投资家攻击的目标之一。

第二个问题是央行国际储备不足，没钱还债。在马克里上台之前，阿央行储备一度降到不足400亿美元，2018年4月底上升到620亿美元。5月份汇兑危机中，国际储备损失了近80

亿美元。剩余的500多亿美元国际储备，与700亿美元到期债务相比仍有缺口，显然无法保障偿还债务。

汇兑危机后，阿还面临着导致清偿能力下降的其他挑战，主要有：1.严重干旱，粮食减产，出口收入下降；2.在国际货币基金组织要求下，紧缩财政，必将导致经济衰退，财政收入进一步减少；3.由于临近大选和国内反对政府经济政策的压力不断加大，政府社会开支难以削减，财政压力增大；4.高利率、高通货膨胀率、财政困难，进一步削弱了阿根廷的偿还债务能力。

在上述因素影响下，阿政府必须筹措新债以偿还到期债务。如果筹款发生困难，随时存在违约的风险。实际上，阿已经再次走上借新债还旧债的危险之路。

（三）“双赤字”是导致金融危机的潜在因素

2018年阿根廷和土耳其等新兴国家先后发生金融危机，其主要外因是美元升值引发的全球性金融动荡，主要内因是贸易和财政赤字，即所谓“双赤字”。这是阿经济存在的致命内伤，今后仍将可能是导致阿走向金融危机的内在因素。

近几年，阿根廷的贸易赤字和财政赤字持续增高。2017年，国际收支赤字占到GDP的5%左右，对新兴国家来说是过高的。阿政府不得不对外融资300亿美元。2017年联邦政府的公共财政赤字占GDP的比重达3.9%。如果把包括联邦政府、各省政府和央行债券都算在内，国家财政赤字占GDP的比重将高达9%—10%。

“双赤字”直接导致国家对外支付能力下降甚至丧失，一旦遇到外部冲击，就会立即引发金融危机。2018年5月，阿根廷发生汇兑危机后，阿根廷经济学家 Marina Dal Poggetto认为，阿根廷已经经历了“一场支付手段危机”。阿根廷企业大学教授Pablo Tigani指出，“人们承认，现在投资央行债券的投资者都想撤出，却没有人愿意出钱接盘，所以阿根廷不得不求助于国际货币基金组织”。

因此，2018年5月初阿根廷经历的汇兑危机，不是单纯的汇兑问题，而是公共债务引起的支付危机，换言之，实质上是一场因债务支付能力问题引发的债务危机或金融危机。正是因为如此，阿根廷政府向国际货币基金组织提出了求助，而后者向其提供的贷款主要也是为了支持阿对外支付能力，以应对到期债务问题。

（四）国内储蓄率过低导致外债剧增

国内储蓄率过低，投资不足，是阿根廷经济长期存在的主要制约因素，也是公共债务过度增长的主要原因。2001年阿根廷发生金融危机后，阿历届政府严格控制公共开支和债务增长。从政府债务问题报告来看，本轮公共债务增长的周期始于2012年，但大幅度急剧增长是2016年和2017年两年，即马克里政府执政的最初两年。

马克里政府上台后，实施一系列经济改革措施，其中包括放开借债限制，大量举债，以应对国内投资不足和还债。与此同时，政府放开了物价、汇兑和信贷管制，在财政和外汇收入双下降的情况下，通过大量举债增加公共开支，以推动经济增长。这实际上走上了过去的借债增长的老路。2018年，约800亿美元短期外汇债务集中到期，由于国际储备偏低，外汇收入减少，导致对外支付能力不足，在美元升值和阿根廷债务形势恶化的双重冲击下，外资开始纷纷撤离阿根廷，汇市随之动荡，终于在5月份发生危机。

六、结束语

阿根廷2018年5月汇兑危机导致经济复苏进程中断，经济重新陷入衰退，是当前拉美地区经济发展进程中的一个重大事件。它对拉美地区经济的增长具有深远的影响，至少牵累了地区增长总水平。阿根廷经济进程的反复表明，增长模式的失误，宏观经济结构性失衡，公共债务过度增长，内部储蓄不足，财政困难，仍然是制约其经济增长的根本因素，不解决这些问题，无法保持经济的可持续健康增长。

后 记

2018年的国际形势继承了2017年的大动荡、大分化、大改组态势，国家间关系更加错综复杂，国际秩序更加混沌不清，国际力量对比变化更加明显。美国的系列单边主义举动是世界陷入空前混乱的总根源。美国失德失信，国际关系和国际行为准则失准失序失灵失控。西方国家领导人明确表示，1945年以来形成的国际秩序已受到极大破坏。现有国际秩序已被打乱，而适应新形势的国际秩序的建立却面临重重困难。大国之间围绕国际秩序的博弈业已开始。世界向何处去成为人们疑惑深重和普遍关心的一个大问题。

《国际问题纵论文集2018/2019》编辑了36位前高级外交官和资深研究人员的工作成果，争取较为全面地反映中国的外交成就，研判和解析国际形势的主要特点和面临的重大问题，进行前瞻性分析并提出应对之策。本书是国际问题研究基金会自2004年以来编辑出版的第16部文集，希望能为我国有关部门提供决策参考，对研究国际政治和国际问题的同行们的工作有所参照和帮助，也对关心国际形势变化的朋友们有所启迪。

国际形势总体稳定的基本态势仍然得以保持，报道称，2018年各种冲突导致的死亡人数为20 000人，是近年来数量最少的一年。但大国关系趋紧的态势并未缓解。美国国家战略把中俄列为最大安全威胁，国际恐怖主义由第一移至伊朗和朝鲜之后列为第三。美俄相继举行冷战后最大规模的军事演习。俄选择远东地区进行军演，美则率领北约在俄边境军演，挑衅成分十分浓烈。美俄战略冲突已扩大至双边关系的所有方面且更趋激烈。中东仍处于大变化和大动荡之中，域外大国和地区各大力量的争夺与较量不会平息。欧洲盟国对美国偏袒以色列、退出《伊朗核协议》并对伊实施严厉制裁、从叙利亚撤军、退出美俄《中导条约》，均表反对。欧盟认为恐怖主义仍是最大威胁，欧洲的安全环境还在恶化。由于美国不会改变敌视朝鲜的政策，朝鲜核问题虽然趋缓，但仍会有反复。

西方世界面临的诸多问题都在欧洲得到充分体现，传统政党失势，民粹主义大行其道，民众因生活水平下降而举行不同形式的抗议。意大利成立二战后第一个民族主义政府，法国“黄背心”抗议活动已延续两月有余，甚至发展成全国范围的打砸抢烧行为，既对政府行政能力构成极大制约，又造成极大的社会创伤，使本已疲软的经济形势更加脆弱。欧洲面临的问题，是西方社会深层次矛盾不断暴露的结果。

特朗普变本加厉地奉行“美国优先”政策，进而引发全球范围内的贸易冲突，为国际安全形势和世界经济发展蒙上阴影，引发广泛担忧。美与传统盟国关系继续走低。因特朗普拒绝签署最后声明，一年一度的西方“富国俱乐部”七国集团（G7）峰会首次归于“失败”。美国防部长马蒂斯因不满特朗普宣布从叙利亚撤军而辞职，在公开发表的辞职信中批评特朗普背离美传统价值观和不尊重盟友，而这两项原则正是美国强大和发挥世界领导作用的基础。法国总统马克龙对此深表赞同，指出“盟友应该讲信用，应与其他盟友协调”，“盟友就是并肩战斗”。特朗普的反应更加直接，认为“盟国很重要，但不能利用美国”。美国作为世界第一强国，其内外政策都会对世界局势造成影响。特朗普认为“全世界都在占美国便宜，必须作出补偿”，欧日韩等盟国应既要交“保护费”，又要停止在经贸问题上“占美国便宜”，导致世界局势和国际关系陷入动荡。

世界经济向好本是2017年和2018年第一季度国际局势中的唯一亮色，却因美国肆意挑起的贸易冲突，特别是中美两个世界最大的经济实体之间的贸易冲突，使稍有起色的世界经济蒙上了巨大阴影。国际货币基金组织预测，贸易保护主义将使世界经济增长放缓1%左右。美国退出所有多边贸易安排后，虽与欧盟、日本、加拿大等方面达成了双边贸易安排，但以前增加的钢铝产品关税仍然保持，美国与盟国的贸易冲突仅为“休战”，而非“终战”。全球性贸易冲突使已进入下行通道的世界经济加速下滑。

美国对华政策“转向”，使中美关系再次处于十字路口。中国既不是20世纪80年代的日本，也不是2008年的欧盟，美国要想用逼迫盟友的办法制约中国行不通。中美能否“超越冷战”，既是两国关系中的重大问题，也关乎世界和平与发展大业。中美贸易争端稍有缓解迹象，世界股市便会应声上涨，颇能说明问题。

中国改革开放40年来取得的辉煌成就，既是人类发展史上的奇迹，也为世界经济的稳定增长和世界和平事业作出了巨大贡献，更为发展中国家摆脱贫困和提高人民生活水平提供了可行的参照。中国的发展道路和经济增长模式的成功反衬出美欧模式的严重不足，这是美欧决不愿看到和决不能允许的。发展道路和模式之争是根本性的，不可调和。西方国家对华关系的两面性充分暴露。

在习近平外交思想的指引下，中国冷静观察形势，沉着应对变化，不断深化改革开放布局，“以正确历史观、正确大局观、正确角色观”分析形势和指导行动，继续为全球治理提供中国智慧和中国方案。中国特色大国外交成就斐然。习主席出访足迹遍及世界各大洲。各国领导人来访成果丰硕。周边国家对华关系获得空前改善。“一带一路”倡议扎实推进，成果日益显现。众多国家提出与中国共建的要求，一些持不同意见的国家也在改变想法或希望参与部分项目。上海合作组织峰会成功举办，互信、互利、平等、协商的“上海精神”更加充实。中非合作论坛峰会以“合作共赢，携手构建更加紧密的中非命运共同体”为主题，向国际社会发出发展中国家求和平、谋合作、促发展的时代强音，推动国际秩序朝更加公正合理的方向发展。

我们真诚感谢论文作者奉献的研究成果，感谢世界知识出版社为本书出版付出辛勤劳动的各位工作人员，感谢国际问题研究基金会秘书长杨云龙和办公室主任李莉所做的大量工作。

本书难免存在疏漏和不足，恳请读者批评指正。

中国国际问题研究基金会

2019年1月15日